KNAUR

Dr. med. Lisa Federle

mit Isabelle Müller

Vom Glück des Zuhörens

Wie uns gute Beziehungen stark machen

KNAUR

Besuchen Sie uns im Internet:
www.droemer-knaur.de

Aus Verantwortung für die Umwelt hat sich die Verlagsgruppe Droemer Knaur zu einer nachhaltigen Buchproduktion verpflichtet. Der bewusste Umgang mit unseren Ressourcen, der Schutz unseres Klimas und der Natur gehören zu unseren obersten Unternehmenszielen. Gemeinsam mit unseren Partnern und Lieferanten setzen wir uns für eine klimaneutrale Buchproduktion ein, die den Erwerb von Klimazertifikaten zur Kompensation des CO_2-Ausstoßes einschließt.
Weitere Informationen finden Sie unter: www.klimaneutralerverlag.de

FSC www.fsc.org MIX Papier | Fördert gute Waldnutzung FSC® C083411

Originalausgabe Oktober 2023

Ein Imprint der Verlagsgruppe
Droemer Knaur GmbH & Co. KG, München

Lektorat: Jürgen Bolz
Covergestaltung: Verlagsgruppe Droemer Knaur
Coverabbildung: Christian Kaufmann
Satz und Layout: Adobe InDesign im Verlag
Druck und Bindung: CPI books GmbH, Leck
ISBN 978-3-426-44637-9

2 4 5 3 1

Prolog

Mut machen! Das war der Antrieb, ein Buch über mein Leben zu schreiben. Wenn eine zeitweise alleinstehende Mutter mit vier Kindern und ohne Schulabschluss es schafft, auf dem zweiten Bildungsweg ihr Abitur zu machen, Medizin zu studieren und leitende Notärztin zu werden, dann mag dieses Beispiel anderen ein Ansporn sein. Vielleicht wurde das Buch deshalb zum Bestseller. Damit hatte niemand gerechnet, was nun wiederum mir Mut machte, ein zweites Buch zu schreiben, das Sie nun in Händen halten.

Abermals geht es um wahre Geschichten, die ich entweder in meinem ärztlichen Alltag oder meinem Bekannten- und Freundeskreis erlebt habe.

Es sind bewegende, aufrüttelnde, verblüffende, ernste und bisweilen auch heitere Geschichten. Alles ist echt, allerdings nicht immer originalgetreu, sondern meist verfremdet. Um die Persönlichkeitsrechte Dritter zu wahren, habe ich manchmal unterschiedliche Erlebnisse zu einem Erzählstrang zusammengefügt. Zudem habe ich Namen, Altersangaben, Berufe und Orte verändert, um die Anonymität aller Beteiligten zu gewährleisten. Dies hat nicht nur mit ärztlicher Schweigepflicht zu tun. Mir liegt nichts ferner, als das Vertrauen meiner Patienten, Bekannten oder Freunde zu enttäuschen.

Egal, womit und mit wem ich mich bei der Arbeit auseinandersetzen muss, ich bedauere keine Sekunde, Ärztin geworden zu sein, auch wegen der vielen Herausforderungen, die dieser Beruf mit sich bringt. Die Geschichten hinter den Menschen, die mir dabei begegnen, sind bemerkenswert vielfältig, interessant und komplex.

Dies ist auch einer der Gründe, warum mich der Zusammenhang von seelischen Ereignissen und den körperlichen Reaktionen darauf so fasziniert und ich, zusätzlich zu meiner Notarztausbildung, eine psychosomatische Weiterbildung absolviert habe. Mich interessiert, wie psychische Belastungen körperliche Beschwerden auslösen oder verstärken können.

Meine Arbeit ist breit gefächert. Richtig zuzuhören gehört zur allerersten Aufgabe eines guten Arztes, um nicht nur die Symptome zu bekämpfen, sondern auch die meist vielschichtigen Ursachen zu ergründen, sie beheben und das Risiko neuerlicher Beschwerden vermindern zu können.

In diesem Buch geht es hauptsächlich um Beziehungen – ein Thema, das jeden von uns betrifft. In meinem Beruf als Haus- und Notärztin bin ich freilich auch mit den schmerzlichen Folgen menschlicher Beziehungen konfrontiert. Mit krankhafter Eifersucht, die zu Exzessen führt. Mit Vereinsamung. Mit Depressionen.

So unterschiedlich die Menschen sind, so vielfältig sind ihre Beziehungen.

Sind die vermeintlich guten alten Zeiten der »Ehe bis ans Lebensende« wirklich längst vergangen? Was sagen die Scheidungsraten dazu? Monogamie und Treue werden neu gedacht und anders gelebt als im vorigen Jahrhundert. Der Verlust starrer Regeln geht nicht selten mit zunehmender Unsicherheit einher. Neue Freiheiten sorgen für neues Glück, doch bisweilen auch für neues Leid.

Da gibt es jene Frau, die seit Jahrzehnten ein Verhältnis mit einem verheirateten Mann hat und sich einfach ihrem Schicksal fügt, was für Außenstehende kaum nachvollziehbar erscheint. »Liebe wird aus Mut gemacht«, heißt es in einem Hit, aber nicht jeder hat tatsächlich auch immer den Mut, gut zu handeln – sei es für sich selbst oder für den Partner oder gar Dritte. In manchen Fällen übernehmen Feigheit und Bequemlichkeit oder auch die Angst vor dem Alleinsein die Regie. Was geschieht, wenn der heimliche Partner dieser Schattenfrau schwer erkrankt und die Welt der Schattenfrau zusammenbricht?

Dieses Buch möchte aber mehr sein als eine Sammlung von Beziehungsgeschichten: Es ist ein Kaleidoskop über die (Un-)Möglichkeit von menschlichen Beziehungen jeglicher Art, in dessen Geschichten sich so manche und mancher wiederfinden dürfte. Ich erzähle, wie ein Friedhofsbesuch in Griechenland endet, warum heiraten ansteckend sein kann, warum eine Handtasche ein Drama auslösen kann, weshalb man ein Kind nicht auf der Toilette zur Welt bringen sollte und manches andere mehr.

Es geht im Kern darum, zu erkennen, wie wichtig das Zuhören ist. Ein offenes, verständnisvolles Ohr löst oft mehr Probleme als aller Sachverstand – das gilt für jede Art von Beziehung, egal, ob es die Kinder, den Partner, den oder die Geliebte, einen Patienten, eine Kollegin oder die Freunde betrifft.

Nicht nur als Ärztin oder Freundin, sondern als Mensch versuche ich stets, mich in die Lage anderer Menschen hineinzuversetzen und eigene Erfahrungen einzubringen. Um deutlich zu machen, wie wichtig es ist, die kleinen Glücksmomente im Leben nicht zu übersehen, weil man auf größere wartet. Um die Bedeutung des Zusammenhalts in unserer Gesellschaft zu betonen. Um gute Wege aus Krisen zu finden und zufriedener durch das Leben zu gehen, indem man fürsorglich auch mit sich selbst umgeht.

Man muss schließlich nicht Medizin studiert haben, um all das zu erreichen.

»Liebe braucht man wie die Luft zum Atmen«, diesem Graffiti aus meiner alten Studentenkneipe *Boulanger* folgend, wird das Buch hoffentlich zu geistigen Atemübungen und neuen Gedanken anregen. Denn schließlich schreibt das Leben die besten Geschichten.

Am Ende sollten Sie sagen können, dass Sie erkannt haben, wie sehr gutes Reden und Zuhören Beziehungen stärkt und gleichzeitig den eigenen Horizont erweitert.

Nächtliche Erlebnisse

Was hätte ich bloß dafür gegeben, den schrillen Ton des Weckers an diesem frühen Herbstmorgen aus meinem Kopf zu verbannen! Es war sechs Uhr dreißig, eigentlich eine normale Zeit für Berufstätige, um aufzustehen. Doch an diesem Morgen war nichts normal. Ich hatte gerade eine harte Nacht hinter mir und fühlte mich wie gerädert.

Seit über zwanzig Jahren schon stand mir das kleine Zimmer im DRK-Gebäude wie ein zweites Zuhause zur Verfügung. Es war spartanisch eingerichtet, als müsse ich ständig daran erinnert werden, wie anstrengend und manchmal auch hart der Dienst als Notärztin ist. Im Kleiderschrank gab es keine Kleiderbügel, nur Fächer, macht nichts. Es war schließlich nur ein Schlafplatz für zwischendurch. Die Schichten dauerten 12 oder 24 Stunden, und in den letzten zwei Jahrzehnten war es nur ein einziges Mal vorgekommen, dass es keinen Einsatz gab.

So schlief ich jedes Mal, wenn ich Notarztdienst hatte, in meiner Dienstkleidung auf dem schlichten Bett aus hellbraunem Kiefernholz, das mich an früher erinnerte, als ich noch sehr bescheiden lebte. Auf der weichen Matratze versank man geradezu, und ich hoffte den Dienst ohne Rückenschmerzen oder sonstige Gebrechen zu überstehen.

Ein Glas stilles Wasser stand neben meinem Handy, meiner Lesebrille und dem Melder auf dem Nachttisch. Jederzeit könnte er mit seinem durchdringenden Ton losgehen. Letzte Nacht war das zuletzt um drei Uhr morgens der Fall gewesen. Die Durchsage lautete: »Frau mittleren Alters – Reanimation«.

Schlagartig war ich wach. Wie vorgeschrieben, zog ich meine Sicherheitsschuhe an. Draußen wartete der Rettungsassistent schon im Notarztwagen auf mich. Los ging's. Kein Mensch war um diese Uhrzeit unterwegs, außer uns. Gemeinsam mit dem Rettungswagen erreichten wir schnell den Einsatzort.

Mit Koffern und EKG beladen, eilten wir in die Wohnung im ersten Stock. Im Wohnzimmer bot sich uns ein bizarres Bild. Auf dem Teppichboden konnte man unter einer grauen Decke die Umrisse eines Körpers erkennen. Drum herum knieten zwei dunkel gekleidete Frauen auf dem Boden. Daneben stand ein unrasierter, wild gestikulierender Mann mittleren Alters. Alle hatten ein südländisches Aussehen. Die Frauen waren verschleiert und starrten mich aus angsterfüllten, dunklen Augen an. Der Mann hatte ebenfalls dunkle Augen, deren Ausdruck ich nicht deuten konnte. Die wilden, braunen Locken unterstrichen seine markanten Züge. Unaufhörlich schrie er aufgebracht: »Meine Frau ist tot! Meine Frau ist tot! Machen Sie was!«

Stöhnend und kreischend warfen sich die Frauen mit ihren Oberkörpern abwechselnd auf die Decke.

Ich bedeutete den Frauen, Platz zu machen, um unter die Decke schauen zu können. Als ich die wegzog, kam eine Frau zum Vorschein – ihr Alter schätzte ich auf Mitte vierzig.

Ich sah sofort, dass hier etwas nicht stimmte. Ihr Brustkorb hob und senkte sich kaum wahrnehmbar. Ihr Puls war gut tastbar, und ihre Augenlider zitterten fast unmerklich, als ich sie ansprach. Was war hier los?, fragte ich mich.

In dem ganzen Geschrei und Getöse stellte sie sich tot, während ihr Mann brüllend hinzufügte: »Wir hatten Streit, und jetzt ist meine Frau wegen mir gestorben!«

Ich merkte schnell, dass ich so nicht weiterkam, und bat Georg, meinen Rettungsassistenten, sie alle nach draußen zu bringen.

»Ihre Frau ist definitiv nicht tot. Sie brauchen sich keine Sorgen zu machen«, beruhigte ich den Mann. »Ich werde Ihre Frau jetzt untersuchen und in Ruhe mit ihr reden.«

Mit aufgerissenen Augen starrten mich alle drei an, als hätte ich gerade ein Wunder vollbracht und die Totgeglaubte ins Leben zurückgeholt. Mit offenem Mund verstummten sie schlagartig, während Georg sie sanft, aber bestimmt aus dem Zimmer bugsierte.

Sobald sich die Tür hinter ihnen geschlossen hatte, setzte sich die Frau kerzengerade auf und sah mich an. Routiniert begann ich mit den üblichen Untersuchungen, während ich sie fragte, was ihr denn fehle. Sie begann zu schluchzen und stammelte voller Empörung: »Mein Mann hat andere Frau. Er lügt. Ist abends immer weg. Und ich zu Hause immer alleine mit Kindern. Habe keine Freundin. Niemand mir helfen.«

Spontan fragte ich: »Und warum stellen Sie sich tot und lassen die anderen den Notarzt rufen?«

»Ich wollen meine Mann Angst mache.«

Ungläubig sah ich sie an. Einerseits verstand ich ihre Situation. Die Frau sorgte sich um ihre Ehe und machte etwas durch, das sie überforderte. Dass Menschen in Ausnahmesituationen manchmal durchdrehen und unerklärliche Dinge tun, war für mich nichts Neues. Sie tat mir leid. Andererseits ging es gar nicht, dachte ich, nachts um drei ein Notarztteam wegen Eheproblemen rufen zu lassen, geschweige denn, den eigenen Tod vorzutäuschen! Ganz abgesehen von den hohen Kosten, die dadurch entstehen, bestand die Gefahr, kostbare Zeit für einen potenziellen nächsten Einsatz, bei dem es um Leben und Tod geht, zu verlieren.

Ich war hin- und hergerissen. Sollte ich mich jetzt ärgern oder die Empathie in dieser seltsamen Komödie siegen lassen? Wie verzweifelt musste ein Mensch sein, um zu solchen Mitteln zu greifen?

Nach der Untersuchung ließ ich die Familie wieder hereinkommen. Die Frauen hatten sich die Tränen abgewischt und lächelten jetzt etwas verlegen, als der Mann seine Frau freudestrahlend umarmte und mit lauten Liebesbekundungen überschüttete, als sei nichts gewesen. Ziel erreicht! Meine Patientin schien darüber entzückt und kicherte. Es war verrückt. Um dem Paar trotzdem weiterzuhelfen, führte ich, bevor ich ging, noch ein längeres Gespräch mit den beiden. Ich empfahl ihnen, gemeinsam eine Eheberatung in Anspruch zu nehmen.

Bei diesem nächtlichen Einsatz zeigte sich wieder einmal, wie psychosomatische Beschwerden ihren Lauf nehmen. Am Anfang stehen Probleme, die nicht lösbar scheinen und zu merkwürdigen Verhaltensweisen führen. Aber irgendwann schlägt es um, und die Krise zeigt sich auch in körperlichen und seelischen Krankheitssymptomen.

Ob die Eifersucht dieser Frau grundlos war oder nicht, vermochte ich nicht zu beurteilen. Bei dieser Patientin hatte ich keinerlei Anzeichen für körperliche Misshandlungen feststellen können. Für mich war die Frau nur sehr einsam. Sie kümmerte sich tagtäglich um ihre Kinder und hatte wenig Kontakt zur Außenwelt. Im Gegensatz zu ihrem Mann konnte sie sich nur schwer verständigen. Vermutlich kam noch Heimweh dazu, was am Ende dazu führte, dass ihre eigenen Bedürfnisse komplett untergingen. Sie war vollkommen von ihrem Mann abhängig und lebte ein unerfülltes Leben.

Ob ihr Mann tatsächlich Überstunden machte und deshalb spät nach Hause kam oder sich, wie von seiner Ehefrau behauptet, anderswo auslebte, hatte ich in dieser Nacht nicht herausfinden können. Es spielte für mich auch keine Rolle. Dennoch schweiften meine Gedanken ab, und mir kamen die verschiedenen Beziehungskonstellationen in den Sinn, mit denen ich bisher als Ärztin und in meinem privaten Umfeld immer wieder konfrontiert wurde.

Meine Ablösung war da und wartete im Aufenthaltsraum auf mich. Ich fuhr mir noch schnell mit dem Kamm durch die zerzausten Haare und putzte mir die Zähne. Aus dem Spiegel schaute mir mein müdes Gesicht entgegen. Der letzte Notfall war noch sehr präsent.

Ich überreichte meinem Kollegen den Melder, machte eine kurze Übergabe und stieg in mein Auto. Die Arbeit in der Praxis wartete auf mich.

Lebenskraft

Bevor ich in die Praxis ging, wollte ich noch kurz mit meinem jüngsten Sohn Jonathan frühstücken. Zu dieser Zeit studierte er BWL, wie Benjamin, mein ältester Sohn, und Simone, meine Tochter, es auch getan hatten. David, ein weiterer Sohn von mir, schlief noch. Er studierte Medizin in Ulm und war ebenfalls für ein paar Tage nach Hause gekommen. Obwohl nur wenig Zeit blieb, um miteinander zu reden, war mir die gemeinsame Zeit mit meinen Kindern immer kostbar.

Diese Alltagsroutine gab mir nicht nur das Gefühl, ihnen nahe zu sein und ein normales Familienleben zu führen. Sie half mir auch, mein schlechtes Gewissen, zu wenig Zeit für sie zu haben, etwas zu beruhigen, und schaffte gleichzeitig ein enges Verhältnis. Wichtig für mich war aber auch der Austausch, um eigene dramatische Erfahrungen zu verarbeiten und das Gefühl zu bekommen, auch ein Stück intakte Welt zu erleben und neue Kraft zu schöpfen.

Eigentlich wollte ich nur noch kurz frisches Gemüse und ein bisschen Obst auf dem Markt holen. Ich mochte das geschäftige Treiben und das bunte Leben so früh morgens auf dem Tübinger Marktplatz. Freitags waren immer besonders viele Stände da. Auf dem Weg dorthin klingelte mein Handy. Es war meine Freundin Heike. Seit der Erkrankung ihres Mannes Gregor war ich immer ein bisschen besorgt, wenn ihr Name auf dem Display erschien. Vor einigen Jahren hatte ein Kollege von mir bei ihm Leukämie diagnostiziert. Ein Zufallsbefund bei einer Routineuntersuchung. Sein Blutbild hatte Auffälligkeiten gezeigt. Gleich nachdem die beiden die schlimme Nachricht aufgenommen hatten, waren sie zu mir gekommen, um sich weiteren Rat zu holen.

Füreinander da zu sein, nicht nur auf der ärztlichen, sondern auch auf der zwischenmenschlichen Ebene, besonders in einer schweren Situation, gehört zu einer echten Freundschaft dazu. Zu wissen, dass man mit seinem Schicksal nicht allein gelassen wird, gibt Kraft und Hoffnung für den weiteren Weg.

Auch wenn mich einiges mit Heike verband, hatten wir teilweise völlig unterschiedliche Ansichten, besonders wenn es um Partnerschaften ging. Da konnte sie ziemlich rigoros und stur sein. Ich wusste, dass sie meine Beziehung mit einem verheirateten Mann nicht guthieß. Sie hatte mir das in den letzten Jahren immer wieder unter die Nase gerieben und nie verstehen können, warum ich nicht längst auf die Scheidung seinerseits gedrängt hatte, um endlich klare Verhältnisse zu schaffen. Deshalb hatte ich mich in unseren Gesprächen meistens zurückgehalten, wenn es um diese Themen ging.

»Ich hoffe, ich störe nicht, Lisa, und wollte nur fragen, ob wir zusammen ein Geschenk für Sabine besorgen sollen. Was hältst du von einem Seidentuch?« Bevor ich zu Wort kam, fuhr sie fort: »Kommst du allein oder kommt der mit?« An ihrem Unterton hörte ich schon wieder heraus, dass sie es bevorzugte, wenn ich allein käme, und insgeheim ärgerte es mich. Es machte aber keinen Sinn, wieder mit ihr darüber zu diskutieren.

»Super Idee! Es wäre toll, wenn du das besorgen könntest. Das Geld gebe ich dir, wenn wir uns das nächste Mal sehen. Übrigens, ich komme weder zu zweit noch allein, ich komme gar nicht«, antwortete ich. »Ich habe morgen Abend eine Sitzung beim DRK, und da ich dort Präsidentin bin, muss ich auch hin.«

»Alles klar, besorge ich gern! Gregor kommt natürlich auch mit, du weißt ja, wir machen immer alles zusammen.«

Für den Markt reichte es mir leider nicht mehr. So holte ich nur frische Brezeln beim Bäcker und beeilte mich. Jonathan war noch ein paar Tage bis zum Ende der Semesterferien da.

»Wie war die Nacht, Mama?«, empfing er mich liebevoll.

»Das kannst du dir gar nicht vorstellen. Heute Nacht bin ich tatsächlich als Notärztin wegen eines Ehestreits aus dem Bett geholt worden. Ich kann es immer noch nicht fassen. Aber was es nicht alles gibt.« Ich schilderte ihm kurz den Einsatz.

Danach erkundigte ich mich nach seinen Plänen für den Tag. Wir verabschiedeten uns mit einer festen Umarmung. Er ging in sein Zimmer, um sich auf eine Klausur vorzubereiten, ich ging unter die Dusche. Mit geschlossenen Augen ließ ich das warme Wasser lange an mir herunterlaufen und genoss das Gefühl, damit die nächtlichen Erlebnisse abzuspülen. Der Tag konnte beginnen.

Es war nicht das erste Mal, dass ich mit komplizierten und schwierigen Beziehungskrisen konfrontiert wurde, sowohl in meiner Tätigkeit als Ärztin in meiner Praxis als auch im privaten Bereich. Es gibt viele Erkrankungen wie Depressionen, Angstzustände, Essstörungen, nur um einige zu nennen, die seelisch bedingt sein können und auf unbewusste Konflikte wie partnerschaftliche Probleme zurückzuführen sind.

Diese Krankheitsbilder können durch Einsamkeit, Existenzängste wegen des Verlusts des Partners, des Arbeitsplatzes oder auch durch politische Konflikte, gar Krieg ausgelöst werden. Gerade in den letzten Jahren war und ist unsere Gesellschaft wiederholt mit Krisensituationen wie der Coronapandemie, dem Klimawandel, der Energiekrise oder der Inflation konfrontiert. Der Ukrainekrieg und die Angst vor einem Atomkrieg kommen noch hinzu. Jedes Mal wird nicht nur der gesellschaftliche Zusammenhalt auf die Probe gestellt, sondern auch die seelische Widerstandsfähigkeit der Menschen.

Krisen machen Angst. Angst und Stress führen zur Ausschüttung von Adrenalin, was auf Dauer zu erhöhtem Blutdruck und anderen gesundheitlichen Belastungen führen kann.

In Zeiten wie diesen herrscht Hochbetrieb in den Arztpraxen – auch in meiner.

Im Lauf meiner beruflichen Tätigkeit als Ärztin fiel mir auch auf, dass sich das Zusammenspiel von seelischen Belastungen und körperlichen Reaktionen in Beziehungskrisen besonders gut erkennen lässt. Regelmäßig habe ich es mit Patienten zu tun, die eine schwere Lebensphase durchmachen und mit ihren Kräften am Ende sind.

Frauen, die Opfer eines Betrugs in der Beziehung sind oder umgekehrt mit ihrer Rolle als Ehefrau oder Geliebte nicht mehr klarkommen. Männer, die sich ihren Ehefrauen nicht öffnen, weil sie selbst zu schwach sind oder nicht genug Selbstvertrauen besitzen oder sich schämen. Andere, die ihre Ehefrau betrügen, obwohl sie sie lieben und nicht im Traum daran denken, sie zu verlassen.

Jede gesellschaftliche Schicht ist vertreten, und immer wieder kann ich beobachten, wie jeder einzelne Mensch auf seine eigene Art mit Gefühlen umgeht oder eine neue Herausforderung anpackt oder auch nicht.

Entsprechend sind die Geschichten, die diese Menschen zu erzählen haben, und auch ihre Schicksale sehr unterschiedlich. Die meisten von ihnen kommen in die Praxis und suchen Rat, manchmal auch Seelenfrieden, vor allem aber möchten sie in einer gesunden Balance leben und ihre Sehnsucht nach etwas Glück im Leben stillen.

Als Ärztin und Person ihres Vertrauens versuche ich zunächst einmal zuzuhören, um dann so sachlich und differenziert wie möglich herauszufinden, womit sie innerlich und oft unbewusst zu kämpfen haben, was sie wirklich belastet und sie krank macht, um ihnen anschließend helfen zu können. Ich mache mir immer wieder bewusst, dass jeder Patient seine eigene Geschichte mitbringt, jeder Fall unterschiedlich ist und empfunden wird, auch unterschiedlich behandelt werden muss. Es gibt keine Lösung für alle, kein klares Richtig oder Falsch. Wichtig ist, eine empathische Beziehung zum Patienten aufzubauen und sich in ihn hineinzuversetzen, wobei die langjährige Erfahrung von Vorteil ist. Oft sagen mir Patienten, dass sie froh sind, mit mir über alles reden zu können. Und mir gibt es sehr viel, diesen Menschen helfen zu können.

An dieser Stelle möchte ich noch die Bedeutung einer guten Kommunikation betonen. Ich bin keine Halbgöttin in Weiß, zu der man aufblickt, sondern ein Mensch, der mit beiden Füßen auf dem Boden steht, in Jeans und Pullover. Ich versuche immer, mich auf Augenhöhe mit meinen Patienten zu unterhalten. Wenn einer von ihnen medizinische Begriffe oder schwierige Redewendungen nicht versteht, passe ich meine Wortwahl an. Wenn Menschen eher eine bildliche Sprache benutzen, beschreibe ich in Bildern, was ich ihnen sagen möchte. Ist jemand ängstlich oder misstrauisch, versuche ich mich in die Person hineinzuversetzen. Oder ich gehe auf mich zurück und erzähle, dass ich Ähnliches erlebt habe. Auf diese Weise schaffe ich Bindung und Vertrauen und kann vermitteln, dass ich genau weiß, wovon ich rede. Diese Kompetenz habe ich mir über die Jahre erarbeitet. Im Medizinstudium kommt sie leider zu kurz.

Wenn ich einem Patienten gegenübersitze, habe ich stets eine Aussage von Peter Ferdinand Drucker, einem US-amerikanischen Unternehmensberater österreichischer Herkunft, im Hinterkopf, die lautet: »Das Wichtigste in der Kommunikation ist, das zu hören, was nicht gesagt wurde.« Ich würde ergänzen: »… und natürlich auch das, was gesagt wurde, und dann beides zu verbinden.«

Alltag

Wenn etwas ist, melden Sie sich sofort bei mir. Über das Handy können Sie mich jederzeit erreichen«, sagte ich. »Ansonsten machen Sie bitte einen Termin an der Rezeption für nächste Woche zur Urinkontrolle.«

Die junge Frau nickte dankbar und steckte das Rezept in ihren Rucksack. Sie gehörte zu den Patientinnen, mit denen ich nicht zu sehr in die Tiefe gehen musste, um sie erfolgreich behandeln zu können. Sie hatte eine leichte Blasenentzündung, die sie sich auf einer Party von einer Studentenverbindung geholt hatte. Ich dachte, zum Glück bin ich aus dem Alter raus, um aus Eitelkeit frieren zu müssen und mir eine Blasenentzündung zuzuziehen. Ich ging davon aus, dass sie es sich draußen geholt hatte. Solche Infekte kann man sich ja durchaus auch beim zwischenmenschlichen Näherkommen einfangen. Es war also nichts Besorgniserregendes.

Wir verabschiedeten uns. Die Uhr an meinem Handgelenk zeigte halb neun. Die Praxis war normal besetzt. Ich war einigermaßen entspannt. Kein Notarztdienst mehr, kein Wettlauf gegen die Zeit, in der jede Sekunde zählt und über Leben und Tod entscheidet. Bei meiner Tätigkeit weiß man allerdings nie so recht, was der Tag noch mit sich bringen wird. Das ist auch der Grund, warum ich, wenn ich Sprechstunde habe, mich, so gut es geht, in Gelassenheit übe und die Dinge einfach auf mich zukommen lasse. Dem Anschein nach konnte ich mir nun richtig Zeit für meine Patienten nehmen.

Die nächste Patientin war Judith. Sie kam zur Tetanus-Auffrischungsimpfung, und ich freute mich richtig auf sie. Obwohl wir befreundet waren, hatte ich sie einige Zeit nicht gesehen. Es kam immer wieder vor, dass ich mehrere Wochen gar keine Zeit für meine Freunde hatte, weil ich mehr oder weniger rund um die Uhr als Ärztin und mit meinen Ehrenämtern beschäftigt war und auch noch meine Familie hatte. Trotzdem versuchte ich immer für meine Freunde da zu sein.

Judith betrat das Zimmer, hübsch und elegant hergerichtet wie immer, eine schwarze Markenhandtasche hielt sie fest in der rechten Hand. Über ihr durchaus markantes Gesicht huschte ein Lächeln, als sie mich sah, aber ich erkannte sofort, dass sich dahinter eine gewisse Traurigkeit verbarg. Ihre tiefe Blässe im Gesicht, die der rote Lippenstift besonders hervorhob, ließ mich kurz erschrecken und erinnerte mich wieder an unsere erste Begegnung vor ungefähr zehn Jahren.

Damals, wie fast jedes Wochenende, hatte der Wecker um sechs Uhr geklingelt und mich jäh aus dem Schlaf gerissen. Draußen war es noch dunkel und neblig, Spätherbst ... Ich duschte, schlüpfte in Jeans und Pullover und trank gemütlich meinen Milchkaffee. Das Frühstück ließ ich meistens ausfallen. Anschließend meldete ich mich bei der Leitstelle zum Notdienst. An diesem Tag vertrat ich meine niedergelassenen Kollegen und wartete auf Anrufe der Rettungsleitstelle, die mir die Hausbesuche für die kranken Patienten durchgeben sollte.

Es war ein ganz gewöhnlicher Tag, ein Hausbesuch nach dem anderen fiel an. Mein Sohn David begleitete mich. Er fuhr das Auto und half mir, die Patienten aufzunehmen, Blutdruck zu messen, und unterstützte mich bei meinem Dienst. Ich war froh, nicht alles allein machen zu müssen. Er war zu dieser Zeit durch seine Ausbildung zum Rettungsassistenten sehr sachkundig und damit eine große Hilfe.

Wir standen vor einem unscheinbaren, fabrikähnlichen Haus und suchten die Klingeln nach dem Namen »Gärtner« ab. Im ersten Stock befand sich eine Anwaltskanzlei mit diesem Namen. Aber das oberste Schild trug denselben Namen, also entschieden wir uns für die oberste Klingel. Trotz des dörflichen Charakters befanden wir uns in einem Gewerbegebiet. Während wir auf das Öffnen der Tür warteten, ging mir kurz durch den Kopf, was eine Anwaltskanzlei wohl inmitten eines Gewerbegebiets machen würde. Der Summer ertönte. Wir stiegen die Treppen der vier Stockwerke hoch. Das Treppenhaus machte einen schäbigen Eindruck, ein neuer Anstrich hätte ihm sicherlich gutgetan. Oben angekommen, öffnete uns eine schätzungsweise fünfzig Jahre alte Frau mit dunklen Haaren. Sie trug einen weißen Bademantel. Im Gegensatz zum Treppenhaus machte sie einen sehr gepflegten Eindruck.

»Guten Tag«, sagte sie, »kommen Sie bitte rein, mir ist total übel und schwindelig.« Sie war kalkweiß und sah richtig krank aus. Trotzdem hatte sie sich noch zurechtgemacht, und ihre Lippen schimmerten rot.

»Bitte legen Sie sich wieder hin, wir untersuchen Sie dann in Ruhe«, bat ich sie. Wir betraten das Schlafzimmer. Die gesamte Wohnung war in Weiß gehalten. Kunstwerke hingen an den Wänden, und der Marmorboden glänzte in Grautönen. Die Wohnung war traumhaft eingerichtet, geschmackvoll und edel, aber ich spürte sofort, dass hier irgendwie die Seele fehlte. Ich vermisste die Dinge, die ein gemütliches Wohnen ausmachten. Keine Blumen, keine persönlichen Dinge. Diese Räume erinnerten mich an Wohnungen, die ich aus Katalogen kannte und die zur Ausstellung dienten. Nicht mal ein Buch lag auf dem Nachttisch oder irgendein Gegenstand, ein Wecker, Tempo-Taschentücher, oder was sonst so auf Nachttischen liegt oder rumsteht.

Während ich die Frau untersuchte, lag sie ganz still auf dem Bett und machte auf mich einen traurigen, einsamen Eindruck. Seit mehreren Tagen fühlte sie sich nicht wohl und hatte sich jetzt dazu durchgerungen, einen Arzt zu rufen. Beim Untersuchen fiel mir auf, dass sie einen Nystagmus hatte. Das bedeutete, dass bei einer bestimmten Bewegung ihre Augen unkontrolliert zitterten. Außerdem wurde ihr sofort wieder übel, und Schweiß lag ihr auf der Stirn. Ich ahnte schnell, was mit ihr los war, wollte aber zuerst noch in Ruhe alle meine Untersuchungen durchführen. Ihr Blutdruck war okay, der Bauch weich, kein Durchfall, kein Fieber, und wenn sie sich nicht bewegte, war sie fast symptomfrei.

»Haben Sie auf einem Ohr ein Geräusch oder hören schlechter als sonst? Und hatten Sie viel Stress in letzter Zeit?«

Sie nickte mit dem Kopf und zeigte auf ihr rechtes Ohr. Seit zwei Tagen hatte sie einen leichten Tinnitus, der in der Nacht etwas stärker geworden war.

»Ich habe seit einer Woche große private Probleme«, fügte sie hinzu und schloss ihre Augen. Man merkte ihr deutlich an, dass sie darüber nicht sprechen wollte. Das respektierte ich. Ich legte ihr eine Nadel, hängte ihr eine Infusion an und spritzte ein Mittel gegen Übelkeit. Außerdem füllte ich ein Rezept aus und fragte sie, ob jemand für sie zur Apotheke gehen könne. Sie dachte nach.

»Meine Putzfrau, ja, wenn ich sie heute überhaupt erreichen kann.«

»Haben Sie sonst keine Freundin oder Nachbarn, die oder der es holen kann?«, fragte ich. Sie schüttelte den Kopf.

»Nein, ich bin ganz allein hier, und in diesem Haus befinden sich außer meiner Wohnung nur Büroräume.«

Traurig, schoss es mir durch den Kopf. Eine so sympathische Frau, so allein, irgendwie auch merkwürdig. Was mochte wohl dahinterstecken? Vorsichtshalber ließ ich ihr ein paar Tabletten zusammen mit meiner Handynummer da und bat sie, sofort anzurufen, falls ihr Zustand sich verschlimmern oder nicht bessern würde. Ich ahnte in keiner Weise, was tatsächlich hinter ihrer Einsamkeit steckte. Etwas Geheimnisvolles umgab sie, und dazu passte ihre Verschlossenheit. Ob ihr Leben ausschließlich aus Arbeit bestand?, fragte ich mich. Jedenfalls sollte ich ab diesem Tag eine neue Patientin und sie eine neue Hausärztin haben. Es war der Beginn einer langen Freundschaft.

Im Auto machten David und ich uns Gedanken über diese eigentümliche Situation. Die kühle, unpersönliche Atmosphäre in dieser Wohnung war abweisend und bedrückend. Vielleicht waren es aber auch zusätzlich das am Wochenende völlig verlassene Umfeld und die spürbar triste Stimmung in diesem Gewerbegebiet. Inzwischen hatte es zu regnen begonnen. Wir schüttelten die schweren Gedanken ab und machten uns auf den Weg zum nächsten Patienten, in der Hoffnung, danach eine Kaffeepause einlegen zu können.

In solchen Situationen versuche ich mich immer auf andere Gedanken zu bringen, und sei es nur, dass ich mich auf den nächsten Augenblick mit einer Tasse dampfenden Kaffees freue. Solche einfachen Dinge können das Leben schön und leicht machen. Der Seele eine Auszeit gönnen, um die Intensität des Moments zu empfinden und sich auch an einer Kleinigkeit zu erfreuen. Wie bei anderen die Zigarette, ist Kaffee für mich mit einem bestimmten Lebensgefühl verbunden. Schon die Vorfreude darauf! Und sobald ich die Tasse in der Hand halte, kann ich abschalten, ich lasse die Seele baumeln und fühle mich glücklich und frei. So kann ich dem Pop- und Jazzmusiker Roger Cicero nur zustimmen, der mal sagte: »Guter Kaffee ist wie gute Musik – beides berührt die Seele.«

Der Tag verlief weiter ohne dramatische Ereignisse, und die Nacht ließ uns gar nicht erst auf dumme Gedanken kommen, denn wir arbeiteten fast durchgehend. Immer wieder, wenn wir uns gerade ins Bett gelegt hatten, kam der nächste Anruf, für eine Samstagnacht nicht ungewöhnlich. Da der Dienst am nächsten Tag gleich weiterging, war ich dankbar, als ab vier Uhr dann alle offensichtlich erst mal versorgt waren. Zumindest bis um 7:30 Uhr. Da begann es dann von Neuem. David blieb tapfer dabei, und wir brachten auch diesen Dienst hinter uns. Sonntagnacht kamen wir deutlich mehr zum Schlafen.

Bei Judith Gärtner hatte ich noch mal angerufen. Es ging ihr nach Infusion und Medikament schon viel besser. Am Montag wollte sie bereits wieder arbeiten. Das war jetzt zehn Jahre her, und dazwischen war einiges passiert.

Judith zog ihre Jacke aus, nahm auf dem Stuhl vor meinem Schreibtisch Platz und legte mir ihren Impfpass hin.

»Hast du irgendwelche Erkrankungen wie Husten, Schnupfen, Halsweh, Fieber?«, fragte ich sie routiniert. Sie verneinte, und ich klärte sie über die Impfung auf. Während sie ihre Bluse aufknöpfte, betrat Corinne das Zimmer, gab mir die Spritze und trug die Daten in Judiths Impfpass ein, bevor sie wieder hinausging. Corinne arbeitete schon seit Jahren bei mir. Sie war die gute Seele der Praxis. Dank ihrer freundlichen und humorvollen Art mochten sie alle Patienten, auch wenn sie mit einer Spritze vor ihnen stand, so wie hier.

Es gab einen kleinen Piks. Ich wusste, dass Judith so gut wie keine Zeit hatte. Vermutlich wartete schon der nächste Mandant in der Kanzlei auf sie. Trotzdem wollte ich sie nicht gehen lassen, ohne ein paar persönliche Worte mit ihr zu wechseln. Ich fragte sie: »Und wie geht es dir sonst? Ist alles in Ordnung mit dir? Du bist so blass heute.« Sie zögerte kurz, und ich sah, wie sich ihr Gesicht veränderte. Dann brach es aus ihr heraus.

»Ich kann jetzt eigentlich nicht reden, aber ich mache mir große Sorgen um Walter. Ich habe große Angst, ihn zu verlieren. Er scheint mir in letzter Zeit öfter durcheinander zu sein, und irgendwie habe ich das Gefühl, es geht ihm nicht gut.«

Ich kannte Walter. Mit ihm verband mich allerdings keine

Freundschaft wie mit Judith, denn er sprach wenig über private Angelegenheiten und schon gar nicht über seine Liebesbeziehung zu zwei Frauen. Auch hatten wir wenig Gemeinsamkeiten, und manchmal musste ich mich zusammenreißen, um seine Eigenarten nicht zu kommentieren. Er war ebenfalls mein Patient, ging aber grundsätzlich nur zum Arzt, wenn es sich absolut nicht vermeiden ließ.

Zwanzig Jahre Altersunterschied trennten die beiden. Lange wusste ich nicht, dass sie eine Beziehung miteinander führten. Erst als Walter bei ihr zu Hause einen Schwächeanfall erlitt und sie mich um Hilfe bat, vertraute sie mir an, dass sie schon seit über zwei Jahrzehnten seine heimliche Geliebte war. Von Anfang an war er ein aufmerksamer Gesprächspartner und kluger Stratege gewesen, besonders in juristischen Fragen, denn er war selbst studierter Jurist, arbeitete aber in der Immobilienbranche. Judith schätzte es, sich mit ihm auszutauschen und über komplizierte Fälle zu diskutieren. Sie war froh über seine Unterstützung. Beruflich stand er ihr immer mit Rat und Tat zur Seite, doch nicht nur das gemeinsame Interesse an rechtlichen Fragen verband die beiden. Auch hatte sie in ihm einen Beschützer gefunden, bei dem sie sich sicher und geborgen fühlte. Sie bewunderte ihn mehr als jeden anderen, und ich zerbrach mir öfter den Kopf über ihre bedingungslose Abhängigkeit von ihm.

»Ich weiß, du darfst mir nichts über seinen Gesundheitszustand sagen, weil er dein Patient ist«, fuhr sie fort. Ihre Worte trafen genau den Zwiespalt, in dem ich mich befand. Sie warf einen nervösen Blick auf ihre Uhr. »Ich würde so gern mit dir reden, aber ich muss los.« Sie stand auf, griff hastig nach dem Impfpass, umarmte mich fest und verabschiedete sich.

Nachdem ich die restlichen Patienten in der Praxis versorgt hatte und mit den anschließenden Hausbesuchen fertig war, rief ich noch kurz Heike an. Wir verabredeten uns für die Woche darauf in der Stadt, dann machte ich Feierabend. Ich ging die Treppe hoch an der Praxis vorbei, erleichtert, alles erledigt zu haben, und freute mich auf den Abend. Die Nacht als Notärztin steckte mir noch in den

Knochen, und der lange Tag in der Praxis hatte nicht gerade dazu beigetragen, mich davon zu erholen. Auch die Geschichte mit Judith und Walter ließ mich nicht gleich los, ganz zu schweigen von dem Konflikt, in dem ich steckte. Ich machte mir um ihn als Patienten seit geraumer Zeit Sorgen. Umso erleichterter war ich jetzt, abschalten zu können.

Der Preis für die besten Jahre

Heiner hatte ich vor vielen Jahren kennengelernt. Er gehörte zwar nicht zu meinem engen Bekanntenkreis, dennoch waren wir befreundet und konnten uns immer aufeinander verlassen. Irgendwann war er mit der Frage auf mich zugekommen, ob ich ihn und seine Frau Cornelia als Hausärztin betreuen könnte. Selbstverständlich hatte ich Ja gesagt. Seitdem waren beide meine Patienten. Cornelia bekam ich fast nie zu Gesicht, dafür aber bald Olga, seine Geliebte, die er mir kurz darauf noch vorgestellt hatte. So brachte er je nach medizinischem Bedarf gelegentlich seine Ehefrau oder aber seine Geliebte mit.

An diesem Tag hatte er mich zuvor per SMS kontaktiert. Er brauche dringend einen Termin! Dieses Mal kam er allein.

»Lisa, du musst mir bitte helfen. Über meine Krankheiten brauchen wir heute nicht reden, und ich weiß selber, dass ich gerade viel zu viel trinke. Heute geht es um Conny. Ich habe sie extra nicht mitgebracht. Es wird immer stärker mit ihrer Vergesslichkeit, und eigentlich kann ich sie mit gutem Gewissen nicht mehr allein zu Hause lassen. Sie hat wieder vergessen, den Herd auszuschalten, und neulich hat sie tatsächlich dreimal hintereinander das Haus verlassen, ohne den Hausschlüssel mitzunehmen. Manchmal kann ich mich gut mit ihr unterhalten, und im nächsten Moment hat sie vergessen, worüber wir vorher geredet haben. Das geht schon eine ganze Weile so. Ich mache mir jetzt immer mehr Sorgen, weil ihre Demenz zunimmt. Du weißt, ich würde alles für sie tun, was ich kann. Niemals würde ich mich scheiden lassen, das weiß Olga ganz genau, auch wenn es schwer für sie ist, das zu akzeptieren. Aber ich kann nicht die ganze Zeit bei meiner Frau sein. Ich muss noch arbeiten. Die Galerie ist erfolgreich, und das Geschäft brummt. Aber das mit Conny ist bedrückend und belastend, ich brauche noch einen Ausgleich, um das Ganze zu ertragen, und muss auch an mich denken. Von Anfang an habe ich mich völlig nach meiner Frau gerichtet. Ich wollte immer Kinder haben, aber Conny wollte keine, wegen ihrer Figur. Du weißt, als Fitnesstrainerin hat sie immer viel Wert auf ihren Körper gelegt, und ich konnte ihr auch keinen Wunsch abschlagen. Aber es wird einsamer um mich, weil ich mit ihr nur noch über allgemeine Dinge reden kann. Selbst da vergisst sie viel und nimmt nur noch wenig Anteil. Langsam glaube ich, sie lebt in einer eigenen Welt. Seit Jahren schon will sie keinen Besuch bei uns zu Hause. Ihr war es immer zu viel. Jetzt bin ich sogar froh darüber, weil es bei uns inzwischen aussieht wie im Saustall. Das hält kein Mensch aus, und ich auch nur, weil ich eine Freundin habe. Olga ist zwar viele Jahre jünger, und ich muss ihr einiges bieten, aber dafür gibt sie mir auch das Gefühl, noch etwas vom Leben zu haben. An ihrer Seite fühle ich mich jung und lebendig. Sie genießt es, Gäste einzuladen und Feste zu organisieren, und sie liebt mich über alles. Aber ich komme von zu Hause immer schlechter weg, weil Conny eigentlich nicht länger allein bleiben sollte. Du weißt, ich unternehme immer noch gern etwas mit ihr. Wir fahren regelmäßig ins Allgäu, dort lebt auch ihr Bruder.« Hilflos zuckte er mit den Schultern, hob die Hände und sah mich an. Er schien unschlüssig. »Was soll ich tun? Ich brauche doch ein bisschen Freude am Leben. Sonst halte ich es nicht durch. Ich möchte sie auf keinen Fall ins Heim geben, sie soll bei mir bleiben. Deshalb brauche ich dringend eine Lösung. Wir haben eine Dachwohnung, die frei steht. Kennst du jemanden, der nach meiner Frau schauen würde? Eine Krankenschwester oder so?«

»Eine Krankenschwester zu engagieren wird teuer, denn du brauchst auch Ersatz, wenn sie Urlaub macht oder selbst krank wird«, antwortete ich. »Aber es gibt gute Pflegeagenturen, die eine bezahlbare Betreuung durch ausländische Pflegekräfte zu Hause ermöglichen und im Krankheitsfall für Ersatz sorgen. So wäre deine Frau gut versorgt und nicht allein. Das ist auch finanziell zu stemmen. Und durch die Demenz bekommt sie auch eine Pflegestufe. Allerdings musst du dich darauf einstellen, dass die Pflegekräfte häufig wechseln, so alle paar Monate.«

Ich fand es großartig, dass Heiner seine Frau nicht im Stich ließ und loyal zu ihr hielt. Heutzutage ist das keine Selbstverständlichkeit mehr, weil es immer mehr Beziehungen auf Zeit gibt. Ich konnte Heiner verstehen und fand es besser, es so zu handhaben, als sich scheiden zu lassen. Eine Geliebte zu haben, war aus seiner Sicht nachvollziehbar. Niemand muss sich bis zur Selbstaufgabe aufopfern, auch wenn es ein Eheversprechen gibt. Sich selbst zu schützen, ist nicht nur legitim, sondern manchmal überlebensnotwendig.

Es stellte sich allerdings heraus, dass er dabei war, seine Probleme im Alkohol zu ertränken. Früher hatte er nur bei offiziellen Anlässen getrunken, inzwischen gehörte eine ganze Flasche Wein zum Abendritual. Dabei fielen mir die Worte meines Doktorvaters wieder ein, bei dem ich meine Dissertation über Alkoholismus geschrieben hatte. Seine Definition von Alkoholsucht lautete sinngemäß und vereinfacht: »Wenn ich jeden Tag trinken muss und es keinen Tag gibt, an dem ich kein Bedürfnis nach Alkohol habe, dann gibt es ein Problem, wobei es sicherlich auch Ausnahmen und Sonderfälle gibt.«

Als Ärztin ist es wichtig, den Patienten zu begleiten und ihm zu helfen, Wege zu finden und zu gehen, die machbar sind. Wenn es aber für ihn nicht mehr erträglich ist, sollte er eine Grenze ziehen. Es ist schwierig, mit der äußeren Hülle des Menschen zu leben, dessen Innerstes zunehmend verloren geht und der nicht mehr die Person ist, in die man sich verliebt und die man geheiratet hat. Oft sind es nur die Erinnerungen und Gewohnheiten, die einen noch an diesen Menschen binden.

Es gibt viele verschiedene Formen und Entwicklungen einer demenziellen Erkrankung. Manche demente Menschen werden ängstlich und aggressiv, während andere anhänglich und kindlich werden können. Für den Angehörigen ist beides meist eine psychische Belastung, die häufig zur Überforderung führt. Dadurch können psychosomatische Beschwerden und Süchte entstehen. Heiner war ein Beispiel dafür.

Conny hatte sich offensichtlich mit der Situation arrangiert, soweit sie ihr bewusst war. Bei Olga war es sicherlich anders. Sie war eine dunkelhaarige, schöne Frau, die vor drei Jahren aus Moskau nach Deutschland gekommen war, um in der Galerie von Heiner zu arbeiten. In ihrem Heimatland war sie im Kunstgewerbe tätig. Daher kannten sich die beiden schon länger. Nachdem sie bei Heiner angefangen hatte, begann schon bald ihre heimliche Beziehung. Durch Heiner hatte sie ein Leben kennengelernt, das sie in Russland nicht führen konnte. Inzwischen verstand sie viel von Bildern und Kunst, auch wenn sie noch lange nicht Heiners langjährige Erfahrung hatte. Vor Kurzem versprach er ihr, da er keine Kinder hatte, dass sie die Kunstgalerie mal erben würde, als eine Art Entschädigung für ihre besten Jahre, die sie ihm schenkte. Mit Ende dreißig war sie allerdings in einem Alter, in dem sie sich über das Thema Familienplanung Gedanken machen musste. Ich wusste von Heiner, dass sie sich ein Kind von ihm wünschte, aber auch, dass für ihn das Thema in seinem Alter definitiv nicht mehr infrage kam. Bei Olga war ich mir nicht so sicher, ob sie sich damit arrangieren würde. Schon seit einem Jahr litt sie unter chronischen Magenschmerzen, die bis hin zur Magenspiegelung komplett abgeklärt wurden. Den Beschwerden konnte man keine körperlichen Ursachen zuschreiben. Deshalb lag die Vermutung nahe, dass diese eingeschränkte Beziehungsform psychischen Stress verursachte und ihr im wahrsten Sinne des Wortes auf den Magen schlug.

Natürlich besteht heutzutage auch die Möglichkeit, sich künstlich befruchten zu lassen, wenn man noch in späten Jahren ein Kind bekommen möchte. Ob sie sich zu solch einer Entscheidung irgendwann durchringen würde, war unklar. Hinzu kam die Frage, ob Olga allein die finanzielle Absicherung für ein glückliches Leben ausreichen würde, während gleichzeitig die Uhr in Sachen Kinderplanung tickte. Würde sie womöglich ein ähnliches Leben wie Judith führen, deren Alltag seit vielen Jahren darin bestand, sich nach Walter zu richten? Ein Leben aus Warten und Hoffen, die Tage und Wochenenden gefüllt mit Arbeit und vielen einsamen Nächten. Würde das der Preis sein, den die junge Frau für die Zugeständnisse in dieser Beziehung zahlen müsste?

Was ist richtig oder falsch? Im Fall von Olga bin ich mir nicht sicher. Es käme für mich niemals infrage, auf Kinder zu verzichten. Aber jeder hat einen eigenen Lebensweg und eigene Bedürfnisse. Und manchmal ist eine bestimmte Lebensform für einen bestimmten Lebensabschnitt genau die richtige. Letztlich muss das jeder für sich selbst herausfinden. Absolut wichtig dabei ist aber, etwaige körperliche Beschwerden nicht zu ignorieren, sondern deren Ursachen zu erforschen und zu beheben. Denn manchmal meldet sich die verletzte Seele über den Körper und setzt uns damit Grenzen.

Ich blickte auf die Uhr und freute mich, Heike zu treffen. Im Gegensatz zu ihr war ich dieses Mal auf die Minute pünktlich.

»Eigentlich bin ich so früh losgefahren, weil ich in Tübingen noch etwas besorgen wollte, stattdessen komme ich jetzt auch noch zu spät«, begrüßte sie mich mit hochrotem Kopf. »Tübingen ist eine einzige Katastrophe: überall Baustellen und Blitzer, jede Ampel auf Rot geschaltet, vom Stau ganz zu schweigen. Ich wollte in der Innenstadt ins Parkhaus, und was war? Auch im Umbau! Und mit meinem SUV muss ich mich hier auch noch schämen. Die hat euer OB ja ganz besonders auf dem Kieker.«

»Jetzt beruhige dich erst mal und setz dich hin«, sagte ich und unterdrückte mein Grinsen. Das impulsive Temperament dieser zierlichen Person mochte ich irgendwie. Außerdem war Heike der hilfsbereiteste Mensch, den ich kannte, auch wenn sie zuweilen ganz schön nerven konnte. Schließlich kannten wir uns schon etliche Jahre und hatten einiges gemeinsam unternommen.

»Wie war dein Tag?«, fragte sie.

»Du, wie immer. Viele Patienten, viele Probleme und Herausforderungen, aber auch tolle Begegnungen. Ich finde es spannend, wenn Menschen mir von ihren Sorgen erzählen und mache mir in letzter Zeit immer mehr Gedanken, wie viele unterschiedliche Lebensformen es gibt.«

»Was meinst du mit Lebensformen?«

»Verschiedene Formen von Beziehungen.«

»Ich weiß, dass du wesentlich offener und freizügiger damit umgehst als ich. Aber das musst du selbst wissen. In der Hinsicht lässt du dir ja nichts von mir sagen.«

»Ach Heike, du musst dich einfach nur mal umschauen. Wenn du das erleben würdest, was ich häufig sehe und erlebe, dann wärst du vielleicht auch ein bisschen verständnisvoller.«

»Ich habe keinen Grund, Verständnis aufzubringen, wenn jemand so blöd ist, dass er sich betrügen lässt oder die ganze Zeit den anderen hintergeht. Das würde ich mir niemals bieten lassen. Außerdem würde Gregor so etwas nie machen. Dazu ist unsere Beziehung viel zu stabil. Wir haben uns schon immer super im Bett verstanden, an meiner Seite fehlt es ihm an nichts, deshalb hätte eine andere Frau gar keine Chance. Außerdem trägt er mich auf Händen, und das seit Jahren. Auch ich käme nicht auf die Idee, mit jemandem anzubandeln. Wenn überhaupt, dann kann man sich draußen Appetit holen, aber gegessen wird zu Hause, das gilt für uns beide.«

»Oh, Heike, du solltest dich mal mit den Menschen auseinandersetzen, mit ihren Fantasien und Träumen. Hast du gewusst, dass jeder vierte verheiratete Mann mal fremdgeht? Die Männer, die in den Puff gehen, sind auch nicht alle ungebunden.«

»Das verstehe ich sowieso nicht, was du mit Prostituierten am Hut hast.«

»Jeder meiner Patienten hat das Recht, gleichbehandelt zu werden, und du weißt auch gar nicht, warum jemand das macht.«

»Das will ich auch nicht wissen. Die Frauen in deiner Partei wollen doch das Prostitutionsverbot, oder nicht?«

»In der CDU gibt es zum Glück unterschiedliche Meinungen«, gab ich zurück.

»Das respektiere ich, und das Thema brauchen wir jetzt nicht weiter zu vertiefen. Ich glaube, das Problem ist, dass die meisten sich in einer Ehe nicht genug bemühen und sich gehen lassen. Ich bin mir sicher, wenn man gemeinsame Werte hat und etwas für die Ehe tut, dass dann so etwas gar nicht vorkommt. Würde dein verheirateter Partner etwa fremdgehen, wenn er daheim wirklich alles hätte? Hast du eigentlich immer noch keine Konsequenzen gezogen?«, fuhr sie fort.

»Das ist alles nicht so einfach. Beziehungen können sich im Lauf der Zeit auch ändern.« Prompt kam ihre Antwort: »Das hört sich nicht so gut an. Was hast du anderes erwartet? So was kann nur schiefgehen.«

Ich beließ es dabei, es brachte eh nichts. Dennoch konnte ich mir nicht vorstellen, dass alles bei ihr reibungslos funktionierte. Das klang mir zu perfekt. Aber vielleicht führten sie auch tatsächlich eine glückliche Beziehung. Das konnte niemand wissen. Solche beachtenswerte, um nicht zu sagen, fast beneidenswerte Partnerschaften gibt es wohl auch, dachte ich, obwohl mir klar war, dass nur diejenigen, die sie führen, wissen, wie viel Arbeit wirklich darin steckt.

Ich hoffte nur inständig, dass es bei Heike nicht irgendwann mal ein böses Erwachen geben würde, und wechselte unvermittelt das Thema.

»Der Schal hat übrigens tolle Farben. Sabine hat mir ein Bild geschickt. Was kriegst du von mir dafür?«

»Fünfzig Euro.«

Wir unterhielten uns weiter über unsere Kinder – sie hatte zwei mittlerweile erwachsene Töchter –, während ich ihr von meinen süßen Enkelkindern vorschwärmte und die Freuden der Rolle als Oma beschrieb, nämlich, mit ihnen zu spielen und Spaß zu haben, aber sie im richtigen Augenblick auch wieder abgeben zu können.

Ein uneinsichtiger Patient

Walter kam nur in die Praxis, wenn es ihm schlecht ging, also ganz selten. Seit Jahren schon war er mein Patient. Für sein Alter sah der energische Einundachtzigjährige noch richtig fit aus. Das Jackett, das er trug, erinnerte andeutungsweise an eine Trachtenjacke und unterstrich seine drahtige Figur. Er war klein von Statur und nicht besonders attraktiv, dafür aber charmant. Er war auch ein leidenschaftlicher Jäger. Einmal hatte er sogar vorgeschlagen, für mich ein Wildschwein zu schießen. Doch da ich vermutlich entgegen seinen Erwartungen sehr zurückhaltend auf sein Angebot reagierte, beließ er es dabei.

Wahrscheinlich, weil er als ehemals erfolgreicher, pensionierter Immobilienmakler viel Zeit draußen mit seiner Jagd verbrachte, hatte er eine gebräunte Haut mit vielen Falten, die im krassen Kontrast zu seinen schlohweißen Haaren stand. Eine Sonnencreme benutzte er natürlich nicht.

Durch meine Freundschaft mit Judith hatte ich ihn etwas näher kennengelernt. Wir gingen gelegentlich zusammen essen. So wusste ich auch, dass er als strenger Katholik jeden Sonntag in die Kirche ging und davon träumte, eine Privataudienz beim Papst in Rom zu bekommen. Das allerdings gestaltete sich schwierig, die Chance hatten nur hochgestellte Persönlichkeiten aus Politik und Wirtschaft. So privilegiert war er dann doch nicht.

Außerdem war das Ganze mit Kosten verbunden, und Walter war sehr sparsam, um nicht zu sagen geizig. Seine gelegentlichen wohlwollenden Äußerungen über meine moderaten Arztrechnungen ließen mich immer wieder schmunzeln, im Gegensatz zu einigen seiner Macken, die ich nebenbei mitbekam. Er verlangte bei jedem Restaurantbesuch grobes Salz aus der Mühle, kein anderes, und machte richtig Theater, wenn es keins gab. Ich staunte nicht schlecht, als ich sah, dass Judith tatsächlich immer eine Salzmühle in ihrer Handtasche mitschleppte, damit er im Falle eines Falles

Ruhe gab. Natürlich nahm er die Essensreste immer »für seinen Hund« mit.

Walter war, wie gesagt, auch verheiratet. Seine Ehefrau Else kannte ich nur flüchtig. Sie hatte einen anderen Hausarzt und war nur einmal in meiner Praxis gewesen. Dennoch hinterließ ihr Besuch einen bleibenden Eindruck. Sie lebte zurückgezogen. Wie ihr Mann auch, war sie sehr gläubig. In der Sprechstunde machte sie kein Geheimnis daraus, dass diese Ehe eine reine Vernunftehe war. Sie war ein Einzelkind und wohlhabend. Ihr Mann, der damals noch bei ihrem Vater in der Rechtsabteilung angestellt war, sollte durch diese Heirat die Nachfolge der Immobilienfirma übernehmen. Aus diesem Grund hatte Walter seinen ursprünglichen Traum, eines Tages eine eigene Anwaltskanzlei zu gründen, auch aufgegeben.

Die gemeinsamen Söhne hatten sie eigentlich nur gezeugt, um die Ehe zu festigen und Erben für die Firma zu haben. Im Bett lief aber schon lange nichts mehr, wie Walter mal beiläufig in einem Nebensatz fallen ließ. Während ich sie untersuchte und ihren Blutdruck maß, meckerte sie die ganze Zeit über ihren Mann.

»Er beklagt sich immer bei mir über seine Wehwehchen. Das nervt mich langsam. Hätte er doch eine Krankenschwester geheiratet«, erzählte sie. Offensichtlich schien Walter bei ihr anders aufzutreten als bei mir in der Praxis, dachte ich. »Er könnte sich und uns auch ruhig ein bisschen mehr gönnen und bessere Hotels aussuchen, wenn wir in Urlaub fahren. Und aufhören, so akribisch aufs Geld zu schauen. Das kam damals meinem Vater sicher gerade recht, aber doch nicht beim Wurstsalat! Mit Käse kostet der fünfzig Cent mehr, wissen Sie. Und da fragt er uns noch ›Müsst ihr wirklich den Wurstsalat mit Käse essen?‹«, sagte sie voller Empörung. »Das muss doch nicht sein, oder? Auch wenn mein Vater früher von so viel Sparsamkeit ganz begeistert gewesen wäre und ihm dafür sogar recht gegeben hätte«, beendete sie das Gespräch.

Walter war also eine Marke für sich und konnte ziemlich dominant sein. Doch wenn es um seine eigene Gesundheit ging, wollte er keinen einzigen Gedanken daran verschwenden, zumindest nicht bei mir. Man musste ihn regelrecht dazu drängen, sich mal durchchecken zu lassen. Lag das vielleicht auch am Geld oder an seiner Selbstbeteiligung bei der Krankenkasse?

Vor einigen Wochen hatte ich ihn dann endlich so weit, dass er zur Vorsorgeuntersuchung kam. Die letzte lag nämlich mehrere Jahre zurück. Er konnte manchmal so stur sein! Nur weil er sich gesund ernährte und viel in den Wald ging, um zu jagen oder Holz zu machen, meinte er, würde sein Körper von allein mit allen Krankheiten fertigwerden. Meine Untersuchung ließ er mehr als halbherzig über sich ergehen.

Dann kam es, wie es kommen musste. Beim Ultraschall sah ich etwas Auffälliges. Es war aber zu früh, um eine genaue Diagnose zu stellen. Eine weitere radiologische Untersuchung war nötig, um Genaueres sagen zu können. Wieder mit Mühe und Not schaffte ich es, ihn zu überzeugen, in die Klinik zu gehen. Corinne vereinbarte einen Termin für ihn.

Als er nun wieder vor mir stand, dachte ich, er hätte den Termin wahrgenommen und würde mir die Befunde mitbringen. Entsetzt erfuhr ich, dass er ihn hatte sausen lassen und nur gekommen sei, weil er weiterhin ein Druckgefühl im Oberbauch spürte und ihm das Essen nicht mehr richtig schmeckte. Das kannte er nicht. Ich erinnerte mich an den Moment, als ich ihm während der Untersuchung mitteilte, dass ich etwas Auffälliges sah. Anstatt mir richtig zuzuhören, regte er sich fürchterlich darüber auf, wie man mit seinem armen Jagdhund Nero umgehen würde.

Das Tier hatte einen anderen Hund unvermittelt totgebissen. Seither musste sein Liebling einen Maulkorb tragen. Wütend schimpfte er vor sich hin. Insgeheim war ich gottfroh, dass dieses schwarze Ungeheuer endlich mal einen Maulkorb verpasst bekommen hatte, weil er auch mich einmal ohne Vorwarnung beim Essen unter dem Tisch in die Ferse gezwickt hatte. Und ich war nicht die Einzige. Diese Gefahr war vorerst gebannt.

Aber zurück zu Walter. Alles, was ich ihm sagte, hatte er wieder verharmlost und verdrängt. Außerdem merkte ich an diesem Tag, dass er öfter dasselbe fragte, und ich überlegte mir, ob er mir überhaupt zuhörte. Das Gespräch über seinen Hund zeigte mir zudem, dass er heute wieder mal auf Krawall gebürstet war und sich nichts sagen lassen würde. Einsicht war nicht gerade seine große Stärke. Er hätte sofort aufbrausend seine Sachen gepackt und die Praxis auf Nimmerwiedersehen verlassen. So machte ich mir nur eine Notiz in seiner Akte und vereinbarte für ihn einen neuen Termin in der Klinik. Ich machte ihm ausdrücklich klar, dass er diesen wahrnehmen müsse, sonst bekäme er es mit mir zu tun. Der zusätzliche Hinweis darauf, dass ein weiterer nicht wahrgenommener Termin womöglich mit höheren Kosten verbunden wäre, verfehlte seine Wirkung nicht. Jetzt musste ich auf die Befunde warten.

Oft mache ich mir Gedanken darüber, wie wichtig es ist, dass Menschen die für sie richtige Therapie bekommen, und ihnen trotzdem zuzugestehen, dass sie auf ihre Weise mit dem Problem umgehen. Manche möchten klar wissen, was sie erwartet, um sich vorbereiten zu können und alles zu regeln, bis hin zur Organisation ihrer Beerdigung. Andere möchten sich nicht damit auseinandersetzen, dass das Leben endlich ist und sie womöglich bald sterben werden. Auch das sollte man respektieren. Als Ärztin habe ich kein Recht, ihnen die Auseinandersetzung mit der Krankheit aufzuzwingen.

Aber bei Walter war die Lage komplizierter. Er war schon von seinem Grundcharakter her kritisch und misstrauisch. Für mich wurde es in der Tat immer schwieriger, da meine ärztliche Schweigepflicht mich zwang, gegenüber Judith Stillschweigen über Walters Arztbesuche und Diagnosen zu bewahren.

»Wir sehen uns dann zum Adventskaffee bei Judith.« Mit diesen Worten verabschiedete er sich von mir, ohne vorher gefragt zu haben, ob ich da überhaupt Zeit hätte. Als sich die Tür hinter ihm schloss, atmete ich tief durch und holte mir erst mal einen Kaffee.

Schönheit liegt im Auge des Betrachters

Maria ging es nicht gut. Mit ihr verband mich eine langjährige Freundschaft. Wir beide kannten uns seit der ersten Grundschulklasse.

Es klingelte, und sie kam voll bepackt die Treppen hochgestapft. Wir hatten zwei Tage zuvor telefoniert, und mir war spontan die Idee gekommen, sie einzuladen, um gemeinsam über das Wochenende in den Schwarzwald zu fahren. Hauptsächlich um sie aufzumuntern, aber auch, um uns beiden eine ganz besondere Auszeit zu gönnen und uns kulinarisch verwöhnen zu lassen. So hatte ich in der Traube Tonbach, einer schönen Hotelanlage, nicht allzu weit von Tübingen, angerufen und hatte Glück. Ein Zimmer war noch frei. Leider gab es so kurzfristig keinen Tisch mehr im dazugehörigen Gourmetrestaurant, sie waren ausgebucht. Ich ließ uns trotzdem auf die Warteliste setzen. Wir freuten uns auf die gemeinsamen Tage, auch wenn es nur kurz war.

Die Landschaft lag teilweise im Nebel, und der Weg mit dem Auto führte uns durch einige verträumte Schwarzwalddörfer.

Maria konnte ein bisschen Abwechslung gebrauchen. Sie war traurig. Ihre letzte Beziehung war schon nach kurzer Zeit wieder in die Brüche gegangen. Die beiden hatten einfach nicht zusammengepasst.

Ich konnte mich sehr gut in ihre Lage hineinversetzen. Eine Beziehung zu beenden, wer macht es gern? Schluss zu machen bedeutet immer Abschied zu nehmen. Auch alte Gewohnheiten aufzugeben und wieder auf sich selbst zurückzufallen, allein Entscheidungen zu treffen und sich vom Gefühl zu trennen, jemanden an seiner Seite zu haben, der einem Nähe schenkt und dem man vertrauen kann.

»Ich würde so gerne das gemeinsame Alter planen und leben«, sagte sie, während ich fuhr. »Mit achtundfünfzig Jahren wäre es doch schön, einen Partner zu haben, mit dem man die restlichen

Jahre glücklich und sorgenfrei verbringen kann. Jetzt ist alles wieder vorbei, langsam verliere ich den Mut, ständig neue Wege einzuschlagen. Vielleicht ist es alles sinnlos und besser, wenn ich allein bleibe.«

Ich wusste, dass sie sich eigentlich im Grunde ihres Herzens einen Partner wünschte und sich mit diesem Satz wahrscheinlich nur trösten wollte.

»Achtundfünfzig Jahre ist doch kein Alter, Maria, du kannst jederzeit jemanden kennenlernen. Es gibt so viele Möglichkeiten, wenn man mit offenen Augen durchs Leben geht. Auch gibt es immer mehr Menschen, die jemanden über eine Partneragentur suchen. Beim Ersten wird es wahrscheinlich nicht sofort klappen, aber mit Geduld kann man dort schon jemanden finden, in den man sich verliebt und der gut zu einem passt.«

Wir sprachen dann noch über unsere Kinder. Wie ich hatte sie auch vier und war alleinerziehend, nachdem sie sich von ihrem Ehemann getrennt hatte. Sie machte sich immer wieder viele Gedanken um die Kinder, meiner Meinung nach manchmal zu viele. Es gab eben die üblichen Probleme, die immer auftreten, wenn man vier Kinder hat, Pubertät, Liebeskummer, Zukunftsängste, aber sonst keine größeren Auffälligkeiten, die mich als Ärztin beunruhigt hätten.

Was meinen Nachwuchs betraf, war ich im Moment ganz glücklich. Beruflich ging Jonathan seinen Weg. David liebäugelte damit, eines Tages in München als Arzt in der Kardiologie zu arbeiten. Seine Freundin Caro war nun im Begriff, dorthin zu ziehen. Meine Tochter Simone lebte mit ihrem Mann und ihren zwei Kindern in Zürich und war bei einer Schweizer Bank angestellt. Benjamin sah ich mehrmals in der Woche, da wir im selben Haus wohnten. Auch hatten er und seine Frau Moni mir ebenfalls zwei süße Enkelkinder geschenkt. Ich war glücklich, eine so große Familie zu haben, und freute mich immer unheimlich, alle zu sehen.

Schließlich erreichten wir das Hotel. Am Eingang nahm man uns gleich das Gepäck ab, und ein Mitarbeiter fuhr für uns das Auto in die Garage. In der Lobby wurden wir herzlich mit einem Glas Champagner empfangen.

Das Zimmer war traumhaft schön, es fehlte an nichts. Wir zogen uns um und machten uns auf den Weg zum Wellnessbereich. Es war herrlich, in das warme Wasser des Whirlpools einzutauchen, die Beine von sich zu strecken und das sprudelnde Wasser auf der Haut zu spüren. Das Leben konnte trotz Problemen einfach schön sein, und manchmal tat es gut, alles beiseitezuschieben und nur den Augenblick zu genießen. Das taten wir beide jetzt ausgiebig.

Einmal aus dem Wasser, legten wir uns noch eine Weile auf die Liegen. Maria war kurz eingedöst, so beobachtete ich die anderen Gäste. Die meisten schienen sich genauso wohlzufühlen wie wir.

Neben einer Säule fiel mir aber ein Pärchen auf, das offensichtlich eine heftige Auseinandersetzung hatte. Beide redeten zwar leise, doch ab und zu drangen Wortfetzen zu mir durch. Der Mann hatte einen zornigen Gesichtsausdruck, während die Frau ihn mit zusammengekniffenen Lippen und saurer Miene ansah. Es ging wohl ums Geld, mehr konnte ich nicht verstehen. Bevor ich dazu kam, Maria auf das Geschehen aufmerksam zu machen, packte er schnell seine Sachen und verließ grimmig den Spa-Bereich. Entsetzt sah ihm die Frau hinterher. Hastig suchte auch sie ihre Badeutensilien zusammen, schaute sich beschämt um und ging ebenfalls. Wie unglücklich und schwierig einige Beziehungen sein können, dachte ich. Manchmal wäre es wohl wirklich besser, einen Schlussstrich zu ziehen.

Plötzlich riss mich der Klingelton einer SMS auf meinem Handy jäh aus meinen Gedanken. Ich musste schmunzeln, als ich die Nachricht sah. Es war ein Selfie von Heike und Gregor, beide eng umschlugen: »Traumgegend – Traumwetter – Traumpaar – Smiley mit Sonnenbrille«, schrieben sie mir.

»Traumbesetzung!«, antwortete ich und freute mich für die beiden. Die zwei passten einfach gut zusammen und führten, allem Anschein nach, seit über fünfundzwanzig Jahren eine Bilderbuchehe.

Das Geräusch hatte Maria geweckt. Ich schilderte ihr kurz, was passiert war. Als wir wieder unser Zimmer betraten, lag ein Umschlag von unserem Hotel auf dem Bett. Ein Tisch für zwei Personen war eben frei geworden. Wir sahen uns überrascht an. Das streitende Pärchen hatte bestimmt storniert und war vermutlich abgereist. In diesem Fall galt für uns: »Des einen Leid, des anderen Freud.« Wie auch immer – wir freuten uns!

Maria und ich genossen einen wunderschönen Abend in einem gemütlichen Ambiente.

Es war spät geworden, als wir das Hotel wieder betraten und leise Musik an unsere Ohren drang. Neugierig folgten wir den Tönen. In der Lounge sang ein durchaus attraktiver Mann mit klangvoller Stimme bekannte Hits. Zwei flotte Paare waren auf der Tanzfläche, während andere Gäste in ihren gemütlichen Sesseln saßen, sich unterhielten oder zuschauten. Es dauerte nicht lang, bis es Maria auch auf die Tanzfläche zog.

Ich kannte keine Frau, die so tanzen konnte. Es war schön, ihr zuzusehen, und insgeheim dachte ich, wie doch jeder Mensch seine besonderen Gaben hatte. Auch der Musiker beobachtete sie anerkennend, und an seinem Blick sah ich, dass sie ihm gefiel.

Irgendwann wurden wir müde. Wir gingen zurück aufs Zimmer und schliefen glücklich und erschöpft ein. Am nächsten Morgen weckten uns Sonnenstrahlen, die sich durch die Tannen gegenüber mogelten.

Am reichhaltigen Frühstücksbüfett bedienten wir uns ausgiebig und verbrachten die nächsten zwei Stunden am Tisch.

Als wir uns mal wieder am Büfett anstellten, um uns Obst zu holen, sah ich plötzlich den Musiker. Er grüßte uns freundlich und lief mit seinem Teller an uns vorbei. Wieder blieb sein Blick ein bisschen länger an Maria hängen. Ich sagte zu ihr: »Der Mann scheint auch hier zu wohnen.« Von ihr kam aber keine Reaktion.

Auf dem Heimweg stellte sich heraus, dass sie ihn gar nicht wahrgenommen und meine Bemerkung auch nicht mitbekommen hatte. Das ließ mich schmunzeln.

»Siehst du, das war doch der beste Beweis dafür, dass achtundfünfzig kein Alter ist, um nicht doch noch jemanden kennenzulernen«, sagte ich. »Es ist doch schön zu sehen, dass es auch noch Männer gibt, die nicht nur junge Frauen sinnlich finden.« Etwas ungläubig und doch ein bisschen stolz strahlte sie mich an.

Selbstbewusstsein kann echt Wunder bewirken, dachte ich und kam unwillkürlich wieder auf das Thema Dating-Portale zu sprechen. Ich erzählte ihr dann von einer Frau aus meinem Bekanntenkreis, die im Alter von siebzig Jahren über das Internet ihr Glück gefunden hatte. Ein paar dezente Schönheitsoperationen ließen sie etwas jünger aussehen und sich gut in ihrer Haut fühlen. Der Mann war ganze fünfundzwanzig Jahre jünger als sie. Anfangs war ihre Liaison von ihrem Freundeskreis schwer kritisiert worden. Empört hatten sich sogar einige von ihr distanziert. Sie fanden es richtig skandalös, dass sich eine Frau in diesem Alter in aller Öffentlichkeit einen viel jüngeren Mann sozusagen gönnte und zur Krönung ein paar Jahre später auch heiratete. Soviel ich weiß, hält die Ehe bis heute. Beide sind glücklich und gehen respekt- und liebevoll miteinander um.

Mir zeigt dieses Beispiel, dass unsere Gesellschaft hier nicht nur Toleranz, sondern mehr Akzeptanz zeigen sollte, wenn es darum geht, Frauen dieselben Rechte und Freiheiten wie Männern zum Thema Selbstbestimmung und Sexualität einzuräumen. Wenn eine ältere Frau sich einen jungen Liebhaber zulegt, sollte das nicht länger ein Tabu sein. Es wäre außerdem wichtig, damit aufzuhören, sich so zu verhalten, als würde man es akzeptieren, obwohl man hinter verschlossenen Türen dieses Verhalten streng verurteilt. Also weg mit der Heuchelei und der Doppelmoral!

Schönheit liegt bekanntlich im Auge des Betrachters. Nicht allein das Aussehen macht jemanden begehrenswert, vielmehr sind es die Ausstrahlung und das Bild, das man oft unbewusst in die Person hineinprojiziert. Ich erinnere mich an eine Patientin, die mir anvertraut hatte, dass ihr Mann ihrem geliebten, bereits verstorbenen Vater ähnlich sah. In ihrem Mann hatte sie einen Ersatz für ihren

Verlust gefunden und erst viele Jahre später bemerkt, was hinter dieser Anziehungskraft steckte.

Vielleicht hatte auch der junge Mann etwas in seiner älteren Ehefrau erkannt, wonach er im Leben suchte und was ihn glücklich machte. Es ist wichtig zu versuchen, sich selbst zu akzeptieren und dazu zu stehen, also Selbstbewusstsein zu entwickeln. Man darf durchaus seine Vorteile unterstreichen, denn jeder Mensch hat liebens- und begehrenswerte Seiten. Besonders bei Menschen, die sich einer Schönheitsoperation unterziehen, ist die Grundvoraussetzung, mit sich selbst im Reinen zu sein. Es bedeutet, sich weitestgehend selbst anzunehmen, so wie man ist, mit all seinen Stärken und Schwächen und vermeintlichen Fehlern. Ist es nicht so, und stimmt etwas in der Seele nicht, kann man sich hundertmal operieren lassen, aber keine OP wird das eigentliche Problem lösen können.

Maria hörte mir dabei sehr aufmerksam zu, und ich merkte, wie sehr meine Worte sie während der Fahrt aufbauten. Erholt und glücklich über diese kleine Auszeit, kamen wir zu Hause an. Wir verabschiedeten uns mit einer lieben Umarmung.

Abends lag ich entspannt auf dem Sofa und sah mir den Tatort mit meinem Freund Jan Josef Liefers an. Mittendrin erhielt ich eine SMS. Es war Judith.

»Wie sieht es mit unserem Adventskaffee aus?«, fragte sie.

»Ich kann es dir leider erst kurzfristig sagen«, schrieb ich zurück, »melde mich dann.« Als ich ins Bett ging und die Nachttischlampe ausmachte, war ich völlig entspannt und zufrieden.

Kompensationsmechanismus

Der Adventskaffee mit Walter und Judith fiel für mich fast erwartungsgemäß ins Wasser. Ich hatte tagsüber zwölf Stunden Notarztdienst, war eingesprungen und konnte folglich nicht kommen. Ich fand es schade, aber es war einfach nicht möglich. Stattdessen nahm ich mir vor, bei der nächstmöglichen Gelegenheit eine Weihnachtskarte an Judith zu schreiben.

Beschwingt begann ich den Dienst, denn es war zwei Tage vor Weihnachten, und ich war voller Vorfreude, obwohl einiges los war. Von Herzinfarkt über Schlaganfall bis Unterzucker hatten wir an dem Vormittag schon einiges durch.

Da wir noch einige private Vorbereitungen zu treffen hatten, nutzten wir jede Gelegenheit, um letzte notwendige Besorgungen zu machen. Der Notarztdienst hatte den Vorteil, dass wir in den Pausen ohne Einsatz problemlos in unserem Gebiet einkaufen gehen konnten. Wir mussten nur, sobald der Melder runterging, sofort zum Auto rennen und losfahren. Deshalb stand der Wagen immer in unmittelbarer Nähe. Jetzt tranken Leo, mein Rettungsassistent, und ich erst mal einen Kaffee, dann wurden wir wieder zu einem Einsatz geschickt. In der nächsten Pause schaffte ich es, noch schnell eine Weihnachtskarte für Judith zu kaufen, sie zu schreiben und gleich in den Briefkasten einzuwerfen. Ich hatte fast alle meine Geschenke schon längst besorgt, ein Buch fehlte mir noch. Das hatte ich aber bestellt und musste es nur noch in der Buchhandlung abholen.

Leo wiederum hatte noch einige Geschenke zu besorgen. Ich staunte nicht schlecht, als er mit einer Tischdecke mit blauen Mohnblumen unter dem Arm das Geschäft verließ. In der Annahme, sie wäre für seine Mutter, fragte ich ihn, ob es denn noch reichen würde, dass das Paket rechtzeitig zu Weihnachten bei ihr ankäme. Ich konnte mich entsinnen, dass die Frau in Berlin lebte. Bevor er mir antworten konnte, ertönte der Melder. Mit Blaulicht und Martinshorn fuhren wir zum nächsten Einsatz, der sich dann aber vor Ort als Fehleinsatz herausstellte, weil die gemeldete bewusstlose Person offensichtlich betrunken war und sich schleunigst aus dem Staub gemacht hatte. Auf dem Rückweg fiel mir wieder die Tischdecke ein.

»Und, deine Mutter wird sich bestimmt darüber freuen, oder?«, sagte ich. Er grinste.

»Die verpacke ich nachher ganz hübsch, lege sie unter den Christbaum, und an Heiligabend werde ich sie auspacken. Sie ist nämlich für mich! Wenn es uns reicht, würde ich gerne noch weitere Geschenke kaufen, das, was ich mir schon länger zu Weihnachten wünsche.« Ich war sprachlos. Für einen Augenblick fiel mir die Kinnlade runter. »Außerdem mache ich mir immer eine Weihnachtsgans. Die müssen wir aber nicht mehr heute kaufen, morgen reicht noch dicke.«

Als ich mich von dieser Überraschung langsam erholt hatte, fiel mir ein, dass ich noch dringend einen Weihnachtsbaum brauchte und vermutlich morgen keine Zeit haben würde, ihn zu besorgen.

»Leo, würde es dir etwas ausmachen, mit mir noch einen Christbaum zu besorgen? Ein kleiner reicht«, fragte ich ihn spontan. Er sah mich leicht verdutzt an, nickte aber sofort. »Einen Sack Kartoffeln und Ackersalat bräuchte ich eigentlich auch noch. Aber das kann ich eventuell auch morgen reinschieben.« Es war kein Problem. Wir machten uns unverzüglich auf den Weg zur Gärtnerei. Vor einer roten Ampel mussten wir stehen bleiben. Für die kleinen Kinder, die an der Ampel warteten, schalteten wir kurz das Blaulicht ein. Wir wussten, dass wir den Kleinen damit eine Riesenfreude machten. Lachend winkten sie uns zu und strahlten über das ganze Gesicht. Wir besorgten das Bäumchen, bezahlten und luden es schnellstens in den Notarztwagen, in der Hoffnung, dass uns niemand zusah. Dann fuhren wir geradewegs zu mir nach Hause. Wir hatten Glück, der Melder verschonte uns, sonst hätten wir womöglich noch mit Christbaum zum Einsatz fahren müssen. Irgendwie war das ein verrückter Tag, aber manchmal sind es gerade solche

Dinge, die das Leben bunt machen, von schwierigen Situationen ablenken und für immer in Erinnerung bleiben. Wir beide waren froh, manchmal etwas unkonventionell, aber sicher pragmatisch persönliche Dinge neben der Arbeit zu erledigen. Das relativierte manche harten Erlebnisse, die wir hinnehmen mussten, und nahm etwas Druck von unseren Schultern. Mir gab es zumindest das Gefühl, dass zu Hause niemand zu kurz kam und ich Familie und Beruf gut unter einen Hut bringen konnte. Leo und ich waren jetzt bestens für Weihnachten vorbereitet.

Weihnachten

Im ganzen Haus roch es nach Plätzchen. Heute Nachmittag hatte ich mir freigenommen, um mit meinen beiden Enkeln, Sophia und Elias, zu backen. Sie patschten freudig mit ihren Händchen im Teig herum, und ich musste ihn ständig erneut auswellen, da sie die Förmchen kreuz und quer in den Teig stachen. Über allem lag ein Mehlschleier. Im Stillen dachte ich ans Aufräumen. Was soll's, morgen ist Weihnachten, sagte ich mir. Im Kaminofen loderte das Feuer. Die Lichterkette am Balkon gab ein wärmendes, gemütliches Licht, und vier Kerzen brannten auf dem Adventskranz. Langsam brach die Dämmerung herein, ein wunderbares Gefühl. Die Weihnachtstage sind für mich der Höhepunkt des Jahres, das Fest der Freude und der Familie.

Ich freute mich riesig darauf. Alle würden da sein. Natürlich mussten wir alle zusammenrücken, denn so viele Gästezimmer gab es in unserem Haus nicht. In jedem Zimmer hatten wir ein Schlaflager errichtet. Mit einem warmen Gefühl im Bauch dachte ich an all die Jahre im Kreis meiner vier Kinder. Es ist von unschätzbarem Wert, Kinder und Freunde zu haben und an Weihnachten nicht alleine feiern zu müssen.

Sophia und Elias hatten inzwischen die letzten Plätzchen mit bunten Nonpareille-Kügelchen als Topping verziert. Ich schob sie in den Ofen und setzte mich dann mit den beiden und einem Buch aufs Sofa, um ihnen eine Weihnachtsgeschichte vorzulesen, ohne den Backofen aus den Augen zu verlieren, nicht, dass etwas anbrannte.

Ich war gerade fertig, da klingelte das Telefon. Es war Heike, meine Freundin. Sie wollte mir ein schönes Fest wünschen.

»Warte mal kurz«, sagte ich, »ich muss nur schnell Sophia und Elias verabschieden. Es ist Zeit, dass sie zum Abendessen nach unten gehen.« Ich gab den beiden ein Küsschen. Noch ließen sie das bereitwillig zu. Es wird die Zeit kommen, in der ich als Oma diese Chance nicht mehr haben würde, weil sie sich lieber von anderen küssen lassen. Ich hatte es als Kind gehasst, von Erwachsenen geküsst zu werden, und ganz besonders von meiner Großtante, aus deren Kinn etliche längere, dunkle Barthaare sprießten. Noch heute schüttelt es mich bei diesem Gedanken.

Zurück am Telefon, widmete ich mich wieder Heike. Sie erzählte mir noch im Detail, was es morgen bei ihr so alles geben würde, und klagte ein bisschen, wie viel noch vorzubereiten sei. Dass Gregor ihr die kompletten Vorbereitungen überließ, war nichts Neues. Erfolgreichen Männern steht der Sinn nicht immer nach Hausarbeit.

Mit ihr an seiner Seite hatte Gregor eine Firma aufgebaut, die elektronische Spielzeuge entwickelte und weltweit vertrieb. Von Anfang an betreute Heike ausländische Kunden und erledigte neben der Buchhaltung Sekretariats- und Übersetzungsarbeiten, auch nach der Geburt ihrer Kinder. Von da an allerdings immer mehr von zu Hause aus, da sie die Kindererziehung, wie mit ihrem Mann abgesprochen, komplett übernommen hatte.

Trotzdem ließ mich etwas an Heikes Stimme aufhorchen. Ich fragte sie, ob bei ihr ansonsten alles in Ordnung sei. Eigentlich hatte ich noch nie von ihr gehört, dass es mit den Kindern oder Gregor Schwierigkeiten gab. Auch jetzt schien alles in Ordnung zu sein, obwohl mir ihre Stimme ein ungutes Gefühl vermittelte. Irgendetwas lag ihr auf der Seele, das spürte ich. Was genau, konnte ich nicht sagen. Sie lenkte sofort ab und fragte mich dann nach dem Rezept für den Kirschkuchen mit Haselnüssen und Zimt, das ich mir vor vielen Jahren bei meiner Tante abgeguckt hatte. Wir redeten noch ein bisschen über unsere Kinder und die Bedeutung von Weihnachten.

Als ich auflegte, fragte ich mich wieder einmal, warum meine Freundin immer so wenig von sich preisgab. Ich führte es auf ein Kindheitstrauma zurück. Neben Beruf und Familie war sie ehrenamtliches Mitglied in einem Verein gegen sexualisierte Gewalt an Kindern. Einmal – da waren wir schon über sechs Jahre miteinander befreundet – hatte sie mich zu einer Veranstaltung eingeladen. Dort erfuhr ich erst, dass sie als junges Mädchen selbst Opfer von sexuellen Übergriffen durch ihren Onkel gewesen war, ein Grund für sie, sich nun als erwachsene Frau zu engagieren.

Diese schreckliche Neuigkeit bestürzte mich zutiefst. Einmal mehr wurde mir klar, wie lange es dauerte, sich von solchen Verletzungen zu erholen, wenn es überhaupt möglich war, und wie tief sie sich in die Seele eingraben konnten. Aber es war schön zu sehen, dass Heike mittlerweile mit ihrer Geschichte gut klarkam und die Seele ein Stück weit entlasten konnte. Es ist ein gutes Gefühl, wenn Menschen es schaffen, sich mit oder auch ohne Hilfe von schweren Erlebnissen zu befreien und zu erholen.

Um die Küchentheke herum sah es aus, als hätte es gerade geschneit. Alles war voller Mehl. Ich nahm gleich den Staubsauger. In circa einer Stunde würde die restliche Familie eintreffen, und bis dahin musste ich mit allem fertig sein. Die Geschenke waren längst eingepackt. Den Christbaum würden wir nachher gemeinsam schmücken. Weihnachten konnte kommen.

Am nächsten Tag war das ganze Haus voll mit den Kindern, deren Partner inzwischen auch eingetroffen waren. Es war ein wunderschönes Gefühl, so eine große Familie um sich zu haben. Gleichzeitig war ich sehr beschäftigt, obwohl alle mitanpackten. Mir machte das nichts aus, ich hatte alles im Griff. Es durfte nur nichts dazwischenkommen.

Es kam aber etwas dazwischen, wie so häufig. Ich wurde dringend als zusätzliche Notärztin von der Leitstelle angefordert, um zu einem Patienten mit Verdacht auf Herzinfarkt zu fahren.

Wieder zurück, begann ich mit der Zubereitung des Abendessens. Ich begann gleich mit dem Kartoffelschälen. Dieses Mal hatte es Jonathan getroffen, den Feldsalat zu putzen. Das hassten wir alle, weil die Prozedur bei so vielen Personen mindestens zwei Stunden in Anspruch nahm. Nachdem das Abendessen vorbereitet war, deckte ich den Tisch zum Kaffee. Der ganze Raum duftete weihnachtlich. Meine Schwiegertochter Moni brachte einen riesigen Teller selbst gebackene Plätzchen hoch.

Wir nahmen alle Platz. Die fröhlichen, lachenden Gesichter und die harmonische Stimmung machten mich glücklich und dankbar, und ich dachte, wie gut es uns geht und wie schön es ist, einander zu haben. Auch das macht Weihnachten für mich aus.

Die Nachmittagsstunden wären sicher gemütlich gewesen und wie im Flug vergangen, hätte mein Handy nicht wieder geklingelt. Eine ältere Frau war dran, keine Patientin von mir. Sie klagte über Atemnot und hörte sich am Telefon richtig panisch an. Sofort ließ ich alles stehen und liegen und fuhr dorthin.

Es war ein erschütterndes Bild, das sich mir dort bot. Die alte Frau hatte sich eine Dose Ravioli geöffnet, die zur Hälfte leer gegessen war. Die Dose war offensichtlich nicht gerade erst geöffnet worden, denn am Deckel war die Sauce schon eingetrocknet. Daneben lag ein benutzter Esslöffel.

Die Frau saß in der kleinen, warmen Küche am Tisch. Ich setzte mich auf den einzigen Stuhl, den es noch gab, und fragte sie nach ihren Beschwerden. Als ich sie dann bat, ob wir zur Untersuchung ins Wohnzimmer gehen könnten, schüttelte sie den Kopf.

»Ich habe nur die Küche geheizt«, sagte sie. »Wissen Sie, ich kann es mir nicht leisten, alle Räume zu heizen. Nur Küche und Bad sind warm.«

Mein Gott, dachte ich, ich kam aus meiner heilen Welt und fand hier Einsamkeit und Elend vor. Verbrachte die Frau etwa die ganzen Wintertage in dieser trostlosen, engen Küche?

Ich untersuchte die Patientin gründlich, aber schon als ich den Raum betrat, war mir nicht entgangen, dass sie normal und gleichmäßig atmete. Offensichtlich beruhigte sie mein Erscheinen.

Nachdem ich eine Erkrankung ausgeschlossen hatte, setzte ich mich wieder zu ihr an den Küchentisch und schaute mich um. Der Herd war alt und wurde mit Gas betrieben. Deutliche Spuren von Essensresten waren zu erkennen. Das ist auch der Grund, warum ich die alten Gasherde nicht mag. Man bekommt sie nie richtig sauber. Vermutlich hatte sie deshalb auch darauf verzichtet, die Ravioli in einem Topf warm zu machen. Auf der Abtropffläche der Spüle entdeckte ich einen ausgewaschenen Papierkaffeefilter, der dort zum Trocknen lag. Über dem Küchentisch hing ein alter Leuchter, der zwar fünf Glühbirnen hatte, von denen aber drei nicht brannten. Ob es Sparsamkeit war oder Armut? Danach wollte ich sie nicht fragen. Mich befiel ein unsagbar trauriges Gefühl. Weihnachten, und so allein, nicht einmal eine Kerze auf dem Tisch, was für ein Elend!

»Sie sind der einzige Mensch, den ich heute sehe«, sagte sie dann zu mir. »Wie immer ist Heiligabend für mich besonders schlimm.«

»Sind Sie denn ganz allein?«, erkundigte ich mich.

»Ja, mein Mann hat sich vor vielen Jahren scheiden lassen, und mein Sohn lebt seit acht Jahren in Thailand. Seither habe ich ihn nur einmal gesehen. Er ruft aber manchmal an, ungefähr alle drei Monate. An Weihnachten aber nie. Vermutlich gibt es dort in Thailand kein Weihnachten, und deshalb denkt der Bub nicht daran.« Ich sagte nichts dazu und dachte nur, wie kann man an so einem Tag als einziger Sohn die eigene Mutter vergessen? Sie erzählte weiter. »Wissen Sie, früher habe ich bei der Post gearbeitet, einige Jahre. Als mein Sohn geboren wurde, habe ich aufgehört. Erst spät habe ich wieder angefangen zu arbeiten.« Dabei schaute sie sich etwas beschämt in der Küche um. »Deshalb muss ich jetzt sehr haushalten. Außerdem schicke ich meinem Sohn jeden Monat ein bisschen Geld nach Thailand, damit er es auch gut hat.«

Ich war entsetzt, ließ mir aber nichts anmerken. Was für ein Sohn, dachte ich. Ich wollte die Frau aber nicht verletzen.

Während sie erzählte, überlegte ich, wie ich ihr weiterhelfen könnte. Ich kannte sie nicht, sonst hätte ich sie vielleicht mit zu uns genommen. Meine Kinder sind einiges von mir gewöhnt, aber manchmal muss auch ich an meine eigene Familie denken. Ich schlug ihr vor, in den Gottesdienst zu gehen. Die evangelische Kirche lag direkt um die Ecke.

»Da war ich schon lange nicht mehr, aber wenn Sie denken, Frau Doktor, dann gehe ich hin.«

»Wenn ich es schaffe, gehe ich an Heiligabend auch in die Kirche. Irgendwie gehört das dazu«, ermutigte ich sie mit einem Lächeln. Sie nickte, und ich war froh, ihr wenigstens ein bisschen geholfen zu haben.

Bevor ich ging, erklärte ich ihr noch mal, warum sie vorhin das Gefühl hatte, schlecht Luft zu bekommen, und beruhigte sie, dass nichts passieren könne. In dem Moment hatte sie hyperventiliert, und da sie allein lebte, panisch reagiert.

»Wenn noch etwas ist, können Sie mich jederzeit anrufen.«

»Vielen Dank, Frau Doktor, Sie sind ein Engel«, sagte sie, als sie mich zur Tür begleitete. Zum Abschied drückte sie mir zwei kleine, selbst gehäkelte Kätzchen in die Hand, ein schwarzes und ein weißes. »Für Ihre Enkel«, fügte sie stolz hinzu. »Kätzchen kann ich besonders gut. Die verschenke ich immer.« Ich war gerührt. Meine Enkel haben die beiden Tierchen heute noch.

Auf dem Heimweg dachte ich noch kurz an Judith. Was sie wohl heute machte? Walter würde bestimmt bei seiner Familie feiern. Und da sie keine Kinder hatte, würde sie wie jedes Jahr das Fest wieder ganz allein verbringen.

Ein Leben im Wartemodus

Obwohl ich mir fest vorgenommen hatte, am zweiten Weihnachtstag auszuschlafen, stand ich schon kurz nach sieben auf. Als Erstes machte ich mir einen Latte macchiato. Ganz besonders liebe ich den Geruch von frisch gemahlenen Kaffeebohnen. Über Nacht hatte es geschneit, und alle Dächer waren mit Schnee bedeckt. Ich hörte den Lärm von einem Nachbarn, der seine Schneeschippe nach dem Säubern seiner Einfahrt fest abklopfte. Auch die Äste der Platane trugen die noch leichte weiße Last, die bei der ersten Windböe sicher herunterfallen würde.

Es schien eine eisig kalte Nacht gewesen zu sein. Eine fette Amsel saß auf dem Geländer von meinem Balkon und pickte hastig das Vogelfutter aus dem kleinen Vogelhäuschen. Kurz überlegte ich, ob Amseln wohl auch Essstörungen haben konnten. Das Häuschen war auch mit Schnee bedeckt. Ein paar Sekunden beobachtete ich sie, froh, dass sie sich nicht dazu entschieden hatte, wie manche ihrer Artgenossen in den Süden zu ziehen. Ich genoss die Stimmung dieser frühen Stunde, ganz für mich allein. Unten rührte sich nichts. Das war klar, die Jugend wollte wie immer länger schlafen. Ich deckte den Frühstückstisch für alle, setzte mich aufs Sofa, trank den restlichen Latte macchiato und nahm mein Handy in die Hand, um die Nachrichten zu lesen. Nebenbei sah ich, dass ich drei SMS bekommen hatte, eine von einem Patienten, der unbedingt eine Krankmeldung brauchte, eine von Rezzo, der sich nach mir erkundigte, und eine von Judith. Sie wolle mich nicht stören, ich solle sie bitte zurückrufen, wenn ich wach wäre. Die Nachricht war vor einer Stunde geschrieben worden. Automatisch bekam ich ein schlechtes Gewissen, sie erst jetzt gesehen zu haben.

In dem Moment schoss es mir durch den Kopf. Warum konnte ich jetzt nicht in Ruhe sitzen bleiben, um meinen Kaffee zu Ende zu trinken? Warum setzte ich mich selbst unter Druck, jemandem möglichst schnell zu helfen, und machte mir solche Sorgen?

Ich lebe für meine Patienten. Das gehört zu meinem Berufsethos. Sicherlich ein Grund, warum ich bei solch einer SMS sofort unruhig wurde und das Bedürfnis hatte, gleich zurückrufen zu müssen. Und Judith war nicht nur eine Patientin, sondern auch noch eine Freundin von mir. Vielleicht war sie medizinisch in Not, bestimmt aber hatte sie ernste Probleme, sonst würde sie mir an so einem Tag so früh morgens keine SMS schicken. Ich wählte ihre Nummer.

»Hallo, Lisa, ich bin froh, dass du mich zurückrufst. Mir geht es sehr schlecht. Entschuldige tausendmal, dass ich dich heute bemühen muss«, sagte sie mit brüchiger Stimme. »Ich habe die ganze Nacht nicht geschlafen. Mein Schwindel ist wieder zurückgekehrt, und ich bin völlig am Ende. Meine Gedanken kreisen, und ich weiß nicht, was ich tun soll. Heiligabend habe ich noch durchgehalten, aber heute Nacht konnte ich nicht mehr. Ich habe die halbe Nacht geweint und sehe in alldem keinen Sinn mehr. Ich brauche dringend jemanden zum Reden.«

»Ich komme so schnell wie möglich«, antwortete ich. »Lass mich noch mit den Kindern frühstücken, das habe ich ihnen versprochen. Danach komme ich zu dir und schaue, was los ist. Dann können wir miteinander reden.«

»Alles klar, vielen Dank, bis nachher«, sagte sie erleichtert und legte auf.

Auf der Treppe hörte ich Schritte. Offensichtlich hatte der Erste den Weg aus den Federn zu mir gefunden.

Es dauerte nicht lang, dann kam der Rest der Familie hoch.

Während ich einen Blick auf die fast fertigen, knusprigen Brötchen im Backofen warf und die Tassen richtete, stieg der Geräuschpegel im Hintergrund deutlich. Alle redeten vergnügt durcheinander. Mit einem Ohr hörte ich, wie die Mädchen den liebevoll gedeckten Tisch lobten.

Es wurde mir warm ums Herz, als ich in die fröhlichen Gesichter sah. Einen Moment lang überwältigte mich das Gefühl, meinen vier Kindern ein geborgenes Zuhause geben zu können. Zumindest das hatte ich wohl in meinem Leben richtig gemacht. So fühlte sich für mich Glück an. Dafür war ich sehr dankbar.

»Ich muss jetzt leider zu einer Patientin von mir«, sagte ich nach dem Frühstück zu den Kindern. Genaueres wollte ich ihnen nicht sagen. »Vielleicht könnt ihr den Tisch schon mal abräumen. Ich beeile mich. Bis später!« Sie fragten nicht weiter, weil Notfälle in meinem Leben Alltag sind. David fragte nur, ob er mitkommen solle. Dankend verneinte ich, ansonsten hätte er gewusst, dass ich zu Judith fahre. Dann hätten wir nicht ungestört von Freundin zu Freundin reden können.

Es fiel mir schwer, diese gemütliche Atmosphäre zu Hause verlassen zu müssen, doch mir war klar, dass dieser Besuch wichtig war.

Wieder einmal stand ich vor dem wenig einladenden Gebäude und fühlte mich wie in eine andere Welt versetzt. Oben öffnete mir Judith mit verweintem Gesicht die Tür.

»Bin ich froh, dass du da bist«, begrüßte sie mich. Ich umarmte sie.

»Lass uns erst mal hinsetzen«, antwortete ich sanft und betrat die Wohnung. Hier erinnerte mich so gar nichts an Weihnachten. Kein Kranz, keine Kerze, kein Tannenbäumchen. Der weihnachtliche Geruch nach Zimt, Orange und Vanille fehlte völlig. Alles war kühl und irgendwie kalt. Innerlich fröstelte es mich kurz. Es war ein beklemmendes Gefühl. Wir setzten uns auf die weiß bezogene Couch.

»Mir ist schon wieder total schwindelig. Ich habe kein Auge zugemacht. Seit zwei Tagen kann ich nicht mehr schlafen«, klagte sie. Ich öffnete meinen Arztkoffer und legte ihr die Blutdruckmanschette an. Schon am Puls spürte ich, dass der Blutdruck für Judiths Verhältnisse hoch war. Aber außer einem erhöhten Blutdruck war nichts festzustellen. Auch das tragbare EKG, das ich mitgebracht hatte, zeigte unauffällige Ergebnisse. Also nahm ich im Sessel ihr gegenüber Platz und fragte sie, was passiert sei.

»Weißt du Lisa, normalerweise komme ich mit meiner Situation ganz gut zurecht, und ich habe mich mit ihr abgefunden«, sagte sie mit deprimierter Stimme. »Aber die letzten zwei Tage waren ein einziger Albtraum für mich. Ich habe an Heiligabend noch eine große Akte einer Mandantin durchgearbeitet, die unerledigt auf dem Schreibtisch lag. Als ich endlich damit fertig war, bin ich hoch und habe mir ein Fertiggericht in die Mikrowelle geschoben. Du weißt ja, ich kann nicht kochen, und für mich alleine lohnt es sich sowieso nicht. Da rief mich Walter an, wie er es ja abends immer tut.«

Ich wusste, dass Walter Judith seit über dreißig Jahren jeden Morgen Punkt halb acht und jeden Abend zwischen halb neun und neun anrief, je nachdem, wann er mit dem Abendessen fertig war und sich in sein Zimmer zurückziehen konnte.

»Er hat mich gefragt, ob es mir gut geht und was ich den ganzen Tag so gemacht habe«, fuhr sie fort. »Dann hat er angefangen zu erzählen, wie er mit seiner Frau morgens Besorgungen auf dem Markt gemacht hatte, weil am ersten Weihnachtsfeiertag die Verwandtschaft zum Mittagessen eingeladen war. Er hat weiter von dem selbst geschossenen Reh erzählt, und dass seine Frau den besten Rehbraten der Welt zubereiten und das Rotkraut so genau richtig mit Äpfeln, Nelken und Essig würzen würde. Und ihre Kartoffelklöße seien ein Gedicht, obwohl sie ihm hinterher oft schwer im Magen liegen würden …«

Ich sah sie an. Mir saß nach dieser Schilderung der Kloß bereits im Hals und nicht im Magen. Ich musste mich schwer zurückhalten.

»Danach hat er mir einfach einen schönen Heiligabend gewünscht. Als ich mein Essen aus der Mikrowelle nahm, war mir der Appetit vergangen.« Sie wischte sich neue Tränen vom Gesicht. »Weißt du, wie es ist, Lisa, wenn man an Heiligabend völlig allein ist, während andere im Kreis ihrer Familie am Tisch sitzen?«, brach es aus ihr heraus. »Ich bin dann sofort ins Bett gegangen und wollte einfach nur schlafen. Nach zwei Stunden war ich schlagartig wieder wach und konnte ab da nicht mehr einschlafen. Gestern dasselbe. Ich brauche dringend ein Schlaf- oder Beruhigungsmittel.«

Ich nahm ein paar Baldriantabletten aus meinem Koffer, legte sie auf den Tisch und erklärte ihr, dass sie sie heute Abend vor dem Schlafengehen nehmen soll.

»Ich kann dich verstehen, da könnte ich auch nicht schlafen«, versuchte ich sie zu trösten. Mir war klar, dass nach diesem Gespräch mit Walter für Judith eine Welt zusammengebrochen war. Offensichtlich konnte sie diesmal nicht alles so wegstecken, wie sie es sonst meist in meiner Gegenwart tat. An dem Abend hatte Walters Empathielosigkeit ihr wohl den Rest gegeben.

Ich fragte mich nur, was Judith an diesen Mann bindet. Sie war eine selbstständige Frau mit einem angesehenen Beruf, verdiente genügend Geld, um sich selbst zu unterhalten, und wirkte nach außen selbstbewusst und attraktiv. Warum kam sie nicht von ihm los?

Judith sah mich resigniert an und schüttelte den Kopf. »An den Weihnachtsfeiertagen kann ich diese Einsamkeit einfach nicht mehr ertragen. Und nicht mal meine Arbeit kann mich ablenken. Ich arbeite von morgens bis abends, wofür eigentlich?«, sagte sie. »Was habe ich denn noch im Leben, außer seine täglichen Anrufe, die mir zeigen, dass er sich um mich sorgt und an mich denkt?«

Ich sah das ganz anders. Für mich waren Walters regelmäßige Anrufe eine Art Kontrolle. So wusste er ganz genau, wo Judith sich aufhielt und was sie gerade machte. Er hatte ihr dadurch weitgehend die Möglichkeit genommen, andere Bekanntschaften zu machen oder neue Freundschaften zu schließen. Und sie befand sich ständig im Wartemodus.

Wie in vielen Fällen, entsprach Judiths heimliche Liaison dem klassischen Muster von Dreiecksliebesbeziehungen, die meistens nach einem typischen Zyklus verliefen.

Als sie sich aufeinander einließen, war sie ungebunden, während Walter eine Frau daheim hatte, die sie im beiderseitigen Einvernehmen auf keinen Fall verletzen wollten. Der anfänglichen Leidenschaft folgte allerdings bald die Isolation, auch weil Judith ihren Freundeskreis aus Rücksicht auf Walter nicht einweihen wollte. Während sie immer weniger Anschluss zur Außenwelt hatte, idealisierte sie ihren Geliebten immer mehr, wurde von seinem Tagesablauf abhängig und gab nach und nach ihre eigene Persönlichkeit auf. Um ihre wiederkehrenden Selbstzweifel und ihre Depressivität, die sich dann bemerkbar machten, zu bekämpfen, flüchtete sie sich in ihre Arbeit, als Ausgleich, ohne sich eingestehen zu wollen, wie destruktiv diese Art von Beziehung für sie eigentlich war.

Oft lässt sich dieses Verhaltensmuster eher bei Frauen als bei Männern finden, da Frauen in der Regel schmerzbereiter sind. Ein Mann würde sich definitiv schneller aus solch einer Beziehung befreien, auch weil sein Alphatier-Empfinden stärker ausgeprägt ist.

Schon mehrfach hatte ich dieses Thema angesprochen, aber Judith beharrte darauf, dass die Anrufe von Walter ein Beweis seiner Liebe und Zuneigung wären. Deshalb ersparte ich mir jeden weiteren Kommentar dazu.

»Vor Jahren habe ich einen interessanten Mann kennengelernt, und der hat mir schon gefallen. Ich ihm übrigens auch«, gestand sie mir. »Ich hätte damals gehen und die Beziehung zu Walter beenden sollen. Keine Ahnung, warum ich es nicht getan habe. Jetzt ist es zu spät. Wenigstens hast du es geschafft, Lisa, dich rechtzeitig zu trennen«, sagte sie und sah mich traurig an. »Ich weiß inzwischen, dass ein verheirateter Mann sich nie scheiden lässt.«

Als heimliche Geliebte hatte Judith sich nicht nur von Anfang an als Nummer zwei hinter seiner Ehefrau anstellen müssen, sondern auch auf Dinge wie Verlässlichkeit und Zusammengehörigkeitsgefühl verzichtet, die sie sonst in einer normalen Partnerschaft gehabt hätte. Abgesehen von der ständigen Lüge, mit der sie leben musste.

Im Gegensatz zu ihr hatte es damals bei mir kein Versteckspiel gegeben. Es war jedem bekannt, dass mein Lebensgefährte gebunden war. Und ich hatte nicht die typische Geliebtenbeziehung geführt, wie man sie sonst kennt. Während Judith zweimal im Monat Walter zu Gesicht bekam, hatte mein verheirateter Partner die meiste Zeit mit mir verbracht. Unsere zwölfjährige Beziehung war unter dem Strich gut, auch wenn wir uns in den letzten Jahren aus meiner Sicht allmählich voneinander entfernt hatten, um schließlich nur gute Freunde zu werden. Außerdem hatte ich eine Familie um mich herum, einen Beruf, der für mich eine große Bedeutung hatte und mir viel gab, sowie einen festen Freundeskreis.

Wir sprachen noch über eine Stunde, und Judith fühlte sich schon etwas besser. Zwischendrin hatte ich nochmals ihren Blutdruck gemessen, der inzwischen wieder ganz normal war. Natürlich konnte ich die verfahrene Situation für sie nicht lösen, aber ich konnte ihr Mut machen und Kraft geben.

»Dein Schwindel ist ja mittlerweile durch einige Untersuchungen abgeklärt worden und kann nichts Ernstes sein. Aber ich verstehe, dass er sehr unangenehm ist, wenn er auftritt«, erklärte ich ihr. »Dein Blutdruck war leicht erhöht, ist jetzt aber wieder völlig normal. Das bedeutet, körperlich kann dir im Moment nichts passieren. Nur deine Seele ist verletzt, und du musst einen Weg finden, um mit dieser Situation besser zurechtzukommen. Triff dich in Zukunft doch öfter mal mit Freundinnen, rede mit ihnen oder gehe mit ihnen bummeln. Freundschaften sind wahre Energiequellen. Man kann sich gegenseitig Trost spenden, wenn man das braucht. Mach Dinge, die dein Herz verlangt. Du hast einen interessanten Job. Versuche das wieder mehr zu schätzen. Und mach es dir einfach schön und gemütlich, auch wenn Walter nicht da ist. Was bist du dir wert, Judith? Ist es nicht wichtig, auch für sich selbst etwas zu tun, sich auf das Sofa in eine Decke zu kuscheln, ein spannendes Buch zu lesen und dabei eine Tasse Kaffee zu trinken, daneben auf dem Tisch eine Kerze, die brennt? Natürlich ersetzt das nicht alles, aber es kann dir einen Moment des Glücks geben«, riet ich ihr. Wir verabschiedeten uns herzlich.

»Ach, danke noch für die schöne Karte. Ich habe mich sehr gefreut«, sagte sie, »und danke, dass du mir so zugehört hast.« Ich ging mit dem Gefühl, dass es ihr schon wieder besser ging und sie wieder Mut gefasst hatte. Ich stieg ins Auto, startete automatisch den Motor, während ich spürte, dass ich jetzt noch nicht in der Verfassung war, sofort nach Hause zu fahren und weiter zu feiern. Ich musste meine Gedanken erst wieder sortieren. Statt rechts in meine Straße abzubiegen, fuhr ich um die Kurve links den Österberg nach oben. Ich stieg aus und stapfte trotz der Kälte noch ein paar Meter durch den Schnee.

Die Frage ließ mich nicht los, warum Judith sich nicht trennte, obwohl sie unglücklich war. Manche Menschen haben nicht die Kraft, sich aus einer für sie schlechten oder schwierigen Situation zu befreien. Judith hatte zwar das Problem beim Namen genannt, konnte es aber nicht lösen, weil sie in ihren Gewohnheiten verharrte. Mir konnte sie Ratschläge geben, aber für sich selbst war sie nicht in der Lage, die Konsequenzen zu ziehen.

War das nur die Angst vor dem Alleinsein? Gewohnheit oder emotionale Abhängigkeit? Oder war es Liebe? Ich war mir nicht sicher. Allerdings war es nicht von der Hand zu weisen, dass sie einsam und unglücklich war.

Zu wissen, dass Menschen, die nach außen den Anschein erwecken, alles zu haben, in Wirklichkeit aber innerlich verkümmern, macht mich jedes Mal traurig.

Mir war jetzt kalt. Ich lief zurück zum Auto und fuhr nach Hause.

Unabsehbare Belastungen

Die Feiertage waren längst um, und mein Besuch war schon lange wieder weg. Der Alltag hatte mich wieder, Praxis- und Notarztdienst sowie Hausbesuche, Woche für Woche.

Insgeheim freute ich mich schon sehr auf die ersten Frühlingstage.

Vorfreude hat immer einen positiven Effekt auf mich, sie motiviert mich und hilft mir, den manchmal schweren Alltag besser zu verkraften. So habe ich mir seit Jahren angewöhnt, künftige freudige Ereignisse fest einzuplanen, damit ich mich auch auf sie freuen kann, kleine Träume zu leben, anstatt sie nur zu träumen. Das kann ein Friseurtermin sein, bei dem ich eine Stunde lang völlig entspannt ein nettes Gespräch und die kleine Kopfmassage genießen kann, oder ein Treffen mit Freunden, die ich lange nicht mehr gesehen habe, bei einem Glas Rotwein. Es kann eine kurze Reise mit dem Wohnmobil mit meinem langjährigen Freund Ludwig sein. Auch wenn es vorkommt, dass diese Pläne wegen eines Notfalls plötzlich über den Haufen geworfen werden, bleibt die Bilanz meiner Glücksmomente auf diese Weise positiv.

Mein erster Patient an diesem Morgen Mitte Januar war ein junger, gut aussehender Mann. Er war groß, durchtrainiert und hatte Muskeln, die sich so mancher wünschen würde. Sein Geld verdiente er mit Fußball spielen. Nicht in der Bundesliga, aber doch so, dass er davon gut leben konnte und keine Angst haben musste, nicht über die Runden zu kommen.

Er betrat die Praxis nicht ganz so schwungvoll wie sonst. Wenn er kam, begann er meistens mit den Worten: »Na, Frau Doktor, alles okay? Ich brauche nur kurz ein Rezept für Massage und Physiotherapie.« Ich wusste, dass er leichte Probleme mit seinem linken Knie hatte. Aber diesmal war es offensichtlich mehr. Vor vier Wochen war er mit dem Fahrrad gestürzt und auf die rechte Seite gefallen. Die Rippen würden immer noch schmerzen, und langsam käme er damit nicht mehr klar.

»Ich bin völlig eingeschränkt und kraftlos beim Training«, klagte er. »An ein Spiel ist gar nicht zu denken. So kann ich nicht weitermachen. Die Schmerzen und die Schwäche müssen weg. Bitte helfen Sie mir!«

Sorgfältig untersuchte ich ihn und schickte ihn sicherheitshalber gleich in eine radiologische Praxis zum Röntgen. Da ich zur radiologischen Praxis beste Beziehungen unterhalte, bekam er sofort einen Termin. Während er dort war, behandelte ich den nächsten Patienten. Mein Sportler kam bald wieder und brachte den Befund gleich mit: keine Fraktur, sondern eine Prellung ohne irgendwelche Folgen. Das erklärte seine Kraftlosigkeit allerdings nicht. Er saß vor mir wie ein Häufchen Elend. Nichts erinnerte mehr an seine schwungvolle, selbstbewusste, lockere Art. War der Sturz wirklich alles, was ihm so zu schaffen machte, ging es mir durch den Kopf.

»Wie kam es überhaupt zu dem Sturz?«, fragte ich ihn. Nach und nach begann er zu erzählen.

»Vor vier Wochen hatte ich riesig Ärger mit meiner Frau. Danach bin ich aufs Fahrrad, um mich auszupowern. Blöderweise bin ich gestürzt. Seitdem fühle ich mich schwach, habe Schmerzen und obendrein Streit daheim.« Er holte tief Luft. »Ich sage Ihnen was, ich habe seit zwei Jahren ein weiteres Kind. Nicht von meiner Frau, sondern von einer anderen. Von einer ganz kurzen Affäre«, ergänzte er schnell. »Aber nicht, dass Sie denken, dass ich so der Typ dafür bin, nein, das bin ich wirklich nicht. In den ganzen Jahren bin ich meiner Frau immer treu gewesen. Sie und unsere beiden Kinder sind mein Ein und Alles.« Es fiel ihm schwer, seine aufkommenden Emotionen zu unterdrücken, als er das sagte.

»Es hat alles so harmlos angefangen«, fuhr er fort. »Die Frau war mir schon aufgefallen, weil sie bei fast jedem Spiel in der Fankurve stand und unsere Mannschaft immer voller Begeisterung lautstark anfeuerte. Sie war auch recht hübsch, muss ich sagen. Bis dahin habe ich mir nichts dabei gedacht. Auch nicht, als sie eines Tages mit uns im Flieger saß, um sich ein Auswärtsspiel im Ausland anzuschauen. Sie schien halt ein echter Fan zu sein. Da fühlt man sich schon geschmeichelt, oder nicht? Kurz gestutzt habe ich, als sie mir bei einer Autogrammstunde voller Freude offenbarte, dass sie jetzt in unserem Fußballverein halbtags als Sekretärin eingestellt worden war. Hätte ich da bloß auf die Warnzeichen geachtet! Ich Idiot könnte mich jeden Tag dafür ohrfeigen! Es passierte dann, als die ganze Mannschaft abends noch unterwegs war, um einen Sieg zu feiern. Unsere Clique ist lustig, und an einem geselligen Abend wie diesem wird getrunken und richtig gefeiert. Klar wird auch gespaßt und geflirtet. Bisher hatte ich ihre zärtlichen Blicke glatt ignoriert. Ich hatte einfach kein Interesse an ihr. Mir wurde dann aber klar, dass die Frau ein Auge auf mich geworfen hatte. Sie saß mir gegenüber, und ihr Fuß berührte immer wieder meine Oberschenkel unter dem Tisch, während sie mich anhimmelte. Ich gebe es zu, da bin ich schwach geworden. Sie musste mich nicht lange überreden. Wir sind zu ihr gegangen, und da ist es dann passiert. Die Affäre lief knapp zwei Monate. Die Frau sagte damals, sie würde die Pille nehmen. Kurz nachdem Schluss war, stand sie plötzlich vor mir: schwanger! Sie gestand mir, dass sie unbedingt ein Kind von einem attraktiven Mann haben wollte, und für den hielt sie mich offensichtlich von Anfang an. Fühlte ich mich geschmeichelt? Nein, ganz und gar nicht. Sie hat mich reingelegt. Sie wusste ja, dass ich Familie habe. Natürlich gehören immer zwei zu so einer Affäre, und ich bereute bitter, dass ich mich darauf eingelassen hatte.« Insgeheim dachte ich, mir würde es da doch eher auf den Geist und nicht nur aufs Gesicht ankommen, aber so hat jeder seine Prioritäten.

»Es wurde noch doller«, fuhr er fort, »als sie sagte, dass sie mich jetzt für sich allein haben wollte und ich deshalb meine Frau verlassen sollte. Das kam für mich überhaupt nicht infrage. Ich liebe meine Familie zu sehr. Da abtreiben nicht zur Diskussion stand, war ich natürlich bereit, alle Konsequenzen zu tragen und meiner Pflicht nachzukommen, sprich, es meiner Frau zu beichten und für das Kind Unterhalt zu zahlen.«

»Wie hat es Ihre Frau denn aufgenommen? Gibt es deswegen noch Streit?«, wollte ich wissen.

»Klar, erst mal ist ihre ganze Welt zusammengebrochen. Für sie war es ein Riesenschock. Doch am Ende hat sie für die Situation tatsächlich viel Verständnis gezeigt. Mittlerweile hat sie mir diesen dummen Fehler verziehen, im Gegensatz zu mir. Für sie war es sogar selbstverständlich, für den Unterhalt aufzukommen. Das ist das Großartige an meiner Frau, deshalb liebe ich sie so sehr. Nein, nicht deswegen haben wir uns kürzlich gestritten. Unsere Nerven liegen blank wegen des Psychoterrors, den die andere Frau betreibt. Es ist ein Albtraum. Als meine Affäre merkte, dass sie mich nie kriegen würde, begann sie einen Rachefeldzug gegen mich, und das, obwohl ich von Anfang an einen mehr als üppigen Unterhalt zahlte.

Vom Verein aus hatte sie Zugang zu unseren privaten Daten wie Telefon und Adresse. Als ihre Anrufe und Nachrichten auf meinem Handy nichts brachten, schickte sie meiner Frau Briefe, gespickt mit Einzelheiten. Wir haben den Müll gleich im Kamin entsorgt und nicht darauf reagiert. Dann fing sie an, auch bei uns zu Hause anzurufen, und belästigte uns weiter. Da habe ich ihr gedroht, die Polizei zu rufen. Es war dann eine Zeit lang Ruhe, aber vor vier Wochen ging es wieder los. Im Suff hat sie meine Frau am Telefon noch massiv beschimpft. Die hat schon Angst, ans Telefon zu gehen, und hat inzwischen drei Kilo abgenommen. Ich habe Mühe, dass sie isst. Vor allem aber befürchte ich, dass die Frau das Kind vernachlässigt, wenn sie sich immer wieder so betrinkt. Mir ist auch zu Ohren gekommen, dass sie kürzlich in einer Nervenklinik war. Ich meine, es ist auch mein Kind. Es belastet mich sehr, wenn ich zusehen muss, welchen Umständen es ausgesetzt ist.«

Offensichtlich schien diese Frau nicht nur ein Alkoholproblem zu haben, sondern auch psychisch extrem auffällig zu sein, dachte ich. »Deshalb habe ich kurz überlegt, das Kind bei uns aufzunehmen und großzuziehen. Aber das geht meiner Frau eindeutig zu weit, was ich auch verstehen kann. Das wäre wahrscheinlich zu viel verlangt. Unsere Kinder wissen nichts davon. Aber wenn es so weitergeht, ist bald alles kaputt.« Er kämpfte jetzt gegen die Tränen. »Meine Frau hat das alles nicht verdient. Ich bin an allem schuld und echt am Ende. Was soll ich nur tun?«

Ich versuchte, mich in die Lage seiner Frau zu versetzen. Ich wüsste nicht, ob ich so viel Toleranz aufbringen könnte. Es ist schon nicht einfach, eine Affäre zu verzeihen. Vergessen können es die meisten nicht. Aber wenn noch ein Kind daraus entsteht und es darum geht, es bei sich aufzunehmen, dann übertrifft das für viele alles Vorstellbare. Es erfordert fast übermenschliche Kräfte. Offensichtlich konnte es der Ehefrau nicht zugemutet werden. Sie war strikt dagegen. Ich überlegte hin und her und erkundigte mich nach den Familienangehörigen der ehemaligen Geliebten. War da vielleicht jemand, der diese Aufgabe übernehmen könnte, Großeltern,

Tanten oder Onkel? Abgesehen davon, sich vom Jugendamt Rat zu holen, unterbreitete ich ihm diese Vorschläge. Er hörte mir sehr aufmerksam zu. Letztendlich lag die Entscheidung bei ihm. Er wirkte ein Stück weniger verzweifelt, als er ging, und ich merkte, wie es in ihm arbeitete. Zu meinem Ratschlag gab ich ihm noch ein Rezept für ein Schmerzmittel und bat ihn, sich in zwei Wochen einen neuen Termin geben zu lassen.

Als ich die Tür hinter ihm schloss, ging mir seine Geschichte noch eine Weile nach. Ich fragte mich, ob der Mann wirklich an allem schuld war, wie er selbst behauptet hatte. Die Frau, mit der er die Affäre gehabt hatte, hatte ihn nicht nur gestalkt, indem sie ihm permanent unerwünschte Nachrichten schickte. In meinen Augen war er auch ein Opfer sexueller Belästigung. Manche Menschen benutzen ihre sexuelle Macht, um sich wirtschaftlich abzusichern. Andere benutzen ihre wirtschaftliche Macht, um sich sexuelle Vorteile zu sichern.

Diese Frau war doch sehr offensiv vorgegangen. Hatte sie nicht alle Register gezogen und ihre erotische Macht, ihre Fruchtbarkeit gegen den Mann eingesetzt, um ihn herumzukriegen? Hatte sie ihn nicht sexuell belästigt, als sie ihn unter dem Tisch gezielt berührte? Als die Frau von ihm geschwängert wurde, war der Fußballer schließlich in eine Situation geraten, die er so am Anfang nicht wollte.

Unwillkürlich erinnerte es mich an einen Fall, der dem ähnelte, auch wenn der Ausgang ein ganz anderer war. Herr Schmitt, ein langjähriger Patient von mir, hatte vor ein paar Jahren sehr kurzfristig telefonisch um einen Termin gebeten, also quasi für gleich, wegen plötzlich auftretender Herzrhythmus- und Schlafstörungen. Es sei dringend. Er hatte Glück, ich war da, und er kam sofort in die Praxis. So war ich etwas überrascht, als er dann in Begleitung einer mir unbekannten Person aufkreuzte, und dachte noch, es ginge ihm so schlecht, dass er zur Sicherheit jemanden mitgebracht hätte. Er stellte mir Volker, seinen besten Freund, vor.

Volker war kein besonderer Hingucker. Der Mann war klein von

Statur, hatte eine Glatze und helle Haut sowie auffällig kristallblaue Augen. Seine gepflegte Erscheinung, die manikürten Hände und die auf Hochglanz polierten Schuhe ließen darauf schließen, dass er gut situiert sein musste. Ich schätzte ihn auf Anfang fünfzig. Er schien irgendwie unter Druck zu stehen, weil er sich immer wieder mit nervösem Blick umsah.

Wir gingen gleich ins Sprechzimmer. Ich wollte gerade mit dem Anamnesegespräch beginnen, als Herr Schmitt mir ins Wort fiel.

»Frau Federle, nicht ich habe gesundheitliche Probleme, sondern mein Freund hier«, erklärte er und sah zu Volker hinüber. Dieser blickte etwas verlegen zu mir. Herr Schmitt sprach weiter: »Wir kennen uns schon seit dem Kindergarten und sind immer durch dick und dünn gegangen. Sie müssen ihm bitte unbedingt helfen, aber wir müssen uns beeilen, wir haben nicht viel Zeit. Volker ist nämlich unter dem Vorwand eines gemeinsamen geschäftlichen Termins mit mir hier. Seine Frau darf absolut nichts davon erfahren.«

Dann schilderte mir Volker seine Geschichte.

Er erzählte mir von seinen zwei Söhnen und seiner Ex-Frau, mit der er fünfundzwanzig Jahre lang verheiratet gewesen war. Zu seiner Familie hatte er inzwischen aber keinen Kontakt mehr. Mittlerweile verklagten ihn seine Kinder auf Unterhalt. Das Verhältnis hatte sich schon verschlechtert, als er mit seiner neuen Frau eine Beziehung unterhielt. »Die Neue« hatte er in einem Haushaltswarengeschäft kennengelernt, sie arbeitete dort als Verkäuferin. Sie war eine Frau, die wusste, was sie wollte, und machte keinen Hehl daraus, auch bei ihm nicht. Ihre Entschiedenheit und dominante Art bei den kurzen Gesprächen an der Kasse imponierten ihm von Anfang an so sehr, dass er langsam süchtig nach jeder Begegnung mit ihr wurde.

Etwas verschämt gestand er mir dann, dass er bis zu diesem Zeitpunkt regelmäßig Escort-Damen in Anspruch genommen hatte, die gewisse Dienste anboten, wobei sie seine Fantasien nicht immer erfüllen konnten. Deshalb vermittelte ihm eine der Damen eines

Tages eine befreundete Kollegin, die, wie sich herausstellte, ausgerechnet jene Verkäuferin war. Offensichtlich hatte sie an den Wochenenden einen Nebenjob.

Volker handelte mit Autos und hatte sich im Lauf der Jahre hochgearbeitet und aus dem Nichts ein blühendes Geschäft aufgebaut.

So kam es, wie es kommen musste. Die Beziehung zu seiner Frau zerbrach endgültig, und er heiratete seine anfängliche Liebelei.

Damit geriet er völlig in ihre Fänge. Diese neue Frau schaffte es, ihn völlig zu kontrollieren und zu isolieren. Erst von seiner Frau, dann von den Kindern und schließlich von all seinen Freunden. Nur einer, er blickte kurz zu Herrn Schmitt hinüber, war ihm geblieben.

»Ich habe diese Frau von Anfang an durchschaut«, warf Herr Schmitt ein. »Das Biest begann ihn gezielt auszunehmen. Es reichte ihr anfangs nicht, dass Volker ihre ganze Familie mitfinanzierte. Nach und nach hat sie es geschafft, dass sein ganzes Vermögen zu ihr gewandert ist.«

Volker hatte tatsächlich geglaubt, ihre Kontroll- und Eifersucht wären aus Liebe und Fürsorge gespeist. Das anfängliche Hochgefühl war dennoch längst verflogen. Inzwischen bekam er Panikzustände und Herzrasen, sobald das Telefon bei ihm klingelte, er das Haus betrat oder ihre Stimme hörte. Während er das erzählte, wischte er sich den Schweiß von der Stirn, und ich sah, dass seine Hände zitterten. Er hatte offensichtlich Angst vor dieser Frau.

Nach meiner gründlichen Untersuchung versuchte ich, ihm die Angst zu nehmen und zu erklären, woher das Herzrasen kam.

Ich empfahl ihm einen Psychotherapeuten aufzusuchen, um die körperlichen Symptome in den Griff zu kriegen und mit den Panikattacken zurechtzukommen. Gleichzeitig dachte ich, dass dieser ihm sicher zusätzlich einen Sexualtherapeuten empfehlen würde.

Es heißt immer, das Problem zu erkennen sei schon die halbe Miete. Volker hatte seins wohl erkannt, und nun waren wir Mediziner und Therapeuten an der Reihe, um ihm zu helfen und das zu retten, was noch zu retten war.

Auch hier hatte eine Frau gezielt ihre sexuelle Macht eingesetzt, um jemanden in Abhängigkeit zu bringen, um nicht zu sagen, jemanden komplett gefügig zu machen.

Meine Gedanken wurden abrupt unterbrochen, als Corinne das Zimmer betrat, das Telefon in der Hand. Die polnische Pflegekraft einer unserer Patientinnen war dran. Ich konnte nur Bruchstücke von dem verstehen, was sie sagte.

»Große Beine und schlecht Luft seit zwei Tagen«, hörte ich. Ich versprach, sofort nach der Sprechstunde vorbeizukommen. Im Wartezimmer saß bereits der nächste Patient. Nachdem ich noch einige Fälle von Grippe und Halsweh behandelt hatte, war Walter als Nächster dran. Ich wusste, dass ich mir für ihn länger Zeit nehmen musste, und hatte es entsprechend eingeplant.

Ein grausamer Zwiespalt

Es hatte noch eine ganze Weile gedauert, bis Walter sich zur Untersuchung in der Klinik durchringen konnte. Erst als ich ihm klipp und klar erklärte, dass ich ab sofort keinerlei Verantwortung mehr übernehmen würde, ließ er sich murrend auf den Termin ein.

Bisher waren noch keine Befunde gekommen, deshalb hatte ich gestern spätnachmittags in der Klinik angerufen. Die Untersuchungsbefunde schickten sie mir sofort per Mail.

Nun stand seine Diagnose schwarz auf weiß da und lautete: »Pankreaskarzinom« – Bauchspeicheldrüsenkrebs. Walter war schwer krank. Meine schlimmsten Befürchtungen waren eingetroffen. Der Arztbrief an mich endete mit der Feststellung: »Wenig einsichtiger Patient und dadurch nur eingeschränkte Aufklärung möglich. Termin zur Vorbereitung der OP am 10. Januar um 8:00 Uhr in der Ambulanz geplant.« Ich schaute vorsichtshalber in meinem Kalender nach dem Datum, um mich zu vergewissern. Heute war der elfte Januar. Walter hatte offensichtlich den Termin verstreichen lassen und war nicht zur Aufklärung in der Klinik erschienen.

Selbstsicher und strahlend spazierte er in mein Arztzimmer: »Entschuldige, aber gestern ist mir etwas dazwischengekommen, mache bitte einen neuen Termin aus. Außerdem wollte ich zuerst noch deine Meinung hören.«

Er hatte sich also richtig Zeit gelassen, um über den Ernst seiner Lage zu sprechen, wenn er ihn überhaupt realisiert hatte. Er ließ sich auf dem Stuhl am Schreibtisch nieder und fragte mich gleich, ob ich ein schönes Weihnachten und Silvester gehabt hätte. Mit ein paar Worten schilderte er mir seine Feiertage. Ganz nebenbei meinte er, wie sehr Judith doch an diesen Tagen beschäftigt gewesen wäre und dass es gut sei, dass sie ein paar Tage freihatte, um die restlichen Akten durchzuarbeiten, denn sie würde immer so hinterherhinken. Nachdem er begann, mir ausführlich seine Jagderlebnisse zu schildern, und ich schon bangte, dass ich mir auch noch die Geschichte über den ausgezeichneten Rehbraten anhören müsste, fiel ich ihm ins Wort.

»Walter, wir müssen über etwas Ernstes reden, und da hilft es jetzt auch nicht, das Ganze zu verharmlosen oder abzulenken. Deine Jagderlebnisse kannst du mir später noch erzählen. Hast du verstanden, worum es geht? Dein Befund ist mehr als kritisch. Der Kollege hat schon mit dir geredet, oder?«

Er sah mich an, schüttelte den Kopf und sagte: »Der Arzt hat mir schon etwas erklärt und meinte auch, ich müsste mich so schnell wie möglich operieren lassen, aber das möchte ich mir erst noch mal durch den Kopf gehen lassen. Außerdem wollte ich die Feiertage mit der Familie und der Verwandtschaft verbringen. Operieren kann ich mich danach immer noch lassen. Und ich bin ja jetzt hier«, ergänzte er noch in einem ruppigen Tonfall.

Einfühlsam fuhr ich fort: »Weißt du Walter, du hast einen bösartigen Tumor an der Bauchspeicheldrüse, bei dem man keinen Tag mehr als nötig vergehen lassen sollte.« Ich brauchte etwa eine halbe Stunde, um ihm alles ausführlich zu erklären, seine Fragen zu beantworten und ihn so weit zu bringen, dass er mit der Therapie einverstanden war. Sofort vereinbarte ich einen neuen Termin für das Aufklärungsgespräch in der Klinik.

Lange hörte er mir wortlos zu, dann fragte er mich mit leiser Stimme: »Was meinst du, wie lange mir noch bleibt?«

»Walter, das kann ich dir nicht sagen, das ist sehr unterschiedlich. Manche leben mit solch einer Diagnose nur eine kurze Zeit. Es gibt aber auch Menschen, die ich kenne, die noch einige Jahre oder länger gelebt haben. Das Wichtigste aber ist, dass du dich jetzt so schnell wie möglich operieren lässt. Du musst unbedingt mit deiner Frau sprechen und mit Judith.«

Etwas betreten wandte er sich zum Gehen, drehte sich an der Tür noch einmal um und nahm mir im Gehen das Versprechen ab: »Sag bitte Judith nichts. Für sie soll die Sonne weiter scheinen.«

Als ich die Tür hinter ihm schloss, musste ich mich wieder hinsetzen und erst mal tief Luft holen. Tausend Gedanken schossen mir durch den Kopf. Wie sollte ich es hinbekommen, Judith zu treffen, ohne ihr ein Wort darüber zu erzählen. Es war ein furchtbarer Zwiespalt.

Ich nahm mir vor, wenn ich Walter das nächste Mal sah, ihm zu erklären, wie wichtig es für Judith sei, zu erfahren, was auf sie zukäme, und wie schwierig es für mich sei, meiner Freundin nichts sagen zu dürfen. Der nächste Gedanke war, Walter war Jäger. Daheim hatte er ein Gewehr im Schrank, das hatte er oft genug erzählt. Bestand womöglich die Gefahr, dass er sich das Leben nahm?

Das hatte ich nämlich schon einmal bei einem meiner vielen Notarzteinsätze erlebt. Ein Jäger hatte sich damals erschossen.

Während der letzten Stunde hatte ich eine Achterbahn der Gefühle erlebt. Zuerst das abwehrende Verhalten von Walter, gepaart mit leichter Überheblichkeit, die ich so gut von ihm kannte. Dann die vorsichtige Aufklärung, die ich so einfühlsam und empathisch wie möglich gehalten hatte, im Bewusstsein, wie furchtbar so eine Diagnose für meinen Patienten sein musste. Schließlich sein plötzlicher Wandel, bei dem seine Liebe und Fürsorge für Judith zum

Vorschein kamen. Und jetzt die Zweifel, die mich befielen, wie es weitergehen sollte.

Auf jeden Fall nahm ich mir vor, zu kontrollieren, ob Walter dieses Mal seinen Termin in der Klinik auch wahrgenommen hatte.

Ich rappelte mich auf und holte die nächste Patientin zu mir ins Sprechzimmer.

Ausgebrannt

Es war eine sechzigjährige Frau, die seit ungefähr einem halben Jahr zu mir kam. Bei unserer ersten Begegnung hatte sie mir offenbart, dass ihr Hausarzt bei ihr nicht mehr weiterkäme und ihr nicht mehr weiterhelfen könne und sie sich bei ihm nicht mehr gut aufgehoben fühlte. Sie arbeitete bei einer Krankenkasse und klagte immer wieder über psychosomatische Störungen, weshalb ihr ehemaliger Hausarzt sie in den letzten Jahren zweimal in Kur geschickt hatte. Schon öfter hatte sie erwähnt, dass sie sich eigentlich nicht mehr in der Lage sah, zu arbeiten. Schon der Weg zur Arbeit sei ihr fast zu viel, und auch der Weg hierher in die Praxis hätte sie viel Kraft gekostet. Dabei saß sie vor mir wie ein Häufchen Elend, sah mich aber gleichzeitig mit einem selbstbewussten, wachen Ausdruck im Gesicht an, der nicht zu ihren Worten passte und mich irritierte.

Gerade machte sie einen Wiedereingliederungsversuch bei ihrer Arbeitsstelle, das bedeutete, dass sie nur zwei Stunden pro Tag arbeitete statt acht. Geplant war, sie bald auf drei Stunden pro Tag hochzusetzen.

»Mir geht es so schlecht«, sagte sie. »Die zwei Stunden täglich sind für mich viel zu viel. Ich mache es seit einer Woche, komme aber morgens fast nicht aus dem Bett. Meine Glieder sind schwer, mir tut alles weh. Ich kann mich nicht konzentrieren und unmöglich drei Stunden pro Tag arbeiten. Nach den zwei Stunden bin ich völlig erschöpft und gar nicht in der Lage, noch etwas anderes zu tun. Selbst zum Einkaufen muss ich mich zwingen. Ich habe einen Burn-out und bin depressiv. Es hat auf Dauer keinen Sinn, was Sie vorgeschlagen haben. Für mich ist es sicher das Beste, ich gehe früher in Rente.«

»So ganz einfach ist das nicht, wie Sie sich das vorstellen«, antwortete ich. »Das erfordert einige Gutachten, die unabhängig voneinander erstellt werden.« Ich dachte an die ganzen Untersuchungen, die bei ihr durchgeführt wurden, und ihre Ablehnung gegenüber jeglicher Medikamenteneinnahme. Auch der Psychiater kam bei ihr nicht wirklich weiter. Möglicherweise bestanden bei ihr ein Burn-out und eine Depression, zumindest hatte ihr Hausarzt damals mit diesen Diagnosen die beiden Kuren beantragt. Bei mir klagte sie weiterhin über Schlaflosigkeit, Antriebslosigkeit und innere Unruhe. Irgendwie hatte ich immer das Gefühl, dass das Gesamtbild nicht ganz passte.

»Was muss noch alles passieren?«, fuhr sie fort. »Ich habe beide Kuren und zwei Psychotherapien hinter mir und war beim Psychiater, das alles hat nicht geholfen. Am besten wäre es, wenn ich nicht mehr arbeiten müsste. Dann würde es mir sicher besser gehen. Eigentlich müsste meine Krankengeschichte doch reichen, um vorzeitig in den Ruhestand gehen zu können.«

»Ich denke, wir sollten den Wiedereingliederungsversuch zumindest noch fortsetzen«, antwortete ich, denn mein Eindruck war, dass es ihr nicht guttäte, keine Struktur mehr in ihrem Leben zu haben. Und körperlich hatte sie keine Vorerkrankungen, sie war komplett durchgecheckt worden.

»Wissen Sie, die ganzen Psychotherapiestunden bringen mir nichts«, sagte sie nachdrücklich. »Meine Therapeutin hat mich sowieso nicht verstanden, und es macht auch keinen Sinn, Medikamente zu nehmen, wie der Psychiater mir empfohlen hat. Ich reagiere sowieso extrem auf alle Medikamente, das wissen Sie ja inzwischen. Außerdem arbeite ich seit vielen Jahren und denke, dass ich in dem Alter und in einem Zustand bin, wo man mir das nicht mehr länger so zumuten kann.«

»Wenn drei Stunden Ihnen zu viel sind, dann bleiben wir vorerst bei den zwei Stunden pro Tag«, schlug ich vor. »Dann wird sich zeigen, ob der Zustand sich nicht doch bessert. Ich befürworte nochmals die zwei Stunden pro Tag. Kommen Sie bitte wieder in zwei Wochen, dann sehen wir, ob es bis dahin nicht doch besser klappt.«

Ich machte mir ein paar Notizen und dachte »schwieriger Fall«. Irgendwie kam mir die ganze Geschichte merkwürdig vor. Manchmal hat man als Arzt so ein seltsames Gefühl. Irgendetwas an der Geschichte irritierte mich. Ich erinnerte mich an einen Fall im Notdienst, als ich die niedergelassenen Kollegen am Wochenende vertrat. Es lag schon einige Jahre zurück. Der Patient kam eigentlich wegen akuter Rückenschmerzen in die Praxis. Der Mann mittleren Alters war Intensivpfleger auf einer Intensivstation, empathisch, sehr engagiert und pflichtbewusst. Er sagte, er sei völlig überlastet und hätte wahnsinnige Rückenschmerzen. Ich untersuchte ihn gründlich und konnte nichts Auffälliges feststellen, merkte aber relativ schnell, dass sein Problem nicht nur die Rückenschmerzen waren. Im Gespräch öffnete sich der Mann zusehends und schilderte mir seine Situation. Er sprach über seine unmenschlichen Arbeitszeiten und den Dauerstress, weil einfach zu wenig Zeit für die Pflege seiner Patienten und die Gespräche mit deren Angehörigen blieb, was ihm ständig ein schlechtes Gewissen machte und einfach frustrierend sei. Oft suchten die Angehörigen Antworten auf ihre Fragen, wollten wissen, wie es weitergeht, und waren verzweifelt. Die Dokumentation würde auch viel Zeit in Anspruch nehmen, wodurch die Zuwendung zum Patienten immer mehr auf der Strecke blieb. Fast verständnisvoll entschuldigte er diese Missstände mit Personalmangel. Für ihn sei es auch selbstverständlich, für andere einzuspringen und Überstunden zu machen, weil er schließlich schlecht Nein sagen könne.

Zu Hause hatte er größte Schwierigkeiten. Da seine Frau halbtags in der Bäckerei arbeitete, würde er sie und ihr gemeinsames Kind in der Spätschicht gar nicht zu Gesicht bekommen. Außerdem hatte er jedes zweite Wochenende Dienst. Unter dieser Situation litt seine Beziehung immer mehr. Dabei gestand er, dass er bei Kleinigkeiten oft völlig überreagieren würde und mit manchen Situationen gar nicht mehr klarkam, die für ihn früher gar kein Problem gewesen wären. Sogar die einfachsten alltäglichen Dinge wie eine Kiste Mineralwasser aus dem Keller zu holen oder den Müll rauszutragen, kosteten ihn immense Kraft und brachten ihn an seine Grenzen. In der Klinik ging ihm manches Schicksal so nach, dass er plötzlich in Tränen ausbrach. Im Kopf schleppte er die Arbeit mit nach Hause. Richtig abschalten war unmöglich geworden. So kam er oft völlig erschöpft nach Hause und hatte keine Lust und keine Kraft, noch irgendetwas zu unternehmen. Auch Treffen mit Freunden wären ihm zu viel geworden. Dass er nachts immer öfter wach lag, mit Herzklopfen, und mittlerweile ein paar Kilogramm Gewicht verloren hatte, erwähnte er ganz nebenbei.

Zum ersten Mal war er heute nicht zur Arbeit gegangen, weil er sich so kraftlos gefühlt hatte und nicht in der Lage war, auch nur einen Patienten zu versorgen. Er spürte jeden einzelnen Muskel, war wie gelähmt und hatte das Gefühl, neben sich zu stehen.

Ich hatte Mitgefühl. Durch meine frühere Arbeit auf der Intensivstation im Rahmen meiner Ausbildung wusste ich genau, wovon er redete, und verstand ihn gut. Im Moment konnte ich nur seine Schmerzen behandeln, und es blieb mir nichts anderes übrig, als ihm ein paar Schmerztabletten zu verschreiben. Ich gab ihm dennoch mit auf den Weg, dringend seinen Hausarzt aufzusuchen, um alles abklären zu lassen, auch warum er Gewicht verloren hatte. Dann brachte ich vorsichtig die Diagnose »Burn-out« ins Spiel. Leider konnte ich das im Notdienst nicht abklären.

Burn-out ist ein schleichender Prozess und zeigt sich nicht von heute auf morgen. Stress, Überforderung und der ständige Druck, immer erreichbar sein zu müssen, sind mögliche Ursachen.

Die Krankheit tritt häufig im Alter zwischen dreißig und fünfzig Jahren auf, ein Alter, in dem wir mitten im Leben stehen und versuchen, alles unter einen Hut zu bringen. Folgen können chronische Müdigkeit, Reizbarkeit, Herzrasen, Frust, Kreislaufprobleme, Schlaflosigkeit, Angstgefühle, Apathie oder Freudlosigkeit bis hin zur emotionalen Entfremdung sein. Emotionale Entfremdung besteht, wenn im Privatleben Treffen mit Freunden abgesagt werden und sich Patienten immer mehr zurückziehen oder auch bei der Arbeit emotionale Distanz aufbauen, indem sie Kollegen oder Klienten nicht mehr an sich heranlassen.

Es ist daher extrem wichtig, die ersten Anzeichen rechtzeitig zu erkennen, um vorzubeugen und erst gar nicht in diese Situation zu rutschen. Stress im Alltag kann gezielt abgebaut werden durch Bewegung oder Sport. Ebenso können Entspannungstechniken wie Yoga, aber auch autogenes Training Abhilfe schaffen. Auch Lesen, Musizieren oder Malen kann dabei helfen. Manchmal reicht es aber auch, nur den Moment bei einer Tasse Tee zu genießen, um zur Ruhe zu kommen.

Es ist wichtig, Grenzen zu setzen und Nein zu sagen, wenn man merkt, dass man selbst überlastet ist. Dieses Lebensmotto versuche ich mir selber immer wieder in Erinnerung zu rufen und danach zu leben. Allerdings sind der Stresspegel und die Stresstoleranz bei jedem Menschen sehr individuell ausgeprägt.

Ein paar Tage später, es war abends, und die Dunkelheit brach schon herein, hatte ich gerade den letzten Hausbesuch gemacht. Ich freute mich auf das Abendessen mit einer befreundeten Journalistin hier in einem Restaurant direkt an der Ecke. Das Auto konnte ich stehen lassen. Ich tauschte meinen Arztkoffer gegen meine Handtasche, zog mir noch die Lippen nach und machte mich auf den Weg. Während ich in meine Handtasche griff und nach meinem Handy suchte, hörte ich lautes Gelächter. Drei Frauen liefen ineinander untergehakt vor mir her und unterhielten sich fröhlich. Ich dachte schon, die eine Stimme kenne ich doch, und sah genauer hin. In dem Moment erkannte ich meine Patientin, die einige Tage zuvor in der Praxis war und mir wortreich geschildert hatte, dass sie sich kaum zur Arbeit schleppen konnte und nach zwei Stunden Arbeit völlig erledigt war. Entweder hatte sie eine wundersame Heilung durchlaufen oder mir Theater vorgespielt. Trotzdem war mir die ganze Situation unangenehm. Ich wollte mich jetzt nicht in meiner Freizeit damit auseinandersetzen. Die kleine Gruppe ging direkt in das Restaurant, in das ich auch wollte. Es war noch früh. Durchs Fenster sah ich, dass sich die Frauen in den hinteren Raum gesetzt hatten. Ich betrat das Lokal und setzte mich absichtlich in den vorderen Raum direkt ans Fenster, wo die Patientin mich nicht sehen konnte.

Meine Freundin war pünktlich, und wir verbrachten einen schönen, gemütlichen Abend. Ich versuchte, nicht mehr an die Patientin zu denken. Das hob ich mir für später auf.

Eigentlich war es von der Frau ziemlich dreist, mir so etwas vorzuspielen. Ich nahm mir vor, sie bei der nächsten Untersuchung damit zu konfrontieren, auch auf das Risiko hin, dass sie dann wieder den Arzt wechseln würde. Meine Prinzipien verboten es mir, in so ein Lügengeflecht verstrickt zu sein und einer vermeintlichen Simulantin zum vorzeitigen Ruhestand zu verhelfen, während andere körperlich und seelisch so an ihre Grenzen kamen, dass sie den Ruhestand nur schwer erreichten, wenn sie ihn überhaupt erlebten.

Dr. med. Google

Draußen schien die Sonne, aber es war bitterkalt. Zum Glück hatte ich heute wenige Hausbesuche, dafür viele Patienten in der Praxis. Im Wartezimmer saß schon Felix mit seinem Vater. Seine Mutter hatte selten Zeit, um nach ihrem Sohn zu schauen. Die Frau hatte eine leitende Position in einem Unternehmen, das Büromöbel herstellte. Sie war ständig auf Messen in ganz Europa unterwegs.

Felix war sechzehn Jahre alt, Einzelkind und besuchte seit anderthalb Jahren ein Internat. Wie etwa fünf Prozent der Kinder und Jugendlichen in Deutschland hatte der Junge ADHS, eine Krankheit, die sich durch innere Unruhe, starke Gefühlsschwankungen und Konzentrationsprobleme bemerkbar machte und die mit einer Verhaltenstherapie oder auch medikamentös behandeln werden konnte. Felix nahm Medikamente und kam regelmäßig in die Sprechstunde.

Er war ein netter Junge, der nach außen meist sehr verschlossen wirkte. Doch sobald sein Vater nicht dabei war oder im Wartezimmer sitzen blieb, sprudelte es wie ein Wasserfall aus ihm heraus. Schließlich kannten wir beide uns lange genug. So wusste ich, dass es ihm in der Anfangszeit im Internat gar nicht gut ging. Er fühlte sich dort nicht wohl, weil er oft gehänselt und ausgelacht wurde, wie früher in der normalen Schule auch. Dabei hatte er so gehofft, nicht erneut gemobbt zu werden, hatte er mir anvertraut. Damals hatte ich ihm geraten, Geduld zu haben. Seit einigen Monaten war mir aufgefallen, dass es ihm besser ging. Tatsächlich hatte er von neuen Freunden und seinen besseren Noten erzählt. Ich freute mich für ihn.

Noch im Flur erfuhr ich nun, dass Felix am vorigen Abend überraschend aus dem Internat zurückgekehrt war. Es hatte wohl Ärger gegeben, und er hatte sich wütend in den Zug gesetzt.

Vater und Sohn betraten mein Sprechzimmer und setzten sich mir gegenüber. Der Vater kerzengerade mit straffem Rücken und durchdringendem Blick, der Sohn mit eingezogenen Schultern und trotzigem Gesichtsausdruck. Mir schwante nichts Gutes. Irgendwie schien Felix' Gesicht, das durch die Pubertät leicht mit Pickeln übersät war, besonders blass. Was war mit ihm los, warum hatte es Probleme gegeben, war er krank?, fragte ich mich. Meine Fragen hielt ich für später zurück. Erst wollte ich mir ein Bild von der Lage machen.

Trotz seiner Besorgtheit, schien Felix' Vater genervt. Er runzelte die Stirn und begann zu erzählen. Ein paarmal hatte Felix abends am Telefon über Schwindel und Übelkeit geklagt. Auch würde er in letzter Zeit nie satt werden. Kurz schoss mir der Gedanke durch den Kopf, er wird doch keinen Bandwurm haben, aber eigentlich hatte ich eine ganz andere Theorie.

Felix hätte trotz des vielen Sports ziemlich zugenommen, fuhr der Vater fort. Gestern sei ihm schließlich so schlecht gewesen, dass er fast ohnmächtig geworden wäre, woraufhin die Lehrer einen Arzt rufen wollten. Doch dann machte sein Sohn Theater und wurde aggressiv, hauptsächlich, weil ihn plötzlich ein riesiger Hunger überfallen hatte und er sich von niemandem abhalten lassen wollte, trotz Übelkeit und Schwindel alles in sich hineinzustopfen, was gerade an Essen da war. Der Streit eskalierte, und Felix rannte auf sein Zimmer, warf ein paar Kleidungsstücke in seine Tasche und verschwand. Als man im Internat bemerkte, dass der Junge nicht mehr da war, saß er bereits im Zug zu seinen Eltern. Jetzt machten sich beide große Sorgen, auch weil aus Felix nichts herauszubekommen war.

Ich untersuchte den Jungen gründlich, nahm Blut ab und dachte, dass es am besten wäre, mit Felix allein zu reden, denn mir schwante, was passiert war. Schließlich hatte ich ebenfalls Kinder großgezogen. Sie hatten zwar weder ADHS, noch waren sie im Internat gewesen, aber das eine oder andere hatte ich mit ihnen auch erlebt. Deshalb bat ich den Vater, im Wartezimmer auf uns zu warten.

Als ich die Tür hinter uns schloss, begann Felix zu erzählen.

»Ich habe keinen Bock mehr, das Ganze kotzt mich so an!«, legte er los. »Monatelang haben sie mich ›Pickelknilch‹ genannt. Ich hatte null Chance, etwas dagegen zu tun. Aber seitdem ich neue Freunde habe, haben die ganz blöd geguckt. Endlich akzeptieren sie mich, und keiner tuschelt mehr über mich. Und jetzt das …«

»Was denn?«, fragte ich vorsichtig. Ich wusste, dass es Felix in der Schule immer schwer gehabt hatte. Im Internat gehörte er zu den kleinsten seiner Klasse, und durch sein ADHS fiel er ständig auf. Er hatte Konzentrationsstörungen, war häufig unruhig, und durch die Tabletten, die ihm vom Spezialisten verschrieben worden waren, hatte er noch dazu für sein Alter einen zu hohen Blutdruck. Ich spürte aber, dass da noch mehr war, so versuchte ich ihn nochmals dazu zu bewegen, mir den Rest der Geschichte zu erzählen. Er kniff plötzlich seine Lippen zusammen, senkte den Blick und schüttelte den Kopf.

»Wenn ich das erzähle, fliege ich hundert Pro von der Schule, oder, noch schlimmer, meine Eltern sperren mich für immer ein«, sagte er leise.

»Felix, ich werde nicht über das reden, was du mir erzählst, versprochen. Weißt du, als Ärztin unterliege ich der Schweigepflicht, das heißt, ich darf nichts weitererzählen. Was wir deinen Eltern nachher sagen, überlegen wir gemeinsam, okay?«, erklärte ich ihm. Hastig begann er, mir seine Geschichte zu erzählen.

»Vor drei Wochen hat ein Kumpel von mir aus der Parallelklasse Hasch mitgebracht, und wir haben zusammen eine Tüte geraucht. Beim ersten Mal habe ich gar nichts gespürt. Aber die Male drauf hatte es das ganz schön in sich. Ich habe mich wie auf Wolken gefühlt, so entspannt, ja high irgendwie, obwohl mir zwischendurch richtig schlecht war. Und gestern war es erst total cool, aber dann wurde mir plötzlich schwindelig und schlecht. Ich dachte echt, ich müsste sterben, so hammerschnell klopfte mein Herz. Danach hatte ich plötzlich voll Kohldampf, wie in letzter Zeit immer wieder, doch die Idioten vom Internat wollten einen Arzt holen, anstatt mich essen zu lassen. Ich hatte Schiss, dass der durchblickt, was los ist. Also bin ich abgehauen. Das war auch die einzige Möglichkeit, meine Kumpels nicht reinzureiten.« Er blickte kurz zu mir hoch und fuhr etwas verlegen fort. »Jetzt stinkt es mir. Endlich geht es mir viel besser in der Schule, ich schreibe bessere Noten, ich habe neue, coole Freunde. Ich will auf keinen Fall vom Internat fliegen. Wenn meine Eltern davon erfahren, bin ich durch.«

Es war gut, zu sehen, wie der Junge sich mir öffnete und mir völlig vertraute. Einmal mehr war ich dankbar, Ärztin zu sein. Ich versuchte, mich in Felix' Lage hineinzuversetzen. Es war klar, dass er in seinem Alter bestimmte Dinge ausprobieren und auch sozialen Anschluss finden wollte, einfach auf der Suche nach Anerkennung. Aber gleichzeitig bewegte er sich in einer gefährlichen Zone, denn die Wirkung der Medikamente, die er im Moment noch nehmen musste, konnten im Zusammenhang mit Drogen verstärkt werden. Abgesehen davon, dass manchmal alles Mögliche beigemischt wurde. Cannabis kann zum Beispiel zu einem Anstieg der Herzfrequenz und des Blutdrucks führen.

»Erstens ist kiffen cool, und zweitens soll es auch gut gegen ADHS wirken, habe ich im Internet gelesen«, sagte Felix. »Es kann sogar die Therapie ersetzen, das bedeutet doch, ich könnte meine Tabletten weglassen.« Innerlich grinste ich, als er das Internet erwähnte.

»Moment mal, junger Mann, oder soll ich dich ab jetzt Doktor Google nennen? Cannabis ist keine beliebige Behandlungsalternative, auch wenn sich das so manch einer wünschen würde, auch nicht bei ADHS, wo die Wirksamkeit noch unzureichend belegt ist. Eins ist bekannt: Es kann süchtig machen und unter anderem einen negativen Einfluss auf die Hirnentwicklung haben, besonders bei jungen Menschen wie dir. Es gibt die Möglichkeit, CBD-Öl zu nehmen. Da wirst du aber die berauschende Wirkung, die du vom Haschisch-Öl durch den THC-Gehalt hast, nicht bekommen, weil der psychoaktive THC-Anteil beim CBD-Öl bei unter 0,2 % liegt, während er beim Cannabis-Öl bis zu 60 % betragen kann. Selbst der ADHS-Verein in Deutschland sagt, dass Cannabis zur Behandlung von ADHS nicht eingesetzt werden sollte, aber das solltest du noch mal genau mit einem Spezialisten besprechen.« Mir war es wichtig, dass Felix auch noch mit dem Kollegen sprach, der seine Medikation und Therapie festlegte. Doch vor allem wollte ich, dass er sich seiner besonderen Situation bewusst wurde.

»Weißt du Felix, ich habe vollstes Verständnis, dass Jugendliche neue Dinge ausprobieren wollen, aber du musst wissen, dass du in einer anderen Situation bist und du deswegen manchmal nicht dasselbe wie die anderen machen kannst. Es gibt kranke Menschen, die Medikamente nehmen müssen und die deshalb nicht so frei agieren können. Du gehörst im Moment dazu.« Er nickte.

»Das Leben ist total ungerecht, oder?«, platzte es plötzlich aus ihm heraus. »Warum muss es ausgerechnet mich treffen? Ich bin immer der Arsch hier. Allein jeden Tag Tabletten zu nehmen, ist eine Zumutung. Ich habe schon genug von der Krankheit, und jetzt soll ich noch auf tausend Sachen verzichten. Und wie soll ich das jetzt meinen Freunden erklären?«

»Pass mal auf, es ist nicht gesagt, dass du die Tabletten noch lange nehmen musst. Es gibt aber im Moment keinen anderen Weg. Weißt du Felix, ich habe in meiner Praxis ein junges Mädchen mit MS. Sie musste erst mal durch die Hölle. Jetzt geht es ihr besser, aber sie muss immer noch auf vieles verzichten. Du bist nicht allein mit solchen Problemen, es gibt mehr Menschen mit solchen Problemen, als du denkst. Und du weißt, du kannst jederzeit zu mir kommen, wenn du ein Problem hast. Ich lasse dich nicht im Stich. Aber bitte, sprich mit deinen Freunden und erkläre ihnen deine Situation. Ich glaube, dass der eine oder andere von deinen Freunden dich bestimmt verstehen wird. Und die, die es nicht tun, denen geht es nicht um dich.«

»Sie sind bombastisch, Doktor. Das ist schon krass, dass ich nicht mehr kiffen darf, aber ich verspreche Ihnen, das, was Sie gesagt haben, nehme ich mir zu Herzen. Mit dem Spezialisten rede ich auch.« Ich war froh, dass ich es zumindest geschafft hatte, die für ihn nicht ganz ungefährliche Situation zu erklären.

»Und was sagen wir jetzt meinem Dad?«

»Sage ihm einfach die Wahrheit. Vermutlich hat dein Dad das früher sogar auch schon ausprobiert. Viel problematischer wird es, wenn das Internat das noch herausfindet.«

Felix' Vater reagierte relativ gelassen. Er war erleichtert, dass nichts Ernsteres dahintersteckte, und beichtete nebenbei, dass seine Jugend auch nicht ganz sündenfrei gewesen war.

An diesem Punkt zeigte sich wieder, wie wichtig vertrauensvolle

Beziehungen innerhalb der Familie sind. Kinder sollten offen und ehrlich mit ihren Eltern reden können, ohne Angst haben zu müssen. Auch wenn das, womit sie manchmal nach Hause kommen, nicht immer prickelnd ist, sollten sich Eltern in ihre Lage versetzen können, Verständnis zeigen, aufklären und sie auf ihrem Lebensweg begleiten. Ich war froh, dass Felix diesen Halt in seiner Familie hatte.

Entsorgungsprobleme

Während seine Frau im Wartezimmer wartete, untersuchte ich den nächsten Patienten. Es war ein Mann mittleren Alters. Zum ersten Mal plagte ihn seit ein paar Tagen ein schmerzhafter Ausschlag auf dem Rücken in Höhe der rechten Niere, begleitet von einem lästigen Juckreiz.

Ich begutachtete gerade die Hautbläschen, als Corinne den Kopf reinsteckte und meinte, Walter würde schon ungeduldig draußen warten. Ich staunte, denn erst vor Kurzem hatten wir uns doch in der Praxis gesehen. Er kann aber noch nicht so lange da sein, dachte ich und wandte mich wieder meinem Patienten zu. Alles sprach für eine Gürtelrose.

Erneut steckte Corinne den Kopf herein, machte eine Grimasse und meinte, dass Walter es wirklich eilig hätte.

»Ich wusste gar nicht, dass er heute einen Termin hat«, bemerkte ich.

»Hat er auch nicht. Er kommt unangemeldet.«

Trotzdem ließ ich mich nicht aus der Ruhe bringen. Ich führte meine Untersuchung zu Ende und verschrieb dem Patienten ein Medikament. Kaum war er draußen, stürmte Walter mit einer Plastiktüte in der Hand in mein Sprechzimmer, ohne Rücksicht darauf, dass ein junges Mädchen im Wartezimmer saß. Ich versuchte, mich nicht darüber aufzuregen.

»Ja, Walter, was führt dich her? Du bist gar nicht angemeldet, und draußen wartet noch jemand.«

»Das junge Gemüse kann warten, schließlich bin ich krank, und damit habe ich Vorrang.« Fehlte nur noch, dass er sagte, im Wartezimmer wartet eh nur eine Frau.

Er nahm gleich Platz auf dem Stuhl, stellte die Plastiktüte auf den Boden und nahm seinen gewöhnungsbedürftigen moosgrünen Hut ab, an dem vorne eine Feder durch ein braunes Band befestigt war. Ich fand das Ding abscheulich, sagte aber nichts. Im nächsten Moment griff er in die Tüte und zog triumphierend einen Hasen raus. Ich hielt die Luft an und dachte, mein Gott, das arme Tier!

So einen ähnlichen Hasen hatten meine Kinder früher zum Spielen im Garten, den hatten wir »Rübe« genannt. Ich konnte mir eh nicht vorstellen, jemals einen Hasen zu essen. Ich fand diese Szene völlig absurd. Sollte Corinne noch mal den Kopf reinstecken, wäre sie wahrscheinlich völlig geschockt.

»Das Wildschwein ist aber klein ausgefallen«, war das Einzige, was mir in dem Moment einfiel.

»Ein Wildkaninchen ist aber viel schwieriger zu treffen als ein Wildschwein, auch wenn es fast genauso schnell ist. Außerdem schlägt es auch Haken«, belehrte er mich gleich. »Es darf nur bis Mitte Januar geschossen werden, ich musste mich also sputen.«

»Ach so, vielen Dank«, sagte ich nur und brachte es nicht fertig, seine Freude zu dämpfen. »Steck es bitte wieder in die Tüte, damit ich es nachher versorgen kann.« Insgeheim überlegte ich, ob ich das arme Tier direkt in die Mülltonne entsorgen oder es lieber beerdigen sollte. Jedenfalls würde ich ihm gewiss nicht das Fell über die Ohren ziehen, um es anschließend zu kochen. »Kann ich noch vor der OP etwas für dich tun? Hast du dir inzwischen Gedanken darüber gemacht, ob und wie du es Judith beibringen möchtest?«, fragte ich. »Die nächste Zeit wird sicher sehr schwierig für sie, da sie im Gegensatz zu deiner Frau wenig mitbekommen wird.«

»Das kann ich nicht ändern, Lisa. Sie weiß, dass ich verheiratet bin. An meinen Zustand wird sie sich gewöhnen müssen.« Wie sich

Judith mit Walter schon an so vieles gewöhnen musste, dachte ich und ging zur Tür, um die Geduld meiner nächsten Patientin nicht über Gebühr zu strapazieren. Nebenbei erinnerte ich ihn daran, dass ich über die Faschingstage in Urlaub fahren würde. Dennoch sei ich jederzeit übers Handy erreichbar. Endlich ging er.

Nachdem ich die Plastiktüte mit dem Hasen provisorisch hinter meinem Schreibtisch abgestellt hatte, bat ich die junge Frau ins Sprechzimmer. Gerade wollte ich die Tür hinter uns schließen, zwang sich Walter plötzlich durch den Spalt. Er hatte seinen grässlichen Hut vergessen. Rasch packte er das Ding und wünschte mir noch einen schönen Urlaub, ohne auch nur ein Wort der Entschuldigung für meine Patientin. Dieses Mal war ich froh, als er endlich weg war.

Weil mein Garten doch etwas zu klein war und ich nicht wusste, was ich meinen Enkeln sagen sollte, wenn sie mich beim Ausheben eines Grabes erwischen würden, fand das Tier sein Ende ganz unten in der Mülltonne.

Ein bescheidener Tag ...

Nach Feierabend hatte ich mich noch mit Maria getroffen, um in der Altstadt Pizza essen zu gehen. Etwas ganz Normales zu tun, brachte etwas Abwechslung in meinen verrückten Alltag, und als ich zu Hause ankam, war ich hundemüde, aber glücklich. Erst dann holte ich das Handy aus meiner Handtasche, um nachzusehen, wer alles angerufen hatte, denn es kam nie vor, dass ich keine Anrufe oder Nachrichten erhielt.

Neben mehreren unbekannten Nummern stand Judiths Name in der Anruferliste. Sie hatte es um halb zehn versucht. Jetzt war es fast halb zwölf. Ich konnte nicht mehr zurückrufen, da ich wusste, dass sie jeden Tag spätestens um zehn ins Bett ging. In dem Moment fiel mir wieder ein, dass Walter heute in der Klinik operiert worden war. Wahrscheinlich wollte sie mir Bescheid geben, wie die OP verlaufen war. Ich nahm mir vor, mich gleich am nächsten Morgen bei ihr zu melden und danach zu fragen.

Am nächsten Tag, eine Banane als Frühstück in der Hand, wählte ich als Erstes ihre Nummer. Judith nahm gleich ab. Kaum hatte ich sie begrüßt, fiel sie mir ins Wort.

»Ich mache mir so Sorgen, Lisa. Walter hat mich gestern Abend nicht angerufen, stell dir vor, das erste Mal seit dreißig Jahren.« Die Antwort, dass er womöglich wegen der OP noch sicher etwas geschwächt sei, lag mir schon auf der Zunge, als sie fortfuhr. »Gestern früh haben wir noch normal miteinander telefoniert, aber da fand ich ihn schon ein bisschen komisch. Er war irgendwie kurz angebunden und hat nicht mal zwei Minuten mit mir geredet. Das hat er früher sonst nie gemacht. Ich weiß nicht, was los ist. Bei ihm daheim kann ich ja nicht anrufen, wenn seine Frau in der Nähe ist. Und an sein Handy geht er nicht ran.«

In dem Moment lief es mir kalt den Rücken hinunter. Mir wurde klar: Judith hatte keine Ahnung, dass Walter in der Klinik lag und operiert wurde. Das darf nicht wahr sein, dachte ich, was sollte ich jetzt bloß tun? Meine Freundin machte sich riesige Sorgen, und ich durfte und konnte meine Schweigepflicht nicht brechen.

Ich war richtig sauer auf Walter, dass er mich in so eine Situation gebracht hatte, wohl wissend, dass Judith und ich befreundet waren. Direkt nach der Sprechstunde beschloss ich, zu ihm in die Klinik zu fahren, um nach ihm zu sehen und mit ihm zu reden. Das Gespräch mit Judith beendete ich dann ziemlich abrupt, nichts Ungewöhnliches für sie, da ich es öfter mit Notfällen zu tun hatte. Die Mittagspause ließ ich ausfallen, um mich Richtung Klinik auf den Weg zu machen.

Walter war gerade von der Intensivstation auf die Überwachungsstation verlegt worden. Im weißen Bett stach sein gebräuntes Gesicht fast unnatürlich hervor zwischen all den Schläuchen und Geräten, an denen er hing und die neben ihm standen. An seinen lächelnden Augen glaubte ich zu erkennen, dass er sich freute, mich zu sehen.

»Na, Walter, wie geht es dir?«, fragte ich ihn.

»Geht so«, antwortete er, »ich kann mich an gestern gar nicht mehr erinnern.«

»Hast du Schmerzen?«

»Nein, kaum, nur beim Husten oder Bewegen.« Er versuchte, tief Luft zu holen, und verzog dabei das Gesicht. »Sobald ich hier herauskomme, kriegst du von mir das Wildschwein geschossen.« So ein Großmaul, typisch Walter, dachte ich und grinste innerlich.

»Du scheinst aber noch ganz schön Energie zu haben, mein Lieber. Aber anstatt mir Wildschweine zu schießen, solltest du lieber schleunigst mit Judith reden. Ich weiß nämlich nicht, was ich ihr erklären soll und darf.«

»Ich wollte einfach nicht, dass sie sich wegen mir Sorgen macht«, sagte er zu seiner Verteidigung. »Und bald bin ich wieder auf den Beinen, also ist alles gut.«

»Walter, es ist nicht ›alles gut‹. Ich kann meiner Freundin nicht verheimlichen, wo du bist. Die Frau dreht mir durch vor Sorge! Ich finde, sie hat es auch verdient, die Wahrheit zu erfahren. So eine OP ist schließlich kein Spaziergang. Bitte, wenn du sie liebst, rede mit ihr und sage ihr ehrlich, was los ist.« Er schüttelte den Kopf.

»Ich glaube, es ist besser, wenn du das übernimmst, Lisa. Du bist meine Hausärztin, das überlasse ich dir. Nur eins will ich nicht, dass sie mich in dem Zustand hier sieht.«

Was für eine undankbare Aufgabe! Mir wurde der schwarze Peter zugeschoben, aber so war es nun. Jetzt musste ich meiner Freundin erklären, dass ihr Geliebter ein schwer kranker Mann und seine Prognose alles andere als gut war, trotz der Operation. Damit musste ich mich wohl abfinden. Es wäre ohnehin sinnlos gewesen, sich jetzt mit dem alten Herrn anzulegen, nicht in seinem Zustand. Er schien zudem wieder müde zu werden. Ich gab klein bei, half ihm noch, ein Glas Wasser zu trinken, und verabschiedete mich.

Anstatt nach Hause zu fahren, fuhr ich direkt zu Judith, in der Hoffnung, dass ich sie im Büro antreffen würde. Einmal mehr stand ich vor dem trostlosen Gebäude, das jedes Mal meine Stimmung nach unten zog, und klingelte.

Ich hatte Glück. Ihre Mitarbeiterin öffnete mir und führte mich zu ihr. Judith saß konzentriert über Akten gebeugt und staunte nicht schlecht, als sie mich erblickte.

»Hallo, Lisa, was machst du denn hier?«, begrüßte sie mich. Ich schloss die Tür hinter mir.

»Ich muss mit dir reden. Es gibt Dinge, die kann man nicht so am Telefon besprechen«, antwortete ich und versuchte, Ruhe zu bewahren, während sie mich anstarrte.

»Es ist etwas passiert, nicht wahr? Und es hat mit Walter zu tun«, sagte sie mit gefasster Stimme. »Sag es mir ruhig, ich hab es gestern früh schon gespürt. Seine belegte Stimme, die knappen Worte. Da war mir klar, dass da etwas nicht stimmt.«

»Deshalb bin ich da, Judith. Walter hat mich darum gebeten, mit dir zu reden.« Entsetzt sah sie mich an.

»Er will sich also von mir trennen, jetzt, nach so vielen Jahren, und schickt dich hierher?« Einen Moment lang brachte sie mich aus der Fassung. Ich konnte nicht glauben, dass das ihr erster Gedanke gewesen war. Ich sah, wie sie glasige Augen bekam. Ich gab mir einen Ruck.

»Nein, Judith, ganz bestimmt nicht. Das ist es nicht. Walter ist gestern operiert worden. Er hat einen bösartigen Tumor und wollte dir keine Sorgen bereiten, deshalb hat er dir nichts gesagt.« Sie wurde kreidebleich, sackte in sich zusammen und stöhnte: »Oh, Gott, mein Walter, was hat er genau?«

Ich ging zu ihr, nahm sie in den Arm und erklärte ihr vorsichtig, dass er Bauspeicheldrüsenkrebs hatte. Auch, dass sich die Prognose für diese Art von Krebs oft zwischen einem halben Jahr und sieben Jahren bewegte. Natürlich gab es auch Ausnahmen, die ich ihr nicht vorenthalten wollte. Ich erzählte ihr von einem meiner Patienten, der vor acht Jahren diesen Krebs ebenfalls hatte, inzwischen aber als geheilt galt. Doch das war die große Ausnahme. Ich musste so fair sein, es ihr auch ehrlich zu sagen: Die Prognose für Walter war nicht gut, doch war es wichtig, Menschen mit ihren Krankheiten nicht gleich aufzugeben, sondern die Hoffnung zu behalten und zu kämpfen.

»Wie lange weißt du es schon? Und warum hast du mir nichts gesagt?«, fragte sie plötzlich in einem vorwurfsvollen Ton. Da hatten wir es schon wieder. Als Ärztin steckte ich wegen des Arztgeheimnisses in der Zwickmühle.

»Ich weiß es selbst nicht so lange. Walter war nicht zur Untersuchung gegangen, die ich ihm dringend empfohlen hatte. Außerdem hatte ich ihn mehrmals gebeten, es dir selbst zu sagen, denn ohne sein Einverständnis darf ich dir nichts erzählen. Auch deshalb war ich vorhin in der Klinik, um ihn so weit zu bringen«, sagte ich. Sie nickte und schwieg. Ich sah sie an und überlegte. Mit ihrer depressiven Grundstimmung war zu befürchten, dass sie mit der Situation nicht klarkommen würde. Bevor das Ganze eskalierte, musste ich ihr deshalb unbedingt eine Lösung vorschlagen.

»Judith, du musst dir jetzt professionelle Hilfe holen. Du wirst jemanden brauchen, der dir in dieser Situation beisteht, jemanden, mit dem du reden kannst. Ich rufe gerne für dich bei einer Psychotherapeutin an und versuche einen Platz zu bekommen. Was hältst du davon?«

»Aber du bist doch da …«

»Als Freundin bin ich immer für dich da, logisch, und ich werde auch alles tun, was in meiner Macht steht, um dich aufzufangen. Aber mit meinem übervollen Alltag als Ärztin kann ich nicht alles allein mit dir bewältigen. Deshalb würde ich mir an deiner Stelle professionelle Hilfe holen, um die nötige Unterstützung zu bekommen, die du brauchst. Außerdem bin ich als Freundin zu dicht an dir dran, und eine emotionale Bindung kann kontraproduktiv sein, das ist so.«

»Was glaubst du, wird er das schaffen? Und wenn ja, wie lange wird er noch leben?«

»Das kann kein Mensch sagen, auch ich nicht. Irgendwann stoßen wir Ärzte an unsere Grenzen. Deshalb sollten Walter und du ab jetzt keine Zeit vergeuden und jeden gemeinsamen Moment als kostbares Geschenk bewusst genießen. Denn man weiß nie, wie lange man noch zu leben hat, das merkt ihr besonders jetzt.« Ich sah, wie ihr Gesichtsausdruck langsam undurchdringlich wurde, um bloß keine Emotion preiszugeben.

»Danke, dass du dir die Mühe gemacht hast, zu kommen«, erwiderte sie dann in einem nüchternen Ton und stand plötzlich auf, ohne auf mein Angebot zu reagieren. »Jetzt muss ich aber weitermachen, wir haben heute noch so viel zu tun.«

Zum ersten Mal seit wir uns kennen, spürte ich eine Kälte mir gegenüber, auch ihre Enttäuschung. Die Enttäuschung, die Wahrheit erst jetzt von mir erfahren zu haben und dass ich nicht ausschließlich für sie da sein könnte. Am meisten aber spürte ich ihre große Einsamkeit. Indem sie mich zur Tür begleitete und sich gleich umdrehte, signalisierte sie, dass sie erst mal allein sein wollte. Wie lange, wusste ich nicht. Das konnte ich ihr nicht einmal übel nehmen. Es war ihr Recht, und das versuchte ich zu respektieren.

Ich stieg wieder in mein Auto, traurig, an diesem Tag meiner Freundin nicht weiterhelfen zu können, und fuhr weiter zum Bäcker, um mir schnell eine Butterbrezel zu holen. Dieses Auf und Ab der Gefühle machte mir zu schaffen, und mein Magen erinnerte mich daran, dass ich etwas essen musste.

Tausend Gedanken gingen mir durch den Kopf. Ich konnte nicht abschalten. Während ich noch traurig war und meine Freundin bedauerte, als ich ihr Haus verließ, stieg jetzt Ärger in mir auf. Nicht nur wegen des Zwiespalts, den die Schweigepflicht mit sich gebracht hatte, oder wegen der Tatsache, dass ich jemandem eine schlechte Nachricht hatte überbringen müssen. Es war die Erkenntnis, dass den beiden das Grundvertrauen zueinander an diesem wichtigen Punkt fehlte. Nach über dreißig Jahren Verhältnis wäre es doch Walters Pflicht gewesen, seine Partnerin einzuweihen, statt mich als Ärztin vorzuschicken. Walter hatte schlicht unverantwortlich gehandelt. Jetzt war Judiths vermeintlich heile Welt zusammengebrochen, und mit dieser Hiobsbotschaft musste sie erst mal allein fertigwerden.

Mich ärgerte es gewaltig, dass sie das mit sich machen ließ und ihn womöglich noch in Schutz nehmen würde. Außerdem konnte ich es nicht fassen, dass ihr erster Gedanke die Angst gewesen war, von ihm verlassen zu werden. Woher nur kam diese Unsicherheit?, fragte ich mich. Lag das an ihrem Hang zum Negativen, an ihrem Mangel an Selbstbewusstsein, an einer Prägung aus der früheren Kindheit, oder ließ sich das am Ende mit einer genetischen Veranlagung erklären?

Judith hatte offensichtlich nicht verstanden, dass eine Beziehung, egal, in welcher Konstellation, immer ein vorübergehender Zustand im Leben ist. Alles ist endlich, das ist einfach so. Auch wenn es jedem freisteht, es zu verdrängen oder nicht, sollte man deshalb jeden Moment genießen, statt realitätsfern zu leben und der Angst und Ungewissheit Raum zu geben. In manchen Fällen kann Angst eine zerstörerische Kraft haben und einem das Leben unsagbar erschweren.

Heute war ihr klar geworden, dass Walter sie eines Tages verlassen würde. Ob durch seinen Tod aufgrund der Erkrankung oder wegen einer anderen Frau, vielleicht auch nur, weil seine Ehefrau dahintergekommen war und ihm ein Ultimatum stellte. Genauso aber könnte es Judith eines Tages auch erwischen, wer weiß schon, was die Zukunft bringt.

Was Walter betraf, fragte ich mich auch, ob ich sein Verhalten überhaupt kritisieren durfte. War der Mann ein feiger Egomane oder innerlich nur zu schwach, obwohl er nach außen immer große Sprüche klopfte? Ich wollte ihm auf keinen Fall unrecht tun. Eigentlich hatte ich Mitleid mit ihm, in dieser Situation erst recht. So oder so würde ich ihn als seine Hausärztin bis zum Schluss begleiten. Das war meine Pflicht und das, wozu ich mich berufen fühlte.

Zurück in der Praxis blieb mir noch etwas Zeit, um ein paar Sachen für die Nachmittagssprechstunde vorzubereiten. Ich war gerade damit beschäftigt, die eben mit der Post gekommenen Arztbriefe zu lesen, als mein Handy klingelte.

»Leitstelle, Dieter. Lisa, kannst du bitte zu einem fünfundsiebzigjährigen Patienten mit Verdacht auf Schlaganfall fahren? Der reguläre Notarzt ist im Einsatz.« Ich ließ alles stehen und liegen und fuhr sofort hin.

Der Rettungswagen war bereits eingetroffen. Während ich die lange Treppe vom Garten bis zur Haustür hochstieg, überlegte ich, dass die Notfallsanitäter hier ganz schön was zum Tragen hätten. Im Wohnzimmer lag der Patient auf dem Sofa und brachte nur unzusammenhängende Wörter heraus. Außerdem hatte er eine komplette Halbseitenlähmung, der rechte Mundwinkel hing herunter. Ein klassisches Zeichen für einen Schlaganfall. Wir verloren keine Zeit und brachten ihn so schnell wie möglich in die Klinik.

Auf dem Weg zurück in die Praxis überlegte ich, was wohl auf den älteren Mann zukommen würde, sollte die Lähmung bleiben. Auf jeden Fall konnte er so nicht mehr in seine Wohnung zurückkehren. Mit dieser Treppe würde er dazu nicht mehr in der Lage sein. Eine schlimme Situation auch für seine Frau, wenn sich sein Zustand nicht drastisch besserte. Vermutlich würden sie ihr Zuhause verlieren, denn sie sahen nicht gerade aus, als könnten sie sich einen Aufzug leisten. So schnell kann ein Leben aus den Fugen geraten.

Allein die Vorstellung, eines Tages mein Zuhause verlassen zu müssen, tat mir im Herzen weh. Denn es ist ein Zufluchtsort, an dem ich Geborgenheit finde, wenn es mir nicht so gut geht, es ist mein Nest und meine Heimat, was durch die Kinder noch ein ganz besonderes Gewicht bekommt.

Wieder zu Hause gönnte ich mir als Erstes einen Kaffee. Es war schon später Nachmittag. Da klingelte mein Handy wieder. Ich ging ran, es war Heiner.

»Lisa, kannst du mir bitte helfen?«, kam er gleich zum Punkt. »Ich habe über ein paar Agenturen versucht, jemanden für Conny zu finden. Aber bisher habe ich niemanden gefunden, der für sie infrage käme. Die Frau sollte halt Deutsch sprechen. Mir ist es wichtig, dass Conny nicht nur gut versorgt ist, sondern dass sie auch mit jemandem reden kann, wenn ich schon nicht da bin. Hast du vielleicht eine Lösung? Kannst du dich bitte darum kümmern?«

Ich versprach ihm, darüber nachzudenken. Wenn jemand viele Menschen kannte, dann war es meine Freundin Heike. Schließlich kam sie mit ihrem Mann zusammen viel herum. Ich griff zum Telefon. Sie war gleich dran.

»Hi, Heike, ich bin's. Geht es dir gut?«, erkundigte ich mich erst. Sie bejahte und richtete nach ein paar netten Floskeln dieselbe Frage an mich.

»Alles okay, aber ein Patient von mir hat keine gute Diagnose bekommen und mir einige Schwierigkeiten bereitet. Seine Lebensgefährtin ist jetzt sauer auf mich, und vorhin war ich noch bei einem schweren Schlaganfall. Der Tag könnte also besser sein. Aber deswegen rufe ich eigentlich nicht bei dir an. Ich suche dringend für die Frau eines Patienten eine Pflegekraft für ganztags und dachte, du könntest mir dabei helfen«, antwortete ich und schilderte ihr die Lage, warum und weshalb Heiner Unterstützung suchte, in der Hoffnung, dass sie Verständnis für seine Situation aufbringen würde. Es war schließlich wichtig, eine passende Person zu finden. Offensichtlich hatte Heike das aber in den völlig falschen Hals bekommen. Kaum war ich mit meinen Erläuterungen fertig, ließ mich Heikes schroffer Ton kurz hochschrecken.

»Was will der Mann seiner Frau denn noch alles zumuten? Die Arme soll in ihrem Zustand daheim mit einer fremden Person dahinvegetieren, während der seinen Spaß hat? Sorry, aber da mache ich nicht mit. Der alte Sack soll sich gefälligst selbst um seine Frau kümmern, zur Hölle mit ihm!« Ich konnte nicht glauben, dass diese Worte von ihr stammten. Das war nicht meine Heike, die ansonsten immer hilfsbereit und freundlich war.

»Es tut mir leid, Heike, ich wollte dich damit nicht belasten«, antwortete ich automatisch, noch schockiert von ihrer aggressiven Reaktion. »Heike, sag mir, was ist los mit dir? Stimmt etwas nicht? Kann ich dir irgendwie helfen?«

»Nein, kannst du nicht«, wies sie mich plump ab, »das muss ich allein lösen. Und du wärst sowieso die Letzte, die mir da helfen könnte. Es tut mir leid, aber heute ist nicht mein Tag, Lisa, ich muss jetzt Schluss machen«, und legte einfach auf.

Ich war fertig mit den Nerven. Hatte ich sie nur auf dem falschen Fuß erwischt? Das konnte ich mir nicht vorstellen. Heike hatte nicht geleugnet, dass sie ein Problem hatte. Was steckte dahinter, fragte ich mich und legte mir eine Scheibe Brot in den Toaster, meine erste Mahlzeit heute, als Corinne hochkam und mir kurz den Hörer in die Hand drückte. Eine langjährige Patientin war dran und wollte ihre Medikation vorsichtshalber noch einmal mit mir abklären. Als ich auflegte, war mein Brot kohlrabenschwarz. Wahrscheinlich hatte ich aus Versehen die falsche Stufe gewählt. Ich öffnete den Brotkorb. Toastbrot war auch keins mehr da. Mir war der Appetit sowieso vergangen, aber ich musste etwas essen, und so kaute ich lustlos auf einer Banane herum.

Tief durchatmen, Lisa, sagte ich zu mir selbst, heute will man nur deine Belastbarkeit prüfen, das ist alles. Ich schaute noch die Nachrichten und ging früh ins Bett. Morgen war zum Glück ein neuer Tag.

Lebenseinstellung

Manchmal werde ich gefragt, wie ich es bloß schaffe, mit diesem turbulenten Leben jederzeit ein offenes Ohr für meine Patienten und Freunde zu haben, fröhlich zu bleiben und immer noch so viel Energie zu versprühen. Ob das, was ich täglich erlebe, an mir abprallen würde, ohne mich zu berühren oder Kerben in meiner Seele zu hinterlassen. Wie ich mir alles zu Herzen nehmen könnte, ohne selbst daran zu zerbrechen.

Wer mich kennt, weiß, dass ich immer versuche, mich in die Person, die vor mir steht und ein Anliegen hat, hineinzuversetzen und ihr genau zuzuhören, egal, ob Freund, Patient oder Angehöriger. Wie könnte ich sonst ihre Gefühle nachempfinden und ihr zu helfen versuchen?

Meine Antworten auf die eingangs gestellten Fragen sind einfach und enthalten viele kleine Komponenten, die in der Summe dafür sorgen, dass ich so sein kann, wie ich bin, meistens ausgeglichen, zufrieden und glücklich.

Natürlich habe ich nicht nur gute Tage, an denen ich jemandem geholfen oder jemanden erfolgreich behandelt habe. Und ja, es gibt auch genügend Schicksale, die mich belasten und traurig machen, schlimme Erlebnisse, die mir nachgehen und sich in meine Seele eingraben. Oft wenn ich im Auto sitze und durch Tübingen fahre, kommen mir automatisch manche Notfalleinsätze wieder in den Sinn, das lässt sich leider nicht verhindern. Ich sehe noch den Mann, und er war nicht der einzige, der von dem höchsten Hochhaus der Stadt aus dem Fenster gesprungen ist. Ich konnte nur noch seinen Tod feststellen. Oder das junge Mädchen, das in einem Vorort einen Autounfall hatte. Ich konnte nichts mehr für sie tun. Sie ist direkt in meinen Händen gestorben. Ich sehe mich noch neben den Bahngleisen die Formalitäten für die vorläufige Todesbescheinigung erledigen – für eine Jugendliche, die sich aus Liebeskummer vor den Zug geworfen hatte. Alles Menschen, die noch das ganze Leben vor sich hatten.

In solchen Situationen versuche ich, mich nicht aus dem Gleichgewicht bringen zu lassen und am Ende des Tages bewusst nur an die schönen Dinge zu denken, die ich erlebt habe. Das hilft, die Balance zu halten, und so schütze ich meine Psyche und behalte meinen Seelenfrieden. Natürlich klappt das nicht immer, und es plagte mich schon öfter die Schlaflosigkeit nach einem dramatischen Erlebnis.

Aber ich liebe meinen Beruf mit der Vielseitigkeit, die er mit sich bringt, auch wenn es für mich bedeutet, ständig auf Abruf zu sein, etwas, wofür ich mich übrigens selbst entschieden habe. Doch versuche ich, soweit es mir möglich ist, die Belastungen aus der Arbeit nicht mit nach Hause zu bringen und mich bewusst auf neue Situationen einzulassen, das Jetzt zu erleben und zu genießen, ohne mich ständig um die Vergangenheit oder um die Zukunft zu kümmern. Das mildert alles ab. Man sollte wissen, dass die Suizidrate laut neuesten internationalen Studien bei Medizinern um das 1,3- bis 3,4-Fache höher ist als bei anderen Berufen. Bei Medizinerinnen ist sie sogar um das 2,5- bis 5,7-Fache höher …

Das im Leben zu tun, was man liebt, und auch etwas für sich selbst zu tun, ist wichtig und wesentlich für ein zufriedenes Leben. Ansonsten kann die Zeit lang werden, und Enttäuschungen können aufkommen. Es ist keine Seltenheit, dass frustrierte Menschen dann Aggressionen entwickeln, einen Burn-out erleben oder sogar depressiv werden.

Merkt man selbst, dass etwas nicht stimmt, sollte man an diesem Punkt innehalten und sich selbst unter die Lupe nehmen. Denn wenn sich die Psyche meldet und im Körper Beschwerden verursacht, wenn Körper und Seele uns unsere Grenzen aufzeigen, ist es längst Zeit, etwas gegen die Belastungen zu unternehmen und umzudenken. Es erfordert ein ehrliches in sich Hineinhören. Wenn jemand sich ständig überlastet fühlt, mit seinem Leben unzufrieden ist oder immer wieder Erkrankungen hat, die keinen körperlichen Ursprung haben, sollte er oder sie ergründen, woran das liegen könnte. Denn grundsätzlich muss jeder Mensch für sich selbst herausfinden, was ihm nicht bekommt und was ihm guttut.

Wenn ein Patient für sein Leben gern arbeitet, dann ist das seine Entscheidung, solange er damit seelisch und körperlich gut zurechtkommt. Sagt ein Unternehmer, dass sein Betrieb sein Ein und Alles ist, dann ist das sein gutes Recht. Es würde wenig Sinn ergeben, ihn davon abzuhalten, weil er unter Umständen seinen Lebensinhalt verlieren und depressiv werden könnte. Auch wenn ich es als Ärztin bedauere, dass jemand sich womöglich zu Tode schuftet, weil die Arbeit und die daraus resultierende Anerkennung alles sind, was er hat, muss ich akzeptieren, dass er sein Leben so gestaltet, wie er es möchte. Natürlich gilt das nicht für einen Dachdecker, der sich mit Schwindel bei mir meldet. Dem würde ich selbstverständlich dringend davon abraten, in dem Zustand wieder aufs Dach zu steigen.

Es gibt auch Menschen, die sich wie Judith in die Arbeit stürzen, um sich von ihrer privaten Situation und der damit verbundenen Einsamkeit abzulenken. Natürlich bekommt sie durch ihre Mandanten Bestätigung und Aufmerksamkeit, die sie als Schattenfrau an der Seite von Walter nicht erhält. Aber in ihrem Fall ist das nicht die Lösung. Ihre depressive Stimmung und ihre häufigen Erkrankungen zeigen deutlich, dass sie ihre innere Leere nicht auf Dauer durch ständige Arbeit kompensieren kann. Ihr fehlt die ungeteilte Liebe, die Zuwendung und Geborgenheit von Walter, ganz besonders an Tagen wie Weihnachten oder an ihrem Geburtstag, aber auch wenn es ihr mal schlecht geht und sie krank ist. Auch wenn sie häufig versucht, ihre Situation schönzureden, ändert es diese Tatsachen nicht. Glücklich und zufrieden zu sein, ist nicht nur eine Einstellungssache, sondern vielleicht auch eine Generationenfrage. Im Gegensatz zu früher kann man beobachten, dass die Jugend nach dem Medizinstudium nicht mehr bereit ist, rund um die Uhr im Einsatz zu sein. Unsere Gesellschaft und vielleicht auch wir selbst gehen mittlerweile ganz anders mit dem Thema Arbeit und Freizeit um.

Die Kriegs- und die Nachkriegsgeneration haben alles getan, um das Land wieder aufzubauen, und konnten sich oft keine Gedanken über Freizeit machen. Heutzutage trifft man Ärzte, die nicht jeden Abend und am Wochenende erreichbar sein möchten. Der Begriff »Work-Life-Balance« ist Teil unseres Wortschatzes geworden. Letztlich sollte die Entscheidung darüber jedem selbst überlassen bleiben, weil die Bedürfnisse und die Belastbarkeit der Menschen völlig unterschiedlich sind.

In meinem Leben sind es die kleinen Dinge des Alltags, neben der Arbeit, die mich glücklich machen. Mit meiner Freundin Maria unter der Woche oder samstags mit Tommy Kuhn und Philipp

Feldtkeller auf dem Marktplatz zu sitzen und etwas trinken zu gehen – für mich gibt es meist Kaffee – und zu sehen, wie sich gute Freunde zu uns gesellen. Auch ohne Zeitdruck tiefsinnige Gespräche zu führen und mal zwei Stunden einfach sitzen zu bleiben. Oder kleine Geschenke für meine Enkelkinder zu kaufen, mit ihnen ins Hallenbad oder in den Streichelzoo zu fahren, Zeit mit meiner Familie zu verbringen. Selbst wenn ich fürs Abendessen einkaufe, gibt mir das ein gutes Gefühl, weil ich liebend gerne koche und mich darauf freue. Die Vorfreude aufs Malen macht mich ebenso glücklich, weil ich unter anderem in den Bildern meine Gefühle ausdrücken, mit den Farben spielen und Emotionen zum Ausdruck bringen kann, die ich manchmal nicht in Worte fassen könnte. Auch auf ein gutes Buch kann ich mich freuen und es kaum erwarten, es zu lesen. Würde man mich fragen, was ich mache, wenn ich nichts tue, würde meine Antwort lauten: nichts. Denn ich kann nicht genug betonen, wie wichtig es ist, auch einmal bewusst das Nichtstun zu erleben.

Am Ende ist es wichtig, sagen zu können, dass man vorwiegend ein glückliches und erfülltes Leben hatte und nicht all die Dinge, die einem wichtig waren oder von denen man geträumt hat, aufgeschoben oder verpasst hat. Die Zeit spielt dabei keine Rolle, denn ein Tag oder auch nur eine Stunde können manchmal viel intensiver sein als manchmal ein ganzer Monat. Ich wünsche jedem, diese Erfahrung machen zu können.

Deshalb sollten wir uns alle die Frage stellen, wie intensiv und effektiv wir unser Leben gestalten möchten, da Zeit ein relativer Begriff ist. Manchen genügen zehn Minuten, in denen sie sich völlig entspannen und fallen lassen können. Andere sagen: »Oh, mein Gott, das reicht mir niemals«, was dann Enttäuschung mit sich bringt.

Dieses unterschiedliche Zeitgefühl erlebe ich oft in meinem Umfeld. Wenn jemand zehn Minuten auf den Notarzt wartet, fühlen sich diese zehn Minuten wie eine Ewigkeit an, aber wenn eine zehnminütige Pause rum ist, staunt man, dass sie so schnell vorbeiging.

Jeder sollte also bewusst und nach seinem eigenen Empfinden das Maß an Zeit festlegen, das er braucht, um zufrieden und ausgeglichen zu leben.

Unser Umgang mit Zeit betrifft auch das Altwerden. In jungen Jahren kann man seinen achtzehnten Geburtstag kaum erwarten, um endlich die Freiheit zu genießen. Aber je älter man wird, desto schneller rennt die Zeit davon. Viele können es dann nicht erwarten, in Rente zu gehen, und arbeiten darauf hin. Einige werden den Ruhestand genießen können, andere nicht, weil sie krank werden. Wie oft höre ich auch von älteren Menschen, dass es sich nicht mehr lohnen würde, sich ein neues Kleidungsstück zu gönnen. Das sehe ich völlig anders. Auch wenn es nur fünf Wochen getragen wird, hat man sich selbst doch eine Freude gemacht. An sich selbst zu denken und sich wertzuschätzen, darum geht es doch letztlich auch im Leben.

Ab einem gewissen Alter wollen einige ihren Geburtstag nicht mehr feiern, weil sie merken, dass sie alt werden. Das ist schade. Es liegt also an mir, wie ich das bemesse oder was ich daraus mache. Meine Einstellung zur Situation sollte mein Zeitgefühl bestimmen. Es sollte mir die Erkenntnis bringen, dass ich selber beeinflussen kann, ob ich etwas als kurz oder lang empfinde.

Das Leben im Hier und Jetzt ist also das Wichtigste.

In diesem Zusammenhang möchte ich eine Patientin von mir erwähnen, die ich seit Jahren betreue. Die neunzigjährige, verwitwete Dame lebt mit ihrer ebenfalls hochbetagten Schwester zusammen in der Altstadt von Tübingen. Da sie blutverdünnende Medikamente nehmen muss, kontrolliere ich ihre Werte wöchentlich. Auf diesen Hausbesuch freue ich mich immer sehr, nicht nur, weil es den beiden Frauen sowieso fast immer gut geht und sie fröhlich sind, wenn ich mich nach ihnen erkundige, sondern auch weil die beiden mir zeigen, wie man zufrieden zusammenleben kann.

Frau Reisser ist wesentlich aktiver als ihre ältere Schwester Frau Kuhn. Regelmäßig geht Erstere zum Fußballspiel, als Zuschauerin, versteht sich, während Frau Kuhn seit Jahren das Haus nicht mehr verlassen hat. Ihre Wohnungen liegen übereinander und sind völlig verwinkelt, so richtige Altstadtwohnungen eben.

Die Angehörigen kümmern sich liebevoll um die beiden, und regelmäßig steht ein frisch gebackener Kuchen auf dem Esstisch. Oft schauen sie gemeinsam Fernsehen und essen zusammen oder sitzen, je nach Wetter, zusammen auf dem Balkon, von dem aus man auf den Neckar schauen und die Stocherkähne beobachten kann.

Natürlich gibt es auch mal kurzzeitige Unstimmigkeiten, aber insgesamt sind die beiden Frauen für mich ein gutes Beispiel dafür, wie man trotz der Einschränkungen des Alters das Leben gemeinsam zufrieden erleben und dankbar sein kann. Auch meine beiden Tanten lebten bis ins hohe Alter zusammen und hinterließen bei mir eine schöne Erinnerung an diese Zeit.

Das Leben ist eben das, was man daraus macht. Es gibt Dinge, die man nicht ändern kann, doch kann man einige Schwerpunkte anders setzen. Der Lebensraum von Frau Kuhn hatte sich durch ihre schwere körperliche Einschränkung verringert und ihre Welt allmählich kleiner werden lassen.

Doch gerade, weil sie nicht mehr in der Lage ist, das Haus zu verlassen, setzt sie sich bei jedem Sonnenstrahl auf die Terrasse und bekommt oft Besuch von ihren Kindern und Enkeln. In ihrer kleinen Welt hat sie es sich so eingerichtet, dass sie zufrieden ist. Und mir nimmt dieses Beispiel einen Teil der Angst vor dem Altwerden und zeigt mir gleichzeitig, wie man aus schwierigen Lebensumständen das Beste machen kann.

Oft sagt Frau Kuhn zu mir: »Frau Doktor, ohne Sie würde ich nicht mehr leben. Sie sorgen so gut für mich«, und steckt mir eine Tafel Schokolade zu. Ich freue mich über die liebevollen Worte, auch über den friedlichen Umgang miteinander und die Zufriedenheit der beiden betagten Damen. Vielleicht ist Alter trotz aller Einschränkungen doch manchmal schöner, als man denkt.

Hürdenlauf

Ich freute mich sehr auf das heutige Abendessen mit Judith. Es war mir wichtig, dass wir wieder miteinander reden konnten, denn ihre Geschichte ging mir seit Tagen nicht mehr aus dem Kopf. Sie hatte mich angerufen und gefragt, ob ich mich mit ihr in ihrem Lieblingslokal, ein bisschen außerhalb von Tübingen, treffen könnte.

Gerade noch rechtzeitig hatte ich es aus der Praxis geschafft und kam deshalb mit nur fünf Minuten Verspätung an. Beim Betreten des Lokals wurde ich schon von links und rechts freundlich begrüßt. »Frau Federle, haben Sie heute Abend frei?«, oder: »Hallo, Lisa, auch da?«. Das Schöne an Tübingen ist, dass es klein und übersichtlich ist und man grundsätzlich, egal, wohin man geht, Leute trifft, die man kennt. Ich war froh, dass Judith einen ruhigen Tisch in einer Ecke reserviert hatte.

Sie stand auf und umarmte mich herzlich. Wie immer sah sie gepflegt und gut aus.

»Ich bin so froh, dass du gekommen bist, Lisa. Zuerst möchte ich mich unbedingt bei dir entschuldigen. Ich weiß, dass ich mich letztes Mal nicht ganz fair verhalten habe.« Ich wollte gerade ansetzen, etwas dazu zu sagen, aber sie ließ mich nicht zu Wort kommen. »Weißt du, der Schock war so groß, dass es mich umgehauen hat. Ich stand erst neben mir und brauchte zuerst etwas Zeit, um das alles zu begreifen. Walter hat mich sehr verletzt, weil er nur mit dir geredet hat und nicht mit mir.«

»Judith, das ist doch klar, ich bin seine Ärztin. Ich bin ja diejenige, die es entdeckt und ihn in die Klinik geschickt hat.«

»Das verstehe ich, sehr gut sogar. Aber trotzdem hätte er es mir sagen müssen. Es wäre sowieso herausgekommen. So ist es für mich viel schlimmer.«

»Hat er mittlerweile mit dir gesprochen?«

»Ja, hat er, einmal. Aber auch das finde ich nicht gut von ihm. Seit einer Woche liegt er jetzt im Krankenhaus«, sagte sie.

»Wenn er nicht angerufen hat, gehe ich davon aus, dass er es nicht kann. Das ist zum Beispiel auf der Intensivstation schwierig oder nicht erlaubt.«

»Intensivstation?«, fragte sie und sah mich mit großen Augen an. Im Telefonat mit dem behandelnden Arzt vor drei Tagen hatte ich erfahren, dass Walter noch mal nachgeblutet hatte und erneut operiert werden musste. Offensichtlich wusste Judith nichts davon.

»Ja, sie mussten noch mal operieren, weil er nachgeblutet hat«, sagte ich vorsichtig. »Aber jetzt scheint alles wieder in Ordnung, mache dir keine Sorgen.«

»Weißt du, was das heißt, wenn ich nichts erfahre, nicht einmal weiß, wie es ihm geht? Ich sitze abends zu Hause und überlege, ob ich es überhaupt mitkriegen würde, sollte er sterben. Von wem würde ich es erfahren? Verstehst du, was für ein Gefühl das ist? Ich bin seit dreißig Jahren mit ihm zusammen, und jetzt schwebt er in Lebensgefahr. Und wenn ihm etwas passiert, dann erfahre ich vielleicht nicht einmal, wann die Beerdigung ist. Gestern Abend habe ich mir sogar überlegt, ob ich nicht einfach in die Klinik gehen und ihn besuchen soll. Aber weil ich weiß, dass Walter total sauer wäre, wenn ich dort aufkreuzen würde, abgesehen davon, dass seine Frau mir dort über den Weg laufen könnte. Das würde er mir nie verzeihen. Deshalb habe ich den Gedanken sofort wieder verworfen.«

»Auf der Intensivstation dürfen sowieso nur Angehörige rein, und das auch nur zu bestimmten Besuchszeiten. Das heißt, sie hätten dich gar nicht reingelassen.«

Sie sah mich an, schüttelte resigniert den Kopf und sagte: »Das finde ich so ungerecht. Sie könnten auch mal Ausnahmen machen für enge Freunde oder Menschen, die ihm sehr nahestehen. In seinem Zustand braucht er mich.«

»Judith, du kannst dir sicher sein, ich bekäme es sofort mit. So schnell stirbt dein Walter auch nicht. Er wird erst mal eine Chemotherapie bekommen, und als Hausärztin kann ich jederzeit nachfragen, was mit ihm los ist, abgesehen davon, dass ich ihn sowieso eng begleiten werde.«

»Ich bin so froh, dass ich dich habe! Und du bist mir wirklich nicht böse?«

»Nein, natürlich nicht. Ich bin deine Freundin, und gerade in solchen Situationen ist es unheimlich wichtig, Freunde zu haben. Du musst aber ein bisschen versuchen, Walter zu verstehen. Versetz dich mal in seine Lage. Der Arme muss mit einer ganz schweren Diagnose selber fertigwerden. Gleichzeitig ist es Walter nicht gewöhnt, dass man sieht, wie schwach er ist. Er will immer der Starke sein, der Anführer, derjenige, der den Ton angibt. Er strotzt immer so vor Gesundheit, ein Mordskerl halt. Stell dir vor, selbst als ich bei ihm im Krankenhaus war, wollte er für mich im Wald so schnell wie möglich ein Wildschwein schießen gehen.«

»Ja, du hast recht«, sagte sie und lachte jetzt gelöst, »von der Seite hatte ich es bisher nicht betrachtet. Er ist bei uns immer der Dominante gewesen, der klare Ziele im Kopf hatte und immer wusste, was er wollte. Aber das brauche ich dir ja nicht zu erzählen.«

Ihr war ein Stein vom Herzen gefallen. Mir auch. Unsere Freundschaft hatte diese Hürde erst mal überwunden.

Eine gute Entscheidung

Sprechstunde. Die nächste Patientin hatte kurzfristig abgesagt, so konnte ich in einer kurzen Pause meinen Gedanken etwas nachhängen. Heute Abend war ich auf das Fest einer Kollegin eingeladen.

Eva war ebenfalls regelmäßig in einer anderen Stadt Notarzt gefahren. Vor einiger Zeit hatte sie sich mal bei mir erkundigt, ob es in Tübingen die Möglichkeit gäbe, auch Dienste zu übernehmen. Obwohl sie sich, aus welchen Gründen auch immer, letztlich dagegen entschieden hatte, hielten wir seither losen Kontakt.

Ich wusste noch nicht, ob ich überhaupt Lust auf das Fest hätte.

Meist war ich sowieso die Letzte, die kam, und die Erste, die ging. Weil ich entweder in der Praxis arbeitete oder Dienst hatte. Abends war ich oft müde und nur bedingt in Feierlaune. Ich warf einen Blick in den Kalender: Bis abends Patienten in der Praxis und zwischendurch noch drei Hausbesuche, stand auf meiner Agenda.

Der Tag verging allerdings wie im Flug, so beschloss ich, doch kurz auf das Fest zu gehen. Ich fuhr mir mit dem Kamm durch die wilden Haare, legte roten Lippenstift auf und wechselte T-Shirt und Pullover. Heute wäre ich ausnahmsweise mal pünktlich, dachte ich, als ich mir Handtasche und Schlüssel schnappte und ins Auto stieg. In dem Moment klingelte mein Handy.

»Frau Doktor, meinem Mann geht es schlecht. Er hört nicht auf, zu husten. Ich habe Angst, dass er erstickt. Er hat auch fast vierzig Fieber«, hörte ich eine gebrechliche Stimme.

Da ich meinen Arztkoffer grundsätzlich immer dabeihabe, fuhr ich direkt dorthin. Das Ehepaar kannte ich sehr gut. Beide waren langjährige Patienten von mir und lebten im betreuten Wohnen. Ich hätte es nicht übers Herz gebracht, sie an den Notdienst zu verweisen. Zumal man nie wusste, wie lang der brauchte oder ob überhaupt jemand kam. Das lag im Ermessen des jeweiligen diensthabenden Arztes, im Gegensatz zum Notarzt, der bei Notfällen immer kommen muss. Schon nach dem ersten Klingeln öffnete mir die Frau.

»Gott sei Dank sind Sie da, ich mache mir solche Sorgen!«, sagte sie und ließ mich hinein. Schon beim Betreten des Schlafzimmers sah ich, dass der Mann in keiner guten Verfassung war. Sein Atem rasselte, er stöhnte und hatte einen hochroten Kopf. Vorsichtig hörte ich ihn ab. Offensichtlich hatte er eine Lungenentzündung. Sein Körper glühte, seine Haut war trocken, und die Lippen waren spröde. Seit mehreren Tagen hatte er kaum etwas getrunken, geschweige denn gegessen. Es war klar, dass er ins Krankenhaus musste.

Behutsam erklärte ich den beiden die Lage. Es war ebenso klar, dass sie nicht begeistert waren, aber in diesem Fall hatte ich keine andere Wahl. Der Patient brauchte dringend Infusionen und Antibiotika und musste überwacht werden. Das war unter diesen Umständen zu Hause nicht möglich. Beide waren über achtzig Jahre alt und konnten sich nur noch notdürftig allein versorgen. Schließlich willigten sie ein. Ich griff zum Telefon, um beim DRK einen Krankentransport zu bestellen und den Patienten in der Klinik anzumelden. Während ich einen Zugang legte und eine Infusion anhängte, suchte seine Frau ein paar Sachen für die Klinik zusammen. Der Krankenwagen ließ nicht lange auf sich warten. Ich übergab den Patienten an die Sanitäter.

»Es wird alles gut«, versprach ich ihm, »in ein paar Tagen sind Sie wieder zu Hause.« Nachdem der Mann versorgt war, blieb ich noch eine Weile bei der Ehefrau, um sie zu beruhigen und mit ihr zu reden. Für ältere Menschen ist so eine Situation aufregend und bringt ihr Leben völlig durcheinander.

Die Frau machte sich nicht nur Sorgen, ob ihr Mann wieder zurückkommen würde. Auch alltägliche Dinge belasteten sie. »Wer bringt mir jetzt morgen Abend den Müll raus?«, fragte sie und sah mich ganz unbeholfen an. »Ich kann das nicht mehr, mein Mann macht das doch immer. Außerdem haben wir übermorgen einen Termin beim Amt für öffentliche Ordnung. Es war so schwierig, ihn zu bekommen. Wir brauchen einen neuen Personalausweis, wissen Sie. Wie soll ich das alles allein schaffen?«

Ich wusste, dass sie eine deutlich jüngere Schwester hatte, die bei Stuttgart wohnte, und schlug vor, sie gleich für sie anzurufen. Dankbar willigte sie ein.

Zum Glück konnte ich die Frau sofort erreichen. Ich schilderte ihr den Fall. Sie versprach, morgen früh zu kommen. Beruhigt verließ ich die Patientin und versprach ebenfalls, am nächsten Tag vormittags bei ihr anzurufen, um sicherzugehen, dass alles geklappt hatte.

Mittlerweile war es 21 Uhr. Das Fest hatte vor anderthalb Stunden begonnen. Sollte ich überhaupt noch hingehen, ging es mir durch den Kopf. Aber irgendwie hatte ich das Bedürfnis, an diesem Abend auch noch etwas anderes als Patienten zu sehen. Und hungrig war ich auch. Also fuhr ich hin, nicht ahnend, dass dieser Abend meinem Leben eine völlig neue Wendung geben würde.

Ein wunderschöner Tagesbeginn

Am nächsten Morgen musste ich früh aufstehen, da ich Notarztdienst hatte. Noch ziemlich müde machte ich mich auf den Weg zum DRK und übernahm den Melder von meinem Kollegen. Ausnahmsweise hatte er nachts nur wenige Einsätze gehabt, so hoffte ich insgeheim, dass auch mein Dienst ruhiger als sonst verlaufen und ich zwischendurch Gelegenheit für etwas Schlaf finden würde. Immerhin dauerte der Dienst 24 Stunden, und am Vorabend war es auf dem Fest sehr spät geworden. Ich hatte mich nur schwer losreißen können.

Es waren einige Leute eingeladen, die meisten waren Ärzte. Außer meiner Kollegin kannte ich niemanden. Ziemlich bald lernte ich ein nettes Ehepaar kennen und unterhielt mich gerade mit den beiden, als Eva auf uns zukam, einen Mann in einem dunkelblauen Anzug an ihrer Seite. An den Ärmeln seines hellblauen Hemdes stachen mir sofort die Manschettenknöpfe ins Auge, ungewöhnlich, dachte ich. Sein Outfit erinnerte mich an einen Bankangestellten, der Anzug stand ihm ausgesprochen gut. Vermutlich kam er, so wie ich, direkt von der Arbeit, und zum Umziehen hatte es ihm nicht mehr gereicht.

Er musste so knapp sechzig sein und war mit seinen geschätzten zwei Metern nicht zu übersehen. Ich fand ihn attraktiv, ein paar graue Strähnen durchzogen sein blondes Haar, sein Gesicht wirkte jugendlich und irgendwie lausbübisch. Er grinste uns an und reichte uns die Hand: »Ich bin Michael, der große kleine Bruder von Eva.«

Gemeinsam unterhielten wir uns angeregt, und obwohl Michael intensiv an dem Gespräch teilnahm, erfuhr ich sehr wenig von ihm, während die anderen einiges aus ihrem Privatleben ausplauderten. Nur nebenbei erwähnte er, dass er bei einem Unternehmen arbeitete, das Medizinprodukte herstellte. Ich meinte mich zu erinnern, ihm schon mal auf einem Kongress begegnet zu sein. Irgendwann blickte ich auf die Uhr, es war bereits nach zwölf. Ein längerer Heimweg lag noch vor mir. Deshalb verabschiedete ich mich eilig, bedauerte aber, nicht noch länger bleiben zu können.

Gerade überlegte ich, Eva noch eine Dankesmail zu schreiben, als der Melder plötzlich runterging. Mit der dürren Information »Patientin mit Atemnot« fuhren Stefan, mein derzeitiger Rettungsassistent, und ich, in ein Altersheim. Als wir eintrafen, mussten wir uns erst zu dem Zimmer durchfragen, das wir schnell aufsuchten.

Auf dem Bett lag eine etwa achtzigjährige Frau. Ihr Gesicht war ganz blau, sie atmete offensichtlich nicht mehr. Sofort begannen wir mit Reanimationsmaßnahmen, da wir weder wussten, ob eine Patientenverfügung vorhanden war oder ob Vorerkrankungen zu berücksichtigen seien. Gerade wollte ich Stefan bitten, eine Altenpflegekraft zu holen, als eine junge Frau zur Tür hereinkam und mir einige Papiere reichte. Ziemlich hilflos stand sie da mitten im Raum und stammelte, sie sei nur die Aushilfe und könne schlecht Deutsch. Binnen Sekunden überflog ich die Patientenverfügung und die Diagnosen. Die Patientin hatte Krebs mit multiplen Metastasen und wünschte keine lebensverlängernden Maßnahmen. Wir hörten sofort auf, zu reanimieren, und bald schon trat der Tod ein.

Sie lag jetzt friedlich vor uns. Trotzdem war ich berührt und wunderte mich immer noch, dass niemand bei ihr im Zimmer geblieben war, bis wir eingetroffen waren. Jemanden in so einer lebensbedrohlichen Situation lässt man nicht allein und begleitet ihn beim Sterben. Hier zeigte sich der Personalmangel im Altersheim von seiner härtesten Seite. Und wieder einmal fragte ich mich, was in unserem System falschlief, warum wir an den falschen Stellen sparten.

Die Patientin gehörte zur Kriegsgeneration. Dieser Generation haben wir sehr viel zu verdanken. Waren es nicht die Menschen, die unser Land wiederaufgebaut hatten und es verdienten, von uns Pflege und Aufmerksamkeit zu bekommen?

Stattdessen hatte man diese Frau auch noch in den letzten Minuten ihres Lebens allein, ja, im Stich gelassen.

Erneut ging der Melder. Ich hatte keine Zeit, meinen Emotionen nachzugeben und mir weiter den Kopf über das traurige Schicksal dieser Frau zu zerbrechen. Wir mussten zu einem Verkehrsunfall, bei dem es laut Meldung einen Toten gegeben hatte. Als wir eintrafen, bestätigte sich diese Information leider.

Schrecklich, so ein junger Mensch, dachte ich. Der Tote war gerade dreißig Jahre alt. Wie schnell konnte alles zu Ende gehen, und wie dankbar sollte man für jede Sekunde im Leben sein! In Momenten wie diesen finde ich den Gedanken, unser Dasein und vor allem die Gegenwart zu nutzen und zu schätzen, immer sehr wichtig.

Wir hatten alle Hände voll zu tun, um uns um die restlichen Verletzten zu kümmern und sie ins Krankenhaus zu bringen, so blieb meiner Seele auch da nicht viel Zeit, meinen Gedanken zu folgen. Noch während der Übergabe der Verletzten im Krankenhaus bekamen wir den nächsten Einsatz.

Zum Glück war es dieses Mal weit weniger dramatisch, jedoch auf andere Weise anstrengend. Der Patient hatte den Notruf gerufen, weil er sich eine schnelle Versorgung erhoffte. Kaum waren wir eingetroffen, öffnete uns ein etwa vierzig Jahre alter Mann rasch die Haustür und bat uns ins Wohnzimmer. Beim Hereinkommen sah ich, wie er sich zwischendurch kurz an den Rücken griff, aber dafür doch noch relativ flink war.

Während er sich setzte, meinte er recht ungeduldig, er könne nicht mehr auf seinen Hausarzt warten. Deshalb bräuchte er jetzt sofort ein Rezept für Schmerztabletten. Spritzen würde er grundsätzlich ablehnen, so schlimm seien seine Schmerzen auch nicht, dass eine Spritze nötig wäre. Auf meine Frage, warum er denn nicht in die Praxis gehen würde, meinte er: »Meine Frau ist gerade einkaufen und hat das Auto mitgenommen.«

»Wäre da nicht auch ein Taxi eine gute Alternative?«, fragte ich.

»Dafür müsste ich bezahlen, liebe Frau, und ich zahle schon genügend Krankenkassenbeiträge.« Ich musste an mich halten, um nicht wütend zu werden. Sein Ton war unverschämt.

»Geben Sie mir jetzt endlich das blöde Rezept, oder nicht?«

Ich hatte ihn untersucht und keine motorischen oder sensiblen Ausfälle festgestellt, was bedeutete, dass der Mann weder ein Fall für den Notarzt noch einer für das Krankenhaus war.

»Rezepte hat unser Notarzt grundsätzlich nicht dabei. Da müssen Sie zum Hausarzt gehen«, sagte Stefan.

»Mischen Sie sich nicht ein«, kam prompt die Antwort des Mannes. »Sie sind kein Arzt!« Unglaublich, dachte ich und ergriff wieder das Wort.

»Jetzt ist aber Schluss, ich bin Notärztin, und es gibt kein Rezept, Punkt! Ich melde Sie jetzt bei Ihrem Hausarzt an, dann können Sie selbst entscheiden, ob Sie ein Taxi nehmen oder auf Ihre Frau warten. Mehr kann ich im Moment nicht für Sie tun. Außerdem ist es nicht in Ordnung, den Notarzt zu rufen, nur weil man nicht auf den Hausarzt warten will. Wir sind nur für lebensbedrohliche Situationen oder sehr starke Schmerzen zuständig. Beides trifft auf Sie im Moment nicht zu.«

Ich hatte inzwischen mit der Praxis telefoniert, die noch Sprechstunde hatte und in die er jederzeit kommen konnte, obwohl er dort am Telefon wohl auch bereits sehr ausfällig geworden war. Wir verabschiedeten uns, während sich der Patient nochmals abfällig über dieses marode Gesundheitssystem äußerte.

Dabei erinnerte ich mich an den Einsatz im Altersheim einige Stunden zuvor. Kein Wunder, dachte ich, dass dort das Geld fehlte, wenn auf der anderen Seite Patienten das System derart auszunutzen versuchten. Zum Glück geschah das nicht allzu häufig. Im Auto atmeten wir erst einmal tief durch und beschlossen, einen Latte macchiato trinken zu gehen. Ich freute mich sowohl über die kleine Auszeit wie auch auf den Kaffee, um damit den Ärger hinter mir zu lassen.

Der Nachmittag verging schnell. Wir hatten noch etliche Einsätze und waren gut beschäftigt. Auch die Nacht verlief einigermaßen ruhig. Nur zweimal mussten wir zu Notfällen raus. Einmal zu einem Patienten mit Herzinfarkt und um fünf Uhr zu einem Drogensüchtigen mit Überdosis. Beide brachten wir ins Krankenhaus.

Der Patient mit Infarkt bekam sofort Medikamente, und ich hielt während der Fahrt immer wieder seine Hand, weil er danach griff. Ich spürte seine Angst und beruhigte ihn, so gut ich konnte. Viele Wochen später erhielt ich dann einen Brief von ihm. Darin schrieb er über seine große Dankbarkeit, eine Ärztin an seiner Seite gehabt zu haben, die ihn durch diese schwierige Situation begleitet hatte.

Der Drogensüchtige hatte ein Antidot bekommen, um die Wirkung des Morphins aufzuheben. Als wir eintrafen, atmete er kaum noch. Der Mann wäre ohne unsere Hilfe vermutlich gestorben. Dass er sich in Lebensgefahr befunden hatte, wollte er partout nicht wahrhaben, und für unsere Hilfe konnten wir auch keine Dankbarkeit von ihm erwarten. Auf dem Weg ins Krankenhaus beschimpfte er uns nur, weil wir ihm seinen teuren Schuss kaputt gemacht hätten. Der Mensch tat mir wirklich leid. Sucht ist etwas Schreckliches, denn sie kann jeglichen Sinn für die Realität zerstören.

Langsam begann es zu dämmern, und ich fuhr nach Hause. Zwei Stunden hatte ich noch Zeit, bis der erste Patient in die Praxis kam. Daheim angekommen, holte ich mir als Erstes die Zeitung aus dem Briefkasten und machte mir einen Kaffee. Nach dem Duschen überflog ich noch schnell meine E-Mails. Oft waren Anfragen von Patienten für Termine oder Rezepte dabei. Diesmal aber fiel mir eine Nachricht ins Auge. Sie war von Michael, Evas großem kleinen Bruder. Gespannt öffnete ich sie.

Er schrieb, dass er für ein paar Tage geschäftlich nach China müsse, sich aber freuen würde, wenn wir uns danach zum Essen verabreden könnten. Der Abend hätte ihm sehr gefallen, vor allem unser Gespräch, das er nun gern fortsetzen würde.

Kurz ging mir durch den Kopf, wie der Mann wohl ohne Anzug, Krawatte und Manschettenknöpfe aussehen würde. Wie auch immer, er war sympathisch, und ich freute mich über seine Nachricht. Sie beflügelte mich, ein wunderschöner Start in den Tag nach einem anstrengenden Dienst.

Nachdem ich abends mit der Praxis fertig war und allein auf dem Sofa saß, antwortete ich Michael. Ich würde zwar gerne mit ihm essen gehen, doch da wir beide über zwei Stunden entfernt voneinander wohnten, könnte es sicher noch etwas dauern, bis ich wieder Zeit hätte. Prompt kam eine Mail zurück. Kein Problem, schrieb er, wir könnten uns in der Mitte oder ja auch in Tübingen treffen.

Am nächsten Tag flog Michael wie geplant nach Peking, und es verging ein ganzer Monat, bis es zum vereinbarten Treffen kam, lange viereinhalb Wochen, in denen wir allerdings fast täglich hin und her schrieben und ich immer gespannt auf die nächste Mail von ihm wartete.

Das Leid der Frauen

Ein fast freier Tag lag vor mir. Heute hatte ich ausnahmsweise erst ab 17 Uhr Sprechstunde in meiner Praxis. Ich freute mich riesig, denn der letzte freie Tag lag schon über einen Monat zurück. Seit Wochen hatte ich ein Bild im Kopf, das ich gern malen würde, und ich konnte es kaum erwarten, damit anzufangen.

Malen ist mein großes Hobby. Beim Malen kann ich meine Gefühle ausdrücken und meine Gedanken in Bildern zum Leben erwecken. Außerdem schmücken die Bilder meine Wohnung.

Da ich den Stil von Picasso schön finde, habe ich mir selbst einen ähnlichen Stil beigebracht. Einen echten Picasso kann ich mir nicht leisten. Aber ich kann so malen, wie es mir gefällt, kann in »meinen« Farben malen und meine Geschichten in den Bildern erzählen.

Während ich den Pinsel in die Hand nahm, schweifte mein Blick über Tübingen. Durch das Fenster konnte ich das Schloss und den Turm der Stiftskirche sehen und über die Dächer von Tübingen schauen, die teilweise noch von Nebelschwaden verhüllt waren. Es war schön zu beobachten, wie vereinzelt Rauch aus den Kaminen durch den Nebel aufstieg. Eine Wohlfühlatmosphäre, die ich zum

Malen brauchte, hier im warmen Zimmer zu sitzen, dabei die Vögel zu beobachten, die das Vogelhäuschen auf dem Balkon anflogen, um sich Futter zu holen.

Während vor meinen Augen ein Bild entstand und ich mich in eine andere Welt versetzt fühlte, ließ ich meinen Gedanken freien Lauf. Die Alltagsprobleme traten in den Hintergrund, und es entstand eine Stimmung wie in Wolken eingebettet. So hatte ich es mir als Kind im Himmel vorgestellt. Jetzt war ich in der Lage, mir solche Empfindungen selbst zu erschaffen. Was für ein wunderbares Geschenk!

Das Bild nahm immer mehr Konturen an. Es war in verschiedenen Blautönen gehalten und stellte zwei abstrakt gemalte Menschen dar, die sich gleichzeitig festhielten und auseinanderstrebten. Die schwarzen Linien und die Gestalt der Personen erinnerten an Picassos Stil. Ich dachte an die großartige Ausstellung in Lindau, die ein Freund von mir, Professor Roland Doschka, neulich kuratiert hatte. Bei der Gelegenheit hatte ich eine Muse von Picasso, Angela Rosengart, kennengelernt. Sie war eine außergewöhnliche Frau und sah trotz ihres hohen Alters immer noch sehr apart aus.

Picasso hatte eine eigenartige Beziehung zu Frauen. Das Gemälde *Les Demoiselles d'Avignon* hatte ich besonders gut in Erinnerung. Dieses Bild wurde selbst von seinen engen Freunden damals als unmoralisch abgetan. Später wurde es zu einem seiner bekanntesten Werke. Es gilt als ein Wendepunkt der abendländischen Malerei.

Nach unzähligen Affären heiratete Picasso eine Primaballerina und bekam mit ihr einen Sohn. Während dieser Ehe zeugte er eine weitere Tochter mit einer Geliebten. Als die Ehefrau dahinterkam, wollte sie die Scheidung. Da Picasso seinen Besitz beziehungsweise seine Bilder mit ihr hätte teilen müssen, blieb er bis zu ihrem Tod mit ihr verheiratet, was ihn nicht davon abhielt, weitere uneheliche Kinder mit anderen Frauen zu zeugen.

Auch heute kommt es häufig vor, dass Ehemänner, obwohl sie eine Geliebte oder neue Partnerin haben, sich aus finanziellen Gründen nicht scheiden lassen und die Ehefrauen diesen Zustand tolerieren. Interessant finde ich ein berühmtes Zitat von Picasso aus dieser Zeit: »Ich hatte kein Interesse daran, eine Entscheidung zu treffen ... Ich sagte, sie sollten es unter sich ausmachen«, so die Aussage des Malers über die Rivalität zweier seiner Frauen.

Ich dachte über den Umgang von Picasso mit Frauen nach und ihren Einfluss auf seine Kunst. Einige glorifizierte er, andere verachtete er. Und typisch für ihn führte er gleichzeitig mit mehreren Frauen Beziehungen.

Picassos animalische Sexualität trieb seine Kunst voran, inspirierte ihn. Sein ausgeprägtes machohaftes, sexistisches Verhalten brachte er auch in folgendem Zitat zum Ausdruck: »Für mich gibt es nur zwei Arten von Frauen: Göttinnen und Fußabtreter.«

Picassos Beziehung zu Frauen war immer wieder ein Thema in der Kunstwelt. Protestaktionen im Gefolge von #MeToo haben nach meiner Einschätzung zum Ziel, sein Bild als Idol zu zerstören. Denn er wird auch als gewalttätig, eifersüchtig, pervers und zerstörerisch beschrieben. Eine seiner Musen nahm sich sogar das Leben.

Bei ihm befinde ich mich also immer wieder im Zwiespalt. Einerseits bewunderte ich die einmaligen, exzentrischen Werke dieses Ausnahmekünstlers. Andererseits störte mich seine Haltung Frauen gegenüber. Trotzdem dürfen wir die Zeit, in der er lebte, nicht vergessen. Heutzutage würde ein Künstler mit dieser Haltung wohl kein einziges Bild mehr verkaufen ...

Die Stunden vergingen wie im Flug, und draußen begann es bereits zu dämmern. Ich legte den Pinsel zur Seite und wusch mir die Farbe von den Händen. Auf dem Weg zur Sprechstunde klingelte das Handy. Es war Heike.

Sofort dachte ich, dass sie sich vielleicht dafür entschuldigen wollte, mich kürzlich am Telefon so schroff abgewürgt zu haben.

Doch es kam anders. Offensichtlich war sie am Flughafen oder auf einem Bahnhof, denn ich konnte im Hintergrund Durchsagen eines Lautsprechers hören.

»Lisa, ich war eine Woche verreist und bin gerade gelandet«, begann sie das Gespräch. »Ich muss dringend mit dir sprechen.«

»Wo warst du? Habt ihr Urlaub gemacht?«, fragte ich völlig ahnungslos.

»Nein, es ist etwas Schlimmes passiert.«

»Mit Gregor?«, fragte ich sofort. Hatte er womöglich neue gesundheitliche Probleme?

»Nein, es geht nicht um Gregor«, fuhr sie fort. »Das hier wird wahrscheinlich mein ganzes Leben komplett auf den Kopf stellen. Ich kann nur nicht am Telefon darüber reden. Ich bin am Ende, Lisa, und brauche deine Zeit. Es wird länger dauern.«

»Willst du mir nicht sagen, was los ist?«

»Kann ich nicht. Es ist ernst, und ich weiß nicht, was ich tun soll«, sagte sie jetzt ganz aufgewühlt. »Ich bin mir nicht sicher, ob ich es dieses Mal allein auf die Reihe kriege. Versucht habe ich es und mir eine Auszeit genommen, weit weg von hier, um wieder zu mir zu kommen. Jetzt bin ich wieder da, aber es geht mir nicht besser, eher schlechter. Ich fühle mich verloren und müsste doch mit jemandem sprechen. Du bist die Einzige, mit der ich es im Moment kann.«

Ich hatte ein ganz beklemmendes Gefühl, als ich das hörte, da ich überhaupt nicht einschätzen konnte, was los war. War etwas mit den Kindern? War sie krank geworden, oder hatte sie sich vielleicht neu verliebt?

Es ging meiner Heike richtig dreckig, und mir war klar, dass ich ihr als Ärztin und vor allem als Freundin zur Seite stehen und sie so schnell wie möglich auffangen musste. Inwiefern sie sich helfen lassen würde, war eine andere Frage. Ich hatte die Erfahrung gemacht, dass starke Menschen ungern Hilfe annehmen, und Heike war ein Mensch, der seine Probleme in der Regel allein löste. Jetzt allerdings schien es anders zu sein, sie bat mich um Hilfe. Es musste also wirklich etwas Ernstes sein.

»Wir können uns heute nach acht treffen, bis dahin bin ich wahrscheinlich mit der Praxis fertig«, schlug ich vor.

»Das hat keinen Sinn, ich brauche viel mehr Zeit. Es wäre am besten, wir könnten ein paar Tage zusammen verbringen.«

Ich schaute in meinen Kalender. Die Faschingsferien standen vor der Tür, und ich hatte geplant, in dieser Zeit die Praxis zu schließen, um eventuell ein paar Tage in unserem Ferienhaus auf Mallorca zu verbringen. Kurzerhand entschied ich mich, Heike zu fragen, ob sie mitkommen möchte. Für eine Freundschaft ist es wichtig, Prioritäten zu setzen, um für den anderen da zu sein, besonders wenn es brennt. Sie atmete auf, und ich organisierte die Flüge.

Bis zu unserem Abflug aus Stuttgart galt Heike jeden Morgen mein erster Gedanke. Ich rief sie täglich mehrmals an und merkte, dass es ihr besser ging, allein durch die Aussicht, dass wir ein paar Tage miteinander verbringen würden.

Fragen über Fragen

Heike und ich hatten ausgemacht, uns zwei Stunden vor dem Abflug am Stuttgarter Flughafen direkt nach dem Check-in am Gate zu treffen. Ich war schon da und wartete auf sie. Die Maschine schien voll ausgebucht zu sein, denn die meisten Sitzplätze am Gate waren besetzt. Ich nahm Platz, belegte für Heike den Platz neben mir und freute mich darauf, diese kleine Auszeit auf Mallorca mit ihr zu verbringen. Diese Urlaubstage würden mir sicher auch guttun. Kurz schweiften meine Gedanken noch zu Michael. Tief im Inneren spürte ich ein Kribbeln, wenn ich an ihn dachte, obwohl wir uns bisher nicht nähergekommen waren. Noch in Gedanken versunken, erblickte ich dann Heike.

Die Frau, die ich kannte und die mir jetzt entgegenkam, war allerdings eine ganz andere geworden. Unser letztes Wiedersehen lag wenige Monate zurück, überlegte ich schnell, es war Anfang Dezember in der Stadt gewesen. Da hatten wir uns kurz getroffen und Weihnachtskarten gekauft. Mittlerweile hatten wir auch einige Male telefoniert.

Jetzt war Heike nur noch ein Strich in der Landschaft, und ich konnte sehen, dass sie stark abgenommen hatte. Die Blässe und die dunklen Ringe unter ihren Augen ließen sie wie ein Gespenst aussehen. Das Strahlen auf ihrem Gesicht, das ich von ihr kannte und das jeder so mochte, war trotz ihres herzlichen Lächelns einer tiefen Traurigkeit gewichen. Das stand ihr definitiv nicht. Meine Freundin war nur noch ein Schatten ihrer selbst. Ihr Bild erschütterte mich, doch ließ ich mir nichts anmerken.

»Wie schön, dich endlich zu sehen, komm her und lass dich drücken«, begrüßte ich sie an diesem frühen Morgen.

»Toll, dass es klappt, ich freue mich so sehr auf die Tage mit dir«, flüsterte sie mir ins Ohr. »Du kannst dir nicht vorstellen, was ich die letzten Monate durchgemacht habe.«

»Ist doch klar«, antwortete ich, »ich freue mich auch riesig, und wir werden ganz viel Zeit füreinander und zum Reden haben.« Ich setzte mich, und sie nahm neben mir Platz.

»Du hast ganz schön abgenommen, bist du krank?«, fragte ich leise.

»Fünf oder sechs Kilo, weiß ich nicht so genau, ich verliere immer mehr, obwohl ich viel esse«, gestand sie mir mit einem peinlichen Lächeln, fast beschämt, während ihr ängstlicher Blick über die wartenden Passagiere um uns schweifte. Sie holte dann tief Luft. »Gregor hat eine Affäre, Lisa, etwas Ernstes, seit Monaten schon. Du bist die Einzige, der ich es jetzt sage. Ich will ansonsten mit niemandem darüber sprechen. Ich will auch niemanden mehr sehen, aus Angst, darauf angesprochen zu werden. Ich schäme mich so, auch für die Kinder.«

»Nein, das kann ich nicht glauben«, sagte ich und nahm ihre Hand. »Das darf nicht wahr sein. Wie ist das passiert?« Sie schüttelte den Kopf.

»Lass uns später darüber reden, wenn wir im Hotel oder in der Stadt sind, okay? Hier sind es mir zu viele Leute.« Das konnte ich verstehen und nickte. So redeten wir eine kleine Weile über dies und jenes, stellten uns dann in die Warteschlange, stiegen ins Flugzeug ein und flogen nach Barcelona, wo wir eine Nacht verbringen würden, weil ich keinen Direktflug mehr bekommen hatte.

Heikes Nachricht erschütterte mich, und während ich ein weiches Sandwich vor mich hin kaute, gingen mir tausend Gedanken durch den Kopf.

Wie sehr, dachte ich, konnte Liebeskummer den stärksten Menschen aus der Bahn werfen und krank machen. Heike hatte ihre Power verloren und war komplett verstört. Vermutlich entwickelte sie gerade eine Essstörung und drohte womöglich noch, in eine Depression hineinzurutschen. Sie hatte wirklich die ganze Packung abbekommen.

Ich fühlte so sehr mit ihr und war traurig, aber ich musste unbedingt versuchen, ihr zu helfen, um zu verhindern, dass sich ihr seelischer Zustand noch verschlimmerte und sie möglicherweise ernsthaft krank wurde. Ich wusste nur allzu gut, was für unerwünschte Folgen so eine Erfahrung haben konnte. Das geht von Kopf- oder Magenschmerzen über Schlafstörungen bis hin zum lebensbedrohlichen Broken-Heart-Syndrom, zu Deutsch »Gebrochenes-Herz-Syndrom«, dessen Symptome denen eines akuten Herzinfarktes gleichen, nur mit dem Unterschied, dass hier kein Gefäß verschlossen ist. Diese Herzmuskelerkrankung, auch Kardiomyopathie genannt, wird meistens durch starken Stress ausgelöst. Bemerkbar macht sie sich mit einem Engegefühl im Brustkorb, Atemnot und stechenden Schmerzen mit Ausstrahlungen in den linken Arm, Rücken oder Schultern. Circa zwei Prozent aller Patienten mit Verdacht auf einen Herzinfarkt leiden darunter. Und Liebeskummer kann bekanntermaßen auch zu Kurzschlussreaktionen und sogar zum Suizid führen.

Heike und ich hatten uns ein kleines Boutique-Hotel nahe der Altstadt ausgesucht. Da unser Zimmer noch nicht bezugsfertig war, ließen wir das Gepäck an der Rezeption und beschlossen, uns kurz die Füße zu vertreten und ein Café zu suchen, wo wir draußen an der frischen Luft reden konnten. Wir hatten uns beide extra warm angezogen und genossen die ersten Sonnenstrahlen.

Heike bestellte einen Tee, ich einen Cappuccino. Sie nippte an ihrem Glas und begann dann von sich aus zu erzählen. Ich war froh darüber und ließ sie reden. Zuhören war momentan das Wichtigste, was ich für sie tun konnte. Außerdem würde sie dabei besser über ihr Leben reflektieren können. Im gemeinsamen Gespräch würden wir hoffentlich Lösungen für ihre Probleme finden.

»Ich habe wirklich gar nichts bemerkt, Lisa. Es hat mich voll erwischt, kurz vor Weihnachten. Gregor musste noch für acht Tage nach New York, um eine wichtige Zertifizierung für den neuesten Spielzeugtyp, den sie entwickelt haben, zu bekommen. Das war wichtig, vor Weihnachten noch, denn im Januar war die Firma schon für die Toys & Games Fair, die Spielwarenmesse in Hongkong und die übernächste im Februar in New York angemeldet. Ein Kollege war auch mit dabei, so meine letzte Information. Es war also nichts Außergewöhnliches, nur eine Reise mehr. Die Mädchen und ich waren glücklich, dass er an Heiligabend wieder hier bei uns sein würde. Seitdem sie aus dem Haus sind, ist es für sie besonders wichtig, diese Tage am Ende vom Jahr als Familie miteinander zu verbringen, Tradition halt.«

Ich hielt kurz inne, als sie das sagte. Zu gut kannte ich die Bedeutung von Weihnachten im Beisein der Familie. Doch meine Gefühle waren jetzt nicht wichtig. Ich konzentrierte mich weiter auf Heikes Schilderungen.

»Wie immer habe ich neben der vielen Arbeit im Büro alles für die Festtage vorbereitet. Das Haus war blitzblank, abends konnte ich es nach und nach in aller Ruhe schön dekorieren.

Er hat wie gewohnt jeden Tag angerufen, um mich auf dem Laufenden zu halten. Dann kam er pünktlich nach Hause, gegen zehn Uhr morgens. Wie immer nach so einer Reise haben wir uns schon an der Haustür geküsst. Ich habe ihm gleich seinen Koffer abgenommen, um die Wäsche auszupacken und die erste Maschine zu waschen. Als mir seine teuren Kopfhörer in die Hände fielen, brachte ich sie ihm, damit alles seine Ordnung hat.

Im Büro unten war er damit beschäftigt, seine Aktentasche zu leeren. Ich sah noch, wie er einen dicken Stapel Dokumente herausholte und auf seinen Schreibtisch legte, um ihn gleich wieder wegzustecken. Er schien leicht unter Strom zu stehen, irritiert irgendwie. Ob er vielleicht durch die Zeitverschiebung übermüdet war? Ich habe mir nichts weiter dabei gedacht. Sowieso stelle ich nie Fragen. Ich habe mich nur kurz gewundert, warum er plötzlich noch zu unserer Filiale in die Stadt fahren wollte, seine Aktentasche unter dem Arm. Ich kenne ihn schon so lange, ganze siebenundzwanzig Jahre, und habe vermutet, dass er noch auf die Schnelle eine Weihnachtskarte für mich besorgen wollte. Er hat ja nie Zeit für solche Sachen, weißt du. Für die Kinder und ihre Partner besorge ich immer die Geschenke und schreibe die Karten. Er braucht nur mit ›Papa‹ oder ›Gregor‹ zu unterschreiben. Ansonsten schenken wir uns gegenseitig seit Langem nichts mehr. Eine liebe Karte tut es auch, haben wir beide vor Jahren beschlossen. Wir haben doch jetzt schon alles«, sagte sie und trank einen Schluck Tee. Ich lächelte sie verständnisvoll an, dachte kurz, dass ich mich auch nach all den Jahren immer noch sehr über ein Weihnachtsgeschenk freue, und ließ sic fortfahren.

»Kaum da, und gleich war er wieder für ein paar Stunden weg. Als ich mit der Wäsche fertig war und alles aufgeräumt hatte, ging ich noch ins Büro nach unten. Beim Reingehen fiel mir plötzlich ein kleiner Zettel auf, der sich wohl im Spiralkabel meines Monitors verfangen hatte. Es sah fast so aus, als hätte mir jemand eine Notiz hinterlegt.« Sie holte tief Luft, als sie das sagte, und ein schwaches Lächeln bildete sich auf ihrem Gesicht.

»Ob die Nachricht von meinem Schutzengel oder vom Teufel selbst stammte, hätte ich dir in dem Moment nicht sagen können. ›Überraschung, Heike, rate mal, was darauf steht‹, rief es mir zu. Ich nahm den Zettel und öffnete ihn, völlig ahnungslos. Siehe da: Es war ein Einkaufsbeleg von Bloomingdale's, Las Vegas Boulevard in Las Vegas, einer Shoppingmall von der ich schon mal gehört hatte, datiert auf ein paar Tage zuvor, mit seiner Unterschrift.

Dass Las Vegas nicht New York ist, störte mich am Anfang nicht einmal. Vielleicht musste er dort umsteigen, dachte ich, oder es gab dort eine weitere Messe. Es war nur die komische Artikelbezeichnung ›CD‹ mit einer langen Seriennummer, für die insgesamt 2500 US-Dollar berechnet wurden, die mich etwas stutzig machten. Was kann man bloß in einem Kaufhaus für dieses Geld kaufen, habe ich mich gefragt.

Was ›CD‹ bedeutete, wusste ich, dumme Nuss, natürlich nicht, woher denn? Also habe ich es gegoogelt. Die Marke ›Christian Dior‹ strahlte mich an. Ich ergänzte meine Suche mit der Nummer auf dem Einkaufszettel: Eine edle Damenhandtasche kam zum Vorschein und hatte wohl jemanden glücklich gemacht.«

»Wow, das ist ja verrückt!«, sagte ich.

»Ich würde mir so etwas Luxuriöses niemals kaufen, da bin ich viel zu vorsichtig mit Geld«, fuhr sie fort. »Selbst als er mich vor Jahren gefragt hatte, ob mir so ein teures Stück eine Freude machen würde, habe ich abgelehnt. Nicht aus Geiz, mehr aus Bescheidenheit. Natürlich hätte ich mich gefreut, so etwas zu besitzen, aber ich bin halt vernünftig. Na ja, Fakt ist, dass er zum Spaß in Las Vegas war und das offensichtlich nicht mit seinem Kollegen. Ich habe nur langsam begreifen können, was da lief. Ich war fassungslos. Dass er mich anlog, war schlimm, keine Frage. Aber mich betrügen? Das wollte gar nicht in mein Hirn rein. Er doch nicht! So etwas würde *mir* niemals passieren, davon war ich fest überzeugt. Gregor und ich haben schon so viele Dinge gemeinsam durchgestanden, wir zwei sind echte Kämpfer.« In dem Moment sah sie mich mit ihren großen Augen an, als würde sie an ihrer eigenen Aussage zweifeln. Ich konnte ihrem Gedankengang genau folgen.

»Das weiß ich, Heike«, antwortete ich sanft. »Ohne dich an seiner Seite hätte er zum Beispiel die Leukämie niemals so schnell besiegen können, da bin ich mir sicher. Du warst immer sein Fels in der Brandung, das bist du sicher heute noch.«

Während der onkologischen Behandlung, unter anderem eine Chemotherapie, hatte Heike monatelang viele seiner Aufgaben in der Firma übernommen und den ganzen Stress von ihm ferngehalten, bis zu seiner Genesung. Diszipliniert und aufopferungsvoll hatte sie in der Familie für Normalität gesorgt, um allen den nötigen Halt zu geben. Sie sprudelte damals so vor Energie und hatte es sogar noch geschafft, einen kleinen Familienurlaub zwischendurch einzuschieben. Mittlerweile konnte Gregor ohne Einschränkungen weiterleben.

»Ja, das war wirklich eine harte Zeit, Lisa, aber es ist alles gut gegangen«, setzte sie fort. Sie wirkte jetzt ganz nachdenklich, als würde sie wieder etwas Revue passieren lassen. »Das hat uns damals nur noch enger zusammengeschweißt.« Sie lachte plötzlich los. »Ich muss immer an unsere Anfänge denken, als wir noch arm wie Kirchenmäuse waren. Was haben wir alles riskiert, diese Kredite aufgenommen, um die Firma aufzubauen. Gregor und ich haben auf so viele Dinge verzichtet, zurückgesteckt, ich vor allem. Klar hätte ich weiter Karriere machen können, aber wir hatten beide dieselbe Vorstellung vom Leben. Wir wussten genau, dass Erfolg seinen Preis hat, so habe ich ihm auch den Rücken freigehalten, meine eigenen beruflichen Ambitionen in den Hintergrund gerückt und mich alleine um die Kinder gekümmert.

Erst vor einigen Jahren haben wir es endlich geschafft, das Haus gebaut, uns ein Boot gekauft und endlich mehr Urlaub gemacht. Aber das war alles für unsere Familie, für uns, verstehst du? Dass er dann Geld aus dem Fenster werfen würde für eine andere, die sich nur die Rosinen rauspickt und ins gemachte Nest setzt, konnte ich einfach nicht glauben. Eigentlich wollte ich auch nicht schlecht über ihn denken, fast hätte ich deswegen noch ein schlechtes Gewissen bekommen.« Ich nickte verständnisvoll.

»Ich habe also versucht, mich zu beruhigen«, fuhr sie fort. »War die Handtasche vielleicht doch für mich? Ich habe den Zettel in eine Schublade gesteckt. Meine Hände haben echt gezittert. Dann kam er heim, kurz vor den Kindern, ein zufriedenes Lächeln auf dem Gesicht. Am Abend haben wir als Familie gefeiert, uns alle fest umarmt, beglückwünscht und danach ausgiebig beim Raclette geschlemmt. Die Mädchen haben für uns ein paar schöne Stücke auf dem Klavier gespielt. Anschließend hat er Gesellschaftsspiele geholt.

Ich saß wie auf heißen Kohlen, konnte die Bescherung kaum erwarten. Spätestens da würde ich mehr wissen. Ich sagte nichts, tat weiterhin so, als sei alles in Ordnung. Heiligabend ging wie in Zeitlupe an mir vorbei, der Horror war das, sage ich dir. Ich habe ihn immer wieder heimlich beobachtet, um zu sehen, ob mir etwas auffallen würde. Nichts, Lisa, nichts. Er war wie immer ruhig, aufmerksam und lieb.

Dann kam die Stunde der Wahrheit. Unter dem Baum gab es neben den Geschenken der Kinder keine Überraschung für mich, nur seine Karte. Es war ernüchternd. Es fiel mir schwer, gute Laune vorzutäuschen, mein Herz wog eine Tonne, aber ich musste die Nummer wegen der Kinder durchziehen.

Am zweiten Weihnachtstag fuhren die Mädchen mit ihren Freunden zu deren Eltern, um den Tag mit ihnen zu verbringen. Alle waren fröhlich, wenigstens das. Ich räumte alles wieder auf, wie ein Roboter, während er sich im Büro noch um wichtige Mails kümmerte. Ich wusste nicht, wie ich damit umgehen sollte. Was gerade geschah und mich belastete, war die Realität. Es war eine Ewigkeit her, dass ich so traurig war, Lisa«, schloss sie und wischte sich mit nervösen Bewegungen die ersten Tränen ab, hoffend, dass ihr Gefühlsausbruch niemandem auffallen würde. Ich nahm ihre Hand und hielt sie fest. Sie schluchzte und lachte zugleich.

»Alles gut, du kannst ruhig weinen«, tröstete ich sie.

»Und ich dachte, ich hätte alle Tränen vergossen. Ich habe jeden Tag geweint, die ganzen Wochen schon. Was der Körper alles hergeben kann, Wahnsinn, oder?«

Ich streichelte jetzt ihre Hand und wartete, bis der Weinkrampf vorbei war und sie sich beruhigte. Es war das erste Mal, dass ich meine Freundin so mitgenommen sah.

»Komm, vergiss nicht zu trinken«, sagte ich und schenkte ihr noch Tee nach. »Wie geht es weiter? Bist du dir wirklich sicher, dass da was läuft? Hast du ihn darauf angesprochen?«

Alles Fragen, die sich erübrigten. Natürlich wussten wir beide, dass da was lief. Sie nickte. Dieses Mal nahm ihr Gesicht einen leicht verbitterten Ausdruck an. Auch das war mir neu.

»Du kennst mich doch, bei mir muss immer Klarheit herrschen. Am Anfang habe ich gewartet, weil ich noch die Hoffnung hatte, dass ich mich irre, auch mit Rücksicht auf die Kinder. Ich wollte keine Diskussion anfangen, ohne wirklich sicher zu sein. Beim Abendessen, als wir wieder zu zweit waren, war es dann so weit. Da konnte ich zum ersten Mal keinen Bissen zu mir nehmen, mein Magen war zugeschnürt. Er hat allein angefangen zu essen.

›Seid ihr direkt von New York nach Frankfurt geflogen?‹, habe ich dann gefragt. ›Oder muss man da einen Zwischenstopp einlegen?‹

›Nein, man fliegt direkt, Gott sei Dank‹, sagte er, ›warum?‹ Ich musste meinen ganzen Mut zusammenpacken.

›Weil ich unten im Büro eine Rechnung aus Las Vegas gefunden habe, bezahlt mit Kreditkarte und mit deiner Unterschrift.‹ Er legte sein Besteck ab, runzelte die Stirn und sah mich ernst an, alles, ohne auch nur die Fassung zu verlieren.

›Las Vegas? Kann nicht sein! In New York waren wir Männer kurz in ein paar Geschäften, um dort einen Blick auf die neuesten Gadgets zu werfen, das ist alles.‹

›Ah, neue Gadgets … Seid ihr auch fündig geworden?‹

Er legte eine kurze Pause ein. ›Könntest du mir bitte diesen Beleg bringen? Ich will nur kurz einen Blick darauf werfen.‹

Als ich ihm die Rechnung vorlegte, wurden seine Augen größer. Er schüttelte ungläubig den Kopf.

›Das ist doch deine Unterschrift, oder? Und drauf steht auch Las Vegas‹, legte ich nach.

›Das hier sagt mir nichts, wirklich, Schatz. Vielleicht hat jemand meine Kreditkarte benutzt und meine Unterschrift gefälscht. Ich muss sie sofort sperren lassen. Am Montag nehme ich auch den Beleg mit in die Firma.‹

Ich wusste, dass nichts davon stimmte. Dass er es aber wagte, mich weiter zu belügen, machte mich wütend.

›Und der Schurke hat dir den Beleg noch mitgegeben, wie nett. Ich habe da eine andere Theorie: Waren vielleicht unter den brandneuen Gadgets noch Dildos dabei oder hat dir ein Verkäufer aus Versehen eine Christian-Dior-Damenhandtasche untergejubelt?‹ Da ist er ganz blass geworden. Er hat den Teller zur Seite geschoben und nichts mehr gesagt. Ich weiß nicht, was er überlegte. Jedenfalls steckte er jetzt in der Sackgasse.

›Wie lange wirst du noch brauchen, um mir die Wahrheit zu sagen, Gregor?‹, fragte ich. Ich war erstaunlich ruhig. ›Lass mich bitte nicht allzu lange warten. Auch meine Geduld hat Grenzen.‹

Dann, Lisa, hat er es gebeichtet. Sein Satz hat mir schlichtweg den Boden unter den Füßen weggerissen und meine schöne, heile Welt zerstört: ›Ich habe eine andere Frau kennengelernt.‹

Da hättest du mir ein Messer ins Herz rammen können, es wäre das Gleiche gewesen. Ich konnte nicht mehr atmen, mir war flau im Magen, alles Blut war aus dem Kopf gewichen. Ich hatte es ja langsam geahnt, aber ich war völlig überrascht vom Schmerz. Niemals hätte ich gedacht, dass es so wehtun kann. In dem Moment hat er mir das Herz gebrochen, das habe ich genau gespürt.«

Heike gab ein schwaches Lächeln von sich. Wir hielten uns weiter an den Händen fest, ihre waren eiskalt.

»Wie lange läuft es schon? Wo hat er sie überhaupt kennengelernt, und wie alt ist sie?«, erkundigte ich mich.

»Es war im September, bei der Geburtstagsfeier von einem Bekannten, einem Stuttgarter Yuppie namens Thomas, den kennst du nicht. Der Typ ist so ein Angeber und haut immer Standardsprüche raus wie ›Mein Haus, meine Jacht, meine Freundin‹. Ich war auch eingeladen, aber an dem Abend konnte ich nicht mitgehen. Bei unserer Nachbarin wurde der neue Thermomix vorgeführt, und ich hatte mich längst dafür angemeldet. Weil ich den Kerl auch nicht mochte, habe ich Gregor allein hinfahren lassen.« Sie hielt kurz inne.

»Weißt du, Lisa, ich habe viele Jahre gebraucht, um über einige schlechte Erfahrungen in meiner Jugend mit Menschen und vor allem mit Sexualität hinwegzukommen und wieder ein normales

Leben führen zu können. Seit wir uns beide kennen, hatte ich diese Themen nie angerissen, das hast du auch respektiert. Damals war so gut wie nichts mehr von meinem Urvertrauen übrig. Niemals hätte ich mir vorstellen können, einem Menschen je wieder zu vertrauen. Trotzdem habe ich es irgendwie geschafft, mich wiederaufzurichten und positiv in die Zukunft zu blicken. Ich war auch nie in Therapie gewesen oder so was, das habe ich alles alleine geschafft, nur danach hat es mit dem Vertrauenfassen nicht so richtig geklappt. Gregor war schließlich derjenige, der es mir mit einer Engelsgeduld wieder beigebracht hat. Und ausgerechnet er hat mich verraten. Verrat, Lisa, Verrat, weißt du, was das heißt?« Plötzlich veränderte sich ihr Gesichtsausdruck. »Am liebsten würde ich mir jetzt das Leben nehmen, das wäre wirklich das Einfachste«, fuhr sie mit erstickter Stimme fort.

Bei mir schrillten sofort die Alarmglocken. Die Achterbahn der Gefühle, in der sie sich befand, war schwer kontrollierbar. Es war aber erst mal wichtig, dass sie all ihre Gedanken loswerden konnte und das Gefühl bekam, nicht allein dazustehen.

»Heike, was sagst du da? Kein Mensch ist es wert, dass jemand sich umbringt, niemand, verstehst du? Bei aller Liebe, denk nicht an so was! Versprich mir, dass du so etwas Dummes niemals tun wirst! Du bist nicht allein, ich bin für dich da.« Sie nickte und putzte sich noch die Nase, bevor sie fortfuhr.

»Sie heißt Tabea und ist sechsundzwanzig Jahre alt. Das junge Ding könnte unsere Tochter sein, kannst du dir das vorstellen? Fast dreißig Jahre Unterschied, das macht mich völlig fertig.« Ich nickte. Die Affäre war offensichtlich mehr als nur ein One-Night-Stand, dennoch hoffte ich inständig, dass sie, wie in den meisten Fällen, eher von kurzer Dauer sein würde.

»Sag mir nur, was habe ich denn falsch gemacht? Ich war doch immer für ihn da und habe mir immer so viel Mühe gegeben, alle glücklich zu machen. Er und die Kinder sind wirklich mein Ein und Alles, für sie würde ich sogar mein Leben geben, ohne zu zögern. Auch im Bett gab es nie Klagen, wir haben doch immer tollen

Sex gehabt und wunderbar miteinander harmoniert. Wenn ich anders gewesen wäre und ich ihn schlecht behandelt hätte, könnte ich das noch nachvollziehen. Aber es fehlte ihm wirklich an nichts, warum hat er es trotzdem getan? Er ist doch ein Familienmensch, das weiß ich. Ich verstehe das einfach nicht.«

»Warum bist du nicht gleich zu mir gekommen?«, wollte ich wissen.

»Den Schock musste ich zuerst allein verdauen. Irgendwie wollte ich den Schmerz für mich behalten. Ich habe mich so gedemütigt, verraten und verlassen gefühlt, es war schrecklich. Auch spürte ich Angst, ihn zu verlieren und allein dazustehen. Mein Leben lag plötzlich in Scherben.« Sie lachte kurz. »Ich bin schon zu einer Ärztin gegangen, aber nur um mich über eine Brustvergrößerung zu erkundigen. Das war das Erste, was ich getan habe.«

»Was? Das brauchst du nicht, du bist doch so hübsch, wie du bist«, wandte ich gleich ein.

»Anscheinend nicht. Die Frau meinte, dass ich gleich um zwei Körbchengrößen wachsen sollte. Das hat mich nicht gerade aufgebaut, aber was soll's, daraus ist auch nichts geworden. Wegen meiner Kautschukallergie bestand ein zu hohes Risiko, die Silikonimplantate abzustoßen, also habe ich es gelassen. Zum Kardiologen bin ich auch, weil ich nicht mehr tief atmen konnte. Mir lag ein Elefant auf der Brust. Der Mann hat nichts gefunden und empfahl mir Yoga. Klasse, in meinem Zustand noch die einbeinige Krähe machen«, sagte sie leicht höhnisch. »Dann kam noch ein Moment, an dem ich mir ernsthaft überlegte, alle gemeinsamen Fotos mit Gregor zu verbrennen. Für mich waren diese Erinnerungen eine einzige Lüge. Das habe ich doch nicht getan, aus Rücksicht gegenüber den Kindern. Ich hatte so eine Wut im Bauch, Lisa, schau dir das hier an«, sagte sie und zeigte mir plötzlich ihre beiden Handkanten. Sie waren grünblau. Die Hämatome waren mir schon am Flughafen sofort aufgefallen.

»Bist du hingefallen? Was ist passiert?«, fragte ich besorgt, während ich die Verletzungen begutachtete.

»Nein, sobald ich allein war, habe ich nur auf die blöde Wand gehauen und laut geschrien, noch mal und noch mal, bis ich keine Kraft mehr hatte. Verrückt, die Schmerzen haben mir gutgetan. Wenigstens da konnte ich spüren, dass ich noch am Leben bin. Mein Kopf war leer, und mein Körper fühlte sich ganz taub an. Die Hände waren eine Zeit lang geschwollen, da ist aber nichts gebrochen, keine Sorge. Wie du siehst, meine Wut war groß, aber nicht nur auf ihn, auch auf die ganze Welt und auf dich, das gebe ich zu.«

»Auf mich?«, staunte ich, etwas verblüfft über diese Aussage.

»Ja, auf dich. Seit Jahren warst du doch die Geliebte von diesem verheirateten Mann, ein Zustand, der sich überhaupt nicht mit meinen Prinzipien vereinbaren lässt. Er hat seine Frau hintergangen, und irgendwann mal muss diese Situation jemandes Leben aus den Fugen gebracht haben, in irgendeiner Weise, so wie dieses Mädchen mein Leben aus den Fugen gebracht hat. Sieh mich an, diese Affäre ist gerade dabei, mein Leben und all das, was wir aufgebaut haben, zu zerstören. Das ist doch Grund genug gewesen, kurz auf dich sauer zu sein, oder nicht?« Sie sah mich ernst an, als sie das sagte. »Und heute sitze ich hier, bei dir, und du hilfst mir. Das Leben kann schon skurril sein.«

»Aber Heike, die Situation bei mir war damals eine ganz andere als heute bei dir«, erklärte ich ihr sanft. »Du und ich haben nie wirklich darüber gesprochen, so kannst du das alles nicht wissen. Damals führte ich eine richtige Partnerschaft, die weit mehr war als eine Affäre. Er und ich fuhren regelmäßig gemeinsam in den Urlaub, er hockte mehr bei mir als bei sich zu Hause. Wir haben uns nicht versteckt. Für die Kinder war er längst ein Familienmitglied geworden. Es war also anders, das darfst du auf keinen Fall mit deiner Situation vergleichen. Vor allen Dingen habe ich mich keineswegs in eine glückliche Ehe gedrängt. Hier habe ich also nichts zerstört, verstehst du? Und mittlerweile sind wir sehr gute Freunde geworden. Das wird auch so bleiben.« Sie runzelte die Stirn, nickte aber verständnisvoll, während ich ihr noch von Judith und Walter erzählte, eine andere Art von Beziehung.

»Klar sollten nicht alle über einen Kamm geschert werden«, antwortete sie. »Ich verstehe schon, dass es bei euch oder bei diesen Leuten anders sein mag, und ich versuche wirklich, mich von meinen Vorurteilen zu lösen und nicht im Affekt zu denken. Aber warum tut die Frau das, frage ich mich? Ist ihr denn nicht bewusst, was sie dadurch alles anrichtet? Soll ich da lockerer werden und mir sagen, dass sie nur ihr Studium mit einem Sugar Daddy finanzieren möchte? Hat das Mädchen vielleicht einen Vaterkomplex? Wenn ja, soll sie das bitte mit einem anderen auskurieren, es gibt genügend Witwer mit Bedarf! Oder will sie sich womöglich noch schwängern lassen und ein – ups! – Kind in die Welt setzen, um an sein Geld heranzukommen? Schließlich ist es auch mein hart verdientes Geld. In dem Fall würde ihr Kind einen legalen Anspruch auf unser Erbe haben, und das würde unsere Familie endgültig auseinanderbringen. Die Kinder würden es ihm niemals verzeihen. Und warum ging Gregor das Risiko ein? Wegen des Kitzels bei der Jagd? Hat er so Angst gehabt, etwas im Leben zu verpassen, oder ist mein Mann einfach ein egomanisches Schwein? Die Frau ist nicht einmal hübsch.«

»Woher weißt du das, hast du sie gesehen?«, wunderte ich mich.

»Ja, einmal bin ich ihm mit dem Auto gefolgt, natürlich, ohne dass er es merkt, und habe dann herausgefunden, wo sie wohnt. Es gibt eine Kneipe direkt gegenüber ihrer Wohnung. Ich habe mich da hingesetzt, in der Hoffnung, dass sie irgendwann herauskommen. Da sah ich die beiden, Hand in Hand. Es war so enttäuschend. Sie war zwar groß gewachsen, eine Brünette, aber sie sah so gewöhnlich und unscheinbar aus. Ich hätte da etwas anderes erwartet, eine total Hübsche mit mehr Charisma oder so. Das hätte mir wenigstens geholfen, besser zu verstehen, warum er fremdgeht. Schließlich muss sie etwas haben, was ich nicht habe.«

Eine Frage folgte der anderen, und in den nächsten Tagen würden es sicher noch mehr werden. Es gibt viele Gründe, warum sowohl Männer als auch Frauen eine Affäre beginnen. Grundsätzlich weist ein Seitensprung oder eine langfristige Liebschaft auf einen Mangel im Leben oder in der Beziehung hin.

Eine aktuelle Studie von ElitePartner zeigt, dass 31 Prozent der Männer und 27 Prozent der Frauen in Deutschland schon einmal Teil einer Schattenbeziehung waren, egal, ob für kurze oder lange Zeit. Manche suchen »nur« nach sexueller Abwechslung, andere nach Selbstbestätigung. Oft vermittelt eine heimliche Liebe das Gefühl, selbstbestimmt und autonom zu leben. Dreiecksbeziehungen sind in der Regel nicht von langer Dauer, im Schnitt dauern sie laut einer weiteren Studie sechs bis acht Monate. Dennoch können sich einige Liebschaften zu dauerhaften Beziehungen entwickeln. Ob diese zum Happy End oder zu einem Drama führen, hängt wiederum von jedem Einzelnen ab, unter anderem auch von der Vergangenheit, die mögliche Vorbelastungen mit sich bringen kann, von der eigenen Belastbarkeit, von den Erwartungen sowie vom sozialen Umfeld.

Trotz wahrer Liebesgefühle zum Partner und obwohl sexuelle Treue bei vielen wichtig ist, sind die Menschen von Natur aus polygam, auch wenn sie verheiratet sind. Monogamie hat sich wahrscheinlich in unserer westlichen Kultur erst als Lebensmodell etabliert, um Besitzansprüche besser zu regeln, sobald es um Erbschaften ging. Auch spielte die Treue seit jeher im Christentum eine große Rolle. Selbst die Bibel hat sich mit dem Thema beschäftigt, denn eines der Zehn Gebote lautet: »Du sollst nicht ehebrechen.« Trotzdem erfüllten nicht einmal alle Herrscher und Kleriker diese Regel. Während in anderen Kulturen das Herz als Sitz der Persönlichkeit, des Verstandes und der Emotionen, gar Gottes betrachtet wurde, galt in unserer Kultur im Mittelalter die Niere als Sitz der Lebenskraft, der Gemütsbewegung und des Geschlechtstriebs. Ertappten Ehebrechern riss man deshalb die Nieren raus, um so den sexuellen Trieb zum Stillstand zu bringen. Umso mehr empfahl sich also ein monogamisches Eheleben.

Heute noch bringen fremde Kulturen verschiedene offiziell anerkannte Lebensmodelle wie Polygamie bzw. Polygynie (Vieleheschließung) und Polyandrie (Vielmännerei) hervor, die gesellschaftlich akzeptiert werden. In der westlichen Welt dagegen werden innerhalb der verankerten Kultur und auch aufgrund gesetzlicher Einschränkungen sogenannte offene Beziehungen immer populärer und enttabuisiert. Bei Polyamorie führt ein Mensch zu mehreren Personen offen und einvernehmlich eine Liebesbeziehung ohne jede Exklusivität. Dies kann unter anderem verhindern, dem Alltagstrott zu verfallen, und hilft, die Lebendigkeit in der Beziehung aufrechtzuerhalten.

Ein Leben lang treu zu sein, ist für manche Menschen eine idealisierte Lebensvorstellung.

Der selbst auferlegte Zwang zur Treue unterdrückt nach deren Einschätzung die natürliche Neugier und die Sehnsucht nach Abwechslung. Deshalb gehen manche Männer und Frauen außerhalb ihrer Zweierbeziehung kurz- oder langfristige Beziehungen ein. Tendenziell betrügen Frauen eher aus emotionalen Gründen, Männer, so plump es auch klingt, eher, weil sie spontan und aus dem Moment heraus körperlichen Impulsen nachgeben.

Menschen durchleben im Lauf der Zeit unterschiedliche Arten und Phasen der Liebe, und keiner weiß im Voraus, wohin der Weg ihn führen wird. Dass laut einer Studie des Bundesinstituts für Bevölkerungsforschung aus dem Jahr 2018 fast drei Viertel aller geschlossenen Ehen in Deutschland nicht vor dem Richter, sondern erst mit dem Tod eines Partners enden, sei hier mit Nachdruck erwähnt. Die monogame Ehe ist also trotz aller Enttabuisierung nach wie vor die Regel.

Vermutlich konnte ich Heikes Seelenzustand erst nur oberflächlich erfassen. Mir war allerdings klar, dass es viel Zeit in Anspruch nehmen würde, damit sie sich psychisch stabilisierte. Was sie durchmachte, war ernst, sie würde viel Unterstützung und womöglich professionelle Hilfe brauchen.

Automatisch hatte sie die Schuld bei sich gesucht, geplagt von Minderwertigkeitsgefühlen, auch, weil sie sich mit der anderen Frau verglich. Solche Vergleiche sind grundsätzlich nicht zu empfehlen, denn dabei läuft man Gefahr, seine eigene Persönlichkeit zu ändern, und zwar nicht zum Guten. Besonders in Krisen sollte sich jeder Mensch sagen, wie wertvoll und einzigartig er ist.

Heike hatte die tiefe Enttäuschung, in ihrem Fall war der Verrat eine traumatische Erfahrung, auf sich selbst projiziert und somit ein selbstzerstörerisches Verhalten ausgelöst. Studien haben gezeigt, dass manche Menschen, wenn das Leben zur Qual wird, dieses Verhaltensmuster annehmen können, um sich von schmerzvollen Gedanken oder Gefühlen zu lösen. Heikes Hoffnungslosigkeit ließ sie nicht nur ständig grübeln, sie hatte auch Suizidgedanken geäußert. Ihre Seele war krank. Es gab also dringenden Handlungsbedarf, und in meinem Kopf drehten sich schon die Gedanken, wie am besten vorzugehen war.

Wir zahlten unsere Getränke und machten uns wieder auf in Richtung Hotel. Danach, so hatten wir beschlossen, würden wir die Casa Batlló besichtigen, Antoni Gaudís wunderschönes Gebäude, das dem Schutzpatron Kataloniens, dem heiligen Georg, gewidmet ist. Die traumhaften Farben und die einzigartige Architektur des Künstlers würden uns auf andere Gedanken kommen lassen. Das war wichtig, es würde der Seele eine Auszeit geben, um sich zu erholen.

Balsam für die Seele

Unser Flug nach Mallorca war pünktlich. Wie immer, schaute ich aus dem Fenster, sah ein paar vereinzelte Wolken, die Sonne und das Meer. Ich freute mich riesig auf mein zweites Zuhause. Heike war das erste Mal mit dabei. Nach der Landung liefen wir die langen Gänge in Richtung Gepäckausgabe. Unsere Koffer kamen als erste heraus. Draußen standen die Taxis und warteten auf Kundschaft. Als wir in das Dorf fuhren, in dem unser Ferienhaus stand, bat ich den Fahrer, kurz bei der Apotheke anzuhalten, ich wollte

Johanniskraut für Heike besorgen. Das pflanzliche Mittel wirkt gegen depressive Verstimmungen. Gleich gegenüber war die kleine Bäckerei. Ich kaufte noch frische Croissants und Baguettes ein. Bald darauf waren wir am Ziel. Ich schloss das schmiedeeiserne Tor auf, und wir stiegen die Treppen zum Haus hoch. Heike ließ ihren Blick vom Garten aus über Palma, die Schiffe und die felsige Landschaft im Hintergrund schweifen.

»Ist das schön hier! Ihr habt sogar einen Pool«, sagte sie voller Begeisterung.

»Ja, aber es ist noch zu kalt zum Schwimmen, auch wenn man hier draußen locker im T-Shirt sitzen kann. Fühl dich hier einfach wie zu Hause.«

Ich öffnete die Haustür, und wir gingen hinein. Ein leichter, erfrischender Geruch von Lavendel schlug uns entgegen. Wahrscheinlich hatte die Haushälterin die Schränke wieder mit frischen Lavendelkissen gefüllt.

Ich liebte die himmlische Ruhe, die hier herrschte, es war etwas für die Seele. Hier würden Heike und ich es eine ganze Woche gut haben.

Ich hatte mir spontan einen Plan für meine Freundin ausgedacht. Um mehr vom Tag zu haben, standen wir früh auf.

Direkt nach dem Frühstück machten wir einen langen Spaziergang am Strand. Sich bei Tageslicht in der frischen, jodhaltigen Meeresluft zu bewegen, war für ihr allgemeines Wohlbefinden notwendig, auch wenn es etwas windig war und sie schnell außer Puste war. Wer sportlich aktiv ist, stärkt dadurch seine Abwehrkräfte. Auch hatte ich ein kleines Kulturprogramm zusammengestellt, um etwas Abwechslung in ihren Alltag zu bringen. Hirnforscher haben festgestellt, dass, sobald das menschliche Gehirn neue Erfahrungen und ungewohnte Tätigkeiten, vielleicht gekoppelt mit angenehmen Überraschungen, registriert, Dopamin freigesetzt wird, wodurch eine Art Hochgefühl entsteht. Dopamin ist ein Neurotransmitter, unter anderem zuständig für Lust und Motivation, kurz: ein Glücksbote. Auch deshalb würden neue Unternehmungen Heike guttun.

So machten wir viele Ausflüge. Den Ballermann ersparten wir uns. Stattdessen besuchten wir das Kloster in Valldemossa, in dem Chopin einige Wintermonate mit der Literatin George Sand verbracht hatte.

Wir nahmen auch den alten Holzzug von Palma nach Sóller, einer idyllischen Kleinstadt am Hafen, oben im Norden der Insel, und machten eine Rundfahrt durch die atemberaubende Landschaft voller Zitronenhaine. Mittags legten wir eine kurze Pause ein und aßen Tapas mitten in der Altstadt. Wir besuchten Santa Catalina, ein ehemaliges Fischerviertel mit einer kleinen Markthalle, die ein reiches Angebot an frischen und lokalen Waren wie Fisch, Obst und Gemüse bietet, und liefen gemütlich durch die Gassen. Überall gab es Cafés und Bars, wo man draußen sitzen und die Sonne genießen konnte.

Abends schließlich bekochte ich Heike, mein Pastagericht mit Meeresfrüchten lobte sie ganz besonders. Ich hatte beobachtet, wie wenig sie aß, obwohl sie das Gegenteil behauptete. Es war wichtig, dass sie wieder zunahm und ihr Gewicht dann auch hielt. Nach dem Essen saßen wir beide vor dem Kamin, eine Tasse Melissentee oder ein Glas Wein in der Hand, und schauten manchmal einfach den züngelnden Flammen zu.

Solche besinnlichen Momente taten uns beiden gut. Es war also ein Rundumprogramm, bei dem Heike sich immer mehr von der Seele reden konnte und ich trotzdem zur Ruhe kam.

Für sie war diese Zeit allerdings immer noch voller Höhen und Tiefen. Gregor stand in stetigem Kontakt mit ihr und schickte ihr mehrmals am Tag lange Mails, in denen er sich zu erklären versuchte und sich nach ihr erkundigte. Sie zeigte mir immer gleich die E-Mails. Auf jede seiner Nachrichten antwortete sie höflich, stellte ihm weitere Fragen, suchte nach Antworten und beschrieb ihm manchmal ihren seelischen Zustand. Und danach, noch während sie ihren Laptop zusammenklappte, brach sie in Tränen aus, mehrmals täglich.

»Heike, du solltest mehr nach dir schauen«, empfahl ich ihr,

»das, was hier läuft, ist für dich nicht gesund. Du machst dich kaputt. Lege deinen Laptop einfach weg und schreibe ihm nur einmal am Tag, nicht öfter. Versuche, nicht mehr daran zu denken. Du musst eine gesunde Mischung finden, dass du auf dich achtest und zwischendurch den Kopf frei kriegst und etwas für die Seele tust.«

»Kann ich nicht. Ich vermisse ihn so sehr. Gleichzeitig läuft ständig das Kopfkino und hört nicht auf, mich zu quälen. Während ich hier mit dir sitze, vögelt er das junge Ding vielleicht noch. Die Vorstellung tut mir so weh, Lisa. Soll ich ihn verlassen? Das wäre auch eine Lösung.«

»Du solltest nichts überstürzt machen, sondern erst mal überlegen, ob du eure Beziehung wirklich beenden willst. Mach dir einen Zettel mit den Plus- und Minuspunkten, die du in der Partnerschaft mit Gregor erlebt hast. Schreib alles auf und schlaf dann darüber. Wenn am Ende die Vorteile die Nachteile deutlich überwiegen, dann musst du dir sehr gut überlegen, ob es Sinn macht, ihn zu verlassen.«

»Gute Idee, das werde ich tun«, antwortete sie, etwas nachdenklich geworden, und nickte.

»Ich würde gern für dich einen Termin bei einer Psychologin ausmachen, wenn du damit einverstanden bist. Ich hoffe, dass sie dich noch nehmen kann. Die Frau ist sehr erfahren, ich kenne sie gut. Der Austausch mit ihr wird dir Kraft geben und in dieser schweren Phase helfen. Weißt du, dass du auch massive Schlafstörungen hast, Heike? Fast jede Nacht habe ich gehört, wie du im Schlaf schreist. Das muss unbedingt behandelt werden. Deine Seele kann nicht mehr, und der Zustand kann dich ernsthaft krank machen. Außerdem solltest du versuchen, zusammen mit Gregor zur Paarberatung zu gehen, eventuell auch eine Therapie anzufangen. Ihr müsst der Sache auf den Grund gehen und herausfinden, wie es dazu kommen konnte und was es für Lösungen gibt. Auch da kenne ich jemanden, der euch helfen kann.«

Dann ging unser Flug nach Stuttgart zurück. Wir waren beide gut erholt und glücklich über diese gemeinsame, wertvolle Zeit. Die guten Gespräche hatten nicht nur unsere Freundschaft gefestigt, sondern auch mir etwas gebracht.

In der ruhigen und friedvollen Atmosphäre meines zweiten Zuhauses hatte ich nun immer klarer sehen können, wie wichtig es war, Freunde zu haben und füreinander da zu sein.

Der Termin bei der Psychologin stand fest. Für die Paartherapie musste Heike noch etwas Geduld haben und abwarten, ob ihr Mann überhaupt mitmachen würde.

Benjamin holte mich am Flughafen ab. Heike verabschiedete sich mit einer ganz festen Umarmung und fuhr nach Hause, wo Gregor auf sie wartete.

Kurs Richtung Selbstzerstörung

An der Theke gibt es meistens nur eine gute Seite, nämlich die, wo der Gast steht«, lautet ein Spruch. Der Alltag hatte mich wieder.

Die Leute kannte ich flüchtig, nur gelegentlich war ich in ihrer Kneipe gewesen. Dem Wirt sah man an, dass er kräftig trank, nicht nur wegen seines aufgedunsenen Gesichts, seines Stiernackens und des dicken Bauchs – durch verstärkten Alkoholkonsum verändert sich der Fettstoffwechsel, und Fette lagern sich im Gesicht und Rumpf ab, während Arme und Beine durch den Muskelabbau dünn bleiben. Wenn es nicht gerade früher Vormittag war, war er meist schon angetrunken. Seine Frau begann mit dem Trinken erst abends, aber auch sie passte sich zunehmend seinem Alkoholkonsum an. Ihr war auch eine stattliche Wampe gewachsen.

Bei ihnen Bier zu bekommen, war kein Problem. Es wurde von der Brauerei geliefert, mit der sie einen Vertrag hatten. Und wenn ein Gast irgendwann die großen Mengen nicht mehr schaffte, wurde ratzfatz zu den Kurzen gewechselt. Deshalb stritten sich die beiden immer wieder, wenn Weine oder Schnäpse ausgingen. Die zwei waren dennoch durchaus kontaktfreudig und hatten den Ruf eines lebenslustigen Ehepaares. Nur mit den Lebensmittelkontrolleuren hatten sie des Öfteren Probleme, denn mit den Hygienestandards nahmen es beide nicht so genau.

Ich verließ gerade die Wohnung eines Patienten, den ich zuvor ins Krankenhaus eingewiesen hatte, als die Leitstelle anrief: »Bewusstlose Person in der Badewanne«.

Auf dem Weg zum Einsatzort fiel mir ein, dass es der Kneipenwirt sein musste. Ich hatte mich nicht getäuscht, er war es. Da lag er in der Unterhose in der Badewanne und röchelte. Deutlich schlug uns seine Alkoholfahne entgegen, Seine Frau fuchtelte wie wild umher und brüllte: »Er ist total betrunken, aber der Idiot wollte unbedingt baden!«

Ich wunderte mich ein bisschen, dass er erst in der Wanne bewusstlos wurde und nicht schon vorher, denn es machte nicht den Anschein, als hätte er beim Baden weitergetrunken. Weder Schnaps noch Weinflaschen standen in der Nähe. Mein Team und ich machten uns sofort daran, den Mann herauszuheben und zu untersuchen, während die Frau weiter lauthals schimpfte und schrie, irgendwann würde sie diesen Suffkopf endgültig verlassen.

Siehe da, mein Instinkt hatte mich nicht getrogen: Seine Bewusstlosigkeit kam in dem Fall nicht vom Alkoholkonsum. Der Arme war im Unterzucker. Sobald wir ihm Glucose spritzten, öffnete er die Augen und sah uns an. Auch war er durchaus in der Lage, uns im Gespräch klare Antworten zu geben. Es war das erste Mal, dass ihm so etwas passiert war.

Mit Patienten, die im Unterzucker sind, habe ich regelmäßig zu tun. Einmal waren wir von einer Frau gerufen worden, die ihren Mann in einem Waldstück gefunden hatte, wo er eigentlich Holz spalten wollte. Sie war sauer, in der Annahme, dass ihr Gatte heimlich getrunken hatte, da er ziemlich verwirrt nur noch Wortfetzen von sich gab. Offensichtlich hatte er einen Diabetes entwickelt, wie der Wirt, den wir dann ins Krankenhaus brachten. So was kommt häufiger vor, und man muss aufpassen, nicht vorschnell die falsche Diagnose zu stellen.

Monate später erfuhr ich, dass die Gaststätte endgültig von den Lebensmittelkontrolleuren geschlossen worden war und bereits einen neuen Pächter hatte. Die Ehefrau hatte sich auch tatsächlich getrennt, etwas, das laut Studien bei einer sogenannten Co-Abhängigkeit nicht üblich ist. Ich freute mich für sie und hoffte, dass sie den Absprung aus dieser destruktiven Beziehung wirklich schaffen würde. Bald darauf war der ehemalige Wirt nach Holland gezogen, um dort erneut sein Glück zu versuchen.

Zwei Jahre später kehrte er wieder zurück. Seitdem war ich mehrmals als Notärztin gerufen worden, um ihn einzuweisen.

Der Mann war kaum mehr zu erkennen und in einem sichtbar erbärmlichen, verwahrlosten Zustand. Für mich sah er wie ein lebendes Skelett aus. Inzwischen hatte auch sein Gehirn unter dem stetigen Alkoholkonsum derart gelitten, dass er immer öfter fantasierte. Seine Nervenzellen waren als Folge des jahrelangen Alkoholmissbrauchs geschrumpft, was auch eine Demenz beschleunigt hatte. Eine empfohlene Entziehungskur lehnte er dennoch strikt ab mit den Worten: »Brauche ich nicht.« Gleich danach verlangte er dann wieder etwas zu trinken, um seinen riesigen Durst zu löschen.

Schrecklich, wenn man zusehen muss, wie sich Menschen selbst zerstören und nicht helfen lassen wollen. Ich kannte das aus meiner Vergangenheit, als ich in ganz jungen Jahren bei meinem damaligen Partner feststellte, dass er Drogen konsumierte. Später arbeitete ich in einer Kneipe, um mein Medizinstudium zu finanzieren. Dort wurde ich regelmäßig mit allen denkbaren Schicksalen konfrontiert. Alkohol konnte alles zerstören, Beruf, Familie, nicht zuletzt den eigenen Körper und so das ganze Leben, ganz abgesehen davon, dass Menschen mit einem Alkoholproblem eine wesentlich geringere Lebenserwartung haben.

Über dieses Thema hatte ich promoviert, und nicht zuletzt wegen meiner Erfahrungen interessiert es mich grundsätzlich, was Sucht aus Menschen macht und was es für die Angehörigen bedeutet. Häufig haben sie nur die Wahl zwischen Zusehen, Gehen oder Mitmachen.

In meiner Praxis hatte ich den einen oder anderen Patienten, der gern zu viel trank. Oft versuchte ich, mit ihnen zu reden, meist leider mit wenig Erfolg. Es ist verständlich, dass jemand, der allein und einsam ist, schneller zur Flasche greift und keinen Grund sieht, damit aufzuhören. Und man kann niemanden zwingen. Alkohol ist eine Volksdroge.

Mein Doktorvater hat vor vielen Jahren auf meine Frage, wo die Grenze zur Alkoholabhängigkeit zu ziehen ist, vereinfacht geantwortet: »Wenn ich regelmäßig in Maßen trinke und immer wieder Tage habe, an denen ich kein Bedürfnis nach Alkohol habe oder ihn völlig vergesse, bin ich nicht abhängig.«

Ich selbst freue mich auf einen guten Wein zum schmackhaften Essen, aber nicht jeden Tag. Einige Menschen trinken ursächlich, um Angst, Unsicherheit oder Depressivität zu unterdrücken. Andere, weil das Feierabendbier oder der Stammtisch zur Gewohnheit wurden. Oft ist der Übergang zur Abhängigkeit fließend und bleibt erst unbemerkt.

Bereits beim täglichen Konsum von etwa einem Glas Sekt – mehr als 12 Gramm Alkohol – bei Frauen und von etwas mehr als einem halben Liter Bier – circa 24 Gramm Alkohol – bei Männern sieht die Weltgesundheitsorganisation potenzielle Gesundheitsrisiken mit womöglich schädlichen Folgen.

Elvin Morton Jellinek, ein US-amerikanischer Physiologe und Erforscher der Alkoholkrankheit, hat fünf Trinkerkategorien definiert. Alpha-Trinker, auch Konflikt- oder Erleichterungstrinker genannt, nehmen hauptsächlich Alkohol zu sich, wenn unangenehme Gefühle in ihnen aufkommen, während Beta-Trinker es bei gesellschaftlichen Anlässen, zum Beispiel bei Geburtstagen oder im Freundeskreis, tun. Trinker des Gamma-Typs zeigen erst seelische, dann körperliche Abhängigkeit und steigern zunehmend ihre Toleranz, können dennoch eine Abstinenzphase erleben. Delta-Trinker oder sogenannte Spiegeltrinker fühlen sich ohne Alkohol nicht mehr gut und sind eher sozial auffällig. Beim Fehlen ihrer Droge treten häufig heftige Entzugserscheinungen auf. Epsilon-Trinker, auch Quartalstrinker genannt, können wochen- oder monatelang auf Alkohol verzichten, um dann ohne markanten Grund für unbestimmte Zeit wieder in eine Abhängigkeit zu verfallen. Während sich Alpha- und Beta-Trinker in einer Vorstufe der Alkoholkrankheit befinden, sind Gamma-, Delta- und Epsilon-Trinker alkoholkrank.

Es wurde bislang kein spezifisches Gen für die Abhängigkeit identifiziert, auch wenn man inzwischen weiß, dass bestimmte Genvarianten die Risiken einer Anfälligkeit für Alkohol erhöhen können. Bei Zwillingen kann dieses Risiko sogar bis zu 40 Prozent genetisch bedingt sein. Im Übrigen spielen andere Faktoren eine wichtige Rolle, ob im Umfeld Alkohol leicht verfügbar ist, ob vielleicht Gewalt, Angststörungen oder Depressionen die betroffene Person geprägt haben. Solche Umwelteinflüsse machen den weiteren, größten Teil einer Alkoholsucht aus.

Auch auf die Frage, ob Alkoholiker psychisch krank sind, gibt es keine klare Antwort. Während Alkoholmissbrauch zu psychischen Erkrankungen führen kann, können psychische Vorerkrankungen wie Depressionen, Angst- oder Persönlichkeitsstörungen wiederum zur Alkoholsucht führen.

Wichtig ist nur, sich rechtzeitig Hilfe zu holen. Heutzutage gibt es genügend niederschwellige Angebote, Sucht- oder Familienberatungsstellen und auch Selbsthilfegruppen, die fachlichen Rat erteilen und professionelle Hilfe anbieten.

Das Alibi

Walter hatte sich während meines Urlaubs nur einmal kurz gemeldet, um mir zu berichten, wie es ihm ging. Alles Weitere würde er mir dann erzählen, sobald ich zurück sei. Mit Blick in den Terminkalender sah ich, dass er heute gleich der zweite Patient in der Praxis war.

Wie immer kam er energisch zur Tür herein und setzte sich mit den Worten: »Gut, dass du wieder da bist, deine Patienten brauchen dich schließlich!« Das war mal wieder typisch Walter, keinerlei Mitgefühl mit uns arbeitenden Ärzten, geschweige denn mit mir. Dass auch ich einmal ein paar Tage frei bräuchte, war für ihn nicht begreiflich. Ich verkniff mir eine entsprechende Antwort und sah ihn an.

Mit den dunklen Ringen unter den Augen und den etwas eingefallenen Wangen wirkte sein Gesicht, trotz seiner stetigen Bräune, fahl und kraftlos. Seine bis vor Kurzem drahtige Figur war ausgemergelt und ausgezehrt. Auch die Sehnen an seinen Händen traten mehr hervor als sonst. Die Chemotherapie, die er Anfang Februar begonnen hatte, setzte ihm zu, das war nicht zu übersehen. Für den Anfang musste er ein halbes Jahr lang insgesamt zwölfmal zur Chemotherapie gehen und somit alle zwei Wochen ins Krankenhaus.

»Wie geht es dir, Walter?«, fragte ich.

»Den Umständen entsprechend. Die Klinikaufenthalte stecken mir ganz schön in den Knochen, Lisa. Aber die Chemo ist kein Problem. Nur das lange Warten dort nervt mich gewaltig. Als Privatpatient habe ich doch das Recht, bevorzugt behandelt zu werden. Trotzdem kostet es mich jedes Mal fast einen ganzen Tag dort. Kannst du da mal anrufen?«

»Ich kann es probieren, aber sie haben dort ihre Klinikabläufe, in die ich nicht eingreifen kann«, erklärte ich ihm. Er seufzte laut.

»Ach, vergiss es, als Jäger bin ich ja einiges gewohnt«, antwortete er und wollte gerade dazu ansetzen, mir von seinen stundenlangen

Sitzungen auf dem Hochstand zu erzählen. Da ich seine Ausführungen schon x-fach in epischer Breite gehört hatte, und mit Blick auf meinen vollen Terminkalender, unterbrach ich ihn und gab ihm diesmal keine Gelegenheit dazu.

»Wir müssen heute dein Blut kontrollieren. Wie ist es mit der Übelkeit? Vor allem, wie sieht es mit dem Essen aus?«, erkundigte ich mich weiter. »Isst du ausreichend? Du scheinst abgenommen zu haben.«

»Vielleicht ein bis zwei Kilo, aber meine Frau sorgt gut für mich. Täglich kommt alles frisch auf den Tisch. Else kümmert sich rührend um mich. Es ist mir schon fast zu viel, denn dadurch habe ich kaum noch die Möglichkeit, mich mit Judith zu treffen.«

»Ich dachte, du bist noch öfter beim Jagen?«

»Ja, sicher, darauf würde ich auch niemals verzichten.« Na ja, dachte ich, offensichtlich nicht mal Judith zuliebe. Auf der anderen Seite war ich froh, dass der Mann Freude am Leben hatte und seinem Hobby noch nachgehen konnte. Würde er sich aufgeben, dann könnte es ganz schnell mit ihm zu Ende gehen. Seine Befunde sahen nämlich nicht gut aus, und die Prognose war alles andere als beruhigend. Tatsächlich war er todkrank.

Vorsichtig versuchte ich, ihm zu erklären, wie wichtig es sei, grundsätzlich seine Dinge zu klären und eine Patientenverfügung aufzusetzen. Dabei bot ich ihm meine Hilfe an. Er schüttelte den Kopf.

»Du bist meine Hausärztin, da brauche ich so etwas nicht. Du wirst schon wissen, was zu machen ist.«

»Walter, das ist alles in Ordnung. Du kannst dich darauf verlassen, ich werde dich begleiten, auch bei deiner schweren Krankheit. Aber erstens bin ich nicht immer da, und was noch viel wichtiger ist, ich sollte genau wissen, was du willst, sonst kann ich womöglich sehr wichtige Dinge nicht für dich entscheiden.«

»Davon will ich nichts hören. Krank war ich nie, und auch jetzt werde ich das Ganze schnell überwinden. Schließlich gibt es ja genügend Medikamente, Therapien und gute Ärzte.« Beim letzten

Satz zwinkerte er mir zu und schaute mich verschmitzt an. »Außerdem muss ich dir das versprochene Wildschwein noch schießen. Glaub bloß nicht, dass ich das vergessen habe!« Ich schluckte, hoffentlich kam er jetzt nicht auf den Hasen zu sprechen. Es würde mir echt schwerfallen vorzutäuschen, wie sehr uns der Hasenbraten geschmeckt hat.

Ich griff schnell zu den Röhrchen für die Blutabnahme und bat ihn, seinen linken Arm frei zu machen. Er streifte den Ärmel seines Hemds hoch und war zum Glück abgelenkt. Blutabnehmen war nicht so seine Sache. Er sah leicht genervt zur Decke und stieß einen Seufzer aus.

»Bald kommt der Sommer, dann bist du erst mal fertig mit der Chemo«, sagte ich, um ihn ein bisschen aufzuheitern und trotzdem das Thema Krankheit nicht völlig aus den Augen zu verlieren. Er nickte und bat mich plötzlich um Unterstützung bei Judith.

»Mir ist gerade eine gute Idee gekommen. Ich könnte doch meiner Frau sagen, dass ich jede Woche einen langen Termin bei dir habe, und stattdessen treffe ich mich auf einen Kaffee mit Judith. Das wäre was!«

»Walter, das ist deine Entscheidung. Aber tatsächlich müsstest du in regelmäßigen Abständen herkommen, allein schon, um deine Werte kontrollieren zu lassen. Auch musst du regelmäßig ins CT, um den Befund zu überprüfen. Das heißt, du müsstest wirklich immer wieder bei mir vorbeischauen.«

»Ach, ich sage Else einfach, dass ich bei dir immer sehr lange warten muss und die Untersuchungen andauern. Zur Chemo geht sie immer mit, aber zu dir komme ich ja allein.«

Ich sah, wie er merklich aufblühte, und dachte, hoffentlich geht das gut und es kommt nicht alles raus. Ich würde jedenfalls keinen Ton verlauten lassen. Letztlich war es mir wichtig, dass Walter die Zeit, die ihm noch blieb, möglichst gut und schmerzfrei verbrachte, und dazu gehörte gewiss ein positives Umfeld.

Es war dringend nötig, mit Judith zu reden. Sie musste wissen, wie es um ihn stand. Zum Glück hatte ich sein Einverständnis dazu.

Es war eine schwierige Aufgabe für mich, aber ich musste unbedingt das Gespräch mit ihr führen, denn Walter würde es nicht tun. Ich nahm mir vor, sie möglichst bald anzurufen, um mich mit ihr zu treffen. Dann verabschiedete ich Walter, der sich schon wieder besser fühlte, da er merkte, dass ich ihn verstand und unterstützen würde. Und so war es auch.

Natürlich war ich im Zwiespalt. Vor allem Judith, aber auch Walters Ehefrau Else hatten mein Mitgefühl. In Wirklichkeit tat mir Walter selbst auch sehr leid. Wahrscheinlich hatte er nur noch ein paar Monate zu leben. So genau konnte das niemand sagen.

Umso wichtiger war es, ihm die restliche Zeit so einfach wie möglich zu machen, und ich wollte meinen Teil dazu beitragen. Nach über dreißig Jahren seiner heimlichen Beziehung zu Judith wäre jetzt eine Änderung der Situation nicht mehr sinnvoll. Vermutlich würden alle Beteiligten nur leiden. Die Zeit sollte man besser nutzen.

Walter war gegangen, und ich holte die nächste Patientin herein. Es war eine junge Frau, die über Müdigkeit, Gewichtszunahme und leichten Haarausfall geklagt hatte. Beim letzten Mal hatte ich ihr deshalb Blut abgenommen. Jetzt war sie gekommen, damit ich mit ihr die Werte und die eventuell daraus folgende Therapie besprechen konnte. Immer noch fühlte sie sich antriebslos und schwach.

Ihr Blutbild war völlig in Ordnung, bis auf die Schilddrüsen- und Vitaminwerte. Sie hatte eindeutig eine Unterfunktion sowie einen Vitaminmangel. Ich besprach beides ausführlich mit ihr und verschrieb ihr erst ein Medikament für die Schilddrüse, hoffend, dass sich ihre Beschwerden dadurch verbessern würden, und mit der Anmerkung, dass sie aber zur Kontrolle kommen müsse.

Der Vitaminmangel ließ sich auch leicht erklären. Ihr Freund war Veganer. Sie aß zwar gelegentlich Fleisch, doch hatte sie sich seinen Essgewohnheiten angepasst und gar nicht gemerkt, dass ihre Ernährung nicht mehr ausgewogen war. Deshalb unterhielten wir uns noch ein bisschen über das Thema Ernährung, dann ging sie zur Vorlesung, um nicht den ganzen Vormittag zu verpassen.

Die nächste Patientin war neu, eine ältere Frau, sehr ruhig und zurückhaltend. Eigentlich wollte sie nur schnell eine Krankmeldung für ihre Arbeitsstelle bei der Post. Corinne hatte sie zu mir reingeschickt.

Man sah ihr an, dass sie sich viel an der frischen Luft aufhielt. Ihr Gesicht hatte einen beige-roten Schimmer, und sie hatte für ihr Alter unverhältnismäßig viele Falten. Auch die Hände sahen aus, als hätten sie nie im Schoß gelegen. Ich musterte sie etwas nachdenklich, denn sie wollte keine Untersuchung, klagte nur über Kopfschmerzen und bat um eine Krankmeldung für den heutigen Tag und wenn möglich eine Kopfschmerztablette. Zumindest wollte ich ausschließen, dass sie einen hohen Blutdruck hatte und die Schmerzen daher kamen, das versuchte ich ihr zu erklären. Durch die kurze Anamnese konnte ich einen Sturz und neurologische Symptome ausschließen. Tatsächlich hatte die Patientin einen viel zu hohen Blutdruck, und das offensichtlich nicht erst seit gestern. Dann begann sie doch noch von sich zu erzählen.

Die Frau war alleinerziehend, der Vater ihrer drei Kinder hatte sie früh sitzen lassen. Da sie unverheiratet war, zahlte er für die Kinder auch nur den Mindestunterhalt. Deshalb hatte sie sich, wie sie berichtete, ein Leben lang durchgekämpft. Erst jahrelang mit Zeitungen austragen, danach startete sie mehrere erfolglose Versuche als Kioskbesitzerin. Immer wieder musste sie den Kiosk wegen Konkurs schließen. Jetzt arbeitete sie seit einigen Jahren bei der Post. Krank war sie nie gewesen, und zum Arzt war sie auch höchst selten gegangen. Bei einer Vorsorgeuntersuchung war sie auch nie gewesen.

Die Erfahrung, dass manche Menschen erst einen Arzt aufsuchen, wenn es ihnen richtig schlecht geht, war für mich als Ärztin nichts Neues. Walter vertrat gebührend die 70 Prozent aller Arztmuffel in Deutschland, die die Statistik ausweist.

Aber oft stelle ich außerdem fest, dass viele die für ihre Altersstufe vorgesehene medizinische Vorsorgeuntersuchung nicht wahrnehmen. Laut Studien sind es bei Männern fast 50 Prozent und bei

Frauen circa 35 Prozent. Während die meisten dabei angeben, dass sie gar nicht von diesem Angebot wussten oder nur vergessen hatten, einen Termin zu machen, erklärten über elf Prozent, aus Angst vor einer schlimmen Diagnose bewusst darauf verzichtet zu haben.

Fakt ist, dass zahlreiche gesundheitliche Gefahren durch Prävention vermieden werden könnten. Bei scheinbar fitten und beschwerdefreien Personen trägt eine Früherkennung – auch wenn sie nicht zu 100 Prozent treffsicher ist – dazu bei, Vorstufen einer Krankheit zu erkennen und womöglich rechtzeitig die richtige und oft lebensrettende Behandlung einzuleiten. Wer einen Arztbesuch aufschiebt oder sich nie untersuchen lässt, erhöht dadurch das Risiko möglicher Komplikationen. Werden zum Beispiel infektiöse Krankheiten nicht behandelt, können sich Erreger gefährlich ausbreiten und zu einer Blutvergiftung führen.

Weiterhin recherchieren manche Menschen bei Beschwerden im Internet. Wenn dies zu ihrer möglichen Aufklärung vor einem Arztbesuch dient, ist es auch in Ordnung. Doch Mediziner sind und bleiben die zuverlässigste Anlaufstelle. Neben dem Impfstatus und Herz-Kreislauf Erkrankungen können bei einem frühzeitigen Check-up auch Diabetes und bestimmte Krebserkrankungen, wie zum Beispiel Brust- und Gebärmutterhalskrebs, Prostatakrebs sowie Darm- und Hautkrebs, erkannt werden. Deshalb lohnt es sich auf jeden Fall, das vorhandene Angebot für Vorsorge und Früherkennung wahrzunehmen.

Hoffentlich würde es mir also gelingen, meine neue Patientin davon zu überzeugen, sich richtig untersuchen zu lassen, dachte ich. Den Blutdruck konnte man auf keinen Fall so lassen. Da half auch keine Krankmeldung oder Kopfschmerztablette.

Ich gab ihr ein blutdrucksenkendes Medikament und überredete sie zum EKG. Zwischendurch fiel mir ein, dass ich nicht vergessen durfte, Judith anzurufen.

Das EKG der Frau war unauffällig. Sie bekam ein Rezept, und ich bat sie, am nächsten Tag noch mal zu kommen, um den Blutdruck erneut kontrollieren zu lassen. Als ich am Abend endlich fertig war, rief ich Judith an. Wir verabredeten uns für den nächsten Abend zum Essen.

Früh am Morgen tauchte meine neue Patientin tatsächlich wieder auf. Ich nahm mir erneut Zeit, um ausführlich mit ihr zu reden, riet ihr zur Krebsvorsorge und zum Termin beim Kardiologen und vereinbarte einen weiteren Kontrolltermin nach zwei Wochen. Sie versprach mir, die Medikamente zu nehmen, sich ein Messgerät zu besorgen und die Blutdruckwerte zu dokumentieren. Eine 24-Stunden-Blutdruckmessung lehnte sie ab. Sie meinte, es würde sie bei ihrer Arbeit behindern, und dann kämen falsche Werte heraus, weil sie sich nicht ausruhen könnte. Diese Ansicht kannte ich bereits von anderen Patienten, die ihren Blutdruck am liebsten messen wollten, wenn sie freihatten, oder am Wochenende und wenn sie die Füße hochlegen konnten. Dabei sollten die Werte den Alltag widerspiegeln und nicht nur die Ruhephasen. Das erklärte ich ihr, doch sie blieb beharrlich und lehnte die Kontrollmessungen weiterhin ab. Mit ihrem Versprechen, die Werte zu protokollieren und mir das nächste Mal mitzubringen und auch zur Vorsorgeuntersuchung zum Frauenarzt zu gehen, musste ich mich schließlich zufriedengeben.

Während ich einen Patienten nach dem anderen in der Praxis behandelte und noch mehrere Hausbesuche machte, verflog der Tag wie im Nu. Nicht einmal zum Mittagessen reichte es. Am Abend war ich hungrig und machte mich auf den Weg zum Centrale, einer italienischen Kneipe bei mir um die Ecke.

Das bevorstehende Gespräch mit Judith ließ mich gedankenversunken die Treppen hinabgehen, die am Gericht und der Justizanstalt vorbeiführten. Es war schon dunkel und schlecht beleuchtet. Auf einer der Stufen kauerte fast unsichtbar eine Gestalt. Eine Flasche Wein stand vor ihr. Ich überlegte kurz, ob ich einen Umweg nehmen sollte, aber aus Zeitgründen entschied ich mich, meinen Weg fortzusetzen. Da erkannte ich ihn. Es war ein Obdachloser, den ich schon öfter als Notärztin schwer alkoholisiert in die Klinik hatte einliefern müssen. Einmal lag er sogar hinter der Stiftskirche auf einer Bank und wäre fast erfroren. Diesmal schien er noch nicht so betrunken zu sein, denn er grüßte mich fröhlich und sprach mich an.

»Hallo, Frau Doktor! Sie haben mir schon mehrmals das Leben gerettet. Können Sie mich heute vielleicht wieder retten?« Ich lächelte zurück und fragte mich gerade, was er damit meinte, als er fortfuhr. »Ich bräuchte noch einen kleinen Zuschuss zum Abendessen und Trinken, damit wäre es für heute getan.« Ich grinste und drückte ihm zwanzig Euro in die Hand, das würde ihm auf jeden Fall für den Wein reichen. Zum Essen bot ich ihm eine Pizza aus der Kneipe an. Ich würde sie für ihn bestellen und sie ihm bringen, es war ja nur zwei Minuten entfernt. Das lehnte er aber dankend ab und meinte, er würde nachher lieber ins X gehen, einen stadtbekannten Imbiss, und sich dort mit Pommes und Currywurst eindecken. Alkohol bekäme er dort auch gleich.

»Na dann, alles Gute, und so schnell will ich Sie nicht mehr retten müssen«, verabschiedete ich mich, wobei ich mich da in erster Linie auf die Notarzteinsätze bezog.

Er lachte aus vollem Hals und winkte mir hinterher. Beschwingt lief ich weiter, doch das anstehende Treffen mit Judith ließ meine Hochstimmung im Nu wieder verfliegen.

Leben ist eine prima Alternative

Als ich das Lokal betrat, sah ich Judith, ein Glas Rotwein vor sich, auf einer gemütlichen Lederbank und die Speisekarte in der Hand.

Ich entschuldigte mich für die Verspätung und erzählte ihr beim Ausziehen der Jacke von meiner kurzen Begegnung mit dem Obdachlosen. Voller Mitgefühl hörte sie mir zu und lächelte sanft, als ich ihr grinsend von meiner kleinen guten Tat erzählte. Auch sie hatte ein Herz für die Menschen in unserer Gesellschaft, die das Schicksal nicht verschonte und die sich von Tag zu Tag teilweise unter schwierigsten Bedingungen durchkämpften. Nicht selten prägten erschütternde Erlebnisse das Leben dieser Menschen. Fragte man genau nach, erfuhr man oft von der einen oder anderen tragischen Geschichte, die ihr Leben durcheinandergewirbelt hatte.

Ich setzte mich, bestellte ebenfalls ein Glas Rotwein und warf schnell einen Blick in die Speisekarte. Um uns herum herrschte eine lebhafte Stimmung. Das Lokal war voll besetzt. Wir entschieden uns beide für Spaghetti aglio e olio.

Nachdem der Kellner unsere Bestellung aufgenommen hatte, fragte ich Judith, wie es ihr ginge. Sie hob den Blick und sah mich traurig lächelnd an.

»Um ehrlich zu sein, nicht so prickelnd«, antwortete sie leise. »Du kannst dir gar nicht vorstellen, was ich in letzter Zeit durchmache. Walter meldet sich zwar immer noch fast täglich bei mir, aber seit seiner Operation, also seit Wochen, haben wir uns beide kein einziges Mal mehr gesehen. Ich müsse mich noch ein bisschen gedulden, tröstet er mich immer wieder am Telefon. Mittlerweile mache ich mir aber richtig Sorgen. Geht es ihm denn so schlecht, und sieht er so furchtbar aus, dass ich ihn nicht zu Gesicht bekommen darf? Ich spüre doch, dass alles ernster sein könnte, als er behauptet. Soviel ich weiß, dauert seine Chemotherapie mindestens bis Ende Juli. Danach werden sicher noch Monate vergehen, bis er sich erholt hat. Ich weiß nicht, wie ich diese Zeit durchhalten soll, Lisa, wie soll es bloß weitergehen? Ich sitze da und vermisse den Mann so sehr. Dieser Zustand macht mich echt verrückt.« Sie stieß einen tiefen Seufzer aus. »Vielleicht werde ich doch diese Therapeutin aufsuchen müssen, die du mir mal empfohlen hast.«

»Warst du noch nicht da?«, fragte ich. Sie schüttelte den Kopf.

»Nein, ich hatte mir das alles ein bisschen anders vorgestellt und dachte, das wäre nicht notwendig. Aber langsam …«

Ich konnte meine Freundin absolut verstehen. In dem Moment wurde es mir noch schwerer ums Herz. Es machte mich traurig, ihr heute keine besseren Nachrichten überbringen zu können. Das, was ich ihr zu sagen hatte, würde sie noch mehr herunterziehen, das wusste ich, und weder als Ärztin noch als Freundin konnte ich ihr den großen Kummer ersparen.

»Ist es wirklich so ernst, Lisa, oder täusche ich mich nur?«, fragte sie und sah mich hoffnungsvoll an. Kurz ging mir durch den Kopf, dass Walter eine ganz schlechte Prognose hatte. Aber tatsächlich hatte ich auch schon Wunder erlebt. Deshalb war es mir wichtig, ihr diesen Funken Hoffnung nicht zu nehmen. »Glaubst du, dass Walter wieder gesund wird?«, fuhr sie fort. Ich suchte nach den richtigen Worten.

»Keiner vermag zu sagen, wie lange er noch zu leben hat, Judith, auch ich nicht, leider. Ich kenne nur seine Befunde, also die Fakten, und sehe, wie schwer seine Erkrankung tatsächlich ist. Natürlich darf man die Hoffnung nicht aufgeben, aber du bist meine Freundin, und ich habe ihm versprochen, offen mit dir zu reden.«

»Warum tut er das nicht selbst?«

»Es fällt Walter unglaublich schwer, sich einzugestehen, dass er schwer krank ist, glaube ich. Bisher war er immer ein gesunder, selbstbewusster, starker Mann. Krankheit bedeutet für ihn vermutlich Versagen und Schwäche. Damit muss er sich erst mal auseinandersetzen. Gib ihm bitte etwas Zeit, es ist für ihn schwer genug.«

»Ihm Zeit geben, wenn niemand weiß, wie viel er davon noch hat«, kommentierte sie leise, eher für sich.

»Dazu kommt, dass er die Chemotherapie nicht immer gut verträgt. In dem Fall will er dich davor bewahren, dass du ihn in so einem Zustand siehst«, fügte ich hinzu.

Sie wollte gerade etwas sagen, als die Bedienung unsere Speisen brachte. Auch unsere Weingläser ließen wir gleich nochmals füllen. Judith trank einen Schluck, während ich vorsichtig begann, ihr die ganze Tragweite von Walters Erkrankung zu erklären. Anfangs hörte sie mir sehr aufmerksam zu, doch irgendwann blickte sie wie abwesend mit leerem Blick in den Raum und nickte nur, sie wirkte ziemlich gefasst. Ihr war jetzt klar geworden, dass die Tage von Walter mit hoher Wahrscheinlichkeit gezählt waren. Ich legte den Arm um sie und versuchte ihr zu zeigen, dass ich für sie da sein würde, egal, was auf sie zukommt. Traurig schüttelte sie den Kopf.

»Über dreißig Jahre meines Lebens, und jetzt das. Furchtbar. Wofür habe ich denn durchgehalten, frage ich mich. Immer nur die Zweite zu sein, das hat schon sehr an meinem Selbstbewusstsein gekratzt und mich oft in ein tiefes Loch fallen lassen. Und dazu diese vielen einsamen Tage. Weißt du, Lisa, manchmal war es so schrecklich, allein zu sein, nie genau zu wissen, ob nicht irgendwann alles rauskommt und dadurch dann endgültig vorbei ist.« Ich streichelte ihr sanft den Rücken und ließ sie reden. Es war gut, dass sie über ihre Gefühle so reden konnte. Ihr zuzuhören gab ihr das Gefühl, mit ihren Problemen nicht allein gelassen zu werden. Auch eine Art Therapie …

»Ich habe mich ausschließlich nach ihm gerichtet, mit allem, was ich getan habe, mein halbes Leben lang. Wegen ihm bin ich auch hier in Tübingen geblieben, obwohl ich eigentlich viel lieber in einer Großstadt gelebt hätte. Schon öfter habe ich mit dem Gedanken gespielt, Tübingen zu verlassen, es gab schon Tage, an denen ich insgeheim dachte, das war sicherlich ein Fehler, bei ihm zu bleiben. Aber dann erlebte ich wieder so wunderschöne Momente der Zweisamkeit mit ihm. Auch hat er mich mit meinen Fällen in der Kanzlei nie im Stich gelassen und war immer mit Rat und Tat da, wenn es darauf ankam und ich ihn gebraucht habe. Das alles ließ mich meinen Kummer schnell vergessen, und ich kann mir gar nicht vorstellen, wie ich das allein hinkriegen soll. Und die Tatsache, dass dich jemand jeden Morgen und jeden Abend anruft und sich nach dir erkundigt, ist etwas, das ich dir nicht beschreiben kann. Es fühlt sich an, als wäre ich nicht allein, obwohl ich es letztlich doch bin. Es kam aber auch nie der richtige Zeitpunkt, um über meine Sehnsüchte und Bedürfnisse zu sprechen. Und wenn, habe ich es dann vielleicht verdrängt, aus Angst, dass er mich verlässt.« Ihre Augen wurden leicht glasig, sie räusperte sich. »Nicht mal ein Kind habe ich mit ihm. Er wollte keins mehr und sagte immer: ›Meine zwei reichen mir. Außerdem würde es nur unsere harmonischen Stunden zu zweit stören, und du wärst die meiste Zeit alleinerziehend.‹ Natürlich war das auch meine eigene Entscheidung, das habe ich alles akzeptiert, mein Beruf hat mir den Ausgleich gebracht. Doch jetzt merke ich, was mir fehlt, ganz besonders, wenn Walter nicht mehr da sein wird.« Sie sah mich eindringlich an. »Du hast vier Kinder, du kannst gar nicht nachempfinden, wie es ist, keine zu haben.«

Was sollte ich darauf antworten? Natürlich hatte Judith recht, und ich würde niemals auf auch nur eines meiner Kinder verzichten wollen. Unsere beiden Leben mit all ihren Herausforderungen waren sowieso nicht vergleichbar. Sie war als Einzelkind in einem Geschäftshaushalt aufgewachsen, in dem Leistung und finanzieller Erfolg großgeschrieben wurden. Ihre Eltern finanzierten ihr das Studium, und erst als fertige Anwältin mit eigener Kanzlei – von den Eltern finanziert – verließ Judith das Elternhaus. Aus ihren Erzählungen konnte man schließen, dass Walter viel von ihrem Vater hatte. Sie war bereits dreißig, als er in hohem Alter starb.

Ich wuchs mit vier Brüdern auf, meine Eltern waren beide Akademiker. Damals war alles nicht so einfach für mich. Jahrelang belastete der plötzliche Tod meines abgöttisch geliebten Vaters (er war wegen eines ärztlichen Kunstfehlers gestorben) meine Seele und warf mich im Alter von elf Jahren völlig aus der Bahn. Meine vierzigjährige Mutter zog ihre fünf Kinder dann allein auf.

Hätte ich nicht meine geliebte Bücherwelt gehabt, und wäre es nicht mein großer Traum gewesen, Ärztin zu werden, dann wäre ich womöglich diejenige gewesen, die oben auf der Treppenstufe anstelle des Obdachlosen gesessen hätte.

Um der Trauer und meiner einengenden, strengen christlichen Erziehung zu entfliehen, brach ich nach zweimaligem Sitzenbleiben in der Mitte der neunten Klasse die Schule ab. Neugierig und hungrig auf Freiheit, ohne Schulabschluss und kurzfristig ohne Wohnsitz, völlig naiv, unerfahren und unvorbereitet auf das Leben, das ich vor allem aus Büchern kannte, wechselte ich übergangslos von der Puppe zum eigenen Kind.

Mit siebzehn Jahren das erste Baby zu erwarten und mit neunzehn bereits das zweite zu bekommen, brachte enorm viel Verzicht und Überforderung mit sich. Als ich mich unvermittelt danach vom Vater der beiden Kinder trennte, nachdem ich dahinterkam, dass er harte Drogen nahm, war mir noch nicht klar, wie ich jemals aus diesem Sumpf herauskommen würde. Für mich war die Idee einer intakten, heilen Familie völlig gescheitert und somit auch ich.

In dieser Phase meines Lebens war ich selbst völlig in den Hintergrund geraten, doch meinen Traum vom Medizinstudium hatte ich nie vergessen. Schließlich zog ich alles durch. Während ich in einer Kneipe arbeitete und in der Klinik in der Urologie Nachtwachen machte, besuchte ich das Abendgymnasium, bekam mein drittes Kind und holte mit dreißig Jahren das Abitur nach. Anschließend studierte ich Medizin, bekam mein viertes Kind, schloss mit siebenunddreißig und fertiger Promotion das Studium ab und begann als Ärztin in der Klinik.

Aber all das spielte jetzt keine Rolle und half Judith in ihrer Situation auch nicht weiter. Denn eins war klar: Nichts im Leben war umsonst oder fiel einem einfach in den Schoß, und alles hatte letztendlich eine Kehrseite. Judith war eine erfolgreiche Anwältin geworden und hatte sich bewusst für ein Schattenleben an Walters Seite entschieden. Sicher ein hoher Preis, den sie dafür zahlen musste. Doch trotz all des Leids, das sie momentan empfand, gab es eine Zukunft für sie, da konnte noch einiges passieren. Und ein paar gute Freundinnen standen ihr zur Seite, wie ich zum Beispiel.

Der richtige Moment war nun gekommen, um unser Gespräch in eine positivere Richtung zu lenken, statt weiter über düstere Aussichten zu spekulieren. Ich erzählte ihr von Walters Vorschlag, was ihre künftigen Treffen anging.

Als sie hörte, dass er selbst auf die Idee gekommen war, einige Praxisbesuche als Alibi zu nutzen, um sie öfter zu sehen, zuckte sie hoch und riss die Augen auf.

»Das hat er vorgeschlagen?«, wiederholte sie und strahlte über das ganze Gesicht. »Und du hättest wirklich nichts dagegen?«

»Nicht im Geringsten. Du fehlst ihm, und ich bin mir sicher, du wirst ihm guttun. Nutzt beide die Zeit, die ihr noch habt.« Das meinte ich so, wie ich es sagte, und ich war gottfroh, dass Walters Ehefrau nicht auch noch meine Patientin oder Freundin war.

Vor lauter Reden hatten wir kaum das Essen angerührt. Unsere Spaghetti waren inzwischen kalt, doch aßen wir sie jetzt trotzdem mit Appetit. Obwohl ich ahnte, wie schwer alles für sie sein musste, schien Judith gelöster zu sein. Eine Spannung war von ihr abgefallen. Wenigstens hatte ich ihr einen kleinen Lichtblick in ihrer dunklen Lebensphase schenken können.

Wir sprachen noch eine Weile über die Zukunft. Sie erzählte mir, wie sie heimlich davon träumte, einmal eine Weltreise zu machen und Länder wie Costa Rica oder Kuba zu besuchen, die sie nur von Bildern und aus Büchern kannte. Jahr für Jahr hatte sie diese Pläne auf später verschoben, Walters wegen. Später, wann ist das genau?, fragte ich mich. Kurz wurde mir wieder bewusst, wie wichtig es ist, seine Träume zu leben. Weil »später« manchmal nie kommt, wartet man oft zu lange damit. Ich behielt den Gedanken aber für mich. Die Erfüllung all dieser Träume lag womöglich noch vor Judith, und ich wünschte ihr von Herzen, dass sie ihr Leben eines Tages voll und ganz genießen würde, ohne weiterhin für andere zurückzustecken. Zuvor würde allerdings noch eine schwere, traurige Strecke vor ihr liegen. »Es muss wunderschön sein, irgendwann werde ich es sehen.« Mit diesen Worten verabschiedete sie sich von mir, nahm mich in den Arm und sagte noch: »Ich bin so froh, dass es dich gibt.«

Ich drückte sie fest und stapfte die Stufen hoch zurück nach Hause. Alles war dunkel. Der Mann auf der Treppe hatte den Zwanziger sicherlich bereits in Wein verwandelt und schlief seinen Rausch auf einer Bank oder in einer Einfahrt aus.

Müde und erleichtert ging ich ins Bett. Müde, weil der Tag unendlich lang war. Erleichtert, weil ich mit Judith geredet hatte.

Leben im Paradies

Sie war die einundfünfzigjährige Ehefrau eines Unternehmers, überall beliebt und engagiert, wenn es um ältere Menschen ging. Ihr Kind war inzwischen erwachsen, und der Mann verbrachte viel Zeit in seinem Betrieb. Renate Müller wurde von vielen beneidet, ein Traumhaus, eine Traumfamilie, ein tolles, gut erzogenes, erfolgreiches Kind und ein goldiges Enkelkind dazu. Gelegentlich kam sie in der Praxis vorbei, um sich ein Rezept zu holen, wenn ihr Hausarzt im Urlaub war.

Sie hatte außer einer Unterfunktion der Schilddrüse bisher keinerlei Erkrankungen, die mir bekannt waren. An diesem Morgen aber klagte sie über zunehmende Schlaflosigkeit und Hitzewallungen. Manchmal wachte sie nachts mit Herzrasen auf. Aber wie sie sagte, alles kein Problem, damit käme sie schon klar. Scheinbar kam sie in die Wechseljahre, die manchen Frauen sehr zu schaffen machten.

Ich wusste, dass sie ein Mensch war, der über alles hinweglächelte. Ihre Welt war immer bezaubernd und fröhlich. Probleme gab es so gut wie keine, alles paletti, wie sie zu sagen pflegte. Manchmal begegnete ich ihr auf Veranstaltungen wie Lesungen oder Konzerten, oder ich sah sie vor einer Altstadtkneipe sitzen. Ich erkannte sie sofort an ihren langen roten Haaren. Sie schien immer bester Laune zu sein. Meist hatte sie einen Aperol Spritz vor sich stehen, offensichtlich ihr Lieblingsgetränk, auch wenn es erst mittags war. Wieder einmal saß sie auf dem Marktplatz, ins Gespräch vertieft mit zwei Freundinnen, als ich an ihr vorüberging, um noch schnell etwas in der Apotheke zu holen. Als sie mich sah, winkte sie mir zu und sagte: »Ich muss dringend zu Ihnen kommen.« Ich antwortete, sie solle bitte am nächsten Tag um 18 Uhr vorbeikommen, da ich den Terminkalender für den nächsten Tag ziemlich genau im Kopf hatte. Tatsächlich erschien sie Punkt 18 Uhr in der Praxis.

»Ich muss mich unbedingt mal durchchecken lassen. Nachts wache ich immer wieder auf und habe das Gefühl, mir schnürt es den Hals zu, und mein Herz rast wie wild. Auch stehe ich nachts regelmäßig auf, setze mich ins Wohnzimmer vor den Fernseher und schaue stundenlang irgendwelche Serien an. Morgens komme ich nicht vor zehn Uhr aus dem Bett. Hätte ich meinen Pudel nicht und müsste mit ihm raus, dann würde ich wahrscheinlich bis um zwölf liegen bleiben.«

Ihren Pudel hatte ich genau vor Augen. Das Tier war am Körper ziemlich kahl geschoren, sie ließ ihm in regelmäßigen Abständen die für diese Hunderasse typische Bommel-Frisur verpassen.

Neulich war mir aufgefallen, dass sie Schürfwunden an den Knien hatte. Sie hatte erzählt, ihr Hund habe so stark an der Leine gezogen, dass sie ausgerutscht und mit den Knien auf eine Treppe gefallen sei. Bei der Gelegenheit hatte ich ihr auch Blut abgenommen. Es war alles in Ordnung. Deshalb machte ich dieses Mal nur ein EKG und maß den Blutdruck. Alle Werte waren völlig normal, auch im Blut, bis auf die Leberwerte, die allerdings nur geringfügig erhöht waren. Die Sonografie der Leber zeigte keine Auffälligkeiten.

Ich erklärte ihr alle Befunde und merkte nebenbei, dass ihre Hände leicht zitterten. Ihr Puls schlug etwas schneller als gewöhnlich. Mit dem gestrigen Bild des Aperol Spritz vor Augen versuchte ich herauszufinden, wie viel sie denn tatsächlich trank. Denn auch die leicht erhöhten Leberwerte ließen darauf schließen, dass die Frau regelmäßig Alkohol konsumierte.

Es war schwierig, das Thema anzusprechen. Jedes Mal, wenn ich es versuchte, lenkte sie sofort ab. Ich blieb trotzdem beharrlich.

»Sie sind ja hergekommen, damit ich Ihnen helfen kann. Das kann ich nur, wenn Sie mir genau sagen, was los ist, und wir offen miteinander reden können.« Sie schien kurz zu überlegen.

»Ich habe mein Leben weggeschmissen und vergeudet«, sagte sie dann. »Wegen der Geburt meines Sohnes habe ich meinen Beruf als Tanzlehrerin aufgeben müssen. Anton war ein unglaublich schwieriges Kind, und später in der Schule wurde das leider nicht besser.

Wegen ihm gab es zwischen meinem Mann und mir oft ernsthafte Probleme. Mein Mann kam immer spätabends vom Malerbetrieb nach Hause und erwartete, dass daheim alles in Ordnung war. Klar hat er uns finanziell immer gut versorgt, er selbst war immer so ehrgeizig und zielstrebig, doch unsere Probleme interessierten ihn nicht wirklich. Er wollte nur eins, dass sein Sohn eines Tages den Betrieb übernahm. Darauf sollte ich den Buben trimmen und seine schulischen Leistungen verbessern, egal, was es koste. Dass unser Anton eher nach mir kommt und Musik liebt, spielte für meinen Mann natürlich keine Rolle. Am liebsten hätte Anton Musik studiert, in einem Orchester gespielt und wäre Geiger geworden. Er hat aber den Meister gemacht, wie von ihm erwartet. Mein Mann war dann zufrieden und gab endlich Ruhe. Ich wiederum komme mir die ganze Zeit als Versagerin und Verräterin vor. Mein Junge hat seine Träume aufgegeben, und jetzt streicht er nicht mehr über die Saiten seiner Violine, sondern jeden Tag blöde Wände.« Diese Zustände hatten die Frau offenbar unheimlich viel Lebenskraft, Energie und Zeit gekostet, sie hatten sie wohl auch im Lauf der Jahre in eine tiefe seelische Krise gestürzt. Ich fand es bitter und traurig zugleich, dass es so weit gekommen war.

»Unser Sohn ist jetzt ausgezogen, hat eine eigene Familie gegründet, und ja, ich habe ein goldiges Enkelkind«, fuhr sie fort.

»Doch ich spüre immer noch, dass mir was fehlt, die Musik, das Tanzen, alles, worauf ich damals verzichtet habe. Wenn ich meinen Mann darauf anspreche, schlägt er immer vor, dass ich ihm im Betrieb helfen soll. Er versteht nicht, wie ich unzufrieden sein kann, hat er doch sein Leben lang nur für mich und das Kind geschuftet, wie er sagt. Und jede Nacht fängt bei mir das schlimme Gedankenkarussell wieder von vorn an, und ich weiß keine Lösung. Jetzt sitze ich da und frage mich, wie es bloß weitergehen soll.«

»Wachen Sie jede Nacht auf? Und wie lange sind Sie wach?«

»Wenn ich eine Schlaftablette genommen habe, kann ich gut weiterschlafen. Aber am besten geht es, wenn ich ein paar Gläschen Wein getrunken habe. Das brauche ich. Abgesehen davon, dass ich diese ganzen Schlafstörungen habe, kommt jetzt auch noch die Angst dazu.«

»Wovor haben Sie denn Angst?«

»In letzter Zeit habe ich Angst, einen Herzinfarkt zu bekommen. Deshalb versuche ich, mich nicht zu sehr anzustrengen und, so gut es geht, zu schonen. Ich treibe keinen Sport und gehe nicht mehr joggen wie früher. Außerdem befürchte ich, dass mein Körper nicht mehr lange mitmacht, wenn ich immer so wenig schlafe.«

Ihre Schilderungen erinnerten mich an einen anderen Patienten. Der junge Mann war Mitte dreißig und nach seinem berufsbedingten Umzug nach Tübingen eines Tages bei mir in der Praxis erschienen, auf der Suche nach einem neuen Hausarzt und Psychotherapeuten.

Gleich im Lauf unseres ersten Gespräches erwähnte er eine Herzneurose, auch Kardiophobie oder Da-Costa-Syndrom genannt, die zuvor bei ihm entdeckt worden war und mithilfe einer Verhaltenstherapie weiterhin behandelt werden musste. Gott sei Dank war diese Erkrankung früh genug bei ihm diagnostiziert worden, bevor sie chronisch werden konnte. Aufgrund der Diskrepanz zwischen körperlichen Beschwerden und tatsächlicher Ursache können Ärzte oft lange im Dunkeln tappen, bevor sie die richtige Diagnose stellen.

Die Betroffenen – meistens sind es Männer zwischen achtzehn und vierzig Jahren – haben das Gefühl, kurz vor einem Herzinfarkt zu stehen. Obwohl ihr Herz organisch kerngesund ist, zeigen sie wiederholt entsprechende Symptome, wie unter anderem Stechen oder ein Engegefühl in der Brust mit Ausstrahlung in den linken Arm, erhöhten Puls, Herzklopfen, Schlafstörungen, Hyperventilation, Zittern oder Schwindel. Diese Beschwerden fühlen sich so real an, dass sie dem Betroffenen richtig Angst machen, eine Angst, die schließlich in Panik bis hin zur Todesangst enden kann, sobald sie auftreten.

Tatsächlich sind die körperlich spürbaren Beschwerden aber seelisch bedingt, also psychosomatischen Ursprungs. Die Auslösung einer Angststörung dieser Art kann verschiedene Ursachen haben. Wurde die betroffene Person in der Kindheit schwer vernachlässigt oder ganz im Gegenteil von den Eltern zu sehr behütet, oder litt jemand im nahen Umfeld selbst unter Herzproblemen, besteht ein erhöhtes Risiko, diese Symptome ebenfalls zu bekommen, so die Wissenschaft. Genauso können emotionale Lebenskrisen im Zusammenhang mit beruflichen Problemen, einer Trennung, einer Krankheit oder dem Tod einer nahestehenden Person eine Angststörung hervorrufen. Die psychischen Konflikte werden unbewusst auf ein bestimmtes Organ übertragen, in diesem Fall auf das Herz. Die Sorgen und die Angst manifestieren sich häufig nur in klar abgegrenzten organischen Beschwerden. Dadurch gerät der Patient in einen Teufelskreis. Auch wenn die Situation nicht bedrohlich ist und er nichts Gravierendes hat, ist seine Wahrnehmung und Empfindung in dem Moment eine ganz andere. Als Reaktion darauf schonen sich die Betroffenen im Alltag. Sie versuchen dadurch mögliche Auslöser zu vermeiden. Doch durch den Verlust der allgemeinen Fitness wird am Ende noch mehr Raum für neue Angstattacken geschaffen.

Letzteres war bei diesem jungen Mann der Fall. Seine verwitwete Mutter hatte ihn und seine Schwester seit dem frühen Tod ihres Mannes allein und ziemlich behütet großgezogen. Als die Frau vor ein paar Jahren völlig unerwartet an einem Herzinfarkt starb und seine langjährige Freundin bald darauf mit ihm Schluss machte, brach für ihn eine Welt zusammen. Er stürzte in eine schwere seelische Krise und steigerte sich gedanklich immer mehr in eine unklare Herzerkrankung hinein. Einmal mehr zeigt dieses Beispiel, was für eine ungeheure Auswirkung die Psyche auf den Körper haben kann.

Er wurde mein Patient, und letztendlich konnte ich ihm unter anderem bei seiner Suche nach einem neuen Psychotherapeuten helfen.

Renate Müllers Fall schien mir aber etwas anders gelagert zu sein, auch wenn einige Symptombeschreibungen einer Herzneurose entsprechen konnten. Intuitiv beschloss ich, eher der Fährte ihrer erhöhten Leberwerte zu folgen.

»Erleichtert Ihnen der Alkohol den Alltag, und trinken Sie täglich?«, bohrte ich weiter.

»Ich trinke nicht jeden Tag, aber schon regelmäßig, wie andere auch. Meine Freundinnen machen es genauso.«

»Wenn Sie Alkohol trinken, wann beginnen Sie damit?«

»Immer erst abends«, antwortete sie voller Überzeugung. Da schoss mir sofort durch den Kopf, dass ich sie gestern Mittag gesehen hatte, und das war nicht das erste Mal.

Es kommt häufig vor, dass sich Alkoholiker selbst belügen, deshalb sprach ich sie darauf an. Sie bekam einen roten Kopf und verhaspelte sich.

»Wissen Sie, es gibt immer wieder Ausnahmen, und gestern haben wir den Geburtstag einer Freundin gefeiert.«

»Es gibt immer einen Grund zu trinken, wenn man einen sucht.« Sie schwieg kurz nach meiner Bemerkung, sah mich an und schüttelte den Kopf.

»Alles fing damit an, als mein Sohn erwachsen wurde und ausgezogen ist. Plötzlich war ich die meiste Zeit allein. Deshalb hat mir mein Mann einen Hund geschenkt, mit den Worten: ›Hier hast du eine neue Aufgabe.‹ Wissen Sie, ich habe nicht nur den Hund, um den ich mich kümmere, ich betreue auch eine Seniorin im Altersheim. Einmal die Woche versuche ich vorbeizuschauen. Aber mir reicht das nicht, ich fühle mich unnütz. Eigentlich braucht man mich nicht. Und die Frau ist eh dement, sie kriegt es wahrscheinlich gar nicht mit, ob ich komme oder nicht.«

»Das glaube ich nicht. Demente Menschen bekommen oft viel mehr mit, als wir denken, besonders wenn Sie sie regelmäßig besuchen.« Ich dachte an die Frau im Altersheim, die sich immer freute, wenn sie mich sah und wir uns eine Weile unterhielten. Jedes Mal fragte sie mich, ob ich die Fußpflegerin wäre, wenn ich mit dem

Arztkoffer in der Hand meine Patienten besuchte. »Außerdem haben Sie noch ein Enkelkind.«

»Ich eigne mich nicht wirklich zur Erziehung von Kindern. Sehen Sie sich doch meinen Sohn an, mit ihm habe ich einen großen Fehler gemacht, auch wenn mein Mann das nicht so sieht. Ich habe den Jungen davon abgehalten, seinen Traumberuf auszuüben. Er wollte so gerne Musiker werden.«

»Man kann aber neben dem Beruf auch ein Hobby ausüben.«

»Alleine schaffe ich es nicht mehr, meine Sorgen loszuwerden, meine Angst wird ständig größer. Eigentlich bräuchte ich Tavor von Ihnen.«

»Tavor? Das kann ich Ihnen nicht so einfach verschreiben. Es ist ein Beruhigungsmittel, das innerhalb kürzester Zeit zur Abhängigkeit führt. Ihre Angstzustände wird es auf Dauer auch nicht lösen können«, klärte ich sie auf.

»Aber mein Hausarzt verschreibt mir das schon seit Jahren. Und wenn mein Mann davon Wind bekommt, dass ich nicht funktioniere, setzt er mich vor die Tür.« Vermutlich war die Frau auch noch tablettenabhängig, dachte ich. Sie begann jetzt richtig zu zittern und sackte in sich zusammen wie ein Häufchen Elend. Dass sie ein Alkoholproblem hatte, war nicht von der Hand zu weisen. Den Grad ihrer Alkoholabhängigkeit konnte ich aber nur schwer beurteilen, da kannte ich sie zu wenig. Auch musste sie zu dieser Einsicht selber kommen, ich konnte sie nicht dazu zwingen. Hinzu kamen noch die Wechseljahre, ihre Angststörung und der offensichtliche Frust über ihr vergeudetes Leben. All das konnte man nicht einfach mit Tabletten lösen. Ihr Herz war gesund, das konnte ich ihr bescheinigen, ihre Leber würde sich auch wieder erholen, wenn sie denn mal weniger Alkohol zu verstoffwechseln hätte. Also verschrieb ich ihr für die Wechseljahresbeschwerden entsprechende Medikamente. Um ihre Angststörungen zu behandeln, riet ich ihr, noch einmal ausführlich mit ihrem Hausarzt darüber zu sprechen. Am Ende kam ich auf das Thema zu sprechen, dass sie sich unnütz vorkam.

»Um darauf zurückzukommen«, sagte ich, »es ist unheimlich wichtig, ein Enkelkind zu haben und den Kontakt zu ihm zu pflegen. Sie sind Großmutter, und manchmal spielen gerade Großmütter im Leben ihrer Enkel eine große Rolle. Es würde Ihnen auch die Gelegenheit geben, für das Kind da zu sein, das ist schließlich eine sehr sinnvolle Aufgabe, meinen Sie nicht?« Sie dachte etwas nach und nickte.

»Sie haben recht, Frau Doktor, ich habe eigentlich eine sehr liebe Schwiegertochter, mit der werde ich reden. Mit meinem Hausarzt auch. Ich habe grundsätzlich eine Abneigung gegen Tabletten.«

Einerseits war ich froh, ihr ein bisschen Hoffnung gegeben zu haben. Andererseits war mir klar, dass das Thema Sucht eine große Baustelle sein würde, und ich war mir nicht sicher, ob sie das tatsächlich mit dem Hausarzt besprechen würde.

Als ich sie nach ein paar Wochen wieder auf dem Marktplatz sah, wie meistens mit Freundinnen und einem Glas Aperol Spritz, dachte ich, was sich doch für eine traurige Geschichte hinter einer so lachenden Fassade verbergen konnte.

Circa zwei Millionen Menschen sind in Deutschland tablettensüchtig. Das Medikament Tavor fällt unter die Gruppe der Benzodiazepine. Es gilt als Angstlöser und wird für die Behandlung von Angst- und Unruhezuständen, schweren seelischen Belastungen oder in der Notfallmedizin, zum Beispiel bei epileptischen Krampfanfällen, eingesetzt. Die Gefahr einer Abhängigkeit ist sehr hoch und kann schon nach zwei Wochen auftreten. Oft tritt sie zusammen mit Alkoholmissbrauch auf und entwickelt sich schneller als die Sucht nach Alkohol. Es gibt aber Situationen, in denen eine Therapie mit diesem Medikament erforderlich ist. Vorsicht mit dem Umgang von Medikamenten ist deshalb geboten und ärztlicher Rat unumgänglich.

Der Kurschatten, oder wie weit geht Verantwortung?

Schon lange fragte ich mich, wie es überhaupt möglich war, sich über Jahre in einer kleinen Zweizimmerwohnung aufzuhalten, ohne andere Menschen zu Gesicht zu bekommen. Frau Schmidt war schon länger eine Patientin von mir. Leider hatte sie sich nie an meine medizinischen Ratschläge gehalten, geschweige denn, die ihr verschriebenen Tabletten eingenommen. Sie hatte jedenfalls einen viel zu hohen Blutdruck, dem sie aber im Gegensatz zu mir keinerlei Beachtung schenkte und den sie auch nicht ernst nahm. Mehrmals hatte ich ausführlich mit ihr darüber gesprochen und sie unter anderem über die Gefahr eines Schlaganfalls aufgeklärt. Auch das ignorierte sie weitestgehend. Bis eines Tages mein Telefon klingelte.

»Meine Frau hat seit gestern kein Gefühl mehr im rechten Arm und Bein und redet anders als sonst«, hieß es ohne Einleitung.

Mir war sofort klar, worum es sich handelte, und während ich noch auf dem Weg dorthin war, bestellte ich einen Rettungswagen. Frau Schmidt hatte tatsächlich einen Schlaganfall gehabt. Dadurch, dass sie noch die ganze Nacht hatten verstreichen lassen, bevor ihr Mann mich angerufen hatte, konnte man ihr in der Klinik nur noch bedingt helfen. Seitdem saß Frau Schmidt nun im Rollstuhl und im zweiten Stock des Hauses ohne Aufzug fest. Das Haus verließ sie nur in Krankentransportbegleitung, um gelegentliche Kliniktermine wahrzunehmen, also praktisch ein- bis zweimal pro Jahr.

Immer wieder kam ihr Mann in die Praxis, um wenigstens kurzfristig die Wohnung verlassen zu können, aber jedes Mal gab es daheim ziemlich Theater deswegen. Außer meiner Praxis und dem Supermarkt hatte er keine Abwechslung in seinem Leben, ab und zu bekamen sie Besuch von ihrer Tochter samt Enkelkind. Das war aber höchst selten, denn sie hatte einen Engländer geheiratet und wohnte in der Nähe von London. Sein Aktionsradius wurde immer kleiner, und seine Interessen erloschen immer mehr. Früher war er noch im Fußballverein gewesen und hatte regelmäßig im Chor mitgesungen. All das gehörte jetzt der Vergangenheit an, und zu Hause erwarteten ihn eine unleidliche Ehefrau und harsche Worte. Natürlich führte Frau Schmidt ein trauriges Leben, doch war sie weiterhin nicht bereit, Medikamente oder gar Ratschläge anzunehmen. Auch lehnte sie jegliche Hilfe und Unterstützung ab. Mein Vorschlag, die Nachbarschaftshilfe einzuschalten, damit sie etwas Abwechslung hätte und ihr Mann sich mal mit Freunden treffen könnte, endete in einem handfesten Streit zwischen den beiden.

Dann saß er wieder einmal den Tränen nahe vor mir in der Praxis und fragte sich, was er überhaupt noch vom Leben erwarten könne. Er sehnte sich doch nur nach ein paar freundlichen Worten und etwas Nähe, nach Frieden, ein bisschen Abwechslung und auch nach häuslicher Harmonie. Seit mehreren Monaten nahm er schon Antidepressiva, aber die änderten natürlich nichts an der Grundsituation. Wir sprachen über die Option einer Kur. Das wäre doch vielleicht eine Möglichkeit, ihn für ein paar Wochen aus der Misere zu befreien. Gleichzeitig würde es seiner Seele sicher guttun, mit anderen Menschen zusammenzukommen. Ein Strahlen ging über sein Gesicht.

»Das wäre genau das Richtige für mich«, sagte er dazu, »vielleicht lerne ich dabei ja auch eine entsprechende Frau kennen. So ein Kurschatten wäre ein Traum!« Ganz beschwingt verließ er die Praxis.

Ob das wohl gut gehen würde, dachte ich insgeheim, aber wer sollte es ihm übel nehmen? Führte er nicht ein trauriges Leben, das ihn durch die Uneinsichtigkeit und Sturheit seiner Frau, die sich ja selbst in einer bedauernswerten Lage befand, depressiv werden ließ? Musste er als Partner unbedingt für sie verantwortlich sein, auch wenn sie sich nicht helfen ließ? All das ging mir durch den Kopf. So schnell fand ich auch keine Antwort darauf.

Aber es hatte geklappt. Seit zwei Wochen befand sich Herr Schmidt in Kur, als das Praxistelefon klingelte.

»Hallo, Frau Doktor Federle, ich habe hier was Geschicktes gefunden. Mir geht es schon viel besser, die Kur hat sich echt gelohnt.

Ich bräuchte deshalb dringend noch mindestens zwei Wochen Verlängerung. Könnten Sie bitte mit der Pflegekraft reden, dass sie zwei Wochen bei meiner Frau verlängert?«

Ich wusste, dies wäre ein schwieriges Unterfangen, hatte die Betreuerin doch schon vor mehreren Tagen entnervt angekündigt, so schnell wie möglich wieder ihre Koffer packen zu wollen. In ihren Augen war Frau Schmidt eine unerträgliche, verwöhnte Nörglerin, die selbst mitten in der Nacht nicht davor zurückschreckte, sich noch mit Leberwurstbroten und Pfefferminztee versorgen zu lassen. Ich stöhnte innerlich. Diese Situation zu lösen, kostete wieder unendlich viel Zeit, aber es gelang. Mit Engelszungen redete ich auf die Betreuerin ein, am Ende überwog dann doch das Mitleid.

So war der restliche Kuraufenthalt erst mal gerettet. Wie es danach weiterging, würde sich dann zeigen, dachte ich für mich.

Die zwei Wochen vergingen im Nu, und Herr Schmidt kam glücklich zurück. Tatsächlich hatte er dort eine Frau kennengelernt, und nichts konnte ihn mehr davon abhalten, sein Glück erneut zu versuchen. Seiner Ehefrau blieb nichts anderes übrig, als in ein Heim zu gehen. Mir tat das Pflegepersonal in der Einrichtung leid, bestimmt hatten sie mit ihr nichts zu lachen.

Bei der Gelegenheit fiel mir ein anderer Patient ein, der mir ganz nebenbei erzählt hatte, drei Frauen zu Hause sitzen zu haben. In der Tat war er vor mehr als zwanzig Jahren zum Islam konvertiert, aber nicht etwa aus Glaubensgründen, vielmehr um die Möglichkeit zu haben, wie in bestimmten vom Islam geprägten Ländern mehrere Frauen heiraten zu dürfen. Diesen Wunsch hatte er sich auch nach und nach erfüllt. Jetzt war gerade die dritte Parallelehe dran.

Der Mann war deutlich über siebzig Jahre alt, und mittlerweile kannte ich seine Ehefrauen. Bei den Kindern war ich noch nicht ganz auf dem Laufenden. Ich kannte nur zwei, die ihm seine beiden ersten derzeitigen Frauen geschenkt hatten. Das Kind mit der dritten Ehefrau war gerade im Entstehen. Diesbezüglich bat er mich auch um eine genaue Analyse seiner Hormone, und selbstverständlich durfte Viagra nicht fehlen.

Er hatte insgesamt acht Kinder, alle selbst »gemacht«, wie er stolz erzählte. Jetzt hoffte er auf Nummer neun. Zuerst war mir schleierhaft, warum ihm das nicht reichte, aber seine Erklärung war einleuchtend. Drei gleichzeitige Ehen wurden in Deutschland nicht anerkannt, denn hierzulande ist Polygamie gesetzlich verboten. Allerdings änderte sich die Situation durch ein gemeinsames Kind, und offensichtlich war es dadurch einfacher, eine Aufenthaltsgenehmigung für seine Frauchen, wie er sie liebevoll nannte, zu bekommen.

Ich fragte ihn einmal, ob er nicht langsam den Überblick verlieren würde. Seine Antwort lautete: »Ich sorge für meine ganzen Frauen und Kinder, alle sind mit der Situation gut bedient, und ich bin mehr als zufrieden.«

Immerhin war seine Haltung sehr ehrlich, wenn man die Rolle des Mannes als Versorger im Allgemeinen betrachtete. Offiziell sorgte er für seine Frauen, während ein anderer es vielleicht nicht tat, obwohl er gleichzeitig auch mehrere Beziehungen zu Frauen pflegte. Dieses Lebenskonzept wäre kein Modell für mich. Drei Männer zu bedienen und deren Bedürfnisse zu befriedigen wäre mir zu anstrengend, vor allem auf der emotionalen Ebene.

So hoffte ich nur, dass ihm das Geld nicht ausging. Die Energie jedenfalls schien offensichtlich nicht nachzulassen. Was aber, wenn sich die Frauen eines Tages mit dieser Situation nicht mehr zufriedengeben würden, dachte ich. Wieder fiel mir Herr Schmidt ein. Er hatte nur einen Drachen zu Hause gehabt und war ihn nun losgeworden. Der Patient jetzt hätte womöglich irgendwann drei undankbare, herrische Frauen zu Hause sitzen.

Trotzdem zerbrach ich mir immer wieder den Kopf, warum Frau Schmidt gar nicht auf mich hören wollte, obwohl ich sie gewarnt hatte, sowohl vor dem Schlaganfall als auch vor der drohenden Trennung. Oft hatte mir ihr Mann sein Herz ausgeschüttet, besonders wenn er mit seinen Kräften am Ende war. Immer wieder hatte ich versucht, sie davon zu überzeugen, Hilfe anzunehmen. Sie lehnte, wie bereits zuvor mit dem Bluthochdruck, alles rigoros ab.

Warum hörten manche Patienten gar nicht auf ihren Arzt, fragte ich mich. Laut Weltgesundheitsorganisation haben im Durchschnitt nur 50 Prozent der Patienten eine gute Compliance, das bedeutet, dass sich nur die Hälfte an die Ratschläge ihres Arztes hält, wenn es zum Beispiel um Gewichtsreduktion, Diät, Sport, Stressminimierung oder Ernährungsumstellung geht. Das bedeutet ebenfalls, dass theoretisch nur die Hälfte der Patienten die vom Arzt empfohlene Medikamenteneinnahme befolgt. Sicherlich kann das etwas abweichen und hängt unter anderem auch sehr vom Vertrauensverhältnis zum Arzt ab. Wenn ich in fünf Minuten in reinem Medizinerdeutsch mit einem Rezept abgefertigt werde, ist die Bereitschaft, das Medikament einzunehmen, sicher eine andere, als wenn der Arzt ein ausführliches Gespräch führt, sich verständlich ausdrückt, sich auch etwas auf den Patienten einstellt, seine Bedenken ernst nimmt und vielleicht erst einmal, wenn es die Situation erlaubt, mit einer niedrigeren Dosis einsteigt.

Natürlich liegt die Rate der Non-Compliance-Patienten bei psychiatrisch erkrankten Menschen höher, da sie häufig keine Einsicht in ihre Situation haben, wie zum Beispiel im Fall von Schizophrenie. Auch als Notärztin habe ich psychiatrisch erkrankte Patienten erlebt, die eigenmächtig ihre Psychopharmaka abgesetzt hatten und die ich deshalb stationär in die Klinik einweisen musste.

Folglich tragen zur Compliance viele Dinge bei: Der Arzt muss die Ernsthaftigkeit der Erkrankung erkennen, der Patient sollte über seine Situation informiert werden und auch an die Wirksamkeit der Therapie glauben. Das Arzt-Patienten-Verhältnis muss stimmen. Die Angehörigen sollten den Patienten unterstützen und nicht die Therapie infrage stellen oder intervenieren. Eine kranke Person sollte schließlich auch in der Lage sein, die Therapie anzuwenden. Wenn jemand sehr vergesslich ist, ergibt es Sinn, zum Beispiel Pillendosen zu verwenden oder sich im Handy eine tägliche Erinnerung einzustellen. Es gibt aber auch die Möglichkeit, einen Pflegedienst zu organisieren, der die Medikamenteneinnahme betreut.

Die Unterstützung der Angehörigen ist manchmal sehr schwierig. Ich erinnerte mich an einen besonderen Fall. Als Notärztin wurde ich zu einem Kind mit Fieberkrampf gerufen. Die Mutter hatte trotz Rat des Kinderarztes keine fiebersenkenden Medikamente gegeben. Als wir eintrafen, war das kleine Wesen schon blau angelaufen, krampfte und hatte einundvierzig Grad Fieber. Trotzdem beharrte die Mutter darauf, dass der Körper des Kindes von allein mit dem Fieber fertigwerden müsse. Sie hatte uns nur gerufen, weil das Kind blau angelaufen war, wollte aber keine Medikamentengabe.

Natürlich handelten mein Team und ich sofort, gaben trotzdem entsprechende Medikamente und Sauerstoff. Das Kind brachten wir dann in die Klinik. Es hatte keinen Sinn, mit der Mutter zu diskutieren, und solange das Kind noch nicht selbst entscheiden konnte, würde so ein Fall vielleicht wieder eintreten.

Zum Glück gibt es im äußersten Notfall für nicht mündige Kinder in besonders gefährlichen Situationen, wie bei der Ablehnung einer ärztlich empfohlenen Therapie, die Möglichkeit für den Staat, einzugreifen.

Gott sei Dank habe ich den Eindruck, dass die meisten meiner Patienten die Therapievorschläge annehmen und Frau Schmidt eine Ausnahme ist.

Osterüberraschung

Die Sonne schien, der Himmel war strahlend blau. Es war Ostermontag, und ich hatte bis spätabends noch Dienst gehabt. Aber jetzt saß ich hier, mitten in Rom in der Nähe der Spanischen Treppe, und beobachtete fasziniert das geschäftige Treiben der Menschen um mich herum, einen Kaffee in der Hand, neben mir Michael.

Wir hatten uns einige Wochen täglich geschrieben, bevor wir uns wiedersehen konnten. Schnell spürten wir eine große Anziehungskraft und gegenseitige Zuneigung. Einmal hatten wir uns geküsst, mehr war bisher nicht passiert.

Und dann zog Michael mit verschmitztem Lächeln zwei Flugtickets aus dem Jackett und hielt sie mir hin: zwei Tage Rom.

Er hatte gewusst, dass ich von Ostermontag bis Mittwoch freihatte, und wollte mich damit überraschen. Das war ihm auch gelungen.

So glücklich war ich schon lange nicht mehr gewesen. Keine Notfälle oder sonstigen Verpflichtungen, kein trübes Wetter, stattdessen Schmetterlinge im Bauch.

»Lass uns gemeinsam ein schönes Hotel aussuchen«, sagte er und öffnete sein iPad. »Ich habe schon eine kleine Vorauswahl getroffen. Schau mal, ob dir was gefällt.« Ich warf einen kurzen Blick darauf und sah, dass es alles eher teurere Hotels waren. Ob er es sich überhaupt leisten konnte, so viel Geld für mich auszugeben, dachte ich kurz, weil ich keine Vorstellung von seinen finanziellen Verhältnissen hatte, da wir bisher nie darüber gesprochen hatten.

»Sie sehen alle klasse aus, aber such du es bitte für uns aus. Etwas Günstigeres tut es auch, und solange es sauber ist, ist es für mich okay. Ich habe nur keine Lust, von Ungeziefer begrüßt zu werden. Und wenn es noch ein gutes Frühstück gibt, bin ich vollends zufrieden«, schlug ich dann vor, um ihm Peinlichkeiten zu ersparen, falls es zu teuer wäre. Für mich war es sowieso klar, dass ich mich an den Kosten beteiligen würde.

Nach der Kaffeepause beschlossen wir, die Ewige Stadt zu Fuß zu erkunden und erst zur Fontana di Trevi zu gehen, dem berühmten Brunnen. Der Legende nach bringt es Glück, Münzen über die rechte Schulter hineinzuwerfen. Einem anderen Glauben nach geht dann ein persönlicher Wunsch, den man nicht verraten sollte, in Erfüllung.

Mit geschlossenen Augen warfen wir beide eine Münze hinein, während wir uns insgeheim etwas wünschten. Michaels Wunsch kenne ich bis heute nicht. Was mich betrifft, ist meiner jedenfalls in Erfüllung gegangen.

Anschließend schlenderten wir gemütlich in der Via del Corso, einer der bekanntesten Straßen in der Altstadt, um später an der Piazza Navona Pizza zu essen.

Auch wenn die Zeit kurz war, genossen wir beide die Stadt in vollen Zügen, tankten Kraft und Sonne. Es war klar, dass wir es in den wenigen Tagen nicht schaffen würden, die unzähligen Sehenswürdigkeiten zu besichtigen. Es gab einfach zu viele davon. Ehrlich gesagt wollten wir lieber die neu entstehende Zweisamkeit auskosten. Sie war so wertvoll, und wir hatten uns schließlich viel zu erzählen.

Die Zeit verging wie im Flug. Mein Auto hatte ich am Frankfurter Flughafen stehen lassen, um von dort aus direkt wieder nach Hause zu fahren. Mit einer innigen Umarmung und einem zärtlichen Kuss verabschiedeten wir uns im Parkhaus.

Ich schaltete das Radio an und konzentrierte mich erst darauf, den Weg aus dem weitläufigen Flughafen heraus zu finden. Als ich dann auf der richtigen Autobahn war, stellte ich auf meine Playlist um.

Was für ein Gefühl war das, nach so einem wunderschönen Erlebnis im Auto zu sitzen, ganz allein, und meine Lieblingsmusik zu hören! Es war ja ganz anders, als täglich im Einsatzwagen zu sitzen und einen Funkspruch nach dem anderen zu hören. Während ich fuhr, ließ ich alles nochmals Revue passieren.

Ich war glücklich. Die gemeinsame Zeit in der Ewigen Stadt war wunderschön gewesen. Sie hatte noch mehr Nähe und Vertrautheit zwischen uns geschaffen. An Michaels Seite fühlte ich mich sehr wohl und glücklich. Ich wusste nun, dass ich mit diesem Mann mein zukünftiges Leben verbringen wollte.

Michael war die neue Liebe in meinem Leben. Das Schicksal meinte es gut mit mir, mir war das bewusst, und dafür war ich dankbar. Ich hatte einen tollen, liebevollen Partner gefunden, auch wenn das letztendlich bedeutete, erst mal eine Fernbeziehung führen zu müssen.

Als ich die Haustür aufschloss, überkam mich ein wohliges Gefühl. Wieder zu Hause! »Ich bin wie eine Schnecke, am liebsten hätte ich immer mein Haus dabei«, sage ich oft zu meinen Freunden und meine mit Haus meine Familie und meine Heimat.

Kaum hatte ich die Wohnung betreten, kam mir Jonathan entgegengestürmt und staunte: »Du siehst aber gut aus, wie war's denn? Mit wem warst du überhaupt weg? Mit Ludwig wieder?« Kurz überlegte ich mir, ob ich ihm tatsächlich jetzt schon etwas davon erzählen sollte. Aber ich wollte ihn nicht belügen, und er merkte, dass ich strahlte. Also erzählte ich ihm in kurzen Sätzen von Michael. Impulsiv nahm er mich in den Arm, hob mich hoch, lachte und sagte: »Wenn es dir gut geht, dann geht es mir auch gut. Ich freue mich für dich!« Und vor lauter Freude ließ er mich gar nicht mehr herunter. »Wann lerne ich ihn kennen, Mama?«

Ich grinste und strampelte mit den Beinen. »Sicher ganz bald, kein Stress! Lasse mich jetzt aber runter, Lausbub!«

»Ich hatte mir schon Gedanken gemacht. Normalerweise erzählst du mir immer, mit wem du wegfährst. In letzter Zeit warst du öfter weg, ohne etwas zu sagen. Das war auffallend.«

»Du musst nicht immer gleich alles wissen. Du erzählst mir auch nicht sofort, wenn du jemanden kennengelernt hast.«

»Bei mir ist es auch etwas anderes. Aber du bist ja meine Mama.«

Ich packte den Koffer aus, schaute nach der Post und war gerade dabei, Jonathans schmutzigen Teller, der offensichtlich noch vom Mittagsessen dastand und den Weg nicht von allein in die Geschirrspülmaschine gefunden hatte, einzuräumen, als er zu mir kam.

»Gibt es was zu essen heute Abend, Mama?«, fragte er.

»Das musst doch du wissen.«

»Ich war nicht einkaufen, aber wir können uns eine Pizza machen. Wir haben noch welche in der Tiefkühltruhe. Ich hole sie gleich hoch.«

»Ich komme gerade aus Italien. Du glaubst doch nicht im Ernst, dass ich jetzt Lust auf eine Tiefkühlpizza habe, das wäre ein absoluter Abstieg! Lass uns lieber ins Centrale gehen«, antwortete ich.

»Ich habe Hunger, dann gehen wir am besten gleich.«

»Machen wir, aber meine Jacke muss ich noch anziehen.« Ich schob einen Geldschein in die Hosentasche, schnappte mir den Hausschlüssel, und wir liefen runter zum Centrale.

Dieses Mal hockte niemand auf der Treppe.

Berührungsängste

Seit Jahren hatte sie chronische Probleme mit dem Magen. Alle Magenspiegelungen waren unauffällig, auch alle Tests gegen Unverträglichkeiten und Allergien. Inzwischen hatten die Ärzte so ziemlich alles ausgeschlossen und keine Ursachen finden können. Offensichtlich hatten ihre Magenprobleme eine psychische Ursache, aber welche?

Sie sprach meist nur von ihrer Arbeit, wenn sie bei mir in der Praxis war. Auch heute ging es wieder um ihre Belastung am Arbeitsplatz. Immer hatte sie das Gefühl, allem nicht gerecht zu werden, ständig blieb etwas liegen. Aus diesem Grund hatte sie vor einem Jahr die Stelle gewechselt, zuvor war sie bei der Agentur für Arbeit angestellt gewesen. Inzwischen war sie als Sekretärin in einer Firma tätig, die elektronische Geräte herstellte.

Der Beruf machte ihr Freude, aber die immer wiederkehrenden Schmerzen in der Magengegend machten ihr das Leben schwer. Was war es denn, was Frau Lutz trotz des Wechsels der Arbeitsstelle weiterhin so auf den Magen schlug?

Sachte begann ich, sie vom Thema Arbeitsplatz auf ihre private Situation zu lenken. Bisher war mir das nicht gelungen. Sie sah mich kurz erstaunt an und meinte: »Zu Hause ist alles in Ordnung, nur die Arbeit und die schlaflosen Nächte machen mir Stress.«

»Wie sieht denn so eine schlaflose Nacht aus, und wann gehen Sie ins Bett?«, fragte ich sie.

»So zwischen zehn und elf Uhr«, antwortete sie, »also ganz normal.«

»Und Ihr Mann?«

»Auch um die gleiche Zeit. Einschlafen kann ich immer sofort. Mein Mann liest meist noch eine halbe Stunde. Das erste Mal wache ich so um zwei Uhr auf, dann schlafe ich frühestens nach ein bis zwei Stunden wieder ein.«

»Was machen Sie denn in der Zeit?«, wollte ich wissen.

»Auf meinem Handy die *Bunte* und die *Gala* lesen oder im Internet surfen. Das stört meinen Mann nicht beim Schlafen, er schläft ja so fest. Wenn ich großes Glück habe, schlafe ich dann bis sechs Uhr durch. Das Problem ist, dass ich oft ein zweites Mal aufwache, dann liege ich wieder mindestens eine Stunde wach. Das laute Schnarchen neben mir trägt auch nicht gerade zum guten Schlaf bei. Mit Ohrstöpseln habe ich es schon versucht, aber dabei habe ich das Gefühl, dass sich meine Ohren entzünden. Manchmal ist es unerträglich. Wenn mein Mann nach einer Weile richtig tief Luft holt, erschrecke ich mich fast zu Tode und denke, er hört jetzt auf zu atmen«, fuhr sie fort. »Danach ist er wieder ganz still, aber ich weiß nie, für wie lange. Ich habe ihn schon öfter angestoßen, dann holt er wieder tief Luft, und schon fängt alles wieder von vorn an.«

»Hat sich Ihr Mann schon mal von einem HNO-Arzt untersuchen lassen? Dahinter könnte sich nämlich ein Schlafapnoesyndrom verbergen. Er muss das unbedingt abklären lassen, sonst könnte er eine verminderte Lebenserwartung haben. Es ist nicht gut, wenn jemand häufig längere Atempausen hat. Dabei kann die Sauerstoffversorgung im Blut deutlich abfallen, was bedeutet, dass zum Beispiel Herz und Gehirn zu wenig mit Sauerstoff versorgt werden«, klärte ich sie auf. »Aber jetzt zurück zu Ihnen. Wäre es vielleicht denkbar, dass Sie ein anderes Zimmer nehmen und mal ausprobieren, ob Sie dort besser schlafen können?«

»Das kommt für mich niemals infrage«, antwortete sie prompt. »Die körperliche Nähe zu meinem Mann ist mir wichtig, ich möchte neben ihm einschlafen.« Sie stockte, hielt inne, und plötzlich nahm ihr Gesicht einen ganz traurigen Ausdruck an, während sie ihren Blick senkte.

»Auch wenn er mich seit Jahren nicht mehr berührt … Früher war Dieter so zärtlich zu mir, das ist er immer gewesen. Jeden Abend sind wir eng aneinandergeschmiegt eingeschlafen, aber vor acht Jahren kam unsere Tochter zur Welt. Seither hat sich alles verändert. Ab da haben wir nie mehr miteinander geschlafen«, gab sie etwas beschämt zu. »Ich habe immer gehofft, dass es sich wieder einrenken würde, und habe einige Jahre geschwiegen. Als ich ihn vor circa fünf Jahren darauf ansprach, versuchte er erst vor dem Thema zu flüchten. Er erwähnte dann Erektionsprobleme, für die er sich schämte. Damit sei deshalb alles für ihn erledigt, sagte er mir. Ich spürte aber, dass es etwas anderes geben musste, und versuchte immer wieder mit ihm zu reden. Eines Tages erfuhr ich schließlich den tatsächlichen Grund. Die Geburt unserer Tochter war an allem schuld, er war nämlich dabei.«

»Was ist passiert?«

»Die Geburt war alles andere als schön. Erst lag ich zwei Tage in den Wehen, und immer wieder schrie ich vor Schmerzen. Auf der Station ging es rund. Die Ärzte und die Belegschaft wussten auch bald nicht mehr, wohin mit den Patientinnen. Eine Frau hatte es gerade mit dem Rettungswagen ins Krankenhaus geschafft und ihr Kind im Flur bekommen. Es war schrecklich. Mein Dieter war, glaube ich, über diese Umstände offenbar mehr schockiert als ich. Zum Glück gab es für uns einen Platz im Kreißsaal. Während der Geburt hat er gelitten wie ein Hund und hielt meine Hand fest, streichelte mein Gesicht und versuchte, mich zu trösten. Viel mehr konnte er ja nicht machen. Die Geburtsschmerzen konnte mir nicht einmal die Periduralanästhesie nehmen, denn sie wirkte nur halbseitig. Und ob man auf beiden Seiten Schmerzen hat oder nur auf einer, macht auch keinen Unterschied, das können Sie mir glauben!« Das glaubte ich ihr aufs Wort, denn ich kannte das von einer meiner Geburten – bei den weiteren hatte ich dann gleich auf diese Technik verzichtet. »Zwischendurch wollte ich ihn nach Hause schicken, aber er hatte immer darauf bestanden, mich zu begleiten. Auf keinen Fall wollte er mich bei der Geburt allein lassen, und ich muss gestehen, irgendwie hatte ich es auch so von ihm erwartet. Das war vielleicht falsch von mir.« Sie holte tief Luft und schüttelte den Kopf. Es war ihr anzusehen, dass die Erinnerung an dieses Ereignis keine gute war.

»Es waren Stunden vergangen, man konnte sogar schon den Kopf des Kindes sehen, aber plötzlich sind die Herztöne langsamer geworden, so mussten sie das Baby mit der Saugglocke herausholen. Für meinen Mann war es ein einziger Albtraum. Und als dann noch die Plazenta kam, wurde ihm richtig schlecht, er ist dann umgekippt. Nun erklärte er mir, dass sich diese Bilder so in seinem Kopf festgefressen hätten, dass er sich bei aller Liebe seitdem nicht mehr vorstellen könnte, mit mir zu schlafen. Schon der Gedanke daran würde jede Erektion im Keim ersticken. Zärtlichkeiten oder Annäherungsversuche meinerseits würden ihn auch zu sehr unter Druck setzen. Das liegt nun acht Jahre zurück.«

Studien belegen, dass bei einer Geburt, besonders wenn Komplikationen auftreten, nicht nur Frauen traumatisiert werden können, sondern auch die Männer. Nicht immer werden manche kritischen Szenen aus dem unmittelbaren Gedächtnis gelöscht, sobald das Neugeborene den Eltern endlich in die Arme gelegt wird. Männer, die bei einer Geburt dabei sind, werden während der Entbindung mit ihren Ängsten oft ignoriert und allein gelassen, weil angenommen wird, dass bei ihnen alles in Ordnung sei, und sich in dieser Phase alles nur um die Mutter und das Kind dreht. Während sie emotional sehr engagiert sind, können sie sich innerlich dennoch regelrecht in einem Zustand der Ohnmacht befinden, wissend, dass Frau und Kind womöglich in Gefahr sind und sie nichts unternehmen können oder dürfen, um zu helfen.

Zu dieser Handlungsunfähigkeit kommt noch, dass sich die meisten Männer nicht trauen, über ihren Gemütszustand zu sprechen, weil das ihre Männlichkeit infrage stellen könnte, ein Fehler. Außerdem werden sie nicht ausreichend in die Nachsorge einbezogen und gefragt, ob ihnen nach dem Erlebnis der Geburt noch etwas nachhängt. Das alles kann schwere psychische Folgen haben.

Das Klischee, dass Frauen das schwächere Geschlecht seien, ist auch aus diesem Grund längst überholt. Frauen sind häufig wesentlich anpassungsfähiger und stressresistenter als angenommen. Verschwinden traumatisierende Bilder also nicht aus dem Kopf, sollte man unbedingt mit jemandem darüber sprechen und notfalls eine therapeutische Stelle aufsuchen, um sich in Behandlung zu begeben.

Bei Herrn Lutz allerdings schien mir da noch mehr zu sein als ein mögliches Geburtstrauma. »Das ist aber nicht normal. Fasst Ihr Mann Sie gar nicht mehr an?«, fragte ich sie.

»Manchmal nimmt er mich noch zur Begrüßung oder zum Abschied in den Arm, aber sobald wir im Bett liegen, darf ich höchstens seine Hand halten. Ich vermisse unsere alte Nähe so. Früher hatten wir beide regelmäßig Sex miteinander, es war schön. Ich bin doch nicht zu alt dafür, oder? Ich bin gestern zweiundvierzig Jahre alt geworden, inzwischen fällt es mir immer schwerer, damit zurechtzukommen und auf alles zu verzichten.«

Beim besten Willen konnte ich mir das für mich auch nicht vorstellen. In einer Partnerschaft kaum noch Austausch von Zärtlichkeiten, gar keine Erregung, keine Höhepunkte mehr? Offensichtlich litt Frau Lutz sehr unter der Situation, jetzt bekam sie glasige Augen.

»Was aber noch viel schlimmer ist: Ich habe Angst, dass mein Mann sich alles woanders holt. Selbst ich bekomme manchmal Lust auf Sex, ganz unerwartet. Wenn mich mein Arbeitskollege zum Beispiel nur zufällig streift, dann zuckt es wie ein Blitz durch meinen Körper. Allein die Berührung erregt mich. Ich will meinen Mann aber nicht betrügen, ich liebe ihn doch. Und ich weiß auch, dass es andere Möglichkeiten in einer Partnerschaft gibt, um sexuell erfüllt zu sein, Selbstbefriedigung zum Beispiel. Das habe ich irgendwann tatsächlich angefangen, wenn nichts mehr geht und der Druck für mich zu groß wird. Aber das kann doch nicht für immer die Lösung sein, meinen Sie nicht auch? Wozu habe ich dann einen Mann an meiner Seite? Oft mache ich mir nachts Gedanken, wie lange ich und unsere Ehe das alles noch aushalten werden. Hätte ich das im Voraus gewusst, hätte ich mich gegen ein Kind entschieden, oder ich hätte die Geburt allein durchgestanden. Jetzt schaue ich täglich zu, wie er unsere Tochter herzt und küsst und sie liebevoll umarmt, während für mich nichts mehr da ist. Was soll ich tun, Frau Federle? Ich weiß echt nicht mehr weiter.« Sie wischte sich die Tränen vom Gesicht.

Das waren tatsächlich eine Menge Probleme gleichzeitig, dachte ich. War das Trauma von der Geburt des Kindes wirklich der einzige Grund für Herrn Lutz, seine Frau zurückzuweisen? Hatte sie vielleicht auch nach der Geburt den Fokus ihrer Liebe zu sehr auf ihr Baby gelegt und ihren Mann vernachlässigt? Worin begründete sich die geschilderte jahrelange Abstinenz ihres Mannes? Ich kannte ihren Mann nicht und konnte mir deshalb kein genaueres Bild machen.

Männer wie Frauen können aus verschiedenen Gründen vollkommen enthaltsam leben. In Deutschland sind laut aktuellen Studien zwischen 0,5 und fünf Prozent der Bevölkerung betroffen, wobei die Dunkelziffer höher sein dürfte, da wenig erforscht.

Eine Krankheit kann ebenso eine Ursache für Enthaltsamkeit sein, wenn zum Beispiel Impotenz ins Spiel kommt. Bekommt ein Mann innerhalb von circa einem halben Jahr keine Erektion, oder wenn die Erektion für den Geschlechtsverkehr nicht ausreicht, nennt man die erektile Dysfunktion Impotenz. Häufig hat sie körperliche Ursachen wie Durchblutungsstörungen oder einen Testosteronmangel. Bei dieser Krankheit werden oft sogenannte PDE-5-Hemmer eingesetzt, zu denen auch Viagra gehört. Die darin enthaltenen Substanzen erweitern unter anderem die Blutgefäße. Eine weitere Ursache kann eine vergrößerte Prostata oder ein Prostatakarzinom sein. Vor allem kann auch Stress, verbunden mit Zeitmangel, den psychologischen Druck erhöhen und die Lust auf jegliche Sexualität verdrängen. Allerdings ist dieser Zustand meistens nicht dauerhaft, da Männer wie Frauen grundsätzlich sexuelle Bedürfnisse haben. Sexualität trägt zur Stärkung des Immunsystems bei. Bei Männern kann Sex sogar nicht nur das Risiko für Herzinfarkt und Schlaganfall mindern und die Gehirntätigkeit verbessern. Es wird vermutet, dass es auch das Prostatakrebsrisiko herabsetzen kann, was aber noch nicht hinreichend erforscht ist.

Was traf auf Herrn Lutz zu? Ich konnte mir nur vorstellen, dass eine Krankheit die Ursache für seine Abstinenz war. Vielleicht hing es sogar mit dem möglichen Schlafapnoesyndrom zusammen. Immerhin war er vierzehn Jahre älter als seine Frau.

»Ihr Mann muss dringend zu einem HNO-Arzt und in ein Schlaflabor, das ist mal das Erste«, erklärte ich Frau Lutz. »Danach wäre es gut, wenn er zu einem Sexualtherapeuten gehen würde, um der Sache auf den Grund zu gehen. Sprechen Sie offen darüber mit Ihrem Mann. Vielleicht weiß er schon lange selbst nicht mehr, wie er aus dieser Zwickmühle rauskommt. Er vertraut Ihnen, sonst würde er sich anders verhalten. Bleiben Sie beharrlich und überzeugen Sie ihn, das zu tun.«

»Ich habe mich niemals getraut, mit jemandem darüber zu reden, nicht einmal mit meinen Freundinnen.«

»Und ich bin als Ärztin dazu da, Ihnen zu helfen. Umso wichtiger ist es jetzt für Sie und Ihren Mann, sich von einem Fachmann Rat zu holen, um die Sache richtig zu lösen. Sie haben heute den ersten wichtigen Schritt schon mal gemacht und mir das anvertraut, das war richtig so. Es könnte sein, dass Ihre ganzen chronischen Magenprobleme und die Schlafstörungen daher kommen. Versuchen Sie heute Abend in einem anderen Zimmer zu schlafen, zumindest bis Ihr Mann im Schlaflabor war, damit Sie erst mal zur Ruhe kommen. Parallel dazu holen Sie sich professionelle Hilfe. Es gibt Lösungen für Ihre Probleme. Es wird etwas Zeit brauchen, aber es gibt definitiv einen Weg.«

Ich tröstete sie, gab ihr die Adresse einer Therapeutin und machte ihr Mut. Erleichtert und getröstet verließ Frau Lutz die Praxis. Sie fühlte sich verstanden, und ich hatte ihr Hoffnung mitgegeben. Zusammen mit ihrem Mann würde sie nun an den Problemen weiterarbeiten müssen.

Als ich die Tür hinter ihr schloss, ging mir ein Satz von ihr, den sie während unseres Gespräches hatte fallen lassen, noch eine Weile durch den Kopf. »Wissen Sie, ich wäre schon dankbar und froh, wenn er mich nur berühren würde, ich muss nicht mit ihm schlafen.« Wieder einmal wurde mir bewusst, wie wichtig das Thema Berührungen ist.

Jeder Mensch jeden Alters ist auf gegenseitige Begegnungen, Kontakte und Berührungen angewiesen, denn wir alle sind soziale Wesen und brauchen andere Menschen, um uns selbst wahrzunehmen und zu entwickeln. Ohne diese Erfahrungen können emotionale und psychische Mängel entstehen, die sich dann womöglich auf die körperliche und mentale Gesundheit auswirken.

Ist eine Berührung angenehm, werden Botenstoffe wie Dopamin und Serotonin ausgeschüttet, auch bekannt als Glückshormone, Oxytocin wird freigesetzt und erzeugt ein Bindungsgefühl.

Wie wichtig Interaktionen und Berührungen sind, zeigt sich bereits bei Säuglingen. Bekommen sie weniger Zuwendung, und werden sie weniger umsorgt, angefasst und liebkost, entwickeln sie sich langsamer als Kinder, die viel Kontakt erfahren. Dieses in der Kinderheilkunde sogenannte Deprivationssyndrom verhindert fundamentale Bindungserfahrungen und kann eine geistige und körperliche Verkümmerung verursachen. Die kann später fatale Folgen haben wie langsames Wachstum, Angststörungen, Bindungslosigkeit, Depressionen, hohen Blutdruck, Suchtentwicklung (Magersucht, Alkoholsucht, Spielsucht oder Drogenmissbrauch), um nur einige zu nennen.

Ohne Berührungen kann ein Mensch also nicht leben, wenn er gesund und zufrieden sein will. Umso mehr lässt es sich auch erklären, warum sich jemand notfalls externe Möglichkeiten sucht wie Fremdgehen oder den Besuch eines Bordells, um ausreichend Körperkontakt zu bekommen, und warum Alleinstehende oder ältere

Menschen wegen Kontakt- und Berührungsarmut depressiv werden können.

Um dem entgegenzuwirken, helfen zum Beispiel ein soziales Netzwerk, Familie, Freunde, Sport, Aktivitäten in einem Verein oder ein Haustier. So entsteht ein Umfeld für gesunde Berührungen.

No Sports

Abwechslung braucht der Mensch, mir geht es genauso. Ich war froh, den nächsten Hausbesuch nicht wie üblich im Altersheim zu absolvieren, sondern im Freudenhaus.

Die Existenz solcher Einrichtungen mag bei manchen Empörung hervorrufen. Solange Sexarbeiterinnen jedoch ihren Job aus freien Stücken ausüben, sie nicht von Zuhältern oder Familienmitgliedern gezwungen und vor allem keine gesundheitlichen Risiken eingegangen werden, ist gegen das »älteste Gewerbe der Welt« wenig einzuwenden. Sie sollten nur staatlich kontrolliert werden, und die Frauen bräuchten mehr Rechte und gesetzlichen Schutz gegen Ausbeutung und Zuhälterei. Auch sollten sie versichert sein und besser verdienen.

In regelmäßigen Abständen, das kam so circa alle zwei Monate vor, wurde ich dorthin zu Akutfällen gerufen. Dieses Mal hatte ein Mädchen massive Kreislaufprobleme und war während der Arbeit kollabiert. Von außen sah das Etablissement aus wie ein entzückendes Einfamilienhäuschen. Man hätte glatt noch Gartenzwerge davorstellen können, so unauffällig fügte es sich in das Wohnviertel ein.

Ich setzte mich ins Auto, fuhr hin und parkte gegenüber dem Gebäude. Ich stieg aus und holte noch meinen Koffer von der Rückbank. In dem Moment kam ein Fahrradfahrer angefahren. Der

Mann stellte sein Rad ab und war gerade im Begriff, seinen Helm abzusetzen, als er mich erblickte. Auf der Stelle setzte er ihn wieder auf, stieg wieder auf seinen Drahtesel und machte, dass er davonkam. Nur noch seine neongrüne Jacke war von hinten zu sehen, mit der Aufschrift »No Sports«. Seine Figur stand nicht im Widerspruch zu diesem Bekenntnis auf seinem Rücken. Ich schmunzelte, weil er offensichtlich vor mir Reißaus genommen hatte, und betrat bestens gelaunt das Haus.

Die Hausdame nahm mich in Empfang und führte mich zum Ort des Geschehens. Dort lag die junge Patientin auf dem Bett. Sie war kreideweiß, und der Schweiß stand ihr auf der Stirn. Ich untersuchte sie und kontrollierte ihren Blutdruck. Er war ziemlich niedrig.

»Wann haben Sie das letzte Mal gegessen oder getrunken?«, fragte ich. Sie schüttelte den Kopf.

»Heute noch nichts. Mir wurde plötzlich schlecht.«

»Und wie ist es genau passiert? Im Stehen? Im Liegen? Sind Sie ohnmächtig gewesen, oder können Sie sich an alles erinnern?«

»Nein, ich war in der Hocke und als ich wieder aufstehen wollte, wurde mir plötzlich schwarz vor Augen. Wenn mein Gast mich nicht aufgefangen hätte, wäre ich auf den Boden gefallen.«

»Könnten Sie schwanger sein?« Erneut verneinte sie. Ich bat eine ihrer Kolleginnen, die sich besorgt um uns geschart hatten, ihr eine Flasche Wasser zu bringen, während ich ihren Blutzucker kontrollierte. Unter ihrem Bademantel trug sie so gut wie nichts, so konnte ich sofort sehen, dass sie deutlich untergewichtig war. Man sah jede einzelne Rippe.

Die Kollegin brachte eine große Wasserflasche. Das Mädchen trank zwei volle Gläser. Um mit ihr ungestört sprechen zu können, schickte ich alle aus dem Zimmer. Im Gespräch stellte sich heraus, dass sie öfter tagelang nichts aß, um ihre Figur zu halten. Im weiteren Verlauf erfuhr ich, dass sie im Alter von vierzehn Jahren bereits unter Essstörungen gelitten hatte. Durch genaueres Nachfragen kam ich darauf, dass sie regelmäßig Fressattacken hatte und sich durch selbst induziertes Erbrechen von der Nahrung befreite. Im Moment durchlebte sie mal wieder eine Phase von rigoroser Diät.

Ich versuchte dem Mädchen zu erklären, dass sie dringend eine Therapie brauchte. Sie tat mir zu dem Zeitpunkt richtig leid, doch dann erfuhr ich, wie sehr sie es bedauerte, heute einen Lohnausfall gehabt zu haben, weshalb sich ihre nächste Brustvergrößerung verschieben würde. Sie betonte, eine Therapie wäre bei ihr nicht nötig, da sie mit ihrem Leben glücklich sei und sie sich durch diesen Job viel mehr leisten könne als andere in ihrem Alter. Ich merkte, dass sie auf Durchzug schaltete, und hörte auf, sie überreden zu wollen. Trotzdem gab ich ihr mit, dass sie regelmäßig mehr essen und trinken müsse, weil ihr sonst dasselbe immer wieder passieren würde.

Ich verließ das Zimmer und ging am Aufenthaltsraum vorbei, in dem einige Kolleginnen auf den nächsten Freier warteten. Ich wechselte noch ein paar freundliche Worte mit ihnen. Die einen saßen ungeschminkt mit zotteligen Haaren in Unterhose und Schlabber-T-Shirt herum. Sie sahen ganz anders aus als auf den laminierten Leistungsverzeichnissen, die in den Zimmern ausgelegt waren und sich wie eine Speisekarte lasen. Man konnte sich quasi sein eigenes Menü zusammenstellen. Auch die Mädchen waren komplett abgebildet mit Namen, Alter und Maßen. Was man doch alles mit Photoshop und Schminke hinkriegen kann, dachte ich für mich und erinnerte mich an meinen Sohn Jonathan, der unter anderem auf der Fashion Week in Mailand oder Berlin gelaufen war. Ich hatte ihn kaum wiedererkannt, als er mir die Bilder davon schickte. Die anderen Mädchen warteten aufgedonnert und in Reizwäsche auf ihren nächsten Einsatz.

Ich verabschiedete mich und fuhr zurück in die Praxis.

Da staunte ich nicht schlecht, als mir der Radfahrer von vorhin entgegenkam. Er hatte gerade wieder Kurs auf das Etablissement genommen und trat, so fest er konnte, in die Pedale. Er schien in höchster Bedrängnis zu sein. So komisch der Anblick dieser Szene auch war, fast schon wie in einer Slapstickkomödie, tat mir dieser Freier mit seiner Verdruckstheit fast schon wieder leid. Vermutlich ein armer Kerl ohne Partnerin. Ich würde ihm sicher kein zweites Mal einen Strich durch die Rechnung machen. Sollte er doch seinen Sport auf diese Art ausüben. Mir war das gerade egal. Doch hoffte ich, dass zumindest er etwas zu seiner Stärkung gegessen hatte, nicht, dass ihm dasselbe Schicksal wie dem Mädchen blühte und ich ihm ein drittes Mal begegnen musste.

Dabei erinnerte ich mich an einen Notarzteinsatz, bei dem ich zu einem Patienten gerufen wurde, der während des Geschlechtsverkehrs einen Herzinfarkt erlitten hatte. Um seine Ausdauer zu verbessern, hatte er trotz Vorerkrankung am Herz Viagra zu sich genommen.

Ich wunderte mich, warum der Mann so panisch reagierte, denn es war nicht der Herzinfarkt, der ihn so beunruhigte, bis ich begriff, dass es nicht seine Frau war, sondern seine Geliebte, bei der sich das Ganze abgespielt hatte. Der Mann flehte mich an, ich solle in meinem Protokoll bitte reinschreiben, dass es auf dem Tennisplatz passiert sei. Wir brachten ihn in die Klinik, und ich versprach ihm, die genaueren Umstände nicht zu schildern. Damit nahm ich ihm seine allergrößte Sorge, dass seine Frau das erfuhr.

Ein weiterer Einsatz blieb mir ebenfalls im Gedächtnis haften. Ich wurde ebenfalls zu einem Herzinfarkt gerufen. Als mein Team und ich eintrafen, sahen wir sofort, dass der Patient unter dem Schreibtisch lag und immer wieder nach Luft japste. Er befand sich ganz offensichtlich in Lebensgefahr, was ihn aber keineswegs davon abhielt, mich mit den Worten zu begrüßen: »Ach, Frau Federle, von Ihnen wollte ich schon immer mal Mund-zu-Mund-Beatmung.« Uns verschlug es gelinde gesagt die Sprache. Ich hatte ja schon einiges erlebt, aber das übertraf wirklich alles. Auf dem Weg zum Herzkatheter klopfte er weiter munter Machosprüche. Wir ließen ihn reden, offensichtlich war es seine Art, mit der Todesangst umzugehen. Er war ein Kollege und sich mit Sicherheit seines dramatischen Zustandes bewusst, zumal es nicht der erste Infarkt gewesen war. Des Öfteren dachte ich, eigentlich ist mir kaum noch etwas fremd …

Immer wieder: Einsamkeit

In der Praxis wartete, kurz vor der Mittagspause, die nächste Patientin auf mich. Ich hatte sie vor gut einem Jahr wegen Schlafstörungen und Kreislaufproblemen das erste Mal behandelt. Zu diesem Zeitpunkt lebte die dreiundfünfzigjährige Frau allein in ihrer Stadtwohnung. Schon vor geraumer Zeit hatte sie sich von ihrem Mann getrennt, er hatte sie betrogen und sich leider in flagranti mit seiner Personal Trainerin daheim erwischen lassen. Obwohl es ihr damals einen richtigen Schlag versetzt hatte und sie wegen einer tiefen Depression therapiert werden musste, wollten sich die beiden dennoch auf keinen Fall scheiden lassen, wie sie mir bei der ersten Anamnese erläutert hatte, hauptsächlich aus finanziellen Gründen. Gemeinsam betrieben sie eine Telefonmarketingagentur, und da sie zu gleichen Teilen ein kleines Vermögen in die Firma investiert hatten, war diese vereinbarte Lösung für sie von Vorteil. Die zwei Söhne waren inzwischen erwachsen und flügge geworden, beide arbeiteten in der Hotelbranche im Ausland.

Ich fragte mich nun, womit ich ihr heute behilflich sein konnte.

Kaum hatte ich die Tür vom Sprechzimmer hinter uns geschlossen, holte sie einen süßen kleinen Topf mit gelben Narzissen aus ihrer Tragetasche heraus und händigte ihn mir strahlend aus.

»Die sind für Sie, Frau Federle, heute wollte ich mich nur persönlich bei Ihnen bedanken. Es geht mir gut, sehr gut sogar. Ich habe wieder richtig Freude am Leben gefunden, und es gibt sogar einen neuen Mann an meiner Seite. Es ist Liebe, und vor Kurzem haben wir uns verlobt. Deswegen war es mir wichtig, vorbeizukommen, denn Sie haben mir zum richtigen Zeitpunkt den richtigen Weg gezeigt. Ich mache mich jetzt wieder auf den Weg, danke noch mal.« Ich nahm das Geschenk total gerührt an, und schon war sie wieder weg.

Erfahrungen wie diese machten meinen Tag schön, ich fühlte mich total beflügelt, auch noch, als ich abends zu Bett ging. Was gab es denn Schöneres, als gesunde und glückliche Menschen um mich zu haben?

Dabei, fiel mir ein, hatte ich der Frau in erster Linie Zeit geschenkt und mit ihr zusammen Lösungen entwickelt, nachdem sie mir offenbart hatte, wie einsam sie sich im Leben fühlte. Sie spürte, dass sie keine richtigen Freunde hatte, nur viele Kollegen, die immer nur über die Arbeit sprachen und sich nie wirklich für sie interessierten, so ihr subjektives Empfinden. Nach Feierabend kehrte sie jedes Mal in ihre dunkle, leere Wohnung zurück, wo niemand auf sie wartete. Ein tristes Leben also, das für sie langsam zur Qual wurde und sich immer mehr auf ihre körperliche Gesundheit auswirkte, weshalb sie mich in ihrer Not dann aufsuchte. Eigentlich hatte ich ihr hauptsächlich zugehört, und dadurch war sie selber zu einer Lösung gekommen.

Leider ist Einsamkeit in unserer Gesellschaft kein seltenes Phänomen. Es ist ein Problem, das ernst zu nehmen ist und mit dem ich als Ärztin in meiner Praxis häufig konfrontiert werde. Doch Einsamkeit hat mehrere Seiten. Bei Menschen ohne Kontakte, Freunde oder richtigen Anschluss an die Gesellschaft spricht man von sozialer Einsamkeit. Emotionale Einsamkeit wiederum definiert diejenigen, die zwar soziale Kontakte haben, sich dennoch von ihrem Umfeld unbeachtet, unverstanden oder nicht genug wertgeschätzt fühlen.

Egal, von welcher Form man spricht, die Erfahrung von Einsamkeit bedeutet immer Schmerz und Stress und wirkt sich negativ auf die Psyche aus. Sie verursacht unter Umständen sogar Krankheiten auf der körperlichen und seelischen Ebene. Fehlende Belastbarkeit, Angstzustände, Depressionen, Schlaflosigkeit, Herz- und Kreislauferkrankungen, um nur einige zu nennen, können die Folge sein. In manchen Fällen kann Einsamkeit sogar Demenz begünstigen.

Hier erinnere ich mich an eine Frau, der ich vor Jahren begegnet war. Damals hatte mich ein Hausbesuch zu dieser siebenundsiebzigjährigen Patientin geführt, die allein in einem Vorort von Tübingen lebte. Sie hatte nie geheiratet und war kinderlos, dennoch hatte sie sich lange Zeit aufopferungsvoll, und ohne je zu klagen, daheim um ihre betagte Mutter gekümmert, bis diese einige Jahre zuvor aus Altersgründen verstarb. Das große Haus hatte die Frau ihrer Tochter – sie war Einzelkind – nun als Erbe hinterlassen.

Frau Raisch hatte mich gebeten vorbeizuschauen, weil sie morgens oft starke Hustenanfälle hatte und sie seit ein paar Tagen zunehmend Schwindel plagte. Jetzt kam Fieber dazu. In dem Zustand traute sie sich nicht, in die Praxis zu kommen. So hatte ich sie an diesem frühen Nachmittag als Erste auf meine Liste gesetzt.

Beim Klingeln hörte ich Hundegebell, und als die Tür aufging, begrüßte mich zuerst ein Rauhaardackel freundlich mit wedelndem Schwanz. Für meinen Hausbesuch hatte sich meine Patientin trotz ihres Zustands nett hergerichtet. Das erstaunte mich, denn das war die Ausnahme. Die Frau trug eine dezente, graue Stoffhose und eine hellblaue Bluse mit floralen Prints, dazu eine dünne, passende Strickjacke.

Sie entschuldigte sich gleich, mich bemüht zu haben, da sie wusste, wie beschäftigt ich sei, und auch dafür, dass ihre Haare nicht richtig sitzen würden, weil sie den Friseurtermin leider nicht hatte wahrnehmen können. An ihrem Gesicht konnte ich schon erkennen, dass es ihr nicht wirklich gut ging. Ihre geröteten Augen waren glasig, und ihre scheinbar erhitzten Wangen deuteten auf einen Fieberschub hin. Ihren Hund stramm bei Fuß, führte sie mich ins Wohnzimmer, das recht gediegen eingerichtet war und in dem ich meine Untersuchung unter dem besorgten Blick des Tieres durchführen konnte. Insgeheim schmunzelte ich.

Ich maß ihre Temperatur im Ohr, das Thermometer zeigte 38,2 an, also erhöhte Temperatur.

»Ihr kleiner Hund ist aber sehr anhänglich«, sagte ich, während ich ihr die Manschette anlegte, um ihren Blutdruck zu messen. »Er beobachtet alles ziemlich genau.« Das Tier versuchte ständig, meine Hände abzuschlecken, was nicht gerade meinen Vorstellungen entsprach, wenn ich im Begriff war, jemanden zu untersuchen.

Misstrauisch beäugte ich es und versuchte, mich auf das Abhören der Lunge zu konzentrieren.

»Ja, mein Oskar ist wirklich eine treue Seele, nicht wahr, und so lieb«, antwortete sie. »Schauen sie, wie er Sie bereits ins Herz geschlossen hat.« Mir konnte Oskar, ehrlich gesagt, gestohlen bleiben. Einmal schon hatte ich erlebt, wie ein so angeblich liebes Tier meine Freundin gebissen hatte, während ich versuchte herauszufinden, was seiner betrunkenen Besitzerin fehlte. »Er ist mein Sonnenschein«, fuhr sie fort. »Hoffentlich bleibt er mir noch lange erhalten, er ist mein Ein und Alles. Übermorgen wird er schon vierzehn, wie die Zeit vergeht!«

Der Blutdruck war normal und die Lunge frei, den Hund hatte ich erfolgreich abgeschüttelt. Sie hatte einen starken Schnupfen. Die roten Bäckchen kamen nicht vom Fieber, sondern durch das Rouge, das sie aufgelegt hatte. Ich verschrieb ihr die üblichen Medikamente, die man bei einem grippalen Infekt einnehmen konnte. Ihre Erleichterung war spürbar.

»Hast du gehört, Oskar?«, sagte sie zu ihrem Hund. »Die Mama ist nur erkältet, bald wird sie wieder gesund.« Der Hund wedelte ganz freudig mit seinem Schwanz und begann erneut Kurs auf mich zu nehmen. »Möchten Sie vielleicht noch einen Tee mit mir trinken?«, bot sie mir an und unterdrückte dabei den nächsten Niesanfall.

»Dieses Mal nicht, vielen Dank, aber gerne ein anderes Mal«, lehnte ich freundlich ab, während ich meine Utensilien wieder zusammenpackte. Insgeheim dachte ich, ganz bestimmt nicht, sonst bräuchte ich nach all der Schleckerei dringend ein Bad. Meine Beine klebten bereits, und ich betrachtete Oskar misstrauisch. Noch einmal, und ich mache Theater, nahm ich mir vor.

»Sie sollten sich jetzt ausruhen und die nächsten Tage noch schonen, solange es Ihnen nicht besser geht. Ein paar Schritte an der frischen Luft schaden nicht, solange Sie sich nicht anstrengen. Müssen Sie mit dem Hund Gassi gehen, oder haben Sie jemanden, der Ihnen helfen kann?«

»Nein, nein, das wird schon gehen«, sagte sie, »hinter dem Haus haben wir einen kleinen Garten, da kann ich ihn für diese Zeit kurz herauslassen.« Sie lächelte mich an, doch ihr Gesicht nahm dann einen ganz traurigen Ausdruck an, und in dem Moment war ich froh, dass ich sie nicht wegen ihres geliebten Oskars zurechtgewiesen hatte. »Wissen Sie, früher haben meine Mutter und ich nie jemanden gebraucht und ziemlich zurückgezogen gelebt. Seit ihrem Tod ist es sehr schwierig geworden, in meinem Alter überhaupt neue Kontakte zu knüpfen. Ich kann ja auch keine Fremden ins Haus lassen, es passiert heutzutage so viel. Außerdem möchte ich niemanden stören.«

Wieder so ein einsamer Mensch, dachte ich. Frau Raisch tat mir richtig leid. Ich wollte gerade dazu ansetzen, ihr ein paar tröstende Worte zu sagen und ein paar Optionen zu nennen, um mehr sozialen Anschluss zu bekommen, als sie sich plötzlich umdrehte, um etwas aus einer Kommode zu holen. Sie drückte mir einen frankierten Briefumschlag in die Hand.

»Würde es Ihnen etwas ausmachen, Frau Doktor, mir das hier direkt bei der Post einzuwerfen? Es ist schon frankiert, und es wäre ganz wichtig, dass es noch rechtzeitig zugestellt wird.«

»Aber klar doch, das mache ich gerne für Sie«, sagte ich und wollte den Brief in meine Manteltasche stecken, als sie hinzufügte: »Da wird sich der Oskar freuen! Er bekommt nämlich alle Jahre wieder zu Weihnachten und zu seinem Geburtstag eine Karte. So weiß der kleine Kerl, dass jemand an ihn gedacht hat.« Ich warf einen kurzen Blick auf das Kuvert, das tatsächlich an »Oskar Raisch« adressiert war. Ich wunderte mich schon sehr und versuchte, die Fassung zu bewahren, ließ die Post in meine Manteltasche verschwinden und verabschiedete mich schleunigst. Hätte ich nicht geahnt, dass die ältere Dame sehr einsam war, wäre ich Oskar sicher weit energischer gegenübergetreten. So aber konnte ich ihr den Wunsch mit der Geburtstagspost nicht abschlagen.

Ein paar Jahre später starb Oskar im stolzen Alter von knapp siebzehn Jahren. Sein Frauchen lebte von da an mit fortgeschrittener Demenz im Altersheim.

Neuesten Studien zufolge geben 17 Prozent der Befragten in Deutschland an, also fast jede fünfte Person, sich oft oder ständig einsam zu fühlen. Frauen wie Männer sind gleichermaßen betroffen. Auffällig ist, dass sich das Phänomen Einsamkeit durch alle Generationen zieht und drei Altersgruppen besonders hervorstechen. In den Zwanzigern werden Zukunftspläne geschmiedet, was Stress, Ängste und Isolationsgefühle mit sich bringen kann. In Richtung Fünfziger stellt man sich und sein Leben oft wieder infrage, sodass eine klassische Midlife-Crisis ähnliche Gefühle und Frust auslösen kann. Erreicht man die Achtziger, können einem nicht nur gesundheitliche und finanzielle Probleme das Leben schwer machen. Auch der Verlust von Mitmenschen, die einem nahestanden, wirkt deprimierend und begünstigt Gefühle der Hoffnungslosigkeit und Einsamkeit.

So hatte diese dreiundfünfzigjährige Patientin, die mir Blumen brachte, alles richtig gemacht, als sie sich mir damals öffnete und über ihre Gefühle sprach. Gemeinsam versuchten wir, die Ursachen ihrer Einsamkeit zu ergründen und entgegenzusteuern.

Wie viele andere auch, hatte sie sich im Lauf der Jahre voll und ganz für ihre Familie und ihren Beruf aufgeopfert, ständig zurückgesteckt, anstatt ein bisschen an sich zu denken, während sie innerlich immer mehr verkümmerte und sich zunehmend von ihrem vorhandenen Umfeld isolierte.

Auf meine Frage, was sie denn gerne für sich tat, was ihr gefiel oder welche Hobbys sie hatte, lautete ihr damalige Antwort: »Was ich gerne tue? Das weiß ich gar nicht.« Für mich war das eine typische Antwort von jemandem, der seine eigenen Bedürfnisse unbewusst mit der Zeit vernachlässigt hatte und längst im Begriff war, zu vereinsamen.

Das zeigt, dass nicht jeder selbst definieren oder bestimmen kann, was ihn glücklich macht. Manche Menschen müssen es erst wieder lernen. Manchmal liegt meine Aufgabe darin, gemeinsam mit dem Patienten herauszufinden, was ihm guttut, ob musizieren, schwimmen, laufen, stricken oder auch schlicht gar nichts tun.

In diesem Zusammenhang spielt die Kraft der Gedanken eine wichtige Rolle, denn nachweislich kann sie sich auf den eigenen psychischen Zustand auswirken und das allgemeine Wohlbefinden beeinflussen. Positiv veranlagten Menschen fällt diese Aufgabe leichter als denjenigen, die ständig das Glas halb leer anstatt halb voll sehen.

Um ihrer stark empfundenen Einsamkeit zu entfliehen, schlug ich also dieser Patientin damals einige passende Lösungen vor, die ihren finanziellen Möglichkeiten entsprachen: eine Pilgerreise zu machen, ein Ehrenamt zu übernehmen, einen Tanzkurs zu besuchen oder sich aktiv in einem Verein zu engagieren. Da die Frau sich sehr für Literatur interessierte und eigentlich immer davon geträumt hatte, einen Gedichtband zu schreiben, fasste sie einen Kurs für kreatives Schreiben ins Auge. Um etwas mehr Abwechslung in ihr eintöniges Leben zu bringen, wagte sie bald darauf den Sprung ins kalte Wasser und buchte einen mehrwöchigen Kurs in Hamburg. Dort lernte sie schließlich ihren neuen Partner kennen. Doch viel wichtiger war, dass sie, indem sie etwas gewagt hatte, lernte, mehr Selbstvertrauen und Selbstliebe zu entwickeln.

An dieser Stelle möchte ich unterstreichen, wie wichtig es auch ist, keine Angst vor der Einsamkeit bzw. vor dem Alleinsein zu haben. Man sollte sich immer wieder regelmäßig Zeit für sich selbst nehmen, um Dinge zu tun, die einem Freude bereiten und glücklich machen, oder einfach nur nichts tun und die Seele baumeln lassen.

Mir hilft es in solchen Momenten, ein Buch in die Hand zu nehmen, weil ich gern lese und mich besonders Biografien begeistern können. Oder ich greife zum Pinsel und versuche in einem Bild meine Gefühle und Gedanken auszudrücken. Solche Momente des Alleinseins kann ich tatsächlich genießen, denn in Wahrheit fühle ich mich nicht allein, sondern koste die Freiheit des Augenblickes aus. Und da mir der Kontakt zu meiner Familie und meinem Freundeskreis sehr wichtig ist, kann es auch sein, wenn ich die Zeit habe, dass ich spontan bei ihnen anrufe und mich verabrede. Indem ich auf meine Bedürfnisse achte, lebe ich eine gesunde Balance aus Geselligkeit und Alleinsein. Für mich heißt das, Zeit für mich selbst zu haben. Der eine braucht mehr davon, der andere weniger.

Umgekehrt kann man aber auch jederzeit Menschen, bei denen man das Gefühl hat, dass sie einsam sind, eine Freude bereiten, indem man ihnen einen Kuchen oder einen Blumenstrauß vorbeibringt oder sie einfach anruft und fragt, wie es ihnen geht. Das ist ein ganz wichtiger Punkt im sozialen Miteinander unserer Gesellschaft, um Einsamkeit vorzubeugen oder sie zu reduzieren. Außerdem ist es ein schönes Gefühl, etwas von der eigenen Freude am Leben mit anderen teilen zu können.

Ein mühsamer Weg

Heike und ich hatten uns dieses Mal in Baden-Baden verabredet. Sie war schon am Tag zuvor hingefahren und blieb dort über Nacht. Wir wollten uns endlich einen schönen Tag zu zweit machen, das Museum Frieder Burda besuchen, durch die herrliche Lichtentaler Allee schlendern und danach eine Kleinigkeit essen gehen. Doch vor allem wollten wir einfach nur reden. Seit unserer gemeinsamen Reise nach Mallorca in den Faschingsferien war einiges passiert, und wir waren leider nur am Telefon dazu gekommen, uns ganz grob auf dem Laufenden zu halten. Die Zeit hatte uns nicht einmal für einen Kaffee irgendwo in Tübingen gereicht.

Dennoch hatte sie es zwischendurch geschafft, über ihre persönlichen Kontakte eine geeignete Pflegekraft für Heiners demente Frau zu finden. Die ausgebildete Krankenpflegerin war verwitwet und hatte in dem Bereich bereits sehr viel Erfahrung gesammelt. Als die leicht demente Frau, um die sie sich seit über elf Jahren gekümmert hatte, plötzlich verstorben war, hatte sie bei Heike angefragt, auf der Suche nach einer neuen Arbeitsstelle, am besten in einem privaten Haushalt. Das war also perfekt. Sofort vermittelte ich sie an Heiner.

Nach einem ausführlichen Anstellungsgespräch sagte er begeistert zu. Ich war Heike sehr dankbar, dass sie trotz ihrer eigenen Probleme daran gedacht hatte, und fühlte mich erleichtert, dem Mann und seiner kranken Frau dadurch etwas geholfen zu haben.

Ich war also froh, an diesem Wochenende wieder freizuhaben. Die Stadt war voll. Doch wir ergatterten einen ruhigen Platz im Kaffeehaus König. Es war ein herzliches Wiedersehen, und ich freute mich festzustellen, dass Heike nicht noch mehr abgenommen hatte und wieder normal aussah.

»Erzähle mir alles, wie geht es dir, oder eher, wie geht es euch und den Kindern?«, erkundigte ich mich, als wir Platz genommen hatten.

Egal, ob in einer Beziehung oder Freundschaft, der gegenseitige Austausch ist mir immer sehr wichtig. Jeder von uns hat Gefühle, Schwächen und schwierige Zeiten, die man unbedingt mit Freunden und Freundinnen teilen sollte. Durch gute Gespräche entsteht eine unglaubliche Nähe, und der gegenseitige Austausch schafft Ausgewogenheit. So bleibt die Freundschaft im Gleichgewicht.

»Es geht so«, sagte Heike. »Der erste Schock ist bei allen vorüber, und seit der Hiobsbotschaft sind schon wieder sechs Monate vergangen. Gregor hat auf mein Verlangen hin den Kindern erzählt, was geschehen ist, das habe ich dir ja schon erzählt. Mir war es wichtig, dass die Mädchen verstehen, warum ich manchmal mit verheultem Gesicht daheim herumlaufe oder plötzlich in Tränen ausbreche. Beide haben beim gemeinsamen Gespräch mit ihm ruhig reagiert, ich war so stolz auf sie. Als ich dazukam, sagten sie, die Entscheidung würde schließlich bei uns liegen, die würden sie akzeptieren, egal, wie sie ausfällt. Es würde nichts an ihrer Liebe zu uns ändern. Am Unterton aber habe ich ihre Enttäuschung genau gespürt. Ich weiß, dass sie sehr traurig waren. So etwas tut weh und belastet natürlich. Sie waren verletzt, vielleicht hatten sie auch Angst vor einer neuen Situation, die sie noch gar nicht einschätzen konnten. Aber die Mädchen tragen es mit Fassung und sind unheimlich lieb zu uns.

Ich selbst versuche, das Positive zu sehen. Spätestens jetzt wissen sie, dass in einer Ehe Arbeit steckt und hinter den Mauern nicht immer alles rosig ist, auch wenn es von außen anders aussieht.

Die Situation und das Gefühlschaos quälen mich aber immer noch sehr, obwohl Gregor und ich miteinander reden und reden, jeden Tag, stundenlang. Es ist echt komisch, auf der einen Seite könnte ich ihn auf der Stelle zum Teufel jagen und hätte nie gedacht, dass ich mir so etwas jemals bieten lassen würde, auf der anderen Seite sehne ich mich so sehr nach ihm, dass ich das Gefühl habe, nicht ohne ihn leben zu können. Wir schlafen sogar immer noch miteinander.«

»Schaffst du das?«, staunte ich. »Fällt es dir, nach allem, was war, nicht schwer?«

»Das kann ich nicht erklären. Das Gefühl, ihn zu verlieren, hat die Anziehungskraft zwischen uns intensiviert. Ich glaube, ihm geht es genauso. Der Sex ist dann wirklich schön und voller Liebe, das spüre ich. Er beteuert auch, dass er innerlich nie weg von mir gewesen sei oder je aufgehört hätte, mich zu lieben. Und erzählt mir immer wieder, dass es beim Fremdgehen schließlich nur um Sex gegangen sei, nicht um Liebe, beides würde er auseinanderhalten können, im Gegensatz zu mir. Das, Lisa, geht noch nicht in mein Hirn rein.

Sex mag für ihn nur Sex bedeuten, doch für mich hat es eine ganz andere Wertigkeit. Was mich betrifft, kann es keinen Sex ohne Liebe geben, und da kann mir niemand etwas von Differenzierung erzählen. Diesbezüglich habe ich meinen Standpunkt, auch auf das Risiko hin, dass unsere Ehe scheitert. Außerdem hat er mit ihr immer noch nicht Schluss gemacht.«

»Ja, weiß ich, das kann ich nicht fassen. Wie hältst du das denn um Himmels willen aus?«

»Die Affäre ist offensichtlich mehr als nur ein kleiner Seitensprung. Die zwei haben weiterhin einiges zusammen unternommen, wie ich nach einem Blick auf seine Kreditkartenabrechnung herausgefunden habe. Sie stehen wohl immer noch in engem Kontakt. Es gibt also Momente, wo sich alles richtig anfühlt, und andere, die mich verzweifeln oder vor Wut kochen lassen, besonders wenn ich bei ihm liege und mir vorstelle, dass eine andere Frau genau wie ich da liegt, den Kopf auf seiner Brust, ihn riecht und er ihre Haare sanft streichelt. Das ist tatsächlich kaum zu ertragen, und oft macht mich diese Achterbahn der Gefühle wahnsinnig. Trotzdem gibt es eine gute Nachricht: Ich habe schon ein paar hilfreiche Gespräche mit deiner Psychotherapeutin geführt und es geschafft, dass Gregor und ich gemeinsam zur Paarberatung gehen.«

»Das finde ich echt gut, damit zeigt er schon mal seinen guten Willen. Eure Beziehung ist ihm also wichtig. War er sofort einverstanden?« Sie lachte.

»Nein, was glaubst du denn, am Anfang hat er sich mit Haut und Haaren gewehrt. ›Wozu sollen wir mit wildfremden Leuten darüber sprechen? Es geht doch niemanden was an, das kriegen wir allein hin‹, sagte er. Konnte ich irgendwo verstehen, auch ich rede ungern über Privates und am wenigsten über die Tatsache, dass ich gehörnt wurde. Erst als ich das Wort Scheidung fallen ließ, da hat er auf einmal zugestimmt. Die Therapeutin sagte mir später, das sei für Männer typisch, weil sie den Besuch bei ihr nicht als Ansatz sehen, die Beziehung zu retten, sondern als Niederlage. Anscheinend verlieren Männer nicht gern.«

»Das ist nichts Neues«, bemerkte ich. Wir lachten. »Aber das zeigt auch, dass er dich auf keinen Fall verlieren möchte, wenn er eingewilligt hat«, tröstete ich sie weiter. Insgeheim bewunderte ich sie für ihre Geduld mit ihm und seiner Affäre, die längst mehr geworden war. Aber manchmal lohnte sich das Kämpfen, und von außen war das schwer zu beurteilen.

»Mag sein, allerdings könnten seine Beweggründe recht unterschiedlich sein«, unterbrach Heike meine Gedanken. »Im Internet habe ich nämlich gelesen, dass über sechzig Prozent der Männer, die eine Affäre haben, am Ende bei ihrer Frau bleiben. Sie sprechen da von partnerschaftlicher Sicherheit und vom Erhalt der Familie, besonders wenn Kinder da sind.«

In manchen Beziehungen scheint es auch ein unausgesprochenes Gesetz zu sein, dass eine Affäre, solange sie geheim bleibt, geduldet wird, dachte ich, denn mir fielen dazu direkt einige Beispiele ein.

»Diese Dinge scheinen doch am wichtigsten zu sein«, fuhr Heike fort. »Das klingt zwar tröstlich, gebe ich zu, auch wenn unsere Mädchen schon erwachsen sind. Wiederum bleiben manche Männer nur, weil sie finanzielle Bedenken haben, je nachdem, wie viel für sie auf dem Spiel steht und sie zu verlieren hätten. Ich schätze Gregor zwar nicht so ein, aber ich könnte mich auch täuschen, wie ich mich schon einmal in ihm getäuscht habe. Übrigens, weil wir es gerade davon haben, gestern war ich auch bei einem Scheidungsanwalt«, fuhr sie fort und fügte gleich hinzu, als sie mich hochzucken sah: »Keine Angst, rein informativ. Das erzähle ich aber nur dir. Ich wollte prüfen lassen, wie meine Aktien stehen, also wie meine Lage aussieht im Falle einer Scheidung, das ist alles.«

»Und? Ist alles gut, oder musst du dir Sorgen machen?«

»Nach so vielen Ehejahren, ohne Ehevertrag und mit der Zugewinnregelung stehe ich ziemlich gut da, das ist schon mal ganz beruhigend. Schließlich haben wir es beide zu etwas gebracht. Nur eine beiläufige Bemerkung vom Anwalt hatte es in sich: ›Wieder so eine naive Frau‹ – das Wort ›dumm‹ lag ihm auf der Zunge, das habe ich genau gemerkt –, sagte er fast vorwurfsvoll zu mir und hat nur den Kopf geschüttelt. Ich hätte die ganzen Jahre doch längst eine Kriegskasse einrichten sollen.«

»Kriegskasse, was meint er damit?«

»So nennt man im Fachjargon den heimlichen Notgroschen, den jeder Ehepartner unbedingt zur Seite schaffen sollte, weil Ehen oft nicht länger als vierzehn Jahre halten. Er konnte nicht glauben, dass wirklich jeder verdiente Cent von mir für unsere Familie gedacht war und ich nie für mich selbst vorgesorgt habe. Aber sei ehrlich, Lisa, denkst du an so was, wenn du liebst und voll vertraust?«

»Nein, auch weil ich seit der Erfahrung, mit neunzehn Jahren allein zwei Kinder zu versorgen, immer versucht habe, auf eigenen Beinen zu stehen und niemals mehr abhängig zu werden. Aber das ist eine ganz andere Situation. Das kann man nicht vergleichen mit einer Frau, die ihrem Mann den Rücken freihält und zu Hause bleibt, um die Kinder zu erziehen. Aber klar, einen Notgroschen zu haben, ist sicher etwas Beruhigendes.«

»Genau, um nach einer Trennung nicht mittellos auf der Straße zu stehen und sich noch verschulden zu müssen, um eventuell noch einen Anwalt zu zahlen. Insofern hat mich das Gespräch wachgerüttelt und mir die Augen geöffnet. Aber an Scheidung denke ich trotzdem nicht. Ich hoffe immer noch, dass wir es schaffen, auch wenn es für mich unheimlich schwer ist. Mit den Therapeuten – es ist ein Paar – sind wir erst seit einigen Wochen dran. Mal sehen, wie es sich entwickelt. Momentan arbeiten wir an meinem Selbstwertgefühl, das ziemlich im Keller lag. Ich sage mir also jetzt jeden Tag, wie toll ich bin«, sagte sie und zwinkerte mir zu.

»Und, seid ihr schon weitergekommen?«

»Ja, schon. An mangelndem Sex kann es nicht gelegen haben, eher am Mangel an Abwechslung bei der Sache über die Jahre. Die Lust auf Eroberung, der Zauber der Überraschung, das Gefühl, begehrt zu sein, das Vorspiel und das ganze Drumherum, das alles war in unserer Ehe eingefahren und nach und nach eingeschlafen, trotz Liebe zueinander. Sicher unabsichtlich und ohne, dass es uns überhaupt bewusst war.

Und nun tue ich mein Bestes und habe mir unter anderem nette Dessous gekauft, um wieder Schwung in die Kiste zu bringen, während er mich mit einem romantischen Wochenende in Florenz überrascht hat. Es lag schon Jahre zurück, als wir das letzte Mal etwas nur zu zweit unternommen haben. Und das war lange nicht alles. Kannst du dir vorstellen, dass, während ich die ganze Zeit zu Gregor hochgeschaut und ihn nur bewundert habe, er derjenige war, der zu mir hochgeblickt hat? Er hat mir aber nie gesagt, dass er mich bewundert oder stolz auf mich ist. Ich ihm übrigens auch nicht, weil ich dachte, das wüsste er. Irgendwann hat der Mann geglaubt, nicht gut genug für mich und mir unterlegen zu sein.«

»Wirklich? Warum denn das?«

»Weil ich immer alles super hingekriegt habe, egal, was oder wie schwer es war, ob Kindererziehung, seine Krankheit, die Firma. Oft musste ich hart bleiben, damit alles funktioniert, ich bin eben strukturiert und energisch. Aber bei ihm kam das offensichtlich anders an. Mit der Zeit hat er Minderwertigkeitskomplexe entwickelt, sich unsicher gefühlt und Streicheleinheiten gebraucht, jemanden, der ihn wieder lobt und ihm sagt, wie toll er ist. Das tue ich schon lange nicht mehr, in der Tat. So hat er es sich wohl woanders holen müssen.«

»Trotzdem ist es keine Entschuldigung für das, was er getan hat. Kannst du ihm das überhaupt verzeihen?«

»Weißt du, Lisa, das Verzeihen fiel mir in diesem Fall gar nicht schwer. Ich muss es dir besser erklären«, sagte sie, als sie mich staunen sah. »Meinem Onkel, der damals, als ich klein war, auf mich aufpassen musste und mich missbraucht hat, habe ich verziehen. Denn nur so konnte ich für mich selbst wieder nach vorn blicken, anstatt ein Leben lang Opfer zu sein. Für mich war das also selbstverständlich, dem Menschen zu verzeihen, der über zwei Jahrzehnte lang ein guter Ehemann und wunderbarer Vater für unsere Kinder war, verstehst du? Damit tue ich mir selbst etwas Gutes.« Ich nickte und überlegte, ob es funktionieren könnte, so rational mit dem Thema umzugehen. Allmählich konnte ich nachvollziehen, warum Heike damals diese Lösung für sich gewählt hatte.

»Was ich nicht akzeptieren kann«, fuhr sie fort, »ist das Lügen. Solange Gregor das tut und auch noch eine falsche Wahrnehmung von sich hat, wird das nicht funktionieren, das habe ich ihm auch klar gesagt.«

»Lügt er dich immer noch an? Reicht es ihm nicht, ein schlechtes Gewissen zu haben?«

»Das ist alles kompliziert. Er hat eine gewaltige Pechsträhne, glaube ich. Erst lässt er sich erwischen, dann flattert zufällig noch eine Arztrechnung von einem Urologen ins Haus für das Ausstellen eines Rezeptes. Rate mal für was: ›Erektile Dysfunktion‹ stand darauf. Und weißt du, was mich so angekekst hat, als ich ihn darauf angesprochen habe? Nicht, dass er fest geleugnet hat, der Patient auf dem Rezept zu sein – wirklich ein Witz, oder? Es war die Frechheit zu sagen, ich solle mich nicht so in seine Angelegenheiten einmischen, das sei schließlich ein *zu privates* Thema.« Ich schüttelte den Kopf, als ich das hörte. »Unglaublich, für wie naiv hält er dich denn? Arme Heike, du machst wirklich etwas durch.«

»Ich bin kurz ausgeflippt, kannst du dir denken«, fuhr sie fort, ohne die Fassung zu verlieren. »Der Herr nimmt sich eine Geliebte, bricht mir das Herz, wir versuchen ernsthaft eine weitere gemeinsame Zukunft in Betracht zu ziehen, die auch vorsieht, dass wir füreinander da sind, wenn wir alt sind – bei Hilfslosigkeit Hinternabputzen inklusive –, und er sagt, das sei zu *privat?!* Sag mir, Lisa, stimmt was bei ihm nicht, oder bin ich diejenige, die langsam spinnt?«

»Wenn er sich Viagra hat verschreiben lassen, dann wohl nur aus einem Grund.«

»Nein, sag mir lieber nichts dazu«, unterbrach sie mich und lächelte dabei. »Lass mich das einfach als positives Zeichen sehen und mir vorstellen, dass er mit der anderen langsam überfordert ist und Hilfsmittel braucht. Das baut mich auf. Wenn er seine Alte daheim nicht mehr will, kriegt er wenigstens die Junge nicht mehr ohne die Blauen.« Mir fiel fast das Wasserglas aus der Hand. Ihr Sarkasmus war traurig und erfrischend zugleich. Wieder musste ich lachen.

»Das ist wirklich eine ungewöhnliche Einstellung, finde ich, Heike. Aber was hast du vorhin gemeint, mit der falschen Wahrnehmung von sich?«

»In Florenz sind wir durch die netten Gassen geschlendert. Da kam uns ein Paar entgegen, fein gekleidet, Hand in Hand und turtelnd. Er hatte eine dicke Wampe, kaum Haar und war bestimmt um die sechzig oder sogar drüber. Sie war wesentlich jünger, ich schätze unter dreißig, und auch ganz hübsch. Also eine Konstellation, wie man sie sonst kennt und die für mich nicht der Rede wert war. Da sagte aber Gregor plötzlich vor sich hin: ›Schau an, wieder so ein alter Sack mit einem jungen Ding‹. Ich musste schlucken, meine gute Laune war im Eimer. Bevor ich kehrtmachte und stramm wieder in Richtung Hotel zurücklief, habe ich Klartext gesprochen: ›Zwischen dir und diesem alten Sack gibt es nur zwei Unterschiede, mein Schatz: die Glatze und der Bauch. Zwischen deiner Tussi und dir liegen auch fast dreißig Jahre, nebenbei bemerkt.‹ Das hat gesessen.

Beim Abendessen war die Stimmung entsprechend eiskalt. Den Vorfall hat er nicht weiter kommentiert. Ich hatte sowieso keine Lust auf Konversation. ›Ich sehne mich einfach nach Normalität‹, sagte er schließlich beim Dessert, ›können wir nicht wie früher miteinander umgehen?‹ Meine Antwort kannst du dir denken. ›Hättest du keinen Scheiß gebaut, hättest du sie, deine verdammte Normalität!‹ Das war heftig, weiß ich, noch nie habe ich ihn mit so einem roten Kopf gesehen. Er war dunkelrot wie die Tischdecke, ist aufgestanden und in Richtung Toilette geeilt, um sein Gesicht mit kaltem Wasser abzukühlen, bestimmt zehn Minuten lang.«

»Sein Blutdruck ist in die Höhe geschossen, der Arme, das ist auch nicht gesund. Heike, hör mir jetzt bitte zu: Auch wenn es dein gutes Recht ist, deine tiefen Verletzungen zu verdauen und deine Megawut rauszulassen, versuche, nicht zu explosiv zu sein. Nicht, dass dein Mann noch einen Herzinfarkt bekommt«, riet ich ihr, »da hast du auch nichts davon.« Sie sah mich ernst an und nickte.

»Okay, ich werde es versuchen, versprochen. Am nächsten Tag ging es dann nach Hause. Mittlerweile reden wir wieder normal miteinander. Aber wie du siehst, es ist ein Auf und Ab zwischen uns.«

»Das wird bestimmt noch eine Weile dauern, bis sich alles wieder einrenkt, aber auf jeden Fall ist es einen Versuch wert. Bleibt bitte dabei und habt Geduld«, empfahl ich ihr. »Wichtig ist, dass du, oder besser gesagt ihr wieder glücklich werden könnt. Offensichtlich lohnt es sich in deinem Fall zu kämpfen, aber du musst auch auf dich achtgeben. Nicht alles ist okay, und manchmal sind die Grenzen dessen erreicht, was man noch ertragen kann.«

»Ich pass schon auf. Es ist zwar nicht meine Lieblingsbeschäftigung, fremden Menschen meine intimsten Gefühle mitzuteilen und in unserer Beziehung nach potenziellen Fehlern zu suchen, besonders wenn die Welt für mich bisher in Ordnung war, aber ich merke, dass es etwas bringt. Die Paarberater gehen sachlich und einfühlsam vor, sie sind nicht so emotional aufgeladen wie wir. Aber jetzt genug von mir, wie geht es dir, und was gibt es Neues?«

Da meine Beziehung mit Michael noch ziemlich frisch war und ich alles langsam angehen lassen wollte, hatte ich die Nachricht nicht großartig verbreitet. Bisher wussten nur meine Kinder, dass es einen neuen Mann in meinem Leben gab. Da Heike aber fragte und es ihr trotz ihrer Probleme wichtig war, wie es mir ging, wollte ich ihr meine Neuigkeiten nicht vorenthalten. So erzählte ich ihr von der gemeinsamen Reise mit Michael nach Rom. Sie hörte mir gespannt zu und lächelte über das ganze Gesicht.

»Ich spüre, dass er jetzt der Richtige für mich ist. Seither fühle ich mich befreit und offen für ein neues Leben gemeinsam mit ihm, auch wenn ich mir trotzdem Zeit lassen möchte. Es ist zwar noch zu früh, und ich brauche noch ein bisschen Zeit, aber ich glaube, dass wir zusammen alt werden können.«

»Und jetzt kannst du neue Zukunftspläne zu zweit schmieden, richtig?«, sagte sie. »Ich freue mich total für dich, dass du so einen tollen Mann kennengelernt hast!«

Es war schon kurz nach Mittag geworden. Wir ließen uns die Rechnung bringen und beschlossen weiterzuziehen, um den schönen Sommertag einfach zu genießen. Die Zeit gehörte heute uns allein.

Wir liefen erst in Richtung Museum, doch auf halbem Weg drehten wir mit großem Gelächter spontan um, um uns lieber mit neuen Klamotten eine kleine Freude zu machen.

Abends fuhren wir wieder nach Hause, glücklich und entspannt.

Prioritäten setzen

Abwechslung bekomme ich auch in manchen Situationen, mit denen ich konfrontiert werde und die so verrückt sind, dass sie sogar mich kurz sprachlos machen. So wie in der folgenden Geschichte.

Jahre schon kam er in meine Praxis. Armin lebte in Tübingen und hatte ein kleines Tabak- und Schreibwarengeschäft im Nachbarkreis, wie es heutzutage nur noch wenige gibt. Die Kunden kamen nicht nur, um Zeitschriften und Zigaretten zu kaufen. Viele verbrachten fast gewohnheitsmäßig geraume Zeit in seinem Laden, nur um sich mit ihm zu unterhalten, dankbar, eine Anlaufstelle für den täglichen Plausch zu haben oder um sich Freud und Leid von der Seele zu reden. So war er immer bestens über alles informiert.

Agnieszka, seine Frau, wollte partout nicht im Laden mithelfen. Daheim hatte sie ein kleines Atelier und stellte Silberschmuck her, den sie gelegentlich auf Straßen- oder Weihnachtsfesten anbot. Sie lebte in ihrer eigenen Welt und hatte damit scheinbar ihr gutes Auskommen. Schon seit längerer Zeit hatte Armin täglich eine junge Angestellte im Geschäft, die ihn unterstützte. Die Ehefrau duldete Marie trotz ihrer Neigung zur Eifersucht, da sie froh war, nicht selbst aushelfen zu müssen. Regelmäßig hatte es deshalb Streit gegeben, aber Agnieszka weigerte sich immer mit den Worten: »Ich bin und bleibe Künstlerin.«

Im Gegensatz zu Armin war Marie eher zurückhaltend, doch wenn man die beiden sah, wirkten sie wie ein eingespieltes Team. Niemals hätte ich vermutet, dass sich hinter dieser Harmonie eine kleine Tragödie verbarg. Eines Morgens stand er vor mir in der Praxis, unangemeldet und mit bleichem Gesicht.

»Hättest du heute bitte Zeit für mich, Lisa, so zwischendurch?«, fragte er leise, als ich ihn im Flur erblickte. Im Wartezimmer wartete schon jemand. »Du musst mich unbedingt untersuchen. Ich kann gern warten, aber mir geht es total schlecht, ich weiß nicht mehr, was ich tun soll. Mein Tinnitus plagt mich wieder, das Ohrensausen geht nicht mehr weg. Seit Tagen kann ich auch nicht mehr schlafen, aber das ist mehr dieser blöde Schwindel und die üblen Kopfschmerzen, die mich verrückt machen. Die Energie ist weg, ich bin so von der Rolle und völlig am Ende. Und ich muss noch arbeiten.«

Da es das erste Mal war, dass er über derart massive körperliche Beschwerden klagte, bat ich ihn sofort ins Sprechzimmer, schloss die Tür hinter uns und maß etwas besorgt den Blutdruck.

»Wann und womit hat es angefangen?«, erkundigte ich mich.

»Vor einigen Tagen«, antwortete er und senkte den Blick, »eigentlich als meine Frau ausgezogen ist. Sie hat einfach ihre Sachen gepackt und ist gegangen, ohne ein Wort zu verlieren.«

»Ausgezogen?«, staunte ich. »Warum ist sie gegangen? Was ist passiert? Hat sie gar nichts gesagt?« Er schüttelte den Kopf.

»Das kann doch nicht sein, man geht doch nicht einfach so, ohne etwas zu sagen«, merkte ich an. Hier stimmte etwas nicht, ich musste herausfinden, was genau es war. Er schüttelte wieder den Kopf. Sein Blutdruck war in der Tat sehr hoch. »Du kannst mir ruhig sagen, was vorgefallen ist, Armin, das würde dir und mir helfen.«

Langsam begann er zu erzählen. Seit zwei Jahren hatte er ein heimliches Verhältnis mit seiner Angestellten Marie. Als dieser vor einem halben Jahr die Wohnung gekündigt wurde, hatte er sie sofort bei sich in die Einliegerwohnung einziehen lassen, wie er betonte, natürlich erst nach Rücksprache mit seiner Frau. Sie lebten also gewissermaßen zu dritt unter einem Dach. Vor einigen Tagen war Agnieszka nach Köln gefahren, um dort an einem zweitägigen Kurs für Schmuckanfertigung mit Steinfassungen teilzunehmen. Offensichtlich war der Zug kurzfristig ausgefallen. Sie kehrte unerwartet und unbemerkt nach Hause zurück.

»Marie streifte sich gerade das Kleid über den Kopf, und ich war noch in Unterhosen, als sie die Schlafzimmertür aufriss und vor uns stand«, schilderte er die Situation, einen etwas ungläubigen Ausdruck im Gesicht. »Mir ist fast das Blut in den Adern gefroren, so hasserfüllt hat sie mich angestarrt. Das kenne ich gar nicht von ihr. So wie sie kam, ihre Reisetasche noch in der Hand, hat sie sich auf dem Absatz umgedreht und das Haus sofort verlassen.« Vermutlich hätte ich das in dieser Situation genauso gemacht, immer noch besser, als auszurasten, dachte ich.

»Marie und ich standen da, beide unter Schock, und wussten nicht, was wir tun sollten.« Ich schwieg, nickte und enthielt mich jeglichen Kommentars. Er befand sich wohl in einer emotional komplizierten Lage, und mich wunderte es jetzt nicht mehr, warum er seither einen hohen Blutdruck hatte, ihn starke Kopfschmerzen plagten und sich seine Frau wortlos auf dem Absatz umgedreht hatte.

»Agnieszka hat erst nichts mehr von sich hören lassen. An ihr Handy ging sie auch nicht ran, ich bin wahnsinnig geworden«, fuhr er fort. »Weißt du, Lisa, auch wenn ich spüre, dass sie seit Jahren schon keine Lust mehr auf mich hat und bei uns im Bett nichts mehr läuft, liebe ich sie. Ohne meine Frau kann ich nicht leben, so einfach ist es, aber einen Ausgleich brauche ich auch, und den gibt mir halt Marie.« Er sah mich verlegen und traurig zugleich an.

Da hatten wir das Thema Berührungen wieder, dachte ich. In einer gut funktionierenden Beziehung oder Ehe gehört so viel dazu. Denn neben dem Vertrauen und der Zuneigung oder Liebe zwischen zwei Menschen, neben der seelischen Nähe durch Aufmerksamkeit und Gespräche spielt Körperkontakt nach wie vor eben eine wichtige Rolle. Dieser Mangel kann irgendwann dazu führen, dass sich der vernachlässigte Partner das, was ihm fehlt, woanders holt. Das sollte man sich zumindest bewusst machen. Der Austausch von Zärtlichkeiten ist nämlich ein Grundbedürfnis, das dazu beiträgt, eine Beziehung aufrechtzuerhalten. Das ist meistens so, und Armin war das beste Beispiel dafür.

Viele Fragen kamen mir dennoch in den Sinn. Hatten er und seine Frau vielleicht verschiedene Auffassungen von Nähe? Welchen Stellenwert hatte Sex für sie? Woran konnte die Unlust seiner Frau liegen? In meine Praxis kamen immer wieder Frauen, die keine

Lust mehr auf Sex verspürten und seit Jahren ihren Partner nicht mehr angefasst hatten.

Die Ursachen sind vielfältig und bedürfen der Hilfe von Fachleuten, um genau erfasst zu werden. Auslöser für eine sexuelle Funktionsstörung können Angstzustände sein, Stress – zum Beispiel im Beruf, in der Familie oder in der Beziehung – oder einfach Müdigkeit. Auch in den Wechseljahren können sich hormonelle Veränderungen auf den Körper und die Psyche auswirken und das weibliche Selbstwertgefühl verändern. Organische Symptome wie Muskel- und Bindegewebsschwäche, Myome oder eine Endometriose können den Sexualakt unangenehm werden lassen. Inkontinenz oder Blasenschwäche können zudem Schamgefühle erzeugen und somit zu einer psychischen Belastung werden und Frauen die Lust auf Sex verderben. Ebenso chronische Erkrankungen wie eine Über- oder Unterfunktion der Schilddrüse und rheumatoide Arthritis, um nur einige zu nennen, können ihren Teil dazu beitragen.

Manchmal kann aber auch der Partner selbst womöglich die Ursache dieser Unlust sein. Kommt ein Mann in die Jahre, lässt nachweislich seine Potenz, damit aber nicht zwingend die Qualität des Liebesaktes nach. Urologisch betrachtet, beginnt der männliche Alterungsprozess bereits zwischen dreißig und vierzig Jahren. Ab fünfzig ist mindestens jeder dritte Mann von einer abnehmenden Potenz betroffen. Wird ihm dies in der Partnerschaft bewusst, leidet das Selbstwertgefühl. Als Folge kann es dazu kommen, dass er sich selbst unter Leistungsdruck setzt, während Versagensängste aufkommen und die Enttäuschung beiderseits wachsen kann. Wenn man darüber nicht offen miteinander spricht, schadet es womöglich der Beziehung. Die Lust kann verschwinden, während die Angst, beim nächsten Mal wieder zu versagen, bleibt. Ein Teufelskreis, den man schwer durchbrechen kann, selbst bei eng vertrauten Paaren. Rund 70 Prozent der Frauen und fast 20 Prozent der Männer simulieren laut Studien den Höhepunkt, manche aus Angst, den Partner zu kränken, andere, um »es« schneller hinter sich zu bringen.

Hatte Routine im Lauf der Zeit bei Armins Ehe zu einem Gefühlsdefizit und zu allmählichem körperlichem Desinteresse am anderen geführt? Wie viel war ihnen ihre Beziehung wert, und hatten sie ihre eigenen Bedürfnisse überhaupt kommuniziert?

Wenn er seine Frau liebte, hätte er nicht eine einvernehmliche Lösung finden können, statt praktischerweise seine Geliebte ins Haus zu holen und das Risiko einzugehen, eines Tages erwischt zu werden? Nach Agnieszkas Reaktion war anzunehmen, dass sie von seinen Seitensprüngen nichts wusste, oder unbewusst doch?

Wie es dazu kam, dass es bei ihnen zu dieser Situation gekommen war, konnte und wollte ich nicht beurteilen. Das war definitiv ein Fall für einen Paar- oder Psychotherapeuten. Außerdem stand es offen, ob seine Ehefrau nach dieser Verletzung bereit war, sich auf eine weitere gemeinsame Zukunft einzulassen oder nicht. Ich klärte den Schwindel bei ihm ab und wollte gerade etwas sagen, als er fortfuhr: »Marie ist viel zu jung für mich, das weiß ich. Es ist nur eine Frage der Zeit, dass sie sich einen anderen suchen wird. Ich hatte ehrlich nie vor, sie an mich zu binden, aber mittlerweile möchte sie auch nicht gehen, sie liebt mich so sehr«, beteuerte er. »Dann gestern Abend kam eine SMS von meiner Frau: ›Ich kann nicht mehr, ich will nicht mehr. Mein Leben hat keinen Sinn, es ist vorbei, leb wohl!‹ Muss ich Angst haben, dass sie sich etwas antut? Was soll ich jetzt machen?«

Bei seiner Aussage schossen mir sofort einige Gedanken durch den Kopf. Natürlich konnte ich den Zustand seiner Frau so nicht beurteilen. Die Menschen reagieren in solchen Situationen unterschiedlich. Die Polizei kann im Notfall ein Handy orten, das hatte ich schon mehrmals erlebt, wenn jemand vermisst wurde.

»Du solltest bitte so schnell wie möglich mit der Polizei Kontakt aufnehmen, wenn du keine Idee hast, wo sie sein könnte«, riet ich ihm und verschrieb noch ein Präparat gegen den hohen Blutdruck. Danach rief ich selbst bei der Rettungsleitstelle an, um auszuschließen, dass seine Frau von einem Rettungswagen ins Krankenhaus gebracht worden war. Draußen warteten die Patienten geduldig im

Wartezimmer. Ich wünschte Armin gute Besserung und bat ihn nochmals dringend, sofort nach seiner Frau zu schauen und in den nächsten Tagen wieder in die Praxis zu kommen.

Mehrere Tage vergingen. Ich hörte und sah dann nichts von ihm, bis ich ihn auf dem Weg zum Einkaufen des Wegs kommen sah, eng umschlungen mit seiner Frau. Ich traute meinen Augen nicht und wunderte mich, wie manche Menschen ihre Probleme verdrängen und so tun konnten, als ob nichts wäre. So schnell kann sich alles vermeintlich lösen, dachte ich. Ein paar Tage später kam er schließlich wieder in die Praxis, dieses Mal gemeinsam mit Agnieszka.

Sein Blutdruck war wieder normal und der Schwindel wie weggeblasen. Beide hatten entschieden, zusammen für drei Wochen nach Panama in den Urlaub zu fliegen, wofür sie einen Hepatitis-A-Schutz brauchten. Marie sollte in der Zwischenzeit das Geschäft weiterführen und sich nach einer neuen Bleibe umsehen. Wenn sie zurückkämen, wären dann alle Probleme aus der Welt geschafft, erzählten sie mir voller Zuversicht. Ob das alles so einfach ging, fragte ich mich, sagte aber nichts, denn ich wollte ihnen nicht gleich die Hoffnung nehmen. Eins musste ich aber noch loswerden: »Tut euch und mir bitte einen Gefallen, geht zur Paarberatung. Auch wenn jetzt alles geklärt scheint, so eine Situation hinterlässt Spuren und entsteht nicht von heute auf morgen. Deshalb ist es wichtig, die Erlebnisse aufzuarbeiten. Das geht am besten mit professioneller Hilfe.« Beide nickten dankbar und verließen Hand in Hand meine Praxis. Ich sah ihnen nach und war schon mal gespannt, wann und wie sie das nächste Mal kommen würden, ob Arm in Arm oder hasserfüllt.

Irgendwo tat mir Marie leid. Aber vermutlich war das auch eine Chance für sie, ihr eigenes Leben zu leben und aus dieser Dreiecksbeziehung herauszukommen. Immerhin war sie fünfunddreißig Jahre jünger als Armin und hatte noch einiges vor sich. Ich hoffte, dass diese Erfahrung bei keinem von ihnen zu tiefe Narben hinterlassen würde. Letztendlich standen bei mir als Ärztin die allgemeine Gesundheit und das Wohl meiner Patienten immer im Vordergrund. Dennoch wusste ich auch, dass sich nicht jeder mit Problemen auseinandersetzen kann oder will, und wenn doch, dass manchmal merkwürdige Lösungen daraus hervorgehen können.

Wie ich Monate später von Armin erfuhr, hatten sich die drei schließlich auf einen Kompromiss geeinigt oder eher gesagt sich klare Prioritäten gesetzt.

Wie von ihr verlangt, hatte er seiner Frau das Eigenheim als Sicherheit für sie überschrieben. Ob es der Preis für ihre Würde war, vermochte ich nicht zu beurteilen. Marie hatte er eine kleine Wohnung in der Nähe gekauft. Sichtlich zufrieden, arbeitete die junge Frau weiter im Laden und hielt den beiden so den Rücken frei, sollten sie mal in den Urlaub fliegen wollen. Natürlich sei eine Paartherapie völlig überflüssig geworden, wie er sagte, denn beide Frauen gäben jetzt Ruhe.

In der Tat. Nun in finanzieller Sicherheit gewogen, stellte eine glückselige Agnieszka ihren Silberschmuck weiterhin im Haus her, während Armin sie, wie gewünscht, in Ruhe ließ, um sich bei Bedarf Streicheleinheiten bei Marie zu holen. Es war zwar eine kuriose Beziehungskonstellation, doch scheinbar funktionierte es so für sie. Ihre Probleme hatten sie an der Oberfläche gelöst. Wenn sie damit klarkamen und niemandem Schaden zugefügt wurde, war es auch in Ordnung.

Schließlich konnte jeder für sich selber entscheiden, wie er mit so einer Situation umgeht, was ihm scheinbar guttut und welchen Anspruch er an seinen Partner stellt. Was für den einen ein No-Go ist, wird für den anderen erträglich und überhaupt kein Thema sein.

Jedenfalls klagte Armin seither nur noch über sein linkes Hüftgelenk, wenn er gelegentlich in die Praxis kam.

Eine schwere Rolle

Manchmal werde ich gefragt, ob ich immer neutral bleiben kann. In der Regel versuche ich dem Patienten gegenüberzutreten, ohne sein Tun zu bewerten oder zu verurteilen, da es so viele verschiedene Lebensformen, Einstellungen, Herausforderungen und Belastungen gibt, die ich oft so schnell gar nicht alle überblicken kann. Aber natürlich habe ich auch klare Maßstäbe für mein Handeln und folge einer Berufsethik. Dazu zählen Werte wie soziale Gerechtigkeit, Menschlichkeit und soziale Verantwortung. Es gibt immer wieder Fälle, in denen diese ethischen Grundüberzeugungen gefragt sind.

Im Notdienst wurde ich einmal zu einem Fall häuslicher Gewalt gerufen. Eine junge Frau war von ihrem Partner geschlagen worden. Beide lebten in einem Häuserblock, der als sozialer Brennpunkt gilt – ja, auch so etwas gibt es in Tübingen. Ein Nachbar hatte die Polizei gerufen, weil die Schreie des zerstrittenen Paares die Lautstärke seines Fernsehers übertönten, seinem Gefühl nach etwas zu lange schon. Die Wohnung befand sich im dritten Stock.

Als mein Rettungsassistent und ich eintrafen, öffnete uns ein Polizeibeamter die Tür. Ein muffiger Geruch aus Schweiß und Nikotin schlug uns entgegen. In einer Ecke lagen verstreut leere Cola- und Bierdosen. Der Teppichboden war übersät mit Flecken, und auf dem Tisch standen mehrere überquellende Aschenbecher. Eine übergroße Dartscheibe voller Pfeile hing an einer Wand. Die Wand über dem Sofa zierte ein vergilbtes Plakat von Bob Dylan. Auf dem Sofa lagen Kleidungsstücke herum, mittendrin saß eine junge Frau mit angezogenen Beinen. Ihr schwarzer Lidstrich unter den Augen war durch Tränen völlig verschmiert. Mit zittrigen Händen versuchte sie, sich mit den Tabakresten aus einer Packung eine Zigarette zu drehen.

Während ein weiterer Polizeibeamter einen Mann im Rippshirt vernahm, untersuchte ich sie. Sie hatte mehrere Prellungen. Eine

Platzwunde an der Stirn hatte sie sich wahrscheinlich durch die Tischkante, die noch Blutspuren trug, zugezogen.

»Was ist passiert?«, fragte ich. Sie zündete sich die Zigarette an, nahm einen tiefen Zug, blies den Rauch in die Luft und schwieg zuerst.

»Sind Sie mit dem Kopf an die Tischkante gefallen? Waren Sie bewusstlos, oder können Sie sich daran erinnern, was passiert ist? Es ist für mich wichtig, dass Sie mir sagen, was genau geschehen ist, damit ich Ihnen richtig helfen kann.« Sie fing an zu weinen.

»Gestern Abend bin ich etwas später nach Hause gekommen. Ich war mit einer Freundin unterwegs. Heute Morgen hatte er deswegen schon total schlechte Laune. Er ist sehr eifersüchtig. Er hat mich angebrüllt, und als ich nicht gleich Tabak holen gehen wollte, ist er ausgerastet.«

»Was hat er genau getan?«

»Er hat mich an den Haaren gepackt, gegen meine Oberarme geschlagen und mich mit den Füßen getreten. Obwohl ich laut geschrien habe, hat er nicht aufgehört. Dann hat er mich so gestoßen, dass ich mit dem Kopf gegen den Tisch gefallen bin.« Sie wischte sich die Tränen ab. »Ich halte es nicht mehr aus. Ich möchte hier weg, wenn ich nur wüsste, wohin.«

»In Tübingen und Umgebung gibt es mehrere Frauenhäuser, wo Sie liebevoll aufgenommen werden von Frauen, die genau für solche Fälle da sind. Damit kenne ich mich sehr gut aus, weil ich früher häufig für die Frauenhäuser tätig war.« Sie sah mich hoffnungsvoll an. »Als Allererstes müssen wir Sie aber ins Krankenhaus bringen, um die Platzwunde am Kopf nähen zu lassen und sicher zu sein, dass nicht noch mehr passiert ist. Wenn Sie möchten, werde ich mit dem Arzt in der Klinik sprechen, und dort wird alles Weitere veranlasst.« Sie nickte dankbar.

Der Rettungswagen war inzwischen eingetroffen und brachte die Frau ins Krankenhaus.

Da der Mann sich durch die Schläge eine leichte Verletzung an der Hand zugezogen hatte, bat mich die Polizei, ihn mir auch noch anzuschauen. Ihm war klargemacht worden, dass er sicher mit einer Anzeige rechnen musste.

Während ich mir die Hand ansah, sprach er mich an.

»Doktor, du kannst mir helfen«, sagte er und sah mich wie ein reumütiger Hund an.

»Wobei soll ich helfen?«, wunderte ich mich.

»Kannst du mit denen hier reden?« Er zeigte zu den Polizisten hin. »Heute hatte ich einen schlechten Tag. Meine Freundin wollte mir keinen Tabak holen, dann sagte die noch, dass sie mich verlassen will. Da kann doch einem mal die Hand ausrutschen. Die verstehen das nicht.«

Auch ich verstehe das nicht, da kann es keinen Zweifel geben. In Fällen wie diesen muss ich nicht lange überlegen, natürlich muss erst mal dem Opfer geholfen werden – auch über die unmittelbare Bedrohung hinaus. Selbstverständlich behandle ich auch die Person, die gewalttätig wurde, aber ich sage ihr unmissverständlich meine Meinung. Zu sehr erinnern mich solche Geschichten an die Situation, in der ich mich als Minderjährige befand.

Damals hatte es nicht lange gedauert, bis der Vater meiner beiden ersten Kinder gewalttätig geworden war. Neben den verbalen Entgleisungen hatte er mehrfach nicht davor zurückgeschreckt, mich zu schlagen und zu treten, einmal sogar, als ich sein Kind im Bauch trug – das war ein Erlebnis, das ich auch niemals vergessen werde. Als ich dann noch entdeckte, dass er harte Drogen nahm, trennte ich mich. Ich war gerade neunzehn.

Wahrscheinlich hätte ich das schon viel früher machen sollen, doch war ich da selbst noch ein Kind. In diesem Alter besaß ich die nötige Reife nicht. Außerdem hatte ich weder die Kraft noch die Möglichkeiten, mit der Situation angemessen umzugehen. Meine Zukunft schien zu diesem Zeitpunkt eher aussichtslos und dunkel, vor allem als ich mit siebzehn Jahren allein auf der Straße stand.

Aus diesen schwierigen, teilweise traurigen Zeiten habe ich viel gelernt. Heute bin ich glücklich und stolz, meine vier tollen Kinder zu haben und meinen Traumberuf ausüben zu dürfen. Jeder Mensch kann in so eine schwierige Situation geraten. Wichtig ist nur, möglichst schnell da rauszukommen, sich nicht aufzugeben und sich notfalls Hilfe zu holen.

Das Gute an meiner ersten gescheiterten Liebesbeziehung war am Ende die Erkenntnis, die ich aus der Trennung gewann und die für mich prägend wurde: Jedes Mal, wenn ein Mensch geschlagen wird, ist es einmal zu viel. Außerdem wusste ich, wie schwierig es sein konnte, sich aus einer gewalttätigen Beziehung zu befreien, deshalb habe ich bis heute großes Verständnis für solche Frauen.

Die misshandelte Patientin, erfuhr ich später, war nach ihrer Genesung in einem Frauenhaus untergekommen. Mit Unterstützung von Sozialarbeiterinnen und eines Psychologen schaffte sie anschließend den Absprung aus ihrer toxischen Beziehung. Es hätte ja auch ganz anders kommen können. Oft sind Opfer von häuslicher Gewalt seelisch zerrissen. Einerseits wollen sie der ihnen zugefügten Qual unbedingt entkommen, andererseits fallen sie immer wieder auf die Entschuldigungen und Versprechungen ihres Peinigers herein, dass er sich ändern und es sich nie mehr wiederholen wird. Kommt eine Versöhnung zustande, geht meistens irgendwann alles wieder von vorn los.

Ich freute mich also für die junge Frau und war gleichermaßen erleichtert, dass keine Kinder im Spiel gewesen waren. Sicher wären die traumatischen Folgen verheerend gewesen.

Ich habe bei diesem und anderen Fällen gelernt, dass es verschiedene Formen häuslicher Gewalt gibt. Sie kann, wie hier geschildert, körperlich sein, aber sie kann auch sexueller oder psychischer Natur sein. Dabei werden die Opfer immer wieder – nicht selten vor anderen – durch Worte erniedrigt, eingeschüchtert, beschimpft, gedemütigt, bedroht oder sogar mit finanziellem Druck sozial isoliert. Manchmal werden sie auch dauerhaft ignoriert. Den Tätern geht es bei diesem Psychoterror um Macht und Kontrolle.

Egal, um welche Variante es sich handelt, Gewalt verursacht schwere und oft unvorhersehbare psychosomatische Schäden, sowohl bei Erwachsenen als auch bei Kindern. Menschen, die in ihrer

Kindheit regelmäßig Gewalt, in welcher Form auch immer, ausgesetzt waren, können später nachweislich Depressionen, Aggressionen, Ängstlichkeit, Schlaf- oder Verhaltensstörungen sowie Defizite in der Sprachentwicklung entwickeln, nur um einige drastische Beispiele zu nennen. Wenn diese Menschen älter sind, folgen sie zudem häufig den schädlichen Mustern aus ihrer Kindheit. So entsteht eine Spirale aus erlittener und ausgeübter Gewalt, die nur schwer durchbrochen werden kann.

In diesem Zusammenhang erinnere ich mich an eine nicht alltägliche Situation, die ich vor nicht allzu langer Zeit aufgrund meiner Freundschaft zu Isa erlebte. Isa ist eine erfolgreiche Schriftstellerin und kommt ursprünglich aus Frankreich, doch lebt sie seit Langem mit ihrem Mann Stephan bei uns in der Nähe. Wir kennen uns schon viele Jahre und haben einige Urlaube zusammen verbracht.

Ein Paar aus ihrem engen Freundeskreis kannte sich bereits aus der Schulzeit. Aus dieser Ehe waren mittlerweile vier Kinder hervorgegangen, die entweder noch studierten oder gerade einen Beruf erlernten. Beide Partner waren Mitte fünfzig und gelegentlich auf Veranstaltungen oder privaten Festen anzutreffen.

Nathalie, immer top gepflegt und hübsch gekleidet, stammte aus einer traditionellen, gut situierten Konditorenfamilie, die ihre Wurzeln in Italien hatte. Als Einzelkind aufgewachsen, war sie sehr kontaktfreudig, um nicht extrovertiert zu sagen, mehr als ihr Gefährte Andreas, der eher ruhig, zuvorkommend und charmant war. Er selbst schien gut zu verdienen. Wie Isa mir beiläufig erzählte, musste Nathalie nie arbeiten, während er als Techniker und Topvertreter für Haushaltsgeräte einer Weltmarke meistens in Süddeutschland unterwegs war, um seinen großen Kundenstamm zu betreuen. Insgesamt machten die beiden einen harmonischen und ausgeglichenen Eindruck auf ihr Umfeld.

Obwohl Andreas kein Patient von mir war, hatte er sich einmal auf Isas Rat hin wegen wiederkehrender Müdigkeit bei mir vorgestellt. So hatte ich ihn von Kopf bis Fuß durchgecheckt. Die Werte zeigten keine Auffälligkeiten. Organisch war der Mann offenbar völlig gesund. Nachdem er mir noch bestätigte, dass sein Hausarzt keine Depression oder sonstige psychische Erkrankung hatte feststellen können, schrieb ich seine Müdigkeit und die gelegentliche Niedergeschlagenheit dem beruflichen Stress und den vielen anstrengenden Autofahrten zu.

Dann eines Abends klingelte es an meiner Tür. Ich war allein im Haus. Corinne hatte längst Feierabend gemacht. Moni und Benjamin waren am Tag zuvor mit Kind und Kegel in den Urlaub gefahren. Nachdem sich Andreas an der Sprechanlage kurz ausgewiesen hatte, drückte ich auf den Öffner und staunte nicht schlecht, als ich ihn erblickte, zittrig und weiß wie die Wand, ein blutiges Stofftaschentuch an seine Stirn haltend. Den Spuren auf seinem Gesicht nach zu urteilen, musste er auch Nasenbluten gehabt haben.

»Entschuldige, Lisa, ich weiß, es ist schon spät, aber ich habe mich etwas verletzt. Könntest du bitte kurz danach schauen?«, bat er leise. »Zu dir habe ich Vertrauen.« Kurz wunderte ich mich, dass er mich einfach duzte, dachte dann aber, was soll's, passiert sowieso laufend, als er fortfuhr: »Ich war ja schon mal bei dir.« Selbstverständlich bat ich ihn sofort herein und führte ihn in den ersten Stock, um die Kopfwunde zu begutachten und zu versorgen. Mit sichtbarer Erleichterung nahm er Platz auf der Patientenliege.

»Der Kopf wird stark durchblutet, deswegen dauert es eine Weile, bis es aufhört zu bluten. Schließ einfach die Augen«, beruhigte ich ihn und bereitete vorsichtshalber eine Infusion vor, falls sein Kreislauf noch wegbrechen würde. Er schien erschöpft zu sein.

»Was ist passiert?«, fragte ich ihn, während ich die Verletzung untersuchte. »Hast du einen Unfall mit dem Auto gehabt oder nur eine Glastür übersehen? Tut dir ansonsten noch etwas weh?« Oberhalb der Stirn hatte er sich eine saubere, zentimeterlange Schnittwunde zugezogen. In Anbetracht der umgebenden Schwellung und des Nasenblutens vermutete ich, dass er sich an einem scharfen Gegenstand wie Glas gestoßen haben musste. Die Wunde würde ich nach dem Desinfizieren allerdings nur mit Steri-Strips versorgen müssen. Ich war froh, dass es nicht so schlimm war, wie es zuerst ausgesehen hatte, und wartete auf seine Erklärung. Doch plötzlich, statt meine Frage zu beantworten, noch mit geschlossenen Augen, brach er in Tränen aus.

»Ich muss weg, Lisa, ich muss weg, bitte hilf mir!«, wimmerte er. Kurz bekam ich es mit der Angst zu tun. Hatte er gerade einen Unfall verursacht, jemanden womöglich verletzt und voller Panik Fahrerflucht begangen? Ich kannte ihn ja kaum. Als Allererstes musste ich herausfinden, was genau passiert war. Befand sich da draußen vielleicht jemand in einer hilflosen Situation, während wir hier miteinander redeten? In einem Moment wie diesem ist es wichtig, Ruhe zu bewahren, sich zu konzentrieren und keine Zeit zu verlieren.

»Ganz ruhig, Andreas, ich bin für dich da und werde dir helfen, versprochen. Erzähl mir jetzt bitte mal genau, was passiert ist und wo das war.«

Seine Antwort auf meine Fragen ließ mich kurz sprachlos werden. Ich musste weder Rettungsdienst noch Polizei verständigen, sondern uns beiden erst mal einen starken Kaffee holen.

Andreas stammte aus einer Einwandererfamilie. Seit ihrer Ankunft in Deutschland arbeiteten seine Eltern in einer Fabrik und lebten mit ihren vier Kindern in einer Sozialwohnung. Leider war der älteste Sohn auf die schiefe Bahn geraten, was der Familie regelmäßige Polizeibesuche bescherte und neben dem reizbaren Gemüt des Vaters auch ein Grund war, dass Schläge und Geschrei an der Tagesordnung waren. Ständig beschuldigten sich beide Elternteile gegenseitig des Scheiterns.

Mehr als einmal drohte die Mutter, alle zu verlassen. Andreas wuchs in dieser zerrissenen Atmosphäre auf. Er zog sich früh zurück und verbrachte seine Kindheit und Jugend, ohne groß aufzufallen, allerdings mit dem tiefen Wunsch, so früh wie möglich von zu Hause wegzukommen und von da an ein Leben frei von Gewalt zu führen.

Nathalie besuchte dieselbe weiterführende Schule wie er. Als sie ein Liebespaar wurden, ging sein Wunsch augenscheinlich in Erfüllung. In ihrer Familie fühlte er sich willkommen und geschätzt, ein neues Gefühl. Bald zogen die beiden zusammen. Dem Gerücht, dass seine Freundin in früheren Jahren nach einem gescheiterten Selbstmordversuch in psychiatrischer Behandlung war, schenkte er keinerlei Beachtung. Auch nicht der Bemerkung seines gut aufgelegten Schwiegervaters bei der Hochzeit: »Endlich sind wir unser Problem losgeworden.«

Bald darauf begannen sich die Dinge zu verändern. Das erste Kind war unterwegs. Nathalies Bedürfnis nach Aufmerksamkeit nahm immer mehr zu, was er als Liebe und Zuneigung interpretierte. Ihre wiederkehrenden Gemütsschwankungen, die den Alltag allmählich prägten, schrieb er dem veränderten Hormonstoffwechsel zu. Auch nach der Geburt allerdings schwankte ihre Stimmung nur noch zwischen himmelhoch jauchzend und zu Tode betrübt. Besonders wenn sie wie aus heiterem Himmel anfing zu weinen, ihm von ihrer Angst erzählte, eines Tages betrogen oder verlassen zu werden, um sich anschließend sein Versprechen zu holen, dass er so etwas niemals tun würde, fühlte er sich geliebt wie nie zuvor und endlich von jemandem gebraucht. Sein Beschützerinstinkt war geweckt. Außerdem durfte man ihn nicht mit anderen vergleichen. Er war doch ein Ehrenmann und kein Versager.

Andreas lebte nur für sie, für ihre Eltern, für ihre Freunde. Neben der Arbeit erfüllte er mit einer Engelsgeduld jeden ihrer Wünsche, egal, ob es darum ging, einzukaufen, Reparaturen am Haus ihrer Eltern zu erledigen oder Leute zu bekochen, die sie spontan am Wochenende einlud. Gekonnt bestimmte sie sein ganzes Leben. Am Ende hatte er selbst niemanden mehr aus seinem alten Freundeskreis. Zu seinen Familienangehörigen hatte er keinen Kontakt, auch weil sie es so wollte. Nur die Kinder waren da, deren Erziehung sie ihm bald überlassen hatte, weil es ihr zu anstrengend wurde.

Die rosa Wolke hatte sich längst in ein Grau verfärbt. Wann die Beziehung ihre Balance verlor, wo die Gewalt genau anfing und weshalb, das alles spielte keine Rolle mehr. Andreas hatte das alles nicht nur zugelassen, weil er sich eigentlich Frieden wünschte. Seine Ablehnung jeglicher Aggressivität hatte bei seiner Frau gerade das Gegenteil bewirkt und deren eigene Aggressivität befeuert.

Ihren anfänglichen Nörgeleien folgten ständige Beschimpfungen, Demütigungen, Ohrfeigen und Schläge, sogar vor den Kindern. Wenn Andreas sie zur Vernunft bringen wollte, drohte sie mit Selbstmord und erinnerte ihn an sein Versprechen. Dabei setzte sie ihre Tränen ebenso ein wie ihre weiblichen Reize.

Der Mann ließ sich alles gefallen und wehrte sich nie, drei Jahrzehnte lang. Das war wohl der Preis, den er für seine Gewaltlosigkeit zu zahlen bereit war.

Seine Arbeitswoche war anstrengend gewesen. An diesem Abend hatte sich Andreas geweigert, am Wochenende noch eine Party auszurichten. Geschirr war durch die Luft geflogen. Eine Porzellanplatte hatte ihn voll im Gesicht erwischt …

Das war wohl der Tropfen zu viel. So wie er war, ohne ein Wort mehr zu verschwenden, schnappte er sich seinen Autoschlüssel und fuhr weg. Auf einer Raststätte machte er kurz halt, dann beschloss er, mich aufzusuchen, um seine Wunde versorgen zu lassen. Wie Isa mir jüngst erzählte, ist er mittlerweile geschieden.

Aktuelle Studien zu häuslicher Gewalt liefern klare Zahlen. Es ist bekannt, dass die Täter aus allen sozialen Schichten und Altersgruppen stammen und in mehr als 80 Prozent der erfassten Fälle Männer häusliche Gewalt ausüben. Dennoch wäre es falsch anzunehmen, dass nur Frauen Opfer sind, wie der Fall von Andreas zeigt.

Die Errichtung von Männerschutzwohnungen oder sogenannten Familienhäusern in manchen Teilen Deutschlands, vor allem aber die zunehmende Zahl von Hilfsangeboten zeigt, dass auch hier Bedarf besteht.

Mit dem Tod ist nicht zu spaßen

Die Chemotherapie von Walter galt erst mal als abgeschlossen. Zwischendrin war er in regelmäßigen Abständen zur Kontrolle in die Praxis gekommen, um sich direkt danach von Judith mit dem Auto abholen zu lassen. So konnten sich die beiden sehen und wertvolle Zeit miteinander verbringen.

Er hatte es mittlerweile sogar geschafft, mich eines Morgens mit einem Stück Wildschweinfilet – von seiner Frau Else filetiert und vakuumiert – zu überraschen. Mit stolzgeschwellter Brust hatte er noch kurz geschildert, wie er das Tier ohne große Mühe erlegt hatte. Zu wissen, dass er in seinem Zustand sein Versprechen unbedingt halten wollte, berührte mich dieses Mal sehr. Meine Reaktion ließ ihn vor Freude strahlen.

Seine Werte waren nach wie vor miserabel, und er sah jetzt wie ein Strich in der Landschaft aus, dennoch überraschte mich seine positive Ausstrahlung. Der Mann war ein Kämpfer, und diese Treffen taten seiner Seele definitiv gut.

Obwohl Judith die Situation klar erfasste, spürte ich auch, wie sehr sie daraus Kraft und Hoffnung schöpfte. Dennoch stellte sie mir keine Fragen mehr. Ich beließ es dabei, wissend, dass sie inzwischen die Hilfe einer Psychotherapeutin in Anspruch nahm.

In der Regel kann ich gut abschalten, wenn ich mal eine Pause mache. Doch Schicksale wie das von Walter beschäftigen mich oft noch bis in die Nacht, manchmal träume ich sogar davon, so nahe geht mir das, was ich dabei erlebe.

In diesem Fall war ich erstens mit Judith befreundet, und zweitens musste ich mehr oder weniger hilflos mit anschauen, wie Walters Leben langsam zu Ende ging.

Dabei musste ich an Frau Dietrich, eine Patientin von mir, denken. Die zweiundsechzigjährige Frau war psychisch krank. Bei jeder Kleinigkeit rief sie den Arzt oder Notarzt an. Neulich war ich an der Reihe.

»Ich spucke die ganze Zeit wahnsinnig viel Blut, kommen Sie bitte sofort! Ich muss sterben!«, schrie sie ins Telefon. Auf meine Nachfrage, was denn vorgefallen sei, sagte sie panisch: »Ich habe dauernd die ganzen Hände voll Blut!«

Ich ließ alles stehen und liegen und fuhr sofort zu ihr. Schon als sie mir die Tür öffnete, sah ich, dass es gar nicht so schlimm sein konnte. Am Ende stellte sich heraus, dass sie ein bisschen Nasenbluten gehabt hatte, das aber schon längst vorbei war. Normalerweise fiel ich auf derartige Aktionen von ihr nicht mehr herein. In der Regel konnte ich gut differenzieren, ob sie übertrieb oder nicht. Sie hatte mich schon mehrfach an meine Grenzen gebracht. Einmal kam ich später zu ihr als ausgemacht, da ich bei einer Reanimation war.

»Ich warte schon länger auf sie«, begrüßte sie mich vorwurfsvoll.

»Ich komme eben von einer Wiederbelebung.«

»Aber mir geht es auch schlecht!«, war ihr einziger Kommentar.

Ausnahmsweise war ich wirklich sprachlos.

Dieses Mal schilderte sie mir ihre Symptome so klar, dass ich ihr die Situation deutlich vor Augen führen musste. Ich erklärte ihr, dass, wenn sie mich wegen solch einer Bagatelle anrufen und so übertreiben und falsche Dinge behaupten würde, kein Mensch mehr käme. Sollte sie eines Tages dann wirklich schwer krank sein, würde sie keiner mehr ernst nehmen.

Um das zu unterstreichen, schilderte ich ihr eine Geschichte aus meiner Kindheit, die meine Tante Hanna öfter erzählte. Zwei Kinder hatten ihrer Mutter immer wieder zugerufen: »Es brennt, es brennt!« Zigmal hatte sie ihnen erklärt, dass man so etwas nicht einfach behaupten darf. Eines Tages schrien sie wieder, dieses Mal aus dem Kinderzimmer im oberen Stock: »Mama, es brennt!« Die Mutter reagierte nicht und ignorierte die Hilferufe. Während man die Frau noch in letzter Sekunde retten konnte, schafften es die Kinder nicht mehr. Beide verbrannten.

»Am liebsten wäre ich tot, ich will sowieso sterben«, wiederholte Frau Dietrich.

»Hören Sie bitte auf, so etwas zu sagen. Es gibt so viele Menschen, die keine Wahl haben, ob sie leben oder sterben wollen. Die müssen sterben. So etwas sagt man nicht leichtfertig. Und Sie wollen auch nicht wirklich sterben, sonst hätten Sie mich nicht geholt.«

In dem Moment sah sie mich an wie ein kleines Kind, nickte mit dem Kopf und sagte: »Entschuldigung, ich tue es nicht mehr.« Ich wusste genau, das würde höchstens einige Tage anhalten.

Natürlich war Frau Dietrich psychisch krank, und zu ihrem Krankheitsbild gehörte auch, dass sie mit dem Tod kokettierte. Wenn ich in solch einem Moment an Walter dachte, fiel es mir schwer, besonnen zu bleiben.

Auch wenn Frau Dietrich seit Jahren behauptete, sterben zu wollen, war sie nicht suizidgefährdet. Ein Mädchen aber, das neulich nur einmal seinen Freundinnen angekündigt hatte, dass es so nicht weitermachen könne, hatte sich tatsächlich kurz darauf vor den Zug geworfen.

Entgegen allen Annahmen werden die meisten Suizidversuche nicht in der kalten und dunklen Jahreszeit begangen, sondern im Frühjahr und Sommer, wenn die Sonne scheint, die Menschen fröhlich sind und das Leben genießen. Bei depressiven Personen verstärkt womöglich diese positive Stimmung die Wahrnehmung ihrer eigenen sozialen und emotionalen Defizite und kann zu einer Verzweiflungstat führen.

Was für ein krasser Gegensatz war das, dachte ich. Während die einen hungrig nach Leben sind und sich an jeden Strohhalm klammern, sehnen sich die anderen nach dem Tod und setzen ihrem Leben ein Ende. Auch Beziehungsprobleme können Suizidgedanken auslösen.

So hatte ich vor nicht allzu langer Zeit eine achtunddreißigjährige Patientin in der Praxis, die mir von ihrer fünf Jahre älteren Schwester erzählte. Die war depressiv und litt ebenfalls seit vielen Jahren unter einem angeborenen Diabetes. Weil die übergewichtige Frau von Natur aus ziemlich schüchtern und wegen ihres Gewichts bisher oft zurückgewiesen oder gemobbt worden war, hatte sie gehofft, endlich die große Liebe im Internet finden zu können.

Auf einem Dating-Portal lernte sie einen charmanten Mann kennen. Mit jedem Chat wuchsen Verbundenheit und Vertrautheit. Sie war sich sicher, den Richtigen gefunden zu haben, zumal es beim ersten Treffen keine bösen Überraschungen gegeben hatte. Man hörte schließlich so viel von den Gefahren auf Single-Börsen, von Identitätsdiebstahl über Stalking bis hin zu Erpressung, Vergewaltigung oder gar Mord.

In ihrem Fall entsprach der Kandidat genau seinem Profilbild, er war zuvorkommend und vom Auftreten her bodenständig. Mit Zärtlichkeiten hatte er sich auch genügend Zeit gelassen, für sie ein Zeichen von Respekt. Wenn sie zusammen ausgingen, bestand er immer darauf, sie einzuladen. Nach ein paar Monaten wurden die beiden ein Liebespaar. Mit der Zeit sprach er sogar von Heirat.

Kein Dreivierteljahr später war die Frau um ihre gesamten Ersparnisse gebracht worden und der Mann wie vom Erdboden verschluckt. Ihr vermeintlicher Traumprinz hatte sich leider als polizeibekannter Heiratsschwindler entpuppt. Voller Scham wegen ihrer Blauäugigkeit zeigte sie ihn dennoch an, wie es einige seiner früheren Opfer auch getan hatten.

Am Ende aber blieb eine völlig verunsicherte Frau zurück. Das wenige an Selbstwertgefühl, das sie meinte besessen zu haben, war restlos zerstört worden. Abgesehen von dem großen finanziellen Schaden, den sie erlitten hatte, hinterließ die schmerzhafte Erfahrung tiefe seelische Wunden. Mehrfach spielte sie in der Folgezeit mit Suizidgedanken, und es dauerte lange, bis sie wieder ins normale Leben zurückfand.

Dieser schockierende Fall hatte mich ziemlich ernüchtert, denn auch wenn Dating-Portale für mich selbst bisher nicht unbedingt infrage gekommen waren, um einen neuen Gefährten zu finden, hatte ich diese Form der Partnersuche wiederholt schon meinen Freundinnen oder Bekannten empfohlen.

Der schöne Schein auf diesen Seiten kann im Einzelfall sehr trügerisch sein. Deshalb ist hier immer höchste Vorsicht geboten, um sich vor Erfahrungen zu schützen, die schlimme Folgen bis hin zum Suizid haben können. Da hilft es, wenn man ein paar Grundregeln beherzigt. Vor allem sollte man nicht allzu viele persönliche Daten preisgeben, gar Kopien von privaten Dokumenten schicken. Es wird empfohlen, das Profil sowie die Bilder des potenziellen Wunschkandidaten – oder der Wunschkandidatin – soweit es geht zu überprüfen, zum Beispiel, ob sie bereits woanders verwendet wurden.

Ungereimtheiten oder Widersprüche in den Aussagen, Grammatik- und Rechtschreibfehler, ständige Ausreden für ein Treffen wegen unerwarteter Vorkommnisse oder die strikte Ablehnung eines Gespräches vor einer Kamera sollten uns aufmerksam werden lassen. Von ›Deepfake‹ sollte man schon mal gehört haben, also vom Fälschen von Bildern oder Videos, indem fremde Gesichter über die ursprünglichen gelegt werden oder in Videos sogar ganze Körperbewegungen simuliert werden. Bei Audioaufnahmen wiederum werden Menschen andere Worte in den Mund gelegt.

Geldangelegenheiten und Freundschaftsdienste, wie Pakete in Empfang zu nehmen oder aufzubewahren, sind ebenso tabu.

Beim erstmaligen Treffen sollte man jemandem aus seinem Freundeskreis sowohl den Ort des Treffens als auch die Telefonnummer der Person, die man trifft, unbedingt im Voraus mitteilen. Als Frau sollte man sich in einem öffentlichen Raum wie beispielsweise einem Kaffee oder Restaurant treffen, statt einen Waldspaziergang zu machen. Wichtig ist, von allem Abstand zu nehmen, was irritierend oder merkwürdig erscheint. Es geht im schlimmsten Fall um das Leben, das sollten wir dabei nicht vergessen.

Große Irrtümer und einfache Wahrheiten

Es war im Juli. Ich tastete in der rechten Brust nach dem Knoten. Vor knapp einem Jahr war ich deshalb zur Krebsvorsorgeuntersuchung gegangen. Der Befund war negativ. Sonografie und Mammografie waren unauffällig, und ich wurde aufgefordert, erst in einem Jahr wiederzukommen. Damit gab ich mich zufrieden. Aber in letzter Zeit hatte ich den Eindruck, dass der Knoten größer geworden war, so ging ich erneut zu meiner Gynäkologin.

Am selben Tag noch wurde eine Biopsie gemacht, obwohl die Mammografie erneut unauffällig gewesen war. Zwei Tage später erhielt ich telefonisch das Ergebnis: Brustkrebs – ziemlich aggressiv. Um eine Chemotherapie würde ich nicht herumkommen.

Mir stockte der Atem. In dem Moment wusste ich nicht, was alles noch auf mich zukommen würde, nur eins war mir klar: Die Uhr tickte jetzt, und bei dieser Art von Tumor hatte ich eine schlechte Prognose.

Meine Kinder waren die Ersten, die davon erfuhren. Als ich ihnen die Hiobsbotschaft verkündete, brach für sie eine Welt zusammen. Sofort ließen sie alles stehen und liegen und taten für mich, was sie nur konnten. Ich spürte ihre große Liebe und Fürsorge. Beides begleitete mich in ganz besonderer Weise die nächsten Wochen. Sie versuchten nun jede Minute mit mir zu verbringen und kümmerten sich um vieles, um mich so gut wie möglich zu entlasten.

Auch Rezzo war erschüttert, als ich es ihm offenbarte. Er hatte Angst, dass ihm die tückische Krankheit womöglich seine langjährige, treue Freundin wegnehmen würde. Er war fassungslos und sehr besorgt.

Am schlimmsten aber war es, die Nachricht Michael mitzuteilen. Wie für mich, so war der Befund auch für ihn ein unglaublicher Schock. Wir beide hatten bereits angefangen, gemeinsame Zukunftspläne zu schmieden. Eines Tages wollte er nach Tübingen ziehen und mit mir unter anderem im Wohnmobil die Welt erkunden. Von einer Heirat hatte er sogar schon gesprochen. Ja, eigentlich wollten wir zusammen alt werden, und jetzt … Eben noch frisch verliebt, hatten wir plötzlich mein mögliches Ende vor Augen. Wie schnell alles vorbei sein konnte, dachte ich.

Als wir beide abends im Bett lagen und ich nicht schlafen konnte, weil mir tausend Gedanken durch den Kopf gingen, bot ich ihm an, unsere Beziehung zu beenden. Ich wollte ihm nicht zumuten, mich in den Tod begleiten zu müssen. Er umarmte mich fest und schüttelte den Kopf.

»Das kommt gar nicht infrage. Niemals würde ich dich jetzt im Stich lassen.« Ich war gerührt, und zum ersten Mal kamen mir die Tränen. Tief im Herzen war ich froh über seine Reaktion.

Gut eine Woche später stand der OP-Termin an. Meine Familie und Freunde kümmerten sich alle rührend um mich. Von allen Seiten wurden mir Trost, Verständnis und Unterstützung entgegengebracht. Trotzdem hatte mich eine Todesangst befallen. Dass der Tumor schon größer und aggressiv war, ging mir nicht aus dem Kopf, ich wusste, was das bedeutete.

Anfang August, kurz nach der ersten Operation, war ein zweiter Eingriff nötig, da nicht alles komplett entfernt worden war. Es war eine furchtbare Zeit, denn ich musste mich jetzt neben meinem Praxisalltag mit Fragen der Praxisvertretung, einer Patientenverfügung und dem Thema Perücke beschäftigen. Zwischen beiden Operationen hatte ich fast die ganze Zeit weitergearbeitet, zwar deutlich weniger, aber ich konnte die Praxis ja nicht einfach schließen. Gelegentlich half mir Nicole, eine Kollegin, die zu dieser Zeit in der Klinik angestellt war.

Es war mir zudem wichtig, meinen Patienten die Wahrheit zu sagen. In meinen Augen hatten sie ein Recht darauf. Es wäre schlimm für mich, eines Tages vor ihnen zu sitzen, krank, verändert und mit einer Perücke auf dem Kopf.

Kurz nach dem zweiten Eingriff – es waren inzwischen fast drei Wochen vergangen – stellte sich heraus, dass mein Befund verwechselt worden war. Die Biopsie war einfach in der Pathologie vertauscht worden. Zwar hatte ich Krebs, aber in einer weit harmloseren Form als gedacht. Als Therapie genügte eine anschließende Bestrahlung, eine Chemotherapie war nicht nötig. Diese Prognose war deutlich besser als die erste.

Als ich von diesem Irrtum erfuhr, wusste ich nicht, ob ich nun noch mehr schockiert war als beim Verkünden der ursprünglichen Diagnose. Vor allem war ich sehr wütend. Ganze drei Wochen hatte ich mich mit meinem möglichen Tod auseinandersetzen müssen, nur weil jemand geschlampt hatte. Dann fiel mir ein Stein vom Herzen, ich war einfach nur erleichtert, wie auch mein ganzes Umfeld. Und langsam vergaß ich meinen Zorn.

Verwechslungen waren menschlich und konnten passieren, nur in der Medizin konnte das zu fürchterlichen Folgen führen. Ich hatte noch mal Glück gehabt.

Wenn Michael in Frankfurt arbeiten musste, begleiteten mich entweder meine Kinder oder Rezzo zur Bestrahlung.

Als die abgeschlossen war, flogen Michael und ich für zehn Tage nach Mallorca. Es war Mitte Oktober. Ich hatte mir geschworen, in Zukunft nicht mehr so viel zu arbeiten und besser auf mich zu achten. Das tat ich auch, so gut es ging. Im Urlaub war ich aber oft müde und erschöpft. Die Operationen, die Bestrahlung, aber vor allem die psychische Belastung hatten mir zugesetzt, mehr, als ich gedacht hatte.

Eines Nachmittags saßen wir beide auf der Plaza Mayor, da bekam ich das Gefühl, gleich vom Stuhl zu fallen. Mir tat jeder einzelne Muskel weh, und ich spürte die kleinste Bewegung. Abends waren wir mit Jan und Anna verabredet. Die beiden hatte ich schon eine Weile nicht mehr gesehen, aber in dem Moment war mir nur noch nach Hinlegen und Schlafen. Wir tranken aus, zahlten und fuhren zurück in unsere Finca. Ich legte mich hin und schlief fest. Sanft weckte mich Michael später und strich mir liebevoll über die Stirn. Ich war froh, bei ihm einfach schwach sein zu dürfen.

»Magst du aufstehen, Schatz, oder soll ich den beiden absagen?«

»Nein, ich bin nicht mehr so kaputt wie vorhin. Lass uns die Verabredung halten, ich freue mich sehr darauf.«

Gemeinsam verbrachten wir dann einen wunderschönen Abend. Wir unterhielten uns angeregt über unsere Familien, die Kinder, über unsere Pläne und Träume. Meine Gliederschmerzen waren beinahe vergessen.

Trotzdem merkte ich in den nächsten Wochen noch, wie sehr mich die Krankheit geschlaucht hatte. Diese schlimme Phase meines Lebens war für uns alle eine harte Erfahrung, die unsere Kräfte beanspruchte und wieder mal zeigte, dass wir in schwierigen Situationen einfach alle füreinander da waren und uns aufeinander verlassen konnten.

Ich werde diese Zeit nie vergessen. Und erneut bestätigte sich, wie wichtig es ist, nicht allein durchs Leben gehen zu müssen. Sowohl in schönen wie auch in schwierigen Zeiten sind Familie und Freunde etwas Unersetzliches. Gerade in einer Notsituation wie der meinen können sie einem unheimlich viel Kraft und Zuversicht geben. Man fühlt sich getragen und weniger hilflos. Wie jeder neue Atemzug, der mir täglich geschenkt wurde, wusste ich das alles sehr zu schätzen.

Von allen Seiten, ganz besonders von meinen Angehörigen so gut aufgefangen zu werden, war alles andere als selbstverständlich, wie mir kurze Zeit darauf klar wurde.

Ein paar Wochen später kam ein Patient zu mir in die Praxis, um sich Blut abnehmen zu lassen. Er war Heilpraktiker, ich kannte ihn bisher nur vom Sehen. Der Mann war gerade fünfundvierzig geworden, verheiratet und hatte zwei Töchter im Alter von zwölf und fünfzehn Jahren.

Vor anderthalb Jahren war ein malignes Melanom, sogenannter Schwarzer Hautkrebs, bei ihm diagnostiziert worden. Trotz sofortiger Operation und quartalsmäßig durchgeführten Kontrollen hatte der Krebs innerhalb der letzten drei Monate stark gestreut. Wie er selbst wusste, verschlechterte das seine Prognose deutlich.

Abgesehen von der schlimmen Erkrankung stimmte mich seine

Antwort auf meine wichtigste Frage besonders traurig: »Wie geht es Ihnen damit?«

»Mein größtes Problem ist es, dass ich für meine Familie stark sein muss, weil die alle zusammengebrochen sind und ich damit beschäftigt bin, sie zu trösten und aufzubauen.«

»Dabei bräuchten Sie jetzt diese Kraft für sich selbst.«

»Ich habe immer für meine Familie gesorgt und war grundsätzlich für sie verantwortlich, wissen Sie. Alle medizinischen Angelegenheiten habe ich gemanagt. Damals, als unsere Tochter eine schwere Essstörung entwickelt hatte, war auch ich derjenige, der sich um alles gekümmert und viele Gespräche mit den Therapeuten und innerhalb der Familie geführt hat. Nun bin ich schwer krank und sie sind es einfach gewohnt, dass ich der Starke bin, der alle Probleme löst. Das kann ich ihnen nicht einmal verdenken, weil ich es so vorgelebt habe.« Ich nahm ihn in den Arm.

»Das kann ich sehr gut verstehen, aus eigener Erfahrung. Auch ich habe vor einigen Monaten eine anfänglich schwerwiegende Krebsdiagnose bekommen. Die Welt ist für mich erst mal zusammengebrochen. Es ist schwierig, den Lebensmut zu behalten, wenn man vom Fach ist oder medizinische Vorkenntnisse hat, sich der ganzen Gefahren bewusst ist und auch die Prognose kennt. Aber man darf nicht aufgeben. Es lohnt sich zu kämpfen. Das Wichtigste ist, jeden Tag, der einem geschenkt wird, zu nutzen und wertzuschätzen.«

Dankbar und ermutigt, weil er mit jemandem reden und über seine Sorgen und Ängste sprechen konnte, verabschiedete er sich und verließ die Praxis.

Ich blieb zurück und überlegte, was für ein unsagbares Glück ich besaß, dass meine Familie in der Situation, als ich Brustkrebs hatte und die Prognose zuerst schlecht aussah, von mir keinerlei Stärke erwartet hatte. Stattdessen waren sie alle verständnisvoll und einfühlsam mit mir umgegangen. Das hatte mir in dieser Zeit unheimlich viel Kraft und Hoffnung gegeben.

Der Patient tat mir unglaublich leid. Ich wünschte ihm insgeheim, dass seine Familie in eine neue Rolle hineinwachsen würde, um ihm die Unterstützung zu geben, die er in der Zeit, die ihm vermutlich noch blieb, so dringend brauchte. Denn er galt als unheilbar krank.

Ein überraschender Besuch

Es war Freitagnachmittag, und die Praxis hatte eigentlich schon geschlossen. Corinne war noch damit beschäftigt, die letzten Blut- und Urinproben für diesen Tag zu richten. Bald würde sie der Bote abholen und zum Labor bringen.

Ich war hochgegangen und hatte mir einen Latte macchiato gemacht, den ich ganz für mich allein auf meinem kleinen Balkon genießen wollte. Danach würde ich mich auf den Weg zu den nächsten Hausbesuchen machen. Es war ein herrlicher Herbsttag. Die Platane vor dem Haus hatte langsam angefangen, eine gelb-rostbraune Färbung anzunehmen. In der warmen Sonne sah sie einfach wunderschön aus.

Da hörte ich es klingeln. Wahrscheinlich war es der Bote, dachte ich. Doch bald darauf vernahm ich eilige Schritte auf meiner Treppe. Corinne schaute herein.

»Sorry, wenn ich stören muss, Lisa«, sagte sie, »aber unten steht Felix. Er ist nicht allein und sagte, es sei wirklich sehr dringend. Er scheint auch ganz schön durch den Wind zu sein. Könntest du bitte kommen?« Ich setzte sofort meine Tasse ab und eilte nach unten, in der Annahme, dass dem Jungen seit der letzten Drogen-Geschichte etwas Schlimmes passiert sei. War er vielleicht aus dem Internat geflogen? Würde sein Vater jetzt doch Stress machen? Oder hatte er durch seine ADHS-Erkrankung wieder eine schwer kontrollierbare Phase, womöglich noch, weil er nicht auf meinen Rat gehört und wieder gekifft hatte?

Ich staunte nicht schlecht, als ich ihn im Flur erblickte, an der Hand eine mir unbekannte junge Frau. Aufgrund ihres Teints und ihrer schwarzen Haarpracht musste sie südländische Wurzeln haben, dachte ich. Das Mädchen hatte geschwollene, gerötete Augen, während Felix ziemlich blass aussah. Ich ließ die beiden ins Sprechzimmer und schloss gleich die Tür hinter uns.

»Ja, hallo, Felix, wie geht es dir, und was führt euch hierher?«, eröffnete ich das Gespräch.

»Ich weiß nicht, womit ich anfangen soll«, antwortete er, während er die zittrige Hand des Mädchens nicht losließ und auf seinem Stuhl ständig hin und her wackelte. »Nachdem ich das letzte Mal hier war, habe ich mich von den anderen Jungs getrennt, Sie wissen schon, die waren nicht gut für mich. Dann habe ich mich mit Aylin angefreundet, ziemlich eng. Sie kommt auch aus der Nähe von Tübingen, und wir haben uns im Internat kennengelernt.« Das Mädchen gab ein leises »Hallo« von sich und senkte sofort wieder seinen Blick. »Wir helfen uns gegenseitig, sie hilft mir in Deutsch und ich ihr in Mathe. Seitdem haben wir auch echt super Noten.«

»Klasse, das freut mich«, sagte ich und ermunterte ihn so, weiterzuerzählen.

»Frau Federle, Sie haben mal gesagt, ich kann immer zu Ihnen kommen, egal, was ist, dass alles bei Ihnen bleibt und Sie mit niemandem darüber sprechen«, fuhr er fort und sah mich ganz verlegen an.

»Ja, Felix, das stimmt, ich bin für dich da und notfalls auch für deine Freundin. Was habt ihr für ein Problem?«

»Wir haben miteinander geschlafen, und jetzt habe ich Angst, schwanger zu werden«, platzte es plötzlich aus dem Mädchen heraus. »Meine Eltern bringen mich um, wenn es herauskommt! Für Türken sind sie ziemlich liberal, aber das geht gar nicht. Ich habe mich nicht getraut, selbst in die Apotheke zu gehen, um die Pille danach zu holen. Wenn mich dort jemand sieht …«, erklärte sie und brach in Tränen aus. Felix holte schnell ein frisches Tempo aus seiner Hosentasche und gab es ihr.

»Ich bin vorhin für sie in die Apotheke gegangen, aber die Frau am Schalter hat sich geweigert, mir diese Pille zu geben. Auf Google stand aber, dass man das blöde Ding ab vierzehn bekommen kann und es nicht mehr verschreibungspflichtig ist«, ergänzte er mit leichter Empörung in der Stimme.

»Das ist richtig, Felix, aber da steht bestimmt auch ›nach dem Ermessen der Apotheke oder des Arztes‹«, erklärte ich ihm. »Es wird also von Fall zu Fall entschieden. Wie alt bist du, und wie lange ist es her?«, fragte ich Aylin.

»Fünfzehn, und das war heute Nacht.«

»Habt ihr nicht verhütet?«

»Doch, natürlich, mit Kondom, aber ich habe Mist gebaut. Das ist mir am Ende abgerutscht, da war es schon zu spät«, antwortete Felix mit rotem Kopf.

»Rauchst du, oder sind bei euch in der Familie Thrombosen vorgekommen?«, fragte ich das Mädchen.

»Ich rauche nicht, und soviel ich weiß, hat niemand bei uns eine Thrombose gehabt.«

Ich überlegte und entschied mich für die einfachste Lösung.

»Die Zeit dürfte noch gut reichen. Machen wir es so, ihr zwei wartet bitte hier. Ich fahre eben zur Apotheke und hole euch das Medikament.« Beide atmeten erleichtert auf. »Es kann sein, dass du Nebenwirkungen haben wirst, Kopfweh, Schwindel, Müdigkeit oder Unterbauchschmerzen«, klärte ich Aylin weiter auf. »Auch der Beginn deiner Periode kann sich dann verschieben. Solltest du die Pille danach aus irgendeinem Grund erbrechen, musst du dich sofort noch mal bei mir melden.« Das Mädchen nickte dankbar.

»Aber wie machen wir das wegen der Rechnung?«, fragte Felix noch ziemlich aufgeregt. »Was ist, wenn unsere Eltern eine kriegen? Dann würde das Ganze auffliegen, und wir hätten eine Menge Ärger.«

»Keine Sorge, ich werde garantiert weder eine Rechnung schreiben noch verschicken, ihr könnt also beruhigt sein.«

Ich holte schnell das Präparat aus der Apotheke und entließ die beiden, nicht ohne sie noch einmal gründlich über die verschiedenen Verhütungsmethoden aufzuklären. Auch gab ich dem Mädchen den Namen und die Telefonnummer einer Gynäkologin und nahm ihr das Versprechen ab, dass sie sich dort Anfang nächster Woche meldet. Anschließend machte ich meine Hausbesuche. Ich war schon spät dran, aber es tat gut, den beiden aus einer Notlage geholfen zu haben. Junge Menschen brauchen Unterstützung und Fürsorge, vor allem in schwierigen Situationen.

Ein Fall, der mir in Erinnerung bleibt, ist in dieser Hinsicht auch bemerkenswert.

Einmal wurde ich als Notärztin zu einer Schwangeren gerufen, die sich nicht von der Toilette wegbewegen ließ. Meine Kollegen vom Rettungsdienst, die sie eigentlich in die Klinik bringen wollten, hatten mich aus lauter Verzweiflung angefordert.

Als ich die Wohnung betrat, sah ich im Flur einen Mann und meine Rettungsassistenten dastehen. Die Toilettentür war weit geöffnet. Die Toilette bestand aus einer Kloschüssel und einem kleinen Waschbecken. Dazwischen passte nichts und niemand mehr. Die Frau saß mit heruntergelassener Hose auf der Toilette und hatte zwischendurch regelmäßige, kräftige Wehen. Eine Diskussion mit ihr war absolut sinnlos. Es war nicht möglich, sie dazu zu bewegen, herauszukommen. Trotz aller Argumente, dass es für das Kind gefährlich wäre, blieb sie stur.

»So ist es bei einer natürlichen Geburt«, wollte sie mir nun weismachen. »Das Kind folgt der Schwerkraft. Für mich ist diese Position die beste.«

»Ein Kind so zur Welt zu bringen, ist keine natürliche Geburt, schon gar nicht für das Kind. Das Baby landet gleich in der Kloschüssel. Es kann dabei verletzt werden und womöglich sterben. Lassen Sie uns bitte wenigstens ein Kissen unterlegen, damit nichts passiert«, versuchte ich sie zu überreden.

»Wie lange geht das Ganze denn noch? Ich müsste langsam nach Hause«, intervenierte daraufhin der Mann.

»Wie, sind Sie nicht der Ehemann? Ich dachte, Sie wären der Vater«, staunte ich, ohne jedoch die Frau aus den Augen zu lassen.

»Ich bin schon der Vater, aber nicht der Ehemann«, antwortete er. »Daheim habe ich eine eigene Familie, die auf mich wartet.«

»Dann reden Sie bitte Ihrer Partnerin gut zu, sonst stirbt Ihr Kind.« Aus ihrem Mutterpass war ersichtlich, dass es ihre erste Geburt war und sie nicht regelmäßig zu den empfohlenen Vorsorgeuntersuchungen erschienen war. Die letzte lag zwei Monate zurück, ein Grund mehr für mich, keine Hausgeburt zu riskieren.

»Die macht sowieso, was sie will. Wenn sie auf mich hören würde, hätte sie das Kind gar nicht erst bekommen, und ich hätte Sie nicht gerufen«, fuhr er fort.

Inzwischen stand die Frau mit gespreizten Beinen über der Kloschüssel und stützte sich mit den Händen am Waschbecken ab. Ich rannte schnell ins Nachbarzimmer, um ein Kissen zu holen, und legte es in die Toilettenschüssel. Im nächsten Moment nahm sie es weg und schleuderte es hinaus.

»Ihr sollt alle hier verschwinden, das kriege ich alleine hin!«, brüllte sie uns zwischen zwei Wehen an.

Damit war für mich die Grenze erreicht. Auf keinen Fall würde ich das Leben des Kindes riskieren. Nachdem die Wehen in immer kürzeren Abständen kamen, überlegte ich, dass wir sie jetzt entweder mit Gewalt herausholen oder die Polizei verständigen würden. Ich entschied mich für die erste Option, die auch die schnellere war.

Wir packten die Frau fest an den Armen und schafften es, sie auf die vorbereitete Trage zu legen, während der Mann jetzt auch noch anfing, sich zu beschweren.

»Krankenhaus ist aber keine gute Idee«, sagte er, »da kann ich nicht mit.«

»Darauf kann ich leider keine Rücksicht nehmen. Sie haben mich gerufen, und ich bin hier für das Wohl der Patientin und ihres Kindes verantwortlich«, konterte ich.

»Meine Freundin hat sich aber keine Geburt im Krankenhaus gewünscht, sondern eine natürliche Niederkunft zu Hause. Wenn

Sie sie trotzdem hinbringen lassen, werde ich Sie anzeigen!«, drohte er mir.

Seine Drohung ignorierte ich. Wie immer in solch einem Fall versuchte ich, Ruhe zu bewahren und mit gesundem Menschenverstand zu handeln. In erster Linie ging es mir hier um das Kind, das sich nicht wehren konnte. So schenkte ich dem Mann keine Aufmerksamkeit mehr. Die Frau hatte mittlerweile im Minutenabstand so starke Wehen, dass ihr nichts anderes übrig blieb, als sich zu fügen. Das Köpfchen des Babys konnte ich gut tasten. Wir hatten nicht mehr viel Zeit.

Gerade im Krankenhaus angelangt, kam das Baby zur Welt. Die Nabelschnur war um den Hals gewickelt. Ich war heilfroh, dass Mutter und Kind so schnell in der Klinik versorgt werden konnten und die Geburt in diesem Fall nicht zu Hause stattgefunden hatte.

Selbstverständlich hätte diese junge Frau sich auch für eine natürliche Hausgeburt entscheiden können, dafür hätte sie dennoch die Vorsorgeuntersuchungen regelmäßig in Anspruch nehmen und sich von einer Hebamme betreuen lassen müssen, anstatt das Kind auf der Toilette gebären zu wollen und es dadurch in Gefahr zu bringen.

Es gibt genügend Optionen, die verhindern können, dass Babys irgendwo ausgesetzt werden oder gar sterben müssen. Frauen wird dadurch in ihrer womöglich verzweifelten Situation geholfen.

Dennoch wünsche ich mir etwas mehr. Zum einen sollte es bekannter werden, dass es auch die Pille danach gibt. Zum anderen, wenn sich eine junge Frau entscheidet, das Kind zu bekommen, braucht sie nicht nur während der Schwangerschaft Unterstützung, sondern gerade auch in der Zeit danach. Flexiblere Angebote zur kostenlosen Kinderbetreuung müssen geschaffen werden, damit solche Frauen am sozialen Leben teilhaben können.

Es gibt zwar Mutter-Kind-Heime für Alleinerziehende, doch nicht jede junge Mutter möchte dieses Angebot in Anspruch nehmen. Einige bevorzugen es, ihr Kind in den eigenen vier Wänden großzuziehen. Sie brauchen trotzdem die Möglichkeit, auch mal mit einer Freundin ins Kino oder in die Disco gehen zu können. Man darf sie nicht nur als Mutter sehen. Auch die Bedürfnisse eines jungen Mädchens spielen eine große Rolle. Vor allem aber ist Aufklärung wichtig, damit die Betroffenen besser vorbereitet sind auf das, was nach der Geburt auf sie zukommt, und selbstbestimmte Entscheidungen treffen können, ohne sich dabei schlecht zu fühlen oder zu verzweifeln.

Wichtige Lektionen

Der Patient war mit seinen fünfundsechzig Jahren ziemlich gesund und schon immer, im Gegensatz zu Walter, regelmäßig zur Vorsorgeuntersuchung gekommen. Dieses Mal hatte er etwas auf dem Herzen und bat mich nach den Untersuchungen um ein vertrauliches Gespräch.

Wie ich von ihm erfuhr, war er seit fünfundzwanzig Jahren mit einer deutlich jüngeren Frau verheiratet, und offensichtlich wollte er sich etwas von der Seele reden. Ich ließ ihn erzählen.

»Meine Frau Clara kommt ursprünglich aus Spanien. Bildhübsch, wie sie ist, hatte sie dort sogar in einer Fernsehserie mitgespielt. Aber es ging nicht nach ihren Vorstellungen weiter, also kam sie mit neunzehn Jahren hierher. Sie wollte unbedingt noch die Welt entdecken, mehr erreichen, in so einem Alter ist das auch verständlich. Dann arbeitete sie über ein halbes Jahr als Au-pair hier in einer Familie. Da habe ich sie auch kennengelernt. Den Hausherrn kenne ich gut, mit ihm hatte ich häufig geschäftlich zu tun. Ein paarmal kamen Clara und ich länger ins Gespräch. Sie machte kein Geheimnis daraus, eines Tages einen gut situierten Mann kennenlernen zu wollen, der ihre Wünsche nach Luxus und gesellschaftlichem Ansehen erfüllen sollte. Da war mir schon klar, was damit gemeint war. Für mich wäre es kein Problem gewesen. Die finanziellen Mittel und genügend Kontakte in die Künstlerszene hatte ich ja, und sie besaß alles, was ein Mann sich so erträumt. Sie sah gut aus, war spritzig und charmant. Bis dahin blieb es für mich aber nur ein unvorstellbarer Traum.

Dann gab es in der Au-pair-Familie starke Differenzen wegen der Kinder, sie verlor von einem Tag auf den anderen ihre Stelle. Mittlerweile hatten wir uns etwas näher kennengelernt, und sie bat mich um Hilfe. Ich habe sie sofort in meine Wohnung aufgenommen, natürlich nur als Übergangslösung. Doch wie es manchmal so ist, kamen wir uns näher, und aus der Wohngemeinschaft wurde bald eine Liebesbeziehung.

Clara jobbte hier und da, während ich versuchte, sie auf alle möglichen Events mitzunehmen. So einer jungen Frau muss man ja Abwechslung und Status bieten. Beruflich war ich viel unterwegs, aber ich nahm sie häufig mit auf interessante Feten und Empfänge. Die Frau hat mir zu dieser Zeit den Kopf ordentlich verdreht. Ich wollte sie auf keinen Fall verlieren, denn so jemand läuft einem wie mir schließlich nicht jeden Tag über den Weg. Außerdem hatte ich immer das Gefühl, sie beschützen zu müssen.

Ziemlich bald aber war die sexuelle Leidenschaft bei uns erloschen. Wir beschlossen, trotzdem zusammenzubleiben. Sie war mir doch mehr ans Herz gewachsen, als ich gedacht hatte, und irgendwie tat mir das Mädchen auch ein bisschen leid. Sie lebte fern von der Heimat, hatte kein geregeltes Einkommen, das hätte zum Problem für sie werden können. Hier war ich außerdem ihre einzige Bezugsperson. Nach mehreren Jahren machte ich schließlich Nägel mit Köpfen und heiratete sie. Dadurch war sie abgesichert, sollte ich eines Tages nicht mehr da sein.

Von da an lebten wir in einer Zweckgemeinschaft und führten quasi eine Vater-Tochter-Beziehung, so stelle ich es mir zumindest vor, denn Kinder habe ich keine. Mal war sie anhänglich, mal auf Distanz, so gingen meine Gefühle immer auf und ab, das hat mich zumindest jung gehalten.« Er lächelte, als er das sagte.

»Seit der Hochzeit hatte sie immer öfter Wutausbrüche«, fuhr er fort. »Ihre Migräneanfälle war ich ja schon gewöhnt, aber an die irrationalen Tobsuchtsanfälle und das explosive, südländische Temperament werde ich mich wohl nie gewöhnen. Auch nach so langer Zeit komme ich damit immer noch nicht klar, Stress und Unfrieden hasse ich sowieso. Oft hatte ich überlegt zu gehen, um dem auszuweichen, und mir deshalb irgendwann eine zweite Wohnung zugelegt. Aber ich bin wohl zu schwach und habe es nie geschafft, mich komplett von ihr zu trennen, auch wenn wir beide schon mal Affären hatten.« Er sah mich traurig an.

»Manchmal hätte ich mir gewünscht, Clara hätte selbst den Schritt gemacht und die Scheidung eingereicht, besonders als ich dann eine Frau kennenlernte, die mir mehr bedeutete als alle anderen zuvor.«

»War es mit dieser anderen Frau so ernst?«, fragte ich. Er nickte und senkte den Kopf.

»Sehr sogar, sonst wären wir auch keine zehn Jahre zusammengeblieben. In Evelyn habe ich jemanden gefunden, der wunderbar zu mir passt. Wir sind nur acht Jahre auseinander, wissen Sie, und irgendwie seelenverwandt. Aber leider ist es jetzt vorbei. Evelyn hat einen anderen Mann kennengelernt, und ich weiß, dass sie nie wieder zurückkehren wird. Das bricht mir das Herz. Ich habe das Gefühl, alles verloren zu haben, was mir wichtig war. Manchmal komme ich tagelang nicht aus dem Bett und denke immer wieder über das Leben nach, und warum ich Idiot den Schritt nicht geschafft habe. Diese Frau hat doch so viel Sonne in mein Leben gebracht, wir haben uns immer blind verstanden und so gut harmoniert. Aber ich hätte nie gedacht, dass sie tatsächlich geht, obwohl es eigentlich mit Ansage war. Was haben wir stundenlang Gespräche geführt!

Am Anfang unserer Beziehung hat Evelyn keinen Druck ausgeübt, sie wusste ja, dass ich verheiratet war, so dachte ich, es sei kein Problem für sie. Wenn wir auf das Thema Scheidung zu sprechen kamen, sollte ich das aus freien Stücken entscheiden. Im Nachhinein war es vielleicht auch ein Fehler von mir, ihr besonders bei ganz innigen Momenten in dieser Hinsicht immer wieder falsche Hoffnungen gemacht zu haben.

In den letzten zwei Jahren stieß sie doch an ihre Grenzen. Mit der Zeit gestand sie mir, dass sie mich ungern mit einer anderen Frau teilen wollte. So schön unsere Beziehung auch war, sie musste ständig mit dem Gefühl leben, nicht die Einzige zu sein. Sie war frustriert, traurig und glaubte nicht mehr an uns. Es kam dann, wie es kommen musste. Letzte Woche rief ich Clara an, um ihr zum Geburtstag zu gratulieren, und verabredete mich mit ihr abends zum Essen. Sie war gut aufgelegt und hat sich sehr darüber gefreut, so haben wir uns ein bisschen länger als sonst unterhalten. Als ich auflegte, stand Evelyn vor mir, mit einem Ausdruck im Gesicht, den ich bei ihr noch nie gesehen hatte.

›Wenn eh nichts mehr zwischen euch läuft, warum bist du nicht konsequent und beendest endlich diese Ehe?‹, fragte sie. ›Das ist krank, du bist immer noch von ihr abhängig, das merke ich doch, das ist fast eine Sucht bei dir! Du willst alles haben und auf nichts verzichten. Aber am Ende wirst du alles verlieren, denn wenn man im Leben das Glück findet, sollte man es nicht ziehen lassen, es liegt nicht auf der Straße‹, sagte sie. ›Liebe sollte sich in der Sonne entfalten, nicht im Schatten. Ich möchte kein Schattengewächs mehr sein und habe keine Lust mehr, auf irgendetwas zu warten, das nie eintreten wird.‹

Dann packte sie ihre Sachen und ging.

Dieses Gespräch hat mich mit einem zentnerschweren Stein um den Hals zurückgelassen. Meine Traumfrau ist gegangen, und ich weiß, dass es endgültig vorbei ist. Seither habe ich mich ein Stück weit aufgegeben. Auf einen Neubeginn habe ich keine Lust, es macht keinen Sinn mehr. Ich werde jetzt versuchen, mich abzulenken und viel Urlaub mit Clara zu machen, auch wenn mir klar ist, dass sie sich nie ändern wird.«

»Was sagt denn Ihre Frau zu dieser Situation?«, fragte ich sanft.

»Sie versucht das Thema zu vermeiden und sagt, ich sei selber schuld, mich innerlich so an eine Frau gebunden zu haben. Die wäre sowieso nur berechnend gewesen. Aber wenn ich kritisch bin, dann weiß ich, dass Clara diejenige ist, die berechnend und verwöhnt ist.

Evelyn hatte es nicht leicht in ihrem Leben und ist trotzdem ohne Hilfe erfolgreich geworden. Sie hat mich nie benutzt, sondern nur geliebt. Aber mit meiner Frau kann ich nicht darüber reden. Wenn ich traurig bin, rastet sie aus. Ich erzähle Ihnen das alles, weil ich glaube, dass ich ein Antidepressivum brauche, wenigstens für eine kurze Zeit. Ohne schaffe ich es nicht. Ich bin so froh, dass ich mit Ihnen darüber reden kann und Sie mir so zuhören. Allein das hilft mir schon weiter.«

Dieser Fall war ein weiteres Beispiel dafür, dass Menschen es oft nicht schaffen, sich aus einer toxischen Beziehung zu lösen, auch wenn sie dadurch ihr Glück opfern. Selbst das zu erkennen, genügt nicht, um konsequent den Schlussstrich zu ziehen. Offensichtlich hatte mein Patient durch diese neue Frau die wahre Liebe erkannt und gelernt, seine Lebensweise zu hinterfragen. Judith hatte viel länger dafür gebraucht. Trotzdem hatten es beide nicht geschafft, sich rechtzeitig von ihrem Partner zu lösen.

Mit dem Rezept in der Hand verließ er die Praxis und verabschiedete sich mit den Worten: »Danke noch mal. Ich melde mich, sobald ich zurück bin.«

Puh, dachte ich, blickte auf mein Handy und sah, dass Heike mich bereits vor mehr als einer Stunde um einen Rückruf gebeten hatte. Da es schon nach zwölf und der ältere Mann mein letzter Patient für den Vormittag war, schnappte ich mir das Telefon, ging nach oben und rief sie unverzüglich zurück.

Ehrlich gesagt, war ich froh über diese Abwechslung, denn insgeheim erinnerte mich die Geschichte des Mannes doch sehr an meine eigene. Vielleicht hatte ich auch aus diesem Grund nur wenig dazu gesagt, weil ich Angst hatte, nicht ganz objektiv sein zu können.

Dennoch hatte mich das Zuhören Dinge erkennen und besser verstehen lassen, über andere, aber auch über mich selbst.

»Hi, Heike, du hast angerufen?«, eröffnete ich das Gespräch.

»Ja, habe ich, danke, dass du mich so schnell zurückrufst. Bist du fertig mit der Praxis und hast ein bisschen Zeit?«

»Mit der Vormittagssprechstunde bin ich fertig und habe jetzt ein bisschen Zeit. Ich mache mir schnell nebenher noch einen Kaffee. Was hast du auf dem Herzen?«

»Eigentlich habe ich gute Neuigkeiten und kann es nicht erwarten, dir davon zu erzählen. Das wird dich auch bestimmt freuen. Gregor und ich haben die Paartherapie abgeschlossen.«

»Jetzt bin ich gespannt, erzähl mir alles«, sagte ich, während ich das Handy auf Freisprechen stellte und Platz auf meinem gemütlichen Ledersessel im Wohnzimmer nahm.

»Du weißt, dass wir zusammen mit den Therapeuten zuerst mögliche Gründe für den Seitensprung definiert hatten und dabei ein ganzer Strauß an Ursachen herauskam: die typische Midlife-Crisis in diesem Alter, klar, die Angst, etwas zu verpassen, vor dem Altwerden oder vor dem Tod, besonders nach seiner damaligen Erkrankung, beruflicher Stress, aber auch die versteckte Sehnsucht nach Anerkennung, die ich ihm im Lauf der Jahre nicht mehr gegeben hatte. Wir beide mussten also über vieles nachdenken und reden«, begann sie zu erzählen.

»Irgendwann hat Gregor die Verantwortung für sein Verhalten übernommen. Er hat mit seiner Affäre Schluss gemacht und mir von sich aus sogar die Korrespondenz gezeigt. Seine Entschuldigung mir gegenüber kam wenigstens ehrlich rüber, die habe ich also angenommen. Aber auch ich habe mich bei ihm entschuldigt.«

»Wofür denn?«, staunte ich. »Das klingt fast, als wärst du schuld am Ganzen gewesen.«

»Im Nachhinein kann ich ehrlich nicht sagen, dass die Schuld allein bei ihm lag. Weißt du, Lisa, wir sind schon so lange zusammen und kennen den anderen in- und auswendig, da hat kein Blatt Papier mehr zwischen uns gepasst. Dabei ist jeder von uns mit seinen inneren Wünschen ganz unbemerkt verloren gegangen. Dann hat die Routine der Beziehung den Rest gegeben. Fakt ist, dass ihm an meiner Seite etwas gefehlt hat. Wir beide hatten lange nicht mehr richtig über unsere Gefühle, Vorstellungen und Bedürfnisse gesprochen. Je öfter ich darüber nachgedacht habe, desto mehr wurde mir klar, dass ich mir auch die ganzen Jahre ständig Bestätigung von ihm geholt habe, indem ich ihn zum Beispiel täglich gefragt habe, ob er mich liebt. Offensichtlich hat es mir da an Selbstbewusstsein gefehlt. Ich habe nur für und durch unsere Beziehung gelebt, auch nie etwas hinterfragt oder kritisch nachgedacht.

In einem weiteren Schritt haben wir uns eingestanden, dass wir uns vorstellen können, abgesehen von den Kindern oder von den finanziellen Aspekten, weiterhin miteinander zu leben. Egal, was passiert ist, was mich betrifft, glaube ich immer noch tief im Inneren, dass eine Ehe gut halten kann und beide Partner bis ins hohe Alter miteinander glücklich sein können, wenn ehrliche Liebe und der Wille dazu da sind. Vielleicht täusche ich mich, aber ich kenne wirklich welche, die eine gute, glückliche Ehe führen und schon seit einer Ewigkeit zusammen sind. Diese Beziehungen gibt es also noch, warum sollte das für uns auch nicht zutreffen?

Klar, nicht um jeden Preis. Wir haben uns entsprechend vorgenommen, unsere Bedürfnisse von jetzt an besser gegenseitig zu kommunizieren. Meinerseits werde ich mehr an mich denken und auch immer sagen, was ich möchte oder nicht. Denn eins habe ich verstanden: Man ist Kapitän seines eigenen Schiffes, und ich kann niemanden für mein Glück verantwortlich machen, außer mich selbst. Seither gehen wir achtsamer miteinander um und versuchen, mehr Rücksicht auf die Gefühle des anderen zu nehmen. In diesem Punkt ist Gregor wirklich zur Einsicht gekommen. Wie er selbst sagte, ohne Einsicht hätte diese Therapie niemandem etwas gebracht. Inzwischen versteht er viel besser, wie ich ticke und wie tief er mich verletzt hat.

Sich in den anderen hineinzuversetzen, klappt meinerseits leider nicht immer. Ich bin nicht fehlerlos, und du kennst ja mein Temperament. Geduldig zu sein und richtig einfühlsam mit meinem Umfeld umzugehen, sind wohl nicht meine Stärke«, sagte sie und lachte dabei. »Wenn ich mir vorstelle, dass ich noch vor einigen Monaten, als er mich vom Flughafen mit Blumen abgeholt hat, seinen Strauß direkt in die Mülltonne warf, um ihn anschließend wieder reumütig herauszuholen und in eine Vase zu stellen, die ich dann doch nicht in Sichtweite gestellt habe. Zwischen damals und heute liegen Welten.«

»So bist du halt, das weiß ich, aber du bist auf einem guten Weg, gib nicht auf. Aber kannst du alles einfach so wegstecken? Kommt das nicht dauernd wieder hoch?«

»Doch, natürlich, immer wieder, aber wenn es so ist, lasse ich die Wut oder die Traurigkeit einfach zu. Gregor unterstützt mich dabei voll und ganz. Er hat mich sogar gebeten, nichts in mich hineinzufressen und es ihm gleich zu sagen, sobald mir Zweifel oder wieder blöde Gedanken kommen. Diese Gewitter ziehen vorbei, danach geht es mir besser. Aber dieser ganze Mist gehört jetzt der Vergangenheit an. Wir unternehmen wieder einiges zusammen, ganz spontan, wie früher, und verbringen Zeit miteinander statt nebeneinander. Ich bin so froh, es ist keine Routine mehr und alles viel schöner, viel intensiver geworden. Auch bringt er mir jetzt mehr Aufmerksamkeit entgegen und schöne, kleine Geschenke mit. Das hatte ich schon seit Jahren nicht mehr. Das erinnert mich an unseren süßen Anfang, als wir wahnsinnig ineinander verknallt waren.

Du siehst, die letzten Monate waren ein gutes Stück Arbeit, aber es hat sich, denke ich, gelohnt. Das alles festzustellen und zuzugeben hat jedenfalls wehgetan, kannst du dir ja vorstellen, aber es war notwendig, um konstruktiv voranzukommen. Dadurch haben Gregor und ich wichtige Eckpunkte wie Ehrlichkeit und Freiräume ausdiskutiert und mittlerweile eine vernünftige Basis gefunden, glaube ich. Er wird mich nicht mehr anlügen, das scheint sicher, weil er verstanden hat, dass es ein No-Go ist und für mich ein Grund wäre, zu gehen.

Auf Rat der Therapeutin habe ich auch aufgehört, nach seiner Geliebten zu fragen, ob er für sie noch Gefühle hat oder so. Denn falls er sich wirklich in sie verliebt hätte, bräuchte er eine gewisse

Zeit, um über diese Trennung hinwegzukommen und sie abzuschließen. Aus dieser Perspektive hätte ich es niemals gesehen, muss ich zugeben. Es würde mir sowieso nichts bringen, wenn er mich wieder anlügen müsste, um mich nicht zu verletzen. So viel Wahrheit verträgt der Mensch auch nicht.«

»Das ist ein interessanter Aspekt, stimmt. Aber du redest so viel von ihm. Wie geht es dir denn damit?«, wollte ich wissen.

»Für mich ist das Kapitel abgeschlossen. Es war Zeit, die nächste Seite aufzuschlagen. Auch wenn es schmerzt, dass er eine andere Frau womöglich geliebt hat, am Ende hat sich mein Mann klar für mich entschieden, das darf ich nicht vergessen. Wichtig ist in erster Linie, unsere Beziehung wieder atmen zu lassen.«

»Und das heißt?«

»Ich übe mich zum Beispiel darin, wieder Vertrauen zu fassen, indem ich nicht nur ihm, sondern auch mir neue Freiräume schaffe. Zum ersten Mal in meinem ganzen Leben habe ich mir einige Tage freigenommen und allein Urlaub gemacht, Orte besichtigt, die ich immer gern sehen wollte und für die er sich nicht unbedingt interessiert. Für mich war es sehr schwer, ohne Misstrauen zu gehen, ohne ihm in der Zeit meiner Abwesenheit nachzuspionieren. Aber ich habe richtig losgelassen und verstanden, dass der Vertrauensvorschuss für uns beide gilt.

Inzwischen weiß ich auch, dass ich selbst wertvoll bin und es verdiene, mir Gutes zu tun. Neulich habe ich ein schönes Kleid und eine coole Hose entdeckt, die habe ich mir dann gegönnt. Und wenn ich zufällig noch eine schöne Handtasche sehe, dann werde ich sie mir auch kaufen. Im Wellnesshotel habe ich mir noch eine Massage geleistet. Das hätte ich früher nie gemacht. Ich war so erstaunt, dass es überhaupt kein Problem für Gregor war. Ganz im Gegenteil, er hat sich für mich gefreut, das habe ich gespürt, und gelobt hat er mich auch noch.«

»Siehst du, Heike, wie wichtig das ist, auf deine eigenen Bedürfnisse zu achten und für sie einzutreten. Am Ende habt ihr beide etwas davon, und das ist wichtig.«

»Ja, dieser Kurzurlaub war gut für meine Seele. Es hat mein Selbstbewusstsein unheimlich gestärkt.« Kurz dachte ich an das Schicksal einiger meiner Patienten, auch an mein eigenes nach der Krankheit, als Heike das sagte.

»Das ist wahr, das Leben ist kostbar«, bemerkte ich und trank einen großen Schluck von meinem Kaffee, der inzwischen schon fast kalt geworden war.

»Weißt du Lisa, es klingt jetzt verrückt, aber inzwischen bin ich froh, dass es so passiert ist«, fuhr sie fort. »Vielleicht habe ich Gregor einen Moment lang verloren, aber im Nachhinein habe ich aus der Krise viel mitgenommen, weil unsere Beziehung daran gewachsen ist.

Der Clou ist meine Erkenntnis, dass ich auch ohne ihn weiterleben und glücklich sein kann. Sollte es eines Tages nicht mehr funktionieren, kann ich immer gehen und den Schlussstrich ziehen. Das Alleinsein macht mir keine Angst. Das alles wollte ich dir heute erzählen. Ich bin endlich darüber hinweg, glaube ich.

Und noch was, das hätte ich vor lauter Freude fast vergessen: Vor Weihnachten reisen wir in die Karibik und nehmen die Kinder mit. Die Mädchen freuen sich riesig darauf, am meisten aber glaube ich, freuen sie sich darüber, dass ich nicht mehr weine und wir als Eltern wieder zueinandergefunden haben.«

»Das freut mich aber für dich und für euch alle, das finde ich klasse. Deine Stimme hört sich jedenfalls wieder viel besser an. Ihr zwei scheint euer Glück wiedergefunden zu haben.«

»Das stimmt, ich bin glücklich, Lisa. Das hätte ich nie gedacht. Stell dir vor, er hat sich sogar ganze drei Wochen für unseren gemeinsamen Urlaub freigenommen. Das hatten wir bisher nie, außer auf unserer Hochzeitsreise.«

»Dann sehen wir uns vielleicht noch mal, bevor ich nächsten Dienstag für ein paar Tage wegfliege.« Ehe ich sagen konnte, wohin, unterbrach sie mich.

»Das schaffe ich wahrscheinlich nicht mehr, weil ich die ganzen Weihnachtsgeschenke besorgen und an die Verwandtschaft verteilen möchte. Und Weihnachtsplätzchen habe ich auch noch keine gebacken, das muss ich alles noch machen.«

»Du hast dir aber einiges vorgenommen. Mir wird es dieses Jahr nur für Mandelmakronen und Spitzbuben reichen, wenn überhaupt.«

»Spitzbuben? Meinst du Hildabrötchen?«

»Ja, genau die.«

Als ich auflegte, freute ich mich aufrichtig für sie. Heike war ein gutes Beispiel dafür, wie ein Mensch aus einer Krise das Beste machte. Der Gedanke zauberte mir ein Lächeln ins Gesicht. Manchmal konnte sich auch alles zum Guten wenden, und man lernt aus seinen Fehlern. Die Ehe von Heike und Gregor schien durch diese Krise gestärkt und stabiler geworden zu sein.

So unterschiedlich entwickeln sich Beziehungen. Bei Judith würde das Schicksal das Ende der Beziehung bestimmen. Bei dem Patienten am Vormittag hat sich seine große Liebe gegen eine Dreierbeziehung entschieden. Gregor und Heike dagegen wagten den Neuanfang.

Ich ging wieder in die Praxis hinunter. Meine nächste Patientin wartete bereits auf mich.

Das Mülleimersyndrom

So viel Urlaub hatte ich in meinem ganzen Leben noch nie gemacht. Seit meiner Krebserkrankung hatte ich mir fest vorgenommen, kürzerzutreten. Einiges hatte sich dadurch verändert, und ich versuchte, achtsamer mit mir umzugehen. Dazu gehörte, an den Wochenenden nicht mehr zu arbeiten und keine Nachtdienste mehr zu machen.

Michael wollte mir mit einer Reise nach New York eine besondere Freude machen. Ein Jahr zuvor hatte ich meiner Schwiegertochter Moni einen Kurztrip zu zweit dorthin geschenkt. Davon hatte ich ihm mehrfach vorgeschwärmt. Es war einer meiner schönsten Urlaube gewesen. Moni und ich haben dort eine wunderschöne Zeit zusammen verbracht.

Der Urlaub mit Michael begann für mich schon damit, im Flugzeug zu sitzen, mit ihm an meiner Seite. Wir flogen Businessclass, weil ihm am Herzen lag, dass die Reise für mich nach meiner Erkrankung nicht zu anstrengend wurde, und da wir nur wenige Tage Zeit hatten, war es wichtig, ausruhen zu können. Allein schon deshalb war ich glücklich, weil ich mich hinlegen konnte, falls ich müde wurde, denn ich war schneller erschöpft als früher. Im Sitzen bekomme ich nämlich kein Auge zu. Auch hatte er ein Hotel an der 5th Avenue mit Infinitypool auf dem Dach gebucht, in dem er schon mehrfach gewesen war, als er vor Jahren berufsbedingt eine Weile in New York gelebt hatte. Seine fürsorgliche Art rührte mich sehr.

Voller Vorfreude malte ich mir aus, wie es sein würde, morgens am Pool zu liegen, danach gemütlich zu frühstücken, bevor wir uns in der Stadt ein paar Sachen anschauen würden. Ich konnte mich sehr gut an das Empire State Building erinnern, an das Rockefeller Center mit dem riesigen Weihnachtsbaum davor und an das One World Trade Center. Zusammen waren wir mit dem Aufzug hochgefahren, wobei uns beiden im Magen flau wurde, nicht nur durch die rasante Fahrt nach oben, auch weil sich das Gebäude, als wir oben waren, fast unmerklich leicht bewegte. Es fühlte sich an, als befänden wir uns auf einem leicht wogenden Schiff auf hoher See. Doch der einmalige Blick über die Skyline Manhattans war unvergesslich.

Hohe Bauwerke faszinieren mich seit jeher. Allein die Tatsache, dass ein Gebäude mehr als einen halben Kilometer hoch ist und stabil steht, ist für mich unvorstellbar. Wir hatten uns auch vorgenommen, das Museum of Modern Art zu besuchen, um anschließend die 5th Avenue entlangzubummeln und in aller Ruhe Weihnachtsgeschenke für die Kinder und die Familie zu besorgen. All das erfüllte mich mit unglaublicher Vorfreude.

Dennoch konnte ich nicht verhindern, vor unserer Abreise an meine Patienten zu denken, obwohl wir schon auf gepackten Koffern saßen und loswollten. Ich musste alles so organisieren, dass sie gut versorgt waren. Besonders an Walter dachte ich dabei. Auch wenn es ihm mehr oder weniger gut ging und er tapfer durchhielt, wusste ich, dass sich sein Zustand jederzeit verschlechtern könnte. Ich rief ihn noch an.

»Wie geht es dir, Walter? Ich werde ein paar Tage verreisen und bin durch die Zeitverschiebung schwer erreichbar. Du kannst aber jederzeit meine Kollegin anrufen. Die Nummer habe ich dir ja schon gegeben.«

»Mir geht es ganz gut«, antwortete er. »Ich bin froh, dass ich dich habe. Jetzt genieß du mal deinen Urlaub, ich komme schon zurecht.« Mir fiel fast der Hörer aus der Hand. So viel Lob und Verständnis war ich von ihm gar nicht gewohnt. Ich war gerade dabei zu überlegen, ob Walter durch die Krankheit sanftmütiger geworden war, als er fortfuhr: »Wenn du zurück bist, schau, dass ich gleich als Erster dran bin, nicht, dass ich warten muss. Du weißt ja, es ist wichtig, dass jemand sorgfältig nach mir schaut.« Es hätte mich auch gewundert, wenn Walter plötzlich zahm geworden wäre. Vermutlich würde er sich auch beim lieben Gott beschweren, wenn er nicht der Erste wäre, der im Himmel begrüßt wird. Grinsend und beruhigt legte ich auf. Solange er noch maulen und seine Rechte einfordern würde, konnte es ihm nicht allzu schlecht gehen. Außerdem kannte ich ihn gar nicht anders.

Ich hatte schon gepackt. Während Michael meinen Koffer hinuntertrug, suchte ich noch schnell die Sachen für mein Handgepäck zusammen. Als wir im Auto saßen, versuchte ich, Judith zu erreichen. Ihre ersten Worte lauteten: »Hallo, Lisa, ist was mit Walter?«

»Keine Sorge, ich habe vorhin noch mit ihm telefoniert. Es geht ihm so weit gut. Außerdem habe ich mich noch mal vergewissert, ob er die Nummer meiner Kollegin hat. Ich werde für ein paar Tage verreisen und wollte mich nur kurz von dir verabschieden. Das ist alles«, sagte ich.

»Aber du bist schon erreichbar, wenn was ist, oder?«

»Nicht immer, Michael und ich sind gerade auf dem Weg zum Flughafen und fliegen nach New York. Deshalb bin ich zeitweise nicht erreichbar. Und wegen der Zeitverschiebung kann es auch Probleme geben, mich zu erreichen.«

»Wie, du fliegst weg? Für wie lange?«, fuhr sie fort. »Wenn du nicht da bist, habe ich noch mehr Angst um Walter. Du weißt doch, wie es um ihn steht.« Kurz bekam ich ein schlechtes Gewissen und spürte, wie sich alles in meinem Körper anspannte.

»Die Reise ist ein Geschenk von Michael, damit ich mich von meinen letzten Strapazen erholen kann. Die Krankheit hat mir ganz schön zugesetzt. Ich bin froh, ein paar Tage wegzukommen«, versuchte ich mich zu verteidigen.

Ohne darauf richtig einzugehen, fuhr sie fort: »Außerdem können Walter und ich uns nicht treffen, wenn du weg bist. Wir haben dann kein Alibi mehr, und wir wollten uns sehen.«

»Die Praxis ist geöffnet, und meine Kollegin ist da. Ihr könnt jederzeit einen Termin vereinbaren. Und mit Walter habe ich schon einen Termin ausgemacht, direkt am Tag meiner Rückkehr. Judith, ich bin nur sechs Tage weg.«

»Ja, verstehe ich, aber mir ist jede Stunde, die ich mit Walter verbringen kann, heilig, das musst du doch verstehen.« In dem Moment wusste ich nicht, was ich darauf erwidern sollte.

Während sie in vorwurfsvollem Ton weiterredete, klopfte es. Heike, las ich auf dem Display.

Ich nahm alle Geduld zusammen und versuchte, Judith zu beruhigen, da ich Walter auch ohne mich für den Moment gut aufgehoben wusste.

Als ich auflegte, hatte ich das ungute Gefühl, dass sie mit meiner Reise nicht einverstanden war und nicht nachvollziehen konnte, warum ich jetzt ab und zu eine Auszeit brauchte. Offensichtlich war sie im Tunnel, auf der einen Seite sie, auf der anderen Walter. Den Rest blendete sie aus. Während ich immer noch mit meinen Schuldgefühlen kämpfte und Heikes Nummer wählte, warf ich einen entschuldigenden Blick zu Michael und zuckte leicht mit den Schultern. Er lächelte mich nur an.

»Sollen wir uns noch auf einen Kaffee in der Stadt treffen?«, ertönte Heikes fröhliche Stimme durch das Telefon. »Ich bin sowieso in der Nähe und habe eine Kleinigkeit für dich.«

»Hi, Heike, wir sind gerade auf dem Weg zum Flughafen. Ich habe dir doch erzählt, dass wir für ein paar Tage verreisen, weißt du das nicht mehr?«

»Ach, das ist heute schon, ich dachte, ihr fliegt erst morgen. Habe ich vergessen. Schade. Ich freue mich so für euch, vor allen Dingen hast du es wirklich verdient. Was habt ihr denn vor?«

»Wir werden es uns erst mal gut gehen lassen, das schöne Hotel in New York genießen, ein paar Sachen anschauen. Vor allem aber freue ich mich darauf, Weihnachtsgeschenke für die Kinder und Enkelkinder besorgen zu können. Zoe möchte ich eine silberne Kette mit Schlüsselanhänger von Tiffany's mitbringen. Simone, hatte ich mir überlegt, einen Koffer zu schenken. Bei Beni hatte ich an Happy Socks gedacht, die liebt er in allen Variationen. Und Moni hat sich eine blaue Handtasche gewünscht.«

»Eine Handtasche? Spinnst du? Hör mir bloß auf mit so was! Wie kommst du dazu, das überhaupt zu erwähnen? Das finde ich total unsensibel, gerade von dir hätte ich das nicht erwartet«, sagte sie entsetzt. Ich begann, an meinem Verstand zu zweifeln oder an ihrem, das war mir im Moment noch nicht ganz klar, als Heike erneut lospolterte.

»Fehlt nur noch, dass du bei Christian Dior vorbeischaust, wie es Gregor für diese blöde Kuh getan hat. Nur zu, gib mir den Rest und streu noch Salz in meine Wunde!«

»Aber letzte Woche hast du mir doch erzählt, dass eure Therapie erfolgreich war und du eigentlich schon fast über diese ganze Geschichte hinweg bist. Jetzt drehst du durch wegen einer Handtasche. Entschuldigung, aber auf die Idee bin ich nicht gekommen, ich kann wirklich nicht wissen, dass ich das Wort in deiner Gegenwart nicht mehr aussprechen darf.«

»Als Freundin hätte ich von dir etwas mehr Einfühlungsvermögen erwartet. Wie taktlos kann man denn sein? Erst New York, das finde ich schon ziemlich schwierig, und jetzt noch die Handtasche. Du könntest schon mehr Rücksicht auf meine Gefühle nehmen. Du weißt doch, dass diese Handtasche mich an seine Affäre erinnert. Dadurch wurde ja alles aufgedeckt.«

»Das verstehe ich, Heike, aber Entschuldigung, du siehst jeden Tag Frauen mit Handtaschen herumlaufen und hast in der Regel auch eine dabei. Das scheint auch kein Problem zu sein. Wie kann ich ahnen, dass du bei dem Wort gleich an die Decke gehst?«

»Keine Sorge, den Laden von Christian Dior werde ich garantiert nicht betreten, auch wenn er mir nichts getan hat. Das ist jetzt auch egal. Ich habe mich echt gefreut, dich vielleicht zu sehen, aber mein Tag ist jetzt im Eimer. Mir reicht es für heute«, sagte sie pampig, brachte noch ein kurzes »Tschüss, dann viel Spaß« raus und legte auf. Ich war baff.

»Ihr könnt mich alle Mal kreuzweise. Ich bin doch nicht der Mülleimer! Mein Gott, muss ich wirklich jedes Wort auf die Goldwaage legen? Sind denn alle durchgeknallt heute? Ich will doch nur ein paar Tage freinehmen, einfach mal nichts von Krankheit oder Problemen hören und die Zeit mit dir genießen«, wandte ich mich an Michael.

Er zog die Stirn hoch, und meinem sonst so ruhigen Partner entfuhr es: »Das geht so nicht, Schatz. Du darfst dir nicht alles gefallen lassen und musst langsam lernen, Patienten, aber auch Freunden Grenzen zu setzen, mehr an dich denken, anstatt alle und alles aufzufangen und dich für jeden verantwortlich zu fühlen. Diese dauernde Belastung ist nicht gut für dich, auch du brauchst mal Ruhe. Ich verstehe zwar, wenn es Leuten schlecht geht, auch ich höre gerne anderen zu, aber irgendwann müssen sie verstehen, wann Schluss ist. Heute bist du mit mir auf dem Weg in den Urlaub und hast frei, Punkt.«

»Ich konnte ja nicht ahnen, dass es so ausartet. Die drei Gespräche haben mich ganz schön fertiggemacht. Zuerst Walter, der ausschließlich an sich denkt. Seine schrullige Art kenne ich ja, damit kann ich umgehen. Der Mann ist schwer krank, das darf man in dem Fall nicht vergessen. Dann Judith, die in ihrem Liebeswahn bloß an Walter denkt und seit Monaten, eigentlich seit Jahren nur noch ihn im Kopf hat. Ich weiß, das ist eine schwere Zeit für sie, und das tut mir wirklich leid. Auch wenn sie für ihre Situation selbst mitverantwortlich ist, verstehe ich ihre Lage. Vor Jahren hat sie den richtigen Zeitpunkt verpasst, und jetzt ist es zu spät. Als Freundin kann ich sie doch nicht im Stich lassen. Eigentlich hat sie schon lange keine Freunde mehr, während ich alles habe, Familie, dich und gute Freunde.

Genauso ist es mit Heike, die wegen so einer blöden Handtasche durchdreht und sich jetzt auch noch zur Kratzbürste entwickelt. Was kann ich denn dafür? Sie soll ihren Mann dumm anmachen oder ihren Psychologen oder sonst wen, aber nicht mich, wenn ich auf dem Weg in den Urlaub bin!«

»Das finde ich auch eine unpassende Zeit«, versuchte Michael mich zu beruhigen und legte seine Hand auf meinen Oberschenkel. Ich atmete tief durch.

»Irgendwie tut sie mir aber auch wieder leid. Die Arme hat in ihrem Leben schon so viel durchgemacht. Die Zeit früher, als ich selbst dringend Hilfe gebraucht hätte und niemand da war, der mir helfen konnte, werde ich nie vergessen. Es ist doch klar, dass ich für sie Verständnis habe, auch wenn sie nach dieser idiotischen Diskussion eingeschnappt ist. Ich glaube, ihr geht es doch nicht so gut, wie sie vor Kurzem versucht hat mir weiszumachen, sonst würde sie nicht wegen so einem Schwachsinn überreagieren. Außerdem haben sie mir auch geholfen, als ich krank war. Selbst Walter hat sich lieb nach mir erkundigt.«

»Ich verstehe dich, und das ist schön, aber lass dir nicht deinen Tag und womöglich unseren Urlaub vermiesen. Das ist es nicht wert. Eins muss ich aber noch loswerden: Du kannst nicht die ganze Welt retten, Schatz, darüber musst du dir Gedanken machen, sonst machst du dich selbst kaputt.«

Ich nickte, wissend, dass Michael recht hatte, und nahm mir fest vor, seinen lieb gemeinten Rat nicht zu vergessen.

Am Flughafen angekommen, stellten wir das Auto ab und checkten ein. Gerade als ich mir etwas zum Trinken bestellte, kam eine SMS von Heike.

»Liebe Lisa, ich weiß nicht, was mit mir vorhin plötzlich los war. Mir hat es kurz die Sicherung rausgehauen. Es tut mir unendlich leid. Vergiss das Ganze bitte. Ich wünsche euch beiden einen traumhaften Urlaub. Genießt die Zeit, wir sehen uns nach eurer Rückkehr. Deine Freundin Heike.«

»Alles gut – nichts passiert – Kuss-Smiley«, antwortete ich.

»Bin ich froh, dass es geklärt ist und ich jetzt nicht mit einem so unguten Gefühl fliegen muss!«, sagte ich voller Erleichterung zu Michael.

Die Zeit in New York verging wie im Flug. Wir hatten ein paar wunderschöne Tage verbracht, und die Koffer waren randvoll mit Geschenken. Ich hatte mich in der kurzen Zeit gut erholt und genug Energie getankt, um meinen Alltag wieder unbelastet aufzunehmen.

In den vergangenen Tagen hatte ich öfter über Michaels Worte nachgedacht, auch über meine eigene Situation, die sich in den letzten Jahren zunehmend verändert hatte. Nach und nach waren die Kinder ausgezogen und standen jetzt auf eigenen Beinen. Inzwischen hatten sie Partner und teilweise selbst Kinder. Viele Jahre war ich immer für sie und meine Patienten da gewesen. Lange hatte ich weder die Zeit noch die finanziellen Mittel, um großartig an mich zu denken. Vor allen Dingen empfand ich meine Krankheit als deutliches Warnsignal, an meinem Lebensstil etwas zu ändern.

Das Gespräch mit Michael hatte mir einen weiteren klaren Denkanstoß gegeben. Ich musste lernen, mich mehr abzugrenzen, ohne immer gleich Schuldgefühle zu bekommen, mir mehr Zeit für mich zu nehmen, und meiner Seele Erholung gönnen. Es reichte nicht, Vorsätze zu fassen, es war wichtig, sie auch in die Tat umzusetzen. Ich nahm mir vor, es jetzt noch gezielter anzugehen.

Ein weiterer Gedanke hatte mich beschäftigt. Warum hatte Heike wie aus dem Nichts so heftig, fast destruktiv reagiert? Der Trigger für ihre emotionale Überreaktion war die Handtasche. Die Ursache konnte nicht die Handtasche sein, der wahre Grund war die Zurückweisung durch ihren Ehemann, der sie betrogen hatte. Dadurch hatte sie einen gewissen Kontrollverlust in ihrem Leben erfahren.

Emotionale Überreaktionen können unterschiedliche Ursachen haben, zum Beispiel Neid oder Kritik. Manchmal liegen die Probleme weit zurück in der Kindheit und ziehen sich durch das ganze Leben, ohne dass einem der Grund bewusst ist. Deshalb bringt es nichts, über den Trigger zu streiten, wie in diesem Fall die Handtasche. Es geht darum, den eigentlichen Ursachen solcher Überreaktionen auf den Grund zu gehen.

Ein Beispiel hierfür ist das Ehepaar, das sich ständig über das Müllraustragen stritt. Wer kam dieser Aufgabe häufiger nach, war die Frage. Die Ursache lag letztlich in der Beziehung der beiden. Die Frau fühlte sich als Hausfrau abgestempelt und wollte, dass ihr Mann sich an der Hausarbeit beteiligt. Für ihn war das aber reine Frauensache. Beide sprachen das eigentliche Thema nicht an. Eines Tages eskalierte die Situation, als der Mann von der Arbeit zurückkehrte und den Biomüll auf seinem Schreibtisch vorfand. Als Reaktion darauf platzierte er zwei Tage später das Altglas vor ihrem Bett. Es sollte noch Monate dauern, bis das Paar begann, seine Probleme anderweitig zu lösen.

Bestimmt ist es nicht leicht, wenn ein Mensch seinen Emotionen ausgeliefert ist, deren Gründe er nicht kennt, obwohl ihm der Verstand etwas ganz anderes sagt. So ein Zustand kann unter Umständen ein ganzes Leben zerstören. Um das zu verhindern, braucht es das Gespräch mit dem Partner, mit Freunden und notfalls mit einem Therapeuten.

Ein unerwartetes erwartetes Ende

Walter war Anfang der Woche in der Praxis gewesen, weil er aktuelle Blutwerte für eine Kontroll-CT in der Klinik brauchte. Als er ins Sprechzimmer kam, sah ich schon, dass es ihm nicht gut ging. Doch auch dieses Mal wollte er sich nicht lange aufhalten, damit ihm noch genügend Zeit für ein Treffen mit Judith blieb.

So schnell, wie er gekommen war, verschwand er auch wieder. Allerdings musste er noch einmal kurz umkehren, weil er seinen Stock, den er widerwillig seit geraumer Zeit zum Gehen benutzte, vergessen hatte.

Zwei Tage später waren die Ergebnisse der Blutuntersuchung da, und Corinne faxte sie in die Klinik. Ich wusste, dass sein CT-Termin an diesem Morgen war, und blickte gedankenverloren auf mein Handy. Wie es Judith wohl ging? Soll ich sie vielleicht kurz anrufen?, fragte ich mich.

In dem Moment erschien eine neue SMS auf meinem Display. Sie war von Walter: »Die Untersuchung war eine Katastrophe. Ich muss im Krankenhaus bleiben. Den Befund schicken sie dir später.«

Oje, dachte ich, das darf nicht wahr sein! Ich hatte es zwar schon insgeheim befürchtet, denn sein Blutbild und sein Zustand hatten sich deutlich verschlechtert, aber wenn sie ihn gleich dabehielten, war das kein gutes Zeichen. Auf den Befund wollte ich nicht warten, deshalb rief ich sofort in der Klinik an, um mich mit dem behandelnden Kollegen verbinden zu lassen. Da ich ihn gut kannte, wusste ich, dass er sich kurz die Zeit für mich nehmen würde. Es war schlimmer als vermutet: Walter hatte in Lunge und Leber Metastasen, und die Klinik würde gleich mit einer erneuten Chemotherapie beginnen wollen. Allerdings war noch nicht ganz klar, ob das mit seinen schlechten Blutwerten möglich wäre.

Nachdem wir das Gespräch beendet hatten, rief ich Walter an. Dreimal ließ ich es klingeln und legte dann auf. Er rief sofort zurück. Seine Stimme klang brüchig und müde, ganz anders als sonst.

»Soll ich nachher kommen? Brauchst du etwas?«, fragte ich ihn. Walter verneinte und bat mich, erst am nächsten Tag nach ihm zu schauen. Er sei erschöpft, und seine Frau würde ihn noch besuchen, was schon anstrengend genug wäre. Das konnte ich verstehen, und ich versuchte, ihn noch etwas zu trösten. Beim Auflegen hatte ich das untröstliche Gefühl, es würde nicht mehr viele Telefonate geben, die wir noch führen könnten.

Sofort rief ich Judith an, um sie, wie versprochen, über den Stand der Dinge zu informieren.

»O mein Gott, wenn er stirbt«, sagte sie gleich panisch. »Ich kann nicht hin, was soll ich tun? Ich muss zu ihm!«

»Wenn du Zeit hast, können wir uns treffen und darüber reden. Kannst du in die Stadt kommen, oder treffen wir uns bei dir?«, bot ich ihr an.

»Ich komme in die Stadt, ich weiß, du hast sehr viel zu tun.« Ich verschob meine Hausbesuche auf abends und fuhr zum vereinbarten Treffpunkt, in der Hoffnung, dass es mir gelingen würde, sie zu beruhigen.

Nach unserem langen Gespräch fühlte ich mich leer und ausgelaugt. Es hatte mich enorm Kraft gekostet, ihr noch einmal zu erklären, dass es für sie keine Möglichkeit gab, in die Klinik zu gehen. Ihr war auch klar, dass sie nicht riskieren durfte, Walters Frau über den Weg zu laufen.

Judith war am Boden zerstört. Ich musste mich aber zusammenreißen, weil der nächste Patient auch meine Hilfe und volle Aufmerksamkeit brauchte.

Drei Tage später war Walter tot. Ich hatte ihn noch besucht und in unserem letzten Gespräch gemerkt, dass er sich aufgegeben hatte. Zum ersten Mal hatte er davon gesprochen, dass er sterben müsse, und bat mich, gleichzeitig entschuldigend, ich solle auf Judith aufpassen und sie ganz lieb von ihm grüßen. Er hätte seine Frau Else nicht verlassen können, weil er ihr das Eheversprechen gegeben hatte. Dennoch wäre Judith seine große Liebe gewesen.

Auf dem Heimweg dachte ich über Walters Satz nach. War es

richtig, über dreißig Jahre mit allen Höhen, aber doch überwiegend Tiefen, zumindest wie ich sie bei Judith in den letzten Jahren erlebt hatte, an seinem Eheversprechen festzuhalten? Walter liebte auch seine Ehefrau, doch auf eine andere Art und Weise als Judith. Letztlich wollte er keine von beiden aufgeben, Eheversprechen hin oder her. Das war aber nur einer der Gründe, weshalb er bei seiner Frau geblieben war. Wäre es nicht besser gewesen, ihr die Wahrheit zu sagen und eine Entscheidung zu treffen? Eine Frau hätte Walter auf jeden Fall traurig zurückgelassen, jetzt waren es zwei.

Oft gibt es in einer Ehe, die vermeintlich nicht mehr glücklich ist oder nur noch auf einer freundschaftlichen Ebene läuft, Gemeinsamkeiten und Lebensinhalte, an denen man festhält und aus denen man sich nur schwer lösen kann.

Gewohnheit kann manchmal ein solides Fundament sein. Ich hoffte nur, dass Judith nicht das Gefühl haben würde, versagt zu haben. Denn Walters Gefühle ihr gegenüber waren fraglos echt gewesen.

Da ich mich sehr gut in die Beziehung der beiden hineinversetzen konnte und beide Seiten verstand, hatte ich einerseits Mitleid mit Walter. Andererseits hatte er dreißig Jahre lang, trotz seiner moralischen Prinzipien, die er auch bei jeder Gelegenheit anderen unter die Nase rieb, ein Versteckspiel gespielt und gelogen. Ich fühlte mich zerrissen, aber es brachte jetzt nichts mehr, ihn im Nachhinein zu kritisieren oder schlecht über ihn zu denken, auch Judith zuliebe. Für sie ergab es keinen Sinn, mit Groll zu trauern.

Irgendwie musste ich es schaffen, dass ihr Selbstwertgefühl wiederaufgebaut wurde und sie nach vorn schaute. Das würde dauern. Trotz viel Arbeit versuchte ich mich in den nächsten Tagen so gut wie möglich um meine Freundin zu kümmern.

Dann kam der Tag der Beerdigung.

Abschied im Schatten

Im Vorfeld hatte ich mit Judith gesprochen. Sie war noch unschlüssig, ob sie zur Beerdigung gehen sollte oder nicht, und wollte meinen Rat.

In diesem Moment musste ich unwillkürlich wieder einmal an meinen Vater denken. Da stand ich in einem dunklen Kleidchen in der Sakristei vor seinem offenen Sarg, so unsagbar traurig und völlig fassungslos, dass er mich mit meinen elf Jahren allein zurückgelassen hatte und für immer weg war. Damals wäre ich fast vor Schmerz und Kummer eingegangen. Lieber hätte ich mit einer Lüge gelebt, mich an der Illusion festgeklammert, dass er noch am Leben war, und die schmerzhafte Realität einfach weggeschoben. Doch den Vater, den ich so sehr liebte, vor mir aufgebahrt zu sehen, hatte mich am Ende begreifen lassen, dass er tatsächlich gestorben war und nicht einfach die Familie verlassen hatte.

Im Gegensatz zu mir damals war Judith eine erwachsene Frau, und die Umstände waren völlig anders. Wenn sie zur Beerdigung ging, musste sie sowohl sich als auch ihre Trauer verstecken. Aber die Erfahrung, die ich als Kind gemacht hatte, bewies, dass ein Abschied sehr wehtun kann, aber sehr wichtig ist, um mit der Zukunft klarzukommen und sich nicht in eine Scheinwelt zu flüchten.

Judith entschied, hinzugehen.

Die letzten Klänge der Orgel drangen an ihr Ohr, als sie draußen wartete. Sie hatte sich nicht getraut, die Kirche zu betreten, und stand geduldig an einem Seiteneingang, wo sie niemand sehen konnte. Irgendwann verließ die Trauergesellschaft die Kirche und ging zum Grab. Es waren erstaunlich viele Trauergäste gekommen. Walter hatte wohl viele Bekannte und Freunde gehabt, das hatte sie so nicht erwartet.

Judith hielt sich in gebührendem Abstand und verbarg sich hinter einem Baum, von wo aus sie die Zeremonie beobachten konnte. Im Gegensatz zu ihren üblichen Auftritten war sie heute unauffällig gekleidet. Es war ein grauer, verhangener und kalter Tag im Januar. Sie zitterte und hätte nicht sagen können, ob es an den Temperaturen oder an ihrer Gemütsverfassung lag. Tränen liefen ihr übers Gesicht, sie konnte sie nicht zurückhalten, so sehr sie sich auch bemühte.

Mit versteinerten Gesichtern hatten sich die Trauernden um Walters letzte Ruhestätte versammelt, während der Sarg hinabgelassen wurde. Zwei hochgewachsene Männer mittleren Alters – es mussten Walters Söhne sein – stützten die trauernde Witwe. Der eine legte liebevoll den Arm um sie, während der andere offensichtlich leise auf sie einsprach. Alle drei hielten je eine weiße Rose in der Hand und traten ans Grab.

Wie sehr, dachte Judith in diesem Augenblick, hätte sie sich so einen fürsorglichen Ehemann und Vater für die Kinder, die sie nicht hatte, gewünscht.

Noch nie in ihrem Leben hatte sich Judith so allein gefühlt wie in diesem Moment. Über dreißig Jahre war sie für Walter da gewesen und hatte immer zurückgesteckt. Wie oft hatte sie Verabredungen abgesagt oder erst gar nicht getroffen, nur um jede Minute, die er möglicherweise für sie haben würde, mit ihm zu verbringen. Und wie oft hatte sie zu Hause auf seine Telefonate gewartet. Dadurch war ihr Freundeskreis immer mehr geschrumpft. Bis auf wenige Freundinnen und ein paar Geschäftsbeziehungen war niemand mehr übrig geblieben.

Walters Frau hatte nicht nur einen riesigen Freundes- und Bekanntenkreis, sondern offensichtlich auch zwei liebevolle Söhne, die ihr zur Seite standen.

Im Gegensatz zu ihr konnte sie vor den anderen Menschen trauern, und ihr wurde von allen Seiten Mitgefühl ausgesprochen und Hilfe angeboten, während sie in diesem Moment nur den Baum, an den sie sich lehnte und hinter dem sie sich versteckte, als Stütze hatte, der einzige Zeuge ihrer Trauer. So wie ihr Leben im Schatten an Walters Seite verlaufen war, so musste sie im Schatten Abschied nehmen.

Nachdem die Trauerreden gehalten und die Blumen am Grab abgelegt waren, entfernte sich die Trauergesellschaft zum Leichenschmaus.

Als alle Trauernden aus ihrem Sichtfeld verschwunden waren, ging Judith langsam zum Grab. In ihren zitternden Händen hielt sie einen Brief. Es waren ihre letzten Zeilen an Walter, um sich von ihm zu verabschieden. Sie ging in die Hocke und warf ihn zwischen die Blumen, die Tränen liefen ihr übers Gesicht.

Es war das erste Mal, dass sie etwas Unvorsichtiges in Bezug auf Walter und ihre Beziehung tat. Immerhin bestand ein gewisses Risiko, dass jemand den Brief entdecken könnte, aber sie wollte auch von ihrer großen Liebe Abschied nehmen können, und dies war für sie der einzige Weg.

Die andere Seite der Medaille

Die Warnung des chinesischen Augenarztes Li Wenliang vor einem neuen, gefährlichen Virus hatte ich bereits wahrgenommen. Obwohl Wuhan weit entfernt lag, blieb mir diese Information im Gedächtnis. Als der vierunddreißigjährige Kollege dann aber Anfang Februar selbst an diesem Virus starb, war mir klar, dass auch in Deutschland etwas Größeres auf uns zukommen würde.

Als langjährige ehrenamtliche Präsidentin des DRK-Kreisverbands Tübingen war es naheliegend, sofort ein Team zusammenzurufen. Unvorbereitet schwierigen Situationen ausgesetzt zu sein, war eine Erfahrung, die ich schon als junge Frau gemacht hatte. Dadurch war ich gewohnt, umsichtig und vorausschauend zu denken. So hatten wir im Spätsommer 2015, als die Flüchtlingswelle Deutschland erreichte, ganz schnell eine mobile Arztpraxis für Flüchtlinge eingerichtet, um die Kranken vor Ort versorgen und behandeln zu können und den Rettungs- und Notdienst zu entlasten. Bereits Jahre zuvor hatten wir beim DRK einen Pandemieplan ausgearbeitet.

Auch wenn ich anfangs wegen meiner Sorge, dass sich die Krankheit rasch ausbreiten würde und zudem sehr gefährlich sei, noch belächelt wurde, schlug die Stimmung nach den ersten Hiobsbotschaften schnell um. In den Faschingsferien, als die ersten Corona-Infizierten aus dem Skiurlaub zurückkehrten, funktionierte ich die mobile Arztpraxis umgehend in ein Testmobil um. Es war der Beginn einer unfassbaren Zeit, ein Wettlauf gegen die Bedrohung und den Tod von Menschen. Niemals hätte ich gedacht, als ich damals die Teambesprechung führte, dass alles ein solches Ausmaß annehmen und es über drei Jahre dauern würde, bis wieder Normalität in den Alltag zurückkehren würde.

Es waren harte Zeiten. Allein schon Testmaterial und Schutzkleidung zu bekommen, gestaltete sich schwierig. Allerdings waren wir sehr gut ausgerüstet, weil das DRK in Tübingen sich sehr früh auf die Situation eingestellt hatte. Aus dem ganzen Land erreichten mich Anrufe von Ärzten, die wissen wollten, woher ich meine Tests und mein Material hatte und ob wir aushelfen könnten.

Schnell war klar, dass ältere Menschen, vor allem in den Altersheimen, besonders gefährdet waren. Deshalb war es mir ein Anliegen, die Heimbewohner regelmäßig zu testen, um wenigstens sie vor einer Infektion zu schützen. Als ich beim Land nachfragte, ob es nicht möglich wäre, die Altersheime regelmäßig zu testen und die Kosten dafür zu übernehmen, bekam ich die Auskunft, das wäre nicht vorgesehen.

Ich begann trotzdem zu testen, auch wenn es mich einige schlaflose Nächte kostete. In der Einrichtung, mit der wir begannen, waren auf der ersten Station von dreißig Personen bereits siebzehn positiv, wovon zwölf nach kurzer Zeit verstarben. In den anderen Heimen war es nicht anders. Bald starb auch mein erster Patient, und ich war verzweifelt, denn ich wusste, dass er gern in diesem Heim lebte und noch lange nicht Abschied vom Leben nehmen wollte. Oft hatte er zu mir gesagt: »Gell, Frau Doktor, Sie sorgen dafür, dass ich noch eine Weile lebe.« Umso mehr trafen mich sein Tod und die Ohnmacht, zusehen zu müssen, wie Menschen einfach starben.

Es dauerte noch Wochen, bis die Regierung entschieden hatte, alle Heime regelmäßig testen zu lassen, und ich erfuhr nun, dass meine Kosten auch rückwirkend erstattet würden.

Etliche freiwillige Helfer hatten sich bei mir gemeldet und ihre Unterstützung angeboten. Auch der Landrat war sehr aktiv. Er griff mir unter die Arme und war Tag und Nacht für uns erreichbar. Auch Boris Palmer, unser Tübinger Oberbürgermeister, bot uns unbürokratisch und schnell seine Hilfe an. Später, 2022, war das auch ein Grund für mich, ihn bei der OB-Wahl öffentlich zu unterstützen. Egal, wie umstritten Palmer auch ist, in Krisenzeiten hat er effektiv den »Tübinger Weg« mitgetragen, und ich habe erfahren, dass man sich hundertprozentig auf ihn verlassen kann.

Die Regierung verhängte den ersten Lockdown, der auch Schulschließungen beinhaltete. Damals dachten noch alle, da müssen wir erst mal durch und dem Virus Einhalt gebieten, dann entspannt sich das Ganze wieder, spätestens bis zum Sommer. Das stellte sich nachträglich als großer Irrtum heraus.

Natürlich konnte keiner wissen, wie sich das alles weiterentwickeln würde. Es spielten sich regelrechte Dramen ab.

Ich erinnere mich an verzweifelte Angehörige, die in ihrer Not bei mir anriefen. Mein Handy klingelte zu jener Zeit ununterbrochen. Erste Medien hatten begonnen, über meine Aktionen und meine Forderungen an die Regierung zu berichten, wodurch ich für manche zum Hoffnungsträger wurde. Eines Tages rief ein älterer Mann an und sagte, dass er seit Tagen nicht mehr zu seiner Frau mit beginnender Demenz vorgelassen würde. Alle Bewohner seien rigoros abgeschottet, und zeitweise durfte niemand das Zimmer mehr verlassen. Auch betrat das Personal nur noch vermummt das Zimmer und jagte seiner Frau dadurch jedes Mal einen Schrecken ein. Sie hatte mehrfach aus dem Fenster um Hilfe geschrien. Der Mann weinte, da er keine Möglichkeit hatte, sie zu beruhigen. Seine

Stimme am Telefon klang gebrochen. Seine Frau war es gewohnt, dass er sie jeden Tag besuchte und sie abends fütterte. War er nicht da, verweigerte sie oft das Essen.

»Wenn das so weitergeht, wird meine Frau das nicht überleben und nicht an Corona sterben, sondern an Einsamkeit, und ich werde sie nie wiedersehen«, schluchzte er hilflos ins Telefon. »Sie kann nicht verstehen, warum ich plötzlich nicht zu ihr darf.« Mich beschäftigte das Schicksal dieser beiden Menschen sehr, und ich konnte die Verzweiflung des Mannes sehr gut verstehen.

Andere Angehörige riefen an und erzählten mir, dass der Vater in der Klinik mit Corona im Sterben läge und sie ihn nicht besuchen dürften.

In der Zeit spielten sich menschliche Tragödien ab, doch am Anfang wusste ja niemand, wie man der Ausbreitung des Virus Herr werden konnte. So viele Menschen, vor allem Ältere und Kinder, befanden sich in einer hoffnungslosen Situation, und keiner konnte so genau sagen, welcher der richtige Weg ist. Es gab Politiker wie Karl Lauterbach, dem die Maßnahmen nicht weit genug gehen konnten, und andere, die versuchten, das Leben und die Grundfreiheiten der Bürger so wenig wie möglich einzuschränken.

So gut es ging versuchten wir die Menschen zu unterstützen und individuelle Lösungen zu finden, auch wenn das nicht in jedem Fall möglich war. Wir waren froh, wenn wir helfen konnten. Dafür waren die Menschen unglaublich dankbar, und von allen Seiten bekam ich E-Mails, SMS, WhatsApp-Nachrichten und Briefe. Aus Zeitgründen habe ich bis heute vielen dieser Menschen nicht antworten können.

In dieser Zeit schlief ich oft nur bis zu vier Stunden, arbeitete Tag und Nacht, auch an den Wochenenden, in der Hoffnung, dass dieser Albtraum bald ein Ende finden würde.

Abgesehen von allen Corona-Aktivitäten ging ja mein Praxisalltag weiter. Im Gegensatz zu vielen, die von Kurzarbeit betroffen waren, im Homeoffice arbeiteten oder sogar arbeitslos wurden, hatte sich bei meinen Kollegen, dem gesamten Personal im medizinischen Bereich und mir das Arbeitspensum in ungeahnter Weise gesteigert.

Viele Menschen hatten Angst und fühlten sich der Krise ausgeliefert. Umso wichtiger war es, mit den Mitteln, die uns zur Verfügung standen, und auch mit Zuversicht aktiv dagegen anzugehen. Die Hauptsache war doch, alles zu tun, um größeres Leid zu vermeiden.

Zwischendurch kamen mir immer wieder meine guten Vorsätze in den Sinn, mich mehr um mich zu kümmern und mir mehr Zeit für mich zu nehmen. Meine Erkrankung war noch nicht so lange her. Dann schob ich den Gedanken sofort zur Seite, denn ich hatte gar keine andere Wahl. Zusehen und nichts tun kam nicht infrage, weil ich wusste, dass die Möglichkeit bestand, Leid zu lindern und Menschenleben zu retten. Außerdem hatte jeder Mensch ein Recht darauf, geschützt zu werden, in erster Linie Schwache und hilflose Personen.

Trotzdem sehnte ich den Tag herbei, an dem ich einfach mal wieder mit dem Wohnmobil wegfahren konnte, und sei es nur für ein paar Tage. Michael und ich beschlossen, die nächste Gelegenheit zu nutzen. Er verstand und sah täglich, wie wichtig meine Arbeit zu diesem Zeitpunkt geworden war, und unterstützte mich, wo er nur konnte.

Auch mein Familienleben kehrte teilweise zur Normalität zurück, denn Jonathan war während des Lockdowns für ein paar Wochen aus München nach Hause zurückgekehrt, um an seinen Kursen online teilzunehmen und sich von hier aus auf seine Master-Prüfung in BWL vorzubereiten. Aus den Wochen wurde dann fast ein Jahr.

Auch Michael war regelmäßig da und arbeitete im Homeoffice. Über Einsamkeit konnte ich mich in der Zeit, im Gegensatz zu anderen, wahrlich nicht beklagen.

Wir verabredeten uns mit Freunden viel öfter als üblich zu Hause und diskutierten häufig bei diesen Treffen, wie es mit Corona weitergehen würde und was es für Möglichkeiten zum Schutz vor Infektionen gab. Besonders beschäftigte mich die zunehmende Einsamkeit der Menschen, nicht nur in den Altersheimen, sondern vor allem auch zu Hause. Denn über 80 Prozent der älteren Menschen leben zu Hause und nicht im Heim. Viele hatten panische Angst davor, sich anzustecken, während ihre Angehörigen gleichzeitig Angst hatten, sie zu infizieren und ihnen womöglich dadurch den Tod zu bringen. Zunehmend baute sich eine regelrechte Angstwelle verbunden mit Schuldgefühlen auf. Einerseits wollte man die Angehörigen nicht anstecken und der Gefahr einer Infektion aussetzen, andererseits drohten sie dadurch immer mehr zu vereinsamen. Wir wussten damals, dass wir erst am Beginn der Pandemie standen. Die massiven Auswirkungen würden mit der Zeit noch viel schlimmer werden.

Der Lockdown hatte allerdings auch unerwartet positive Auswirkungen. Bei unseren Treffen kochten wir gemeinsam, oder jeder brachte etwas mit. Es war ein neues Gefühl, sich regelmäßig reihum privat zu treffen und sich nicht wie gewöhnlich in einer Gaststätte zu verabreden. Zu unserem Kreis gehörten Serpil und Peter Prange sowie Christine und Hubert Wicker. Manchmal war auch noch eine Freundin mit dabei. Gleichzeitig war es für mich die einzige unbelastete Auszeit, die ich mir nehmen konnte, denn von ihnen steckte keiner zu der Zeit in einer Krise, und wir waren eine unbekümmerte Runde.

Teilweise schlichen wir mit schlechtem Gewissen abends kurz vor neun aus dem Haus, weil ab 20 Uhr Ausgangssperre verordnet war und wir es nicht ganz so pünktlich geschafft hatten, uns zu verabschieden. Mit der Zeit entwickelte sich eine noch engere Freundschaft. Jeder von uns freute sich auf den Samstag, sei es zum Kaffee oder zum Abendessen. Es war ein intensives Gefühl, denn etwas anderes wie zum Beispiel ein Kino- oder Theaterbesuch war ja zu dem Zeitpunkt nicht möglich. Für uns war das eine schöne Erfahrung, weil wir lernten, Dinge wieder zu schätzen, die früher als selbstverständlich galten.

Durch den Ausbruch der Pandemie und meine viele Arbeit war es für mich fast unmöglich, alle Freundschaften regelmäßig zu pflegen.

Judith hatte angerufen, weil sie seit einigen Wochen Magenschmerzen hatte und es einfach nicht mehr aushielt. Ich schob sie in der Sprechstunde zwischen zwei Termine. Seit der Beerdigung von Walter hatte ich sie nicht mehr gesehen, nur mehrmals mit ihr telefoniert.

Als ich sie jetzt sah, erschrak ich. Sie hatte mindestens fünf Kilo abgenommen. Jetzt saß sie vor mir und klagte über starke Schmerzen und Sodbrennen, die ihr so zu schaffen machten, dass sie schon einige Termine mit Mandanten absagen musste.

Ich untersuchte sie gründlich und verschrieb ihr Medikamente. Aber als nach zwei Wochen alles nicht mehr half, und Judith immer noch mehr abgenommen hatte, schickte ich sie zur Gastroskopie.

Auf meine Bitte hin rief der Kollege nach der Untersuchung sofort zurück, um mir mitzuteilen, dass Judith einen völlig unauffälligen Befund hätte. Natürlich hatte ich es geahnt. Die ganze Situation war ihr im wahrsten Sinne des Wortes auf den Magen geschlagen. Bevor ich alles nur auf ihre Lage und damit auch auf ihre seelische Verfassung schob, wollte und musste ich dennoch sicher sein, dass tatsächlich keine körperliche Erkrankung vorlag. Es kommt immer wieder vor, dass bei Patienten psychische Erkrankungen diagnostiziert werden, die sich im Nachhinein als Fehldiagnosen herausstellen.

Meine Freundin würde einige Zeit brauchen, um die Beziehung und deren tragisches Ende zu verarbeiten. Sie begann deshalb eine Therapie, und es hatte den Anschein, dass sie langsam wieder Lebensmut fasste. Zumindest ging sie jetzt unter Menschen, hatte sich mehrfach mit Kolleginnen zum Kaffee getroffen und war einmal in einer Ausstellung gewesen.

Leider währte das nicht allzu lange, denn Corona setzte mit dem ersten Lockdown alldem ein abruptes Ende. Trotzdem tat Judith die regelmäßige Therapiestunde gut, und als wir uns wieder einmal auf ein Glas Rotwein bei mir trafen, erzählte sie mir von ihrer Trauer, aber auch von ihrer neu gewonnenen Freiheit.

»Weißt du, Lisa, ich habe all die Jahre immer nur an Walter gedacht und in den letzten zwei Jahren ganz besonders. Immer öfter bin ich zu Hause gesessen und habe morgens und abends auf seinen Anruf gewartet, um ungestört mit ihm reden zu können. Er rief mich ja auch bis auf ganz wenige Ausnahmen jeden Morgen um halb acht und jeden Abend zwischen halb neun und neun an. Das war der Grund, warum ich mich fast nie verabredet habe. Du warst die große Ausnahme. Für dich habe ich das Telefonat ausfallen lassen, das hat Walter auch akzeptiert. Bei anderen war er immer schnell eingeschnappt und manchmal sogar sauer.«

»Du Arme, da warst du ganz schön im Zwiespalt und hast bestimmt deswegen auf viele Treffen verzichtet. Ich kann dich verstehen«, sagte ich. »Man muss aber auch ein bisschen an sich denken, sonst wird man unglücklich. In Zukunft hast du die Möglichkeit, dein Leben anders anzugehen, Dinge zu erleben, die für dich wichtig und schön sind. Ich weiß, das alles mit Walter ist furchtbar, und selbst mir fehlt er. Doch es hat keinen Sinn. Dein Leben geht weiter, und du hast jetzt die Chance, zu bestimmen, wie es weitergehen soll«, fügte ich hinzu. Judith nickte. »Du hast recht. Es ist ein ganz neues Gefühl, nicht mehr so gebunden und fremdbestimmt zu sein und abends etwas unternehmen zu können. Aber gleichzeitig vermisse ich ihn unsagbar und fühle mich total allein. Freunde können einen Partner nicht ersetzen.«

»Das stimmt, aber deine Beziehung zu Walter hat dich doch sehr eingeengt. Versuche sie im Nachhinein nicht zu sehr zu idealisieren. Wie oft habe ich dich unglücklich erlebt, manchmal sogar depressiv«, wandte ich ein.

»Auf keinen Fall möchte ich auf Dauer allein bleiben, ich brauche jemanden«, sagte Judith plötzlich. »Ich muss nicht mit ihm zusammenwohnen, aber das Gefühl, da ist jemand, der zu mir gehört und ich zu ihm, das hatte ich jetzt über dreißig Jahre lang. Ganz ohne Beziehung ist mir mein Leben zu einsam.«

Ihren Wunsch konnte ich gut verstehen, aber ein bisschen erstaunte er mich schon. Es lag gerade mal vier Monate zurück, dass Walter gestorben war. Offensichtlich hatte Judith innerlich schon viel länger damit begonnen, von ihm Abschied zu nehmen.

Vielleicht hatte sie sich das selbst noch gar nicht eingestanden und deshalb zum Schluss ganz besonders für ihn gekämpft, auch wenn es mir irrational oder einseitig vorkam. In diesem Zusammenhang fiel mir mein Gespräch mit ihr vor meinem Abflug nach New York ein. Womöglich wollte sie gar keine Bedenken zulassen, um ihre Beziehung besonders in der Krankheitsphase nicht zu belasten. Durch ihre überfürsorgliche Reaktion versuchte sie ihre zwiespältigen Gedanken und Schuldgefühle zu verdrängen.

»Judith, ich finde es gut, dass du dir über deine Gefühle und die Zukunft Gedanken machst. Du hast noch alle Möglichkeiten, einen neuen Partner zu finden.«

»Meinst du wirklich? Ich glaube, in unserem Alter gibt es nur noch ganz wenige Chancen, einen entsprechenden Partner kennenzulernen.«

»Das glaube ich nicht«, sagte ich und lächelte sie an. »Lass dir dafür aber noch etwas Zeit.«

»Niemals mehr würde ich mich auf einen verheirateten Mann einlassen. Manchmal denke ich, damit habe ich auch dreißig Jahre meines Lebens vertan und mir viele Chancen genommen.«

»Lass die Vergangenheit ruhen. Es macht keinen Sinn, im Nachhinein zu sehr zu grübeln. Wichtig ist doch jetzt, dass du für die Zukunft weißt, was du willst und was du nicht mehr willst. Oft hat eine Beziehung zwei Seiten«, gab ich zu bedenken. »Ganz besonders, wenn der Partner gebunden ist. Wichtig ist aber, dass du zu dir findest und auch für dich lebst, nicht nur für und durch den Partner. Ansonsten ist es eine Abhängigkeit, die nicht gesund ist. Natürlich gibt es Beziehungskonstellationen, die gut sind, so wie sie sind.« Als ich das sagte, erinnerte ich mich an meine jahrelange Beziehung mit einem verheirateten Mann. Natürlich waren einige Jahre mit ihm auch sehr glücklich gewesen, und ich wollte sie nicht missen. Aber das hatte sich im Lauf der Zeit geändert. Trotzdem behielt ich diesen Lebensabschnitt in guter Erinnerung.

»Aber die Voraussetzung dafür ist«, fuhr ich fort, »dass niemand darunter leidet oder sich, wie du, in ein Schattenleben abdrängen lässt. Und da du das jetzt weißt, machst du es beim nächsten Mal bestimmt anders, hoffe ich jedenfalls«, sagte ich und grinste, während ich ihre Hand streichelte. »Und du wirst jemanden finden, da wette ich mit dir!«

Judith lächelte. »Du verstehst mich einfach gut. Dir brauche ich nicht lange erklären, wie es in mir aussieht und was in mir vorgeht. Du machst mir keine Vorwürfe oder kommst mit neunmalklugen Ratschlägen daher. Auch deshalb habe ich dich ins Herz geschlossen. Wenn ich mit dir reden kann, geht es mir danach immer viel besser, weil du mir Mut machst und deine Zuversicht und Fröhlichkeit mir Kraft geben. Und trotzdem verurteilst du mich nicht, auch wenn ich mal Dinge tue, die nicht sinnvoll oder gut für mich sind.«

»Das macht eine Freundschaft aus. Unsinn habe ich auch oft genug gemacht«, antwortete ich. »Jeder hat seinen eigenen Weg, den er geht, und Freundschaft bedeutet auch Toleranz und Verständnis. Ich habe immer versucht, mich in dich einzufühlen, Judith, um zu verstehen, was mit dir los ist. Außerdem kenne ich das Gefühl, in einer Beziehung emotional gefangen zu sein. Es ist nicht so einfach, sich daraus zu befreien, erst recht nicht, wenn sie schon so lange dauerte wie deine.«

»Tatsächlich habe ich kurz vor der Krankheit von Walter immer wieder über mein Leben nachgedacht. Ich konnte mir nicht vorstellen, dass das alles sein sollte. Doch als er krank wurde, war es für mich völlig klar, dass ich ihn so niemals im Stich lassen würde. Natürlich ist es noch oft ganz schlimm für mich.« Ich sah, wie ihr dabei die Tränen in die Augen stiegen, während sie das sagte. »Aber ich versuche immer wieder, mich abzulenken, und tatsächlich muss ich nicht dauernd an ihn denken. Im Nachhinein bin ich ganz froh, dass ihm diese schlimme Zeit mit Corona erspart geblieben ist. Wenigstens ist er nicht einsam gestorben, und die Familie, Freunde und Bekannten konnten alle bei der Beerdigung dabei sein.«

»Ich finde es großartig, wie du das hinbekommst. Du bist viel stärker, als du denkst.« Dabei nahm ich ihre beiden Hände und drückte sie ganz fest, und sie erwiderte den Druck.

»Abgemacht, wir bekommen das gemeinsam hin, und wir machen uns ein schönes Leben! Oft liegt es an einem selber, wie man die Dinge sieht und mit dem Leben umgeht. Schwere Krankheiten und den Tod kann man wenig beeinflussen, den Rest aber schon«, sagte ich abschließend. Wir nahmen unsere Gläser und stießen an. Was für ein schöner Abend und was für ein gutes Gespräch! Es hatte unsere Seelen in Gleichklang gebracht. Wir verabschiedeten uns mit einer innigen Umarmung.

Am nächsten Tag klingelte es, und ein Bote brachte einen bunten Blumenstrauß mit einer Karte. Auf ihr stand nur: »Danke, danke für alles! Du weißt schon, von wem …«

Das Leben kann trotz schwerer Erlebnisse auch schön sein, dachte ich. Wir müssen es nur zulassen und die kostbaren Augenblicke wahrnehmen.

Herausforderungen

Ernährung hat für Menschen unterschiedlichste Bedeutung. Den einen ist es relativ unwichtig, was und wie sie essen, den anderen ist gutes Essen wichtig, und sie freuen sich regelrecht darauf. Zu denen gehöre ich. Andere wiederum haben eine Essstörung, so wie das siebzehnjährige Mädchen, das jetzt zum wiederholten Male in der Praxis mit seiner Mutter vor mir saß. Man konnte es Laura sofort ansehen. Sie war untergewichtig und krankhaft abgemagert, dennoch fühlte sie sich selbst nicht zu dünn. Das Mädchen hatte eine völlig falsche Körperwahrnehmung von sich.

Eine Woche zuvor waren die beiden das erste Mal zu mir gekommen. Die Mutter war richtig verzweifelt.

»Die ganze Zeit versuche ich ihr klarzumachen, dass sie zu wenig isst, aber sie hört nicht auf mich«, klagte sie. »Ich verstehe nicht, was ihr fehlt.« Dann erzählte sie von dem vergifteten Klima zu Hause und von den ständigen Auseinandersetzungen mit ihrem Mann, was sie zusätzlich sehr belastete. Er machte sie für die Krankheit ihrer Tochter verantwortlich, überhäufte sie mit Vorwürfen und konnte nicht nachvollziehen, dass das Kind nicht normal aß. Dass die Ursachen deutlich tiefer lagen, konnte oder wollte er nicht verstehen.

Das Essverhalten ist ein Ausdrucksmittel der Seele. Es kann einen Lösungsprozess von den Eltern unterstreichen, bei Kummer ein Ruf nach Aufmerksamkeit oder ein Zeichen dafür sein, sich durchsetzen zu wollen. Ich erinnere mich gut an meinen Sohn Beni. Als er noch sehr klein war, ließ er immer eine Erbse oder eine halbe Karotte auf seinem Teller übrig. Damit zeigte er mir, dass er selbst bestimmen wollte, was er aß und wie viel davon.

Bei älteren Menschen, die genug vom Leben haben und sterben möchten, kann man öfters beobachten, wie sie einfach das Essen einstellen. Das Essverhalten kann eine besondere Art der Kommunikation sein, eine Form der Selbstbestimmung und auch Ausdruck von Macht gegenüber anderen.

Ich hatte schon junge, klapperdürre Mädchen in der Praxis oder im Notdienst gehabt, die diesem in der Gesellschaft hochgepriesenen Schlankheitswahn nachrannten und fest glaubten, immer noch zu dick zu sein. Gott sei Dank hat sich die Situation auch in Bezug auf die Wahrnehmung des eigenen Körpers durch das Diversity-Thema verbessert. Unsere Welt ist doch vielseitig und bunt. Was habe ich mich seinerzeit gefreut, Models wie Crystal Renn, die ehemalige Plus-Size-Muse von Jean-Paul Gaultier, zu sehen. Heute geht es mir so, wenn ich Sofía Jirau aus Puerto Rico mit Trisomie oder die kanadische, an Vitiligo bzw. die Weißfleckenkrankheit erkrankte Winnie Harlow auf den Laufstegen sehe!

Auch als wir kürzlich wieder in Zürich zu Besuch bei Simone und Oli waren und ich mit Zoe, meinem Enkelkind und ihren Barbiepuppen spielte, war mir aufgefallen, wie sich etwas in unserer Gesellschaft deutlich geändert hatte. Zum ersten Mal in meinem Leben versorgte plötzlich eine Puppenärztin mit dickem Hintern und Bauchansatz eine verletzte Puppenpatientin, und ein Barbiekind saß im Rollstuhl. Vor noch nicht allzu langer Zeit wäre das undenkbar gewesen!

Als Laura und ich allein waren, nutzte ich die Gelegenheit, um etwas mehr über sie und ihre Situation in Erfahrung zu bringen.

»Seitdem unsere Schule wegen Corona geschlossen ist, bin ich depri«, sagte sie. »Meine Eltern mussten deswegen noch einen Laptop kaufen, auch das haben sie mir vorgeworfen. Mit dem Daheimlernen klappt es auch nicht wirklich, keiner von denen kann mir den Stoff erklären. Ich werde das Abitur bestimmt nicht schaffen. Und meine Klassenkameraden vermisse ich auch, vor allem meine Freundin.« Sie sah mich traurig an. »Jetzt streiten meine Eltern wegen mir die ganze Zeit. Ich bin an allem schuld. Manchmal denke ich, es wäre besser, tot zu sein.«

Dieser Satz entsetzte mich ziemlich, und ich befürchtete das Schlimmste, wenn nicht bald etwas geschah. Zuerst tröstete ich sie wegen ihrer Sorge in Bezug auf das Abitur und erzählte ihr von mir, dass ich mitten in der neunten Klasse die Schule abgebrochen hatte.

»Und heute bin ich Ärztin«, sagte ich und entlockte ihr dabei ein kleines Lächeln, während ich überlegte, wie ich ihr schnellstens helfen könnte. Das Mädchen durfte den Konflikten ihrer Eltern nicht mehr hilflos ausgesetzt werden, so bemühte ich mich sofort um einen Platz in einer Klinik, die auf Essstörungen spezialisiert war.

Es war eine schwierige Aufgabe, die meine fachlichen Kompetenzen überstieg, denn nur mit professioneller Hilfe konnte man genauer herausfinden, was ihr fehlte und warum sie sich selbst derart gefährdete. Lauras Blutergebnisse waren da. Sie zeigten eindeutige Mangelerscheinungen. Lange würde es mit ihr so nicht mehr gut gehen, befürchtete ich. Deshalb rief ich noch einmal in der Klinik an. Diesmal hatte ich Glück und bekam verhältnismäßig schnell einen Therapieplatz für sie. Sie hatten begriffen, dass es sich hier um einen Notfall handelte, und reagierten unbürokratischer als sonst, was mich sehr freute.

Ich erklärte Laura, dass es gegen Ende der Woche schon losgehen würde, und beschrieb ihr die Klinik. Ihre Mutter atmete auf, als ich sie informierte. Vor allem merkte ich aber, wie froh das Mädchen war, dort hinzukönnen. Sie verabschiedete sich mit einem Lächeln und bedankte sich herzlich bei mir.

Noch in Gedanken schaute ich ihr nach, wie sie die Treppe hinunterstieg. Die schwarze Jeans saß zu locker und flatterte um ihre dünnen Beine. Es war höchste Zeit, dachte ich, und zuckte zusammen, als das Handy neben mir klingelte.

Eine Frau aus Böblingen, an deren Stimme ich schon erkennen konnte, dass sie sehr verzweifelt sein musste, meldete sich. Nach zehn Minuten wusste ich, dass sie über achtzig Jahre alt war und jetzt Angst hatte, an Corona sterben zu müssen, ohne ihre Angehörigen noch einmal sehen zu können. Die lebten im Ausland und kamen nur einmal im Jahr an Weihnachten zu Besuch, und ob das dieses Mal möglich war, war äußerst fraglich.

Ich hörte ihr zu und verstand ihre Angst. Am Ende des Telefonats hatte ich den Eindruck, sie ein bisschen getröstet zu haben, denn sie beendete das Gespräch mit den Worten: »Danke, Frau Doktor, dass Sie mir geduldig zugehört und so viel Verständnis für mich gezeigt haben. Allein das hat mir sehr geholfen. Ich bin so einsam, wissen Sie, und wusste nicht, an wen ich mich wenden sollte.«

Ja, es war eine schlimme Zeit, dachte ich. Eigentlich wusste keiner so genau, was uns in der Coronakrise alles erwarten würde. Diese Ungewissheit machte vielen Menschen Angst, und die sozialen und psychischen Nachwirkungen würden noch viele Jahre bestehen bleiben, besonders bei Kindern und Jugendlichen.

Neue Wege

Sollte ich es zeitlich schaffen, nahm ich mir vor, Judith im Lauf der Woche noch mal anzurufen und sie etwas aufzumuntern. Bei unserem letzten Telefonat hatte sie ziemlich resigniert geklungen. Offensichtlich fehlte ihr Walter, und trotz der vielen Arbeit fühlte sie sich immer noch sehr einsam.

Eigentlich wünschte sich Judith einen neuen Partner an ihrer Seite. Doch befürchtete sie, mit Anfang sechzig zu alt zu sein, um noch jemanden zu finden. Auch daran merkte ich, wie sehr es ihr an Selbstbewusstsein fehlte. Ich machte mir Sorgen um sie, und es musste bald etwas geschehen, sonst würde meine Freundin mir noch vor Kummer zerbrechen.

Eine Patientin hatte mir neulich erzählt, dass sie sich bei Parship angemeldet hatte. Wie die Frauen, so hätten auch die Männer im Moment genauso wenige Möglichkeiten, jemanden auf normalem Wege kennenzulernen, und mussten auf Dating-Portale zurückgreifen, wodurch sich die Auswahl möglicherweise doch deutlich verbesserte. Eigentlich logisch, dachte ich.

Tatsächlich kamen bei meiner Patientin auch mehrere Dates zustande, und der letzte Anwärter gefiel ihr ganz gut, wie sie mir berichtete. Wie für viele andere Menschen auch, war dieser Online-Dienst für sie der einzige Weg, sich während der Coronapandemie mit ihren Kontaktbeschränkungen weniger einsam zu fühlen und die Möglichkeit zu haben, einen Partner zu finden.

Frühabends konnte ich eine kleine Pause einlegen. Ich griff zum Hörer und rief Judith an, dieses Mal auch, um sie zu ermutigen, sich mal in Ruhe auf Parship oder ElitePartner umzusehen.

»Schadet ja nichts«, fasste ich mich kurz, »denn entscheiden kannst du ja immer noch selber, wer für dich genau infrage kommt und ob du dich treffen willst. Das alles vor allem in deinem Tempo und nach eigenen Vorstellungen. An deiner Stelle, Judith, würde ich es versuchen.«

Beim Auflegen hatte ich den Eindruck, dass sie sich meinen Vorschlag zu Herzen nehmen würde.

Tatsächlich entschied sie sich bald darauf für ElitePartner und bat mich, ihr zu helfen. Da ich am Tag der Deutschen Einheit ein bisschen Luft hatte, versprach ich, ihr behilflich zu sein. »Allerdings bin ich alles andere als computeraffin«, kündigte ich von vornherein an, »aber gemeinsam werden wir es schon hinbekommen.« Außerdem war sie nicht die erste Freundin, die ich in dieser Hinsicht unterstützte. Während es früher ein »G'schmäckle« hatte, wie wir Schwaben sagen, waren die Dating-Plattformen inzwischen bei Jung und Alt etabliert, und durch die Coronakrise waren auch bei manchen Kritikern die letzten Vorbehalte gefallen.

Am Feiertag trafen wir uns dann in ihrer Wohnung und machten uns ans Werk. Judith suchte die Fotos aus. Ich schrieb für sie den Text, natürlich nur nach ihren Vorstellungen und Anweisungen. Sie meinte: »Das kannst du besser als ich«, und da es nicht für mich war, war ich tatsächlich etwas unbefangener als sie.

Es kam, wie es kommen sollte. Die nächsten Tage konnte sie sich vor Anfragen nicht mehr retten. Ich an ihrer Stelle hätte da den Überblick verloren. Das geht mir schon im Kleidergeschäft so, wenn ich die vollen Kleiderständer sehe. Meist verliere ich dann die Lust und verlasse schleunigst den Laden. Insofern war ich froh, Judith die Auswahl überlassen zu können und mich nicht durch diese vielen Antworten kämpfen zu müssen.

Die Zeit danach war beruflich sofort wieder ausgefüllt, pro Stunde klingelte mein Handy gefühlte dreißigmal, sodass ich Judith erst mal wieder aus den Gedanken verlor. Ab und zu kam eine SMS, mit der sie mich auf dem Laufenden hielt.

»So lustig, Lisa! Komme mir vor wie im Supermarkt«, schrieb sie zwischendurch – damit meinte sie die Männer.

»Nur Geduld, lass dir Zeit beim Aussuchen und nimm keinen im Sonderangebot«, schrieb ich zurück. Offensichtlich pflegte sie einen regen Austausch, aber bisher war wohl noch nichts dabei gewesen. Trotzdem machte es ihr viel Spaß, und sie freute sich über jede Begegnung. Und ich war froh, dass sie die ganze Geschichte locker und mit Humor anging – verbissen würde das alles sowieso nicht funktionieren.

Glücklich zu wissen, dass es ihr durch diese Abwechslung besser ging und ihre Hoffnung und ihr Mut langsam wieder zum Leben erwachten, fühlte ich mich nicht mehr so sehr verantwortlich. Einsamkeit konnte etwas Schlimmes sein, und ich verstand jeden, der sich nach einer Partnerschaft sehnte, in welcher Form auch immer.

Judiths Neuer

Ein langer Arbeitstag ging zu Ende. Gestern hatte ich noch ein kurzes Gespräch mit Judith geführt. Durch die ganzen Coronamaßnahmen wurde es immer schwieriger, sich zu verabreden oder zusammen essen zu gehen. Auch wurden sämtliche VHS-Kurse eingestellt, und die Kinos und Theater hatten geschlossen. Also bestanden für Alleinstehende kaum noch Möglichkeiten, soziale Kontakte zu pflegen.

Ich wünschte ihr wirklich von Herzen, dass sie bald einen geeigneten Partner finden würde, denn bisher war ihre Suche erfolglos geblieben. Umso wichtiger war es mir als Freundin, in dieser Phase für sie da zu sein und sie weiterhin zu ermutigen, ihre Suche fortzusetzen, ohne an sich selbst zu zweifeln.

Die ersten TV-Nachrichten hatte ich verpasst, aber zum *heute journal* würde es noch reichen. Ich schob mir einen Löffel Kartoffeleintopf in den Mund und schaltete den Fernseher ein, als mein Handy klingelte. Bitte kein Notfall, dachte ich, nicht jetzt! Ich hatte mich so auf meinen Eintopf gefreut und wollte alles Medizinische für ein paar Stunden hinter mir lassen.

Es war kein Notfall, eher Gedankenübertragung. An mein Ohr drang die freudig aufgeregte Stimme von Judith.

»Lisa, ich muss dir unbedingt was erzählen«, sagte sie, fast ohne Luft zu holen. »Du kannst es dir nicht vorstellen, aber ich habe einen Mann kennengelernt, der Traum sage ich dir! Nicht nur, dass er mit seinen achtundsechzig Jahren noch blendend aussieht, er ist außerdem lustig, unterhaltsam, aufmerksam und unheimlich höflich. Ein halbes Jahr suche ich schon, und ich dachte, es gäbe keinen passenden Mann mehr für mich auf diesem Planeten. Ich hatte auch fast aufgegeben, aber jetzt bin ich mir ziemlich sicher, endlich den Richtigen gefunden zu haben.«

»Ja, Judith, das ist doch …«, sagte ich, doch fiel sie mir gleich ins Wort, so aufgeregt war sie.

»Einen kleinen Nachteil gibt es nur. Er kommt aus München und ist dort auch geschäftlich gebunden. Außerdem lebt seine Tochter mit zwei Enkeln nicht weit von ihm, also würde er gern dortbleiben.«

»Habt ihr euch denn schon einmal getroffen?«, fragte ich nach.

»Ja, mehrfach sogar. Zweimal in Ulm, und dann am letzten Sonntag war er in Tübingen, um mich zu besuchen.«

»Und du? Warst du schon bei ihm in München?«

»Nein, noch nicht, aber das kommt noch.«

Ich sagte nichts. Die Freude wollte ich ihr nicht nehmen, aber tatsächlich hatte ich es bei einer Bekannten erlebt, dass sich nach einiger Zeit herausstellte, dass der Mann, den sie online kennengelernt hatte, verheiratet war und weiterhin mit seiner Frau im selben Haus zusammenlebte. Deshalb hatte er es auch lange vermieden, sie zu sich einzuladen. Als sie dann endlich das erste Mal bei ihm war, betrat plötzlich die Ehefrau mit einer Flasche Wein unter dem Arm die Wohnung und setzte sich zu den beiden, als wäre es das Normalste auf dieser Welt. Auch am nächsten Morgen erschien sie mit einer Tüte Brötchen in der Hand zum Frühstück. Die Beziehung hielt dieser Belastung nicht lange stand. Nach ein paar Monaten beendete meine Bekannte das Ganze. So lange hatte sie gebraucht, um zu durchschauen, dass sich an dieser Konstellation niemals etwas ändern würde.

Mein Argwohn war also geweckt, doch behielt ich meine Gedanken für mich. Während Judith fröhlich weitererzählte und schon konkrete Pläne schmiedete, versuchte ich mich mit ihr zu freuen und suchte schnell nach einer möglichen Lösung, sodass Judith nicht ganz allein in München war.

»Was hältst du denn davon, das nächste Mal mit mir nach München zu fahren?«, schlug ich vor. »Wir könnten gemeinsam hin- und zurückfahren. Du besuchst ihn … wie heißt er überhaupt?«

»Martin.«

»Also, du besuchst Martin und ich David und Caro. Vielleicht schaffe ich es dann, auch noch Jonathan und seine Freundin Geri zu treffen. Wäre das nicht cool?«

Zwei Wochen später fuhren wir gemeinsam nach München. Ich hoffte nur, dass es kein böses Erwachen geben würde. Judith schwärmte so von Martin, dass ich es nicht wagte, irgendwelche Zweifel zu säen. Ich setzte sie vor seiner Wohnung ab und wünschte ihr viel Spaß und zwei schöne Tage.

»Ich bin jederzeit zu erreichen, und übermorgen hole ich dich wieder ab. Und gib mir bitte im Lauf des Tages auch kurz Bescheid, ob alles in Ordnung ist, okay?«, sagte ich noch und verabschiedete mich mit einer Umarmung.

Es waren zwei wunderschöne Tage mit meinen Kindern. Michael war direkt von Frankfurt am Abend dazugekommen, so musste er nicht den Umweg über Tübingen nehmen. Wir gingen alle zusammen essen. Ich hatte immer noch keine Nachricht von Judith bekommen und wurde immer unruhiger. Anrufen wollte ich nicht, vielleicht hätte ich ihre neue Zweisamkeit nur gestört. Trotzdem machte ich mir langsam richtig Sorgen. Zweimal schon hatte ich ihr eine WhatsApp geschickt und konnte dabei sehen, dass sie seit einem Tag nicht mehr online gewesen war. Sollte ich einfach hinfahren, fragte ich mich, aber sie war ja kein kleines Kind mehr. Dann versuchte ich es doch mit einem Anruf. Allerdings bekam ich nur die Stimme ihres Anrufbeantworters zu hören.

Den zweiten Abend verbrachten wir im Theater im Bayerischen

Hof. Es war ein lustiges Stück, nicht sehr anspruchsvoll, aber sehr unterhaltsam, mit Jochen Busse und Hugo Egon Balder. Das Stück hieß *Komplexe Väter*. Die anderen lachten viel, und als mich endlich eine SMS von Judith erreichte, in der sie schrieb: »Alles wunderschön hier, bin glücklich«, konnte ich den Rest des Abends endlich ausgiebig genießen. Meine anfänglichen Zweifel waren beseitigt, ich war beruhigt und freute mich für sie.

Als die zwei Tage um waren, verabschiedete ich mich von meinen Kindern und Michael, um Judith abzuholen. Als sie ins Auto stieg, strahlte sie über das ganze Gesicht. So hatte ich sie schon lange nicht mehr gesehen. Sie war aufgeblüht und erzählte in allen Einzelheiten von Martin und ihrem gemeinsamen Wochenende. Auch seine Tochter hatte sie kurz kennengelernt.

»Weißt du Lisa, ich hatte fast vergessen, wie sich glücklich sein anfühlt. Natürlich kann und werde ich Walter nie vergessen, aber schon in den ersten Monaten, als Martin und ich nur telefoniert hatten, habe ich gemerkt, wie gut wir miteinander reden können und wie er mein Herz wieder geöffnet hat. Wir zwei harmonieren so gut! Endlich habe ich das Gefühl, wieder zu leben und dass alles einen Sinn macht. Ich werde sicher nicht unvernünftig sein, und wir werden uns Zeit lassen. Aber irgendwann werde ich eine Entscheidung fällen. Ich könnte mir sogar vorstellen, eventuell nach München zu ziehen. Ich habe so viel in meinem Leben gearbeitet, dass ich in absehbarer Zeit ruhig kürzertreten kann. Dann arbeite ich die Fälle einfach von dort aus ab und fahre notfalls immer mal wieder nach Tübingen. Mit seiner kleinen Steuerberatungsgesellschaft kann Martin nicht weg, und nach der Scheidung von seiner Frau muss er noch Unterhalt zahlen. Deshalb kann er nicht einfach aufhören, das verstehe ich auch.«

Wir unterhielten uns die ganze Fahrt über Martin, den neuen Mann in ihrem Leben, und das, was Judith mit ihm erlebt hatte, über die Vor- und Nachteile einer Beziehung im Alter. Selbstverständlich hatte jeder auch gewisse Macken. Wie sie mir schmunzelnd erzählte, war Martin zum Beispiel offensichtlich ein Mülltrennungsfetischist. Jeden Joghurtbecher wusch er gründlich aus, trocknete ihn mit dem Geschirrtuch ab und stellte ihn vorsichtig in Reih und Glied zu den anderen auf die Seite. In München gab es keinen gelben Sack, deshalb machte er sich einmal in der Woche auf den Weg zur Wertstoffinsel und entsorgte dort sorgfältig all seinen Müll in die dafür vorgesehenen Container. Ebenso genau ging er mit Bio- und Papiermüll um, selbst Flaschen spülte er aus, um sie dann ins Altglas zu werfen. Außerdem kannte er jedes Sonderangebot in den umliegenden Supermärkten und wusste genauestens über alle Preise Bescheid. Judith lachte dabei, als sie das erzählte.

»Wenn ich an Walter mit seiner Salzmühle denke, glaube ich langsam, dass ich diese Art von Männern anziehe«, sagte sie.

»Nenn du mir jemanden ohne Macken! Michael zum Beispiel kann keine Lebensmittel wegwerfen und bewahrt alles auf, aber ich bin auch nicht besser und kann nichts essen, was abgelaufen ist. Da habe ich viel zu viel Angst, dass mir das auf den Magen schlägt.«

»Echt? Und jetzt?«

»Die Lösung heißt: Her mit einem zweiten Kühlschrank! So hat jeder von uns einen eigenen und ist damit zufrieden. Wenn man will, dass eine Beziehung gut funktioniert, sollte man keine zu hohen Ansprüche und Erwartungen an den Partner stellen, besonders nicht, wenn man selbst auch die eine oder andere Macke hat. Natürlich müssen Grundwerte und Vorstellungen übereinstimmen. Ansonsten macht es keinen Sinn. Lieber die Dinge im Leben mit Humor angehen, statt pingelig und kritisch zu sein. Ich hatte mal eine Patientin, die sich jahrelang darüber ärgerte, dass ihr Mann jeden Hochzeitstag vergaß, nach zwanzig Jahren immer noch. Damit kam sie nicht zurecht. Jedes Mal gab es Krach. Irgendwann kam sie auf die Idee, an ihrem Jubiläumstag in seine Vesperdose ein Bild und einen Zettel mit ›Ich liebe dich‹ zu legen. Seither hat er ihn nie wieder vergessen. Sie hat diese für sie störende Nachlässigkeit charmant geregelt und von da an immer ihren Blumenstrauß bekommen. So kreativ dem Frust und dem Streit aus dem Weg zu gehen, kann auch ein Rezept sein. Für manche sind Macken große Fehler, für andere nicht der Rede wert. Den Spruch meiner Großmutter vergesse ich auch nicht: ›Den Mann wechseln bringt nichts, man wechselt nur die Fehler.‹ Bei Martin solltest du als Allererstes auf dein Herz hören.«

»Martin ist ein großzügiger Mensch, außerdem ist seine Wohnung sehr elegant eingerichtet. So weit stimmt alles, und mit diesen kleinen Macken kann ich absolut problemlos leben«, sagte sie. »Und du hast wirklich recht. Auch ich habe so meine Eigenheiten.« Ich sah sie kurz erstaunt an. Was gab es wohl, was ich noch nicht an ihr kannte? »Was ich dir nie erzählt habe«, fuhr sie fort: »Ich kann mich niemals auf einen Toilettensitz setzen, ohne dass nicht alles mit Klopapier abgedeckt ist. Selbst bei mir zu Hause mache ich das. Kannst du dir das vorstellen?« Ich grinste.

»Endlich weiß ich, warum du und ich uns so gut verstehen! Da bist du nicht alleine, das mache ich nämlich auch. Für mich ist es durchaus normal, nur bei mir zu Hause finde ich das ein bisschen verrückt. Aber so sind wir halt, und solange wir niemandem mit unseren Eigenheiten schaden, ist es ja auch wirklich kein Problem.«

Wir erzählten uns noch von unseren Macken und kamen fröhlich zu Hause an. Unser beider Leben war trotz aller Marotten wundervoll. Ein bisschen Toleranz und Nachsicht macht das Leben doch leichter, waren wir uns einig.

Zusammenhalt

Inzwischen kamen auch erste Jugendliche in meine Praxis, weil sich ihre Eltern Sorgen um sie machten und kurzfristig keine Therapieplätze mehr zur Verfügung standen.

Ein fünfzehnjähriges Mädchen saß vor mir und weinte bitterlich. Sie war es gewohnt, mit ihrer besten Freundin dreimal pro Woche schwimmen zu gehen. Jetzt aber waren die Bäder und die Schulen geschlossen, niemand wusste so genau, wie es weitergehen sollte. Das Mädchen war von einer derartigen Mutlosigkeit befallen, dass ich aufpassen musste, mich nicht selbst davon anstecken zu lassen. Denn auch ich konnte nicht sagen, wie sich die Coronakrise weiterentwickeln würde. Keiner wusste es, und bei vielen machte sich zunehmend Hoffnungslosigkeit breit, das war deutlich spürbar.

Dieses junge Mädchen vor mir hatte eine Essstörung entwickelt, und wo ich auch anrief, bekam ich nur die Auskunft: »Wir sind voll, versuchen Sie es in ein paar Monaten noch mal.« Selbst die Kinderpsychiatrie war komplett überlastet.

Nachdem ich also keine Chance hatte, das Mädchen in einer therapeutischen Einrichtung unterzubringen, versprach ich Mutter und Tochter, die Zeit solange mit Gesprächen zu überbrücken, bis es irgendwo einen Therapieplatz für sie gab.

Das war bei Weitem nicht der einzige Fall. Auch junge Studierende kamen zu mir und baten um ärztliche Unterstützung. Eine Studentin war zum Studium hergezogen und lebte mittlerweile seit über sechs Monaten in einer ihr fremden Stadt, ohne bisher jemals einen Hörsaal von innen gesehen, geschweige denn irgendwelche Kommilitonen kennengelernt zu haben. Jetzt war sie drauf und dran aufzugeben, das Studium zu beenden und zu den Eltern zurückzuziehen. Wie sie mir schilderte, verbrachte sie inzwischen die meiste Zeit im Bett oder vor dem Fernseher. Von Tag zu Tag wurde sie antriebsloser. Schließlich begann sie zu kapitulieren.

Es ist sehr schwierig, in solch einer Situation zu helfen, denn Einsamkeit kann die Seele richtig krank machen, und das Mädchen wünschte sich nichts sehnlicher als einen Freund oder zumindest Bekannte oder Anschluss.

Meine Gedanken schweiften gerade wieder zu Judith ab, als Corinne den nächsten Patienten ankündigte.

Herr Bauer kam regelmäßig zur Blutkontrolle, da er Medikamente gegen Thrombose nehmen musste. Meistens unterhielten wir uns kurz, so auch heute. Schon mit einem Lächeln hatte er mein Behandlungszimmer betreten, und wir redeten diesmal über seine

Arbeit, die ihn sehr in Beschlag nahm. Vor längerer Zeit war sein Vater gestorben, so erkundigte ich mich nach seiner Mutter.

»Wie geht es denn Ihrer Mama?«, fragte ich.

»Sehr gut! Stellen Sie sich vor, neulich war sie auf dem Friedhof zum Blumengießen und wollte gerade nach Hause gehen, da hielt der kleine Stadtbus neben ihr«, erzählte er mit strahlenden Augen. »Der Fahrer streckte den Kopf aus dem Fenster und meinte: ›Kann ich Sie vielleicht ein Stück mitnehmen, schöne Frau?‹«

Ich wusste, Herrn Bauers Mutter war gerade achtzig geworden – wenn sie auch mindestens für zehn bis fünfzehn Jahre jünger durchgehen konnte. Ganz entzückt nahm Frau Bauer das Angebot an und stieg in den leeren Bus ein. Schon bevor er losfuhr, stellte sich der circa siebzigjährige Mann kurz vor: Er hieß Alexandros, war Grieche und, wie sie auch, verwitwet. Beide kannten sich bis zu diesem Zeitpunkt nicht, doch als er darauf bestand, sie direkt vor ihrer Haustür abzusetzen, da es sowieso auf seiner Route lag, war das Eis gebrochen. Sie tauschten ihre Telefonnummern aus. Ein paar Tage später lud sie ihn zum Kaffee ein, zum Dank. Seitdem sind die beiden ein glückliches Paar und gehen unglaublich liebevoll miteinander um, so der Sohn. Das hält nun schon fast ein Jahr an. Ich staunte nicht schlecht.

»Und stellen Sie sich vor, Frau Federle, eigentlich wollte meine Mutter jetzt nach Griechenland fliegen, denn er ist gerade für einen Monat in seiner Heimat. Sie ist noch nie in ihrem Leben geflogen, und ich hätte sie auch begleitet. Aber wegen Corona geht jetzt nicht mal mehr ein Flieger, und sie ist so enttäuscht.« Ein Schatten legte sich über sein Gesicht, aber sofort hellte es sich wieder auf. »Sie sollten das Glück einmal sehen«, meinte er, »die beiden sind so verliebt ineinander.«

Solch eine coole Geschichte, dachte ich, die muss ich unbedingt Judith und Maria erzählen! Aber leider blieb mir in dieser turbulenten Zeit kaum noch Spielraum, um mich um meine Freunde zu kümmern. Die Praxis war übervoll, danach ging ich entweder in Altersheimen testen, stritt mich am Telefon oder in Talkshows mit

Politikern und versuchte verzweifelt, die Erfahrung aus meiner täglichen Arbeit zu vermitteln.

Denn die Krise konnte nicht nur vom Schreibtisch aus und durch immer neue Vorschriften gemeistert werden. Häufig gingen die neuen Bestimmungen an der Realität vorbei und waren so einfach gar nicht durchführbar.

Zum Beispiel hatten die Heime vom Sozialministerium die Anweisung erhalten, sich selbst Schnelltests zu besorgen. Der erste Erfolg dieser Anweisung war, dass die Preise unverzüglich in die Höhe schossen, was zu erwarten war. Viele Heime wussten auch nicht, wie sie am besten und schnellsten an Schnelltests kamen. Deshalb hatten wir in Tübingen, auf mein Drängen hin, gemeinsam mit dem Landrat und OB Palmer Hunderttausende Schnelltests bestellt, damit den Heimen immer ausreichend Tests zu einem vernünftigen Preis zur Verfügung standen. Auch die Nachbarstädte schlossen sich uns an. Aber all das war für mich mit einem unglaublichen Zeitaufwand verbunden.

Ich kann mich noch genau an den Tag erinnern, als ein riesiger Lkw aus Holland bei mir vor der Haustür Abertausende Tests ablud, die für die Altersheime bestimmt waren. Danach half uns dann die Firma Horn – sie ging in Vorleistung und lagerte die Tests in ihren Hallen, bis sie gebraucht wurden.

Durchgehend boten wir dann allen Menschen vor Weihnachten 2020 durch Spenden finanzierte kostenlose Tests an. Selbst die Festtage würde ich gemeinsam mit meiner Familie überwiegend am Marktplatz vor dem Testmobil beim Testen verbringen. Uns war es wichtig, dass niemand diese Tage allein verbringen musste, und wenn wir dadurch etwas dazu beitragen konnten, waren wir glücklich.

In dieser Zeit entwickelte sich auch eine enge Freundschaft zu den Tübinger Musikern Dieter Thomas Kuhn und Philipp Feldtkeller. Als Schlagersänger mit Brusttoupet hat Tommy längst Kultstatus, sein bester Freund Philipp ist der musikalische Kopf und Gitarrist der Band.

Ohne zu zögern, halfen sie mir über Monate hinweg beim kostenlosen Testen, und bald wurde unsere kleine Stadt weit über Deutschland hinaus bekannt. Damit hatte der »Tübinger Weg« begonnen, der vielen Menschen in dieser Zeit Hoffnung schenkte.

Wie Tommy einmal richtig sagte: »Wir haben jetzt einen sinnvollen Auftrag. Wir sitzen nicht nur da und resignieren, sondern stellen uns den Aufgaben und damit der Krise. Und die Dankbarkeit der Menschen ist mehr wert als jeder Lohn.« Wie recht er hatte!

Wir fühlten uns dieser Situation nicht mehr hilflos ausgeliefert, sondern konnten etwas tun, anpacken, ja, etwas bewegen.

Das war es auch, was mir die Kraft gab, diese unfassbare, stressige Zeit durchzuhalten. Ich war in meinem Leben bis zu diesem Zeitpunkt schon einiges gewohnt gewesen, aber das übertraf alles bisher Dagewesene. Und die wenigen Stunden Schlaf, die mir blieben, verliefen unruhig, da ich eine extreme Verantwortung in mir verspürte.

Wir standen in der Kälte und testeten, was das Zeug hielt. Die Schlangen wurden von Tag zu Tag länger. Tommy und Philipp halfen unermüdlich, und inzwischen hatten wir ein tolles Team zusammen. Es war eine verrückte Zeit. Die Leute standen in einer unendlichen Schlange an, die durch die gesamte Stadt lief. Manche hatten Stühle mitgebracht, einige sogar gleich Liegestühle, in denen sie geduldig warteten, während Schneeflocken umherwirbelten und die Szene noch verrückter erscheinen ließ. Zwischendrin tummelten sich Kamerateams aus etlichen Ländern, um über unsere Initiative zu berichten. Manchmal fragten wir uns, wie lange das wohl noch so weitergehen würde, und Philipp meinte nur trocken: »Wir stehen nächstes Jahr immer noch hier.« Keiner ahnte, dass er mit seiner Bemerkung gar nicht so unrecht haben würde.

Es war Ende Januar, frostig kalt, aber die Sonne schien. Michael und ich machten gerade Pause und versuchten ein paar Strahlen zu erhaschen. Da rief plötzlich einer von hinten: »Du bist mir aber ein Tiefstapler!« Damit war Michael gemeint. Dieser drehte sich um. Vor ihm standen Peter und Serpil Prange.

»Da habe ich gestern den Fernseher angeschaltet und sehe erst Lisa, was mich wenig erstaunt hat. Die sieht man gerade ja öfter in Talkshows. Dann schalte ich um, und wen sehe ich da? Den Michael. Ich dachte immer, du wärst Pharmavertreter, dabei bist du der Chef. Da hast du ganz schön untertrieben!«, fuhr er fort und grinste, während er ihm auf die Schulter klopfte. Michael grinste zurück und sagte: »Du hast mich nie danach gefragt.«

»Der hält sich immer vornehm zurück«, ergänzte ich, »das bin ich schon gewohnt.« Peter schüttelte immer noch ungläubig den Kopf und wandte sich an mich.

»Du Lisa, abgesehen davon, dass du ständig im Fernsehen rumturnst, wäre dein Leben übrigens als Biografie bestimmt auch interessant. Wie wäre es denn, wenn ich dich mal meinem Agenten vorstelle? Mit dem bin ich seit vielen Jahren gut befreundet. Der Mann ist absolut vertrauenswürdig.«

Ich wusste, dass Peter ein sehr erfolgreicher Bestsellerautor war. Fast war ich ein bisschen ehrfürchtig, dass er mir so etwas zutraute.

Ehe ich mich versah, erhielt ich einen Anruf von der Agentur.

Es würde noch Monate dauern, bis ich endlich dazu kam, nachts mein Leben zu Papier zu bringen.

Ansteckungsgefahr

Außer den Kindern hatten wir niemandem etwas gesagt. Eigentlich spielten wir schon seit Längerem mit dem Gedanken zu heiraten. Schon am Anfang unserer Beziehung hatte Michael über seine Vorstellungen von Partnerschaft gesprochen. Dazu gehörte, eines Tages unter anderem zusammenzuziehen und zu heiraten.

Nach drei Jahren war nun der richtige Zeitpunkt gekommen. Corona hatte einen ganz schön langen Atem gehabt und uns einen Strich durch die Rechnung gemacht. Irgendwann beschlossen wir, nicht noch länger zu warten, bis das Virus endlich seinen Rückzug antrat.

Kurzerhand rief ich Boris Palmer an. Ich wusste, dass sämtliche Standesämter im Kreis für dieses Jahr voll ausgebucht waren, da vielen Paaren die Geduld ausgegangen war und die Coronamaßnahmen nur noch sehr eingeschränkt galten.

»Ich möchte da aber wirklich nicht irgendeine Bevorzugung oder Sonderbehandlung«, wandte Michael ein. »Und schon gar nicht, dass andere wegen uns keinen Termin bekommen.«

»In der Liebe ist alles erlaubt«, erwiderte ich lachend. Natürlich war mir klar, dass diese Sache eine Extrawurst werden würde. Nur wenn Boris zu einer Sonderschicht in seiner Freizeit bereit war, würde die Sache klappen. Mit unkonventionellen Dingen konnte man ihn immer begeistern, das wusste ich aus Erfahrung.

So war es auch diesmal: Er erklärte sich mit einem Grinsen bereit, die Trauung zu übernehmen, auch wenn er dafür seinen geliebten Familiensamstag opfern musste.

Obwohl es ein kalter Tag war, schien die Sonne. Ich hätte nicht gedacht, eines Tages wieder zu heiraten. Auch nicht vor einem Jahr, als wir gemeinsam monatelang mit Tommy, Philipp und vielen Ehrenamtlichen direkt vor dem Rathaus standen, um zu testen und anschließend beim Beck – einem alteingesessenen Weinhaus am Marktlatz – einzukehren, um uns zu wärmen und Kraft zu tanken. Wie so oft in meinem Leben kam es aber anders.

Meine Familie, Michael und ich schauten uns immer wieder um und schlichen uns verstohlen ins Rathaus, denn es war Samstag, und oft trafen wir uns an dem Tag mit Freunden beim Beck. Auf einen Brautstrauß hatte ich deshalb bewusst verzichtet, um keinerlei Aufmerksamkeit auf uns zu ziehen. Ich wollte auf keinen Fall irgendwelchen Medienrummel.

Drinnen wartete Boris schon mit seiner Lebensgefährtin Lena. Von Trauzeugen hatten wir aus bekannten Gründen auch abgesehen. Boris als eloquenter Redner enttäuschte uns auch dieses Mal nicht, sondern geleitete uns launig in den Hafen der Ehe. Ich war froh, dass er nicht meine gesamte Vergangenheit aufarbeitete, sonst hätte es Stunden gedauert!

Eigentlich wollte er zuvor ein Brautgespräch führen. Wir beschränkten uns aber auf einen kurzen Kaffee im »Piccolo«, einer sehr beliebten Kneipe in Tübingen, und tauschten uns mehr über Politik aus als über meine bevorstehende Ehe. Schließlich war es nicht mein erstes Mal.

Nach der Trauung steckten wir uns wie üblich gegenseitig die Ringe an den Finger, machten noch ein paar Fotos und versuchten so unauffällig wie möglich das Gebäude wieder zu verlassen. Boris und Lena waren uns dicht auf den Fersen.

Und wer stand da? Philipp, neben ihm seine Lebensgefährtin Friederike und ein paar Bekannte von ihnen.

Er stürmte sofort auf uns zu, grinste von einem Ohr zum anderen und sagte: »Ihr habt aber nicht etwa gerade geheiratet, oder?« Mit erstauntem Gesicht sagte Michael: »Erwischt! Doch, ganz heimlich, wie du siehst.« Darauf antwortete Philipp: »Jetzt wird aber angestoßen, so kommt ihr mir nicht davon!« An Boris Palmer gewandt sagte er: »Ich wusste gar nicht, dass du auch Standesbeamter bist.« Boris grinste: »Für besondere Freunde schon.«

Während Philipp mit mir redete und meinte, dass eine Heirat eigentlich gar keine so schlechte Idee wäre, packte Boris die Gelegenheit unvermittelt beim Schopf und wandte sich direkt an Friederike: »Der Philipp hat dir gerade einen Heiratsantrag gemacht.«

Mit Handschlag wurde beschlossen, dass die gleiche Zeremonie nächsten Samstag noch mal stattfinden sollte, nur in anderer Besetzung. Einzige Bedingung: Es müsste eine Stunde früher sein, da an diesem Tag anschließend Boris' eigene Hochzeit anstand.

Von anderer Seite erfuhr ich später, dass mein Anruf ihn vermutlich dazu animiert hatte, selbst dann auch gleich seine langjährige Partnerin Lena zu heiraten. Wir hatten jetzt nicht nur einen Grund zum Feiern, sondern gleich drei.

Wie nicht anders zu erwarten, bekam ich am selben Tag noch die Nachricht, ob es sein könnte, dass ich geheiratet hätte. Um es mit den Worten von Inge und Walter Jens auszudrücken: »Die kleine, große Stadt Tübingen, in der fast jeder jeden kennt.«

Ein paar Tage später hatte auch die *Bild*-Zeitung, die bekannt dafür ist, schnell zu recherchieren, schon alles herausgefunden und gedruckt.

Michael und ich waren da gerade auf Mini-Hochzeitsreise bei David in München. Für uns hatte er sich eigens ein paar Tage Urlaub genommen. Mittlerweile war auch sein Traum, eines Tages als Arzt in der Kardiologie zu arbeiten, in Erfüllung gegangen.

Philipp und Friederike kannten sich bereits seit Kindertagen und fanden sich schon immer toll. Das Leben drehte erst ein paar Extraschleifen, bevor die beiden auch ein Paar wurden. Der Zufall unserer Begegnung an diesem Tag und der flapsige Spruch von Boris Palmer ließen sie nun ihre Geschichte mit einer Hochzeit besiegeln.

Am darauffolgenden Samstag hatten beide ihren Termin im Rathaus. Weil die regulären Trauzimmer mit den regulären Hochzeitspaaren belegt waren, verlegte Boris die Zeremonie pragmatisch in sein Amtszimmer. Ein Ring durfte natürlich nicht fehlen. Statt dem üblichen »für immer« steht bei den Feldtkellers dort »schon immer« eingraviert.

Ebenso pragmatisch begab Boris sich danach schleunigst nach Hause, um dort den schlichten Büroanzug gegen eine etwas feierlichere Version zu tauschen. Schließlich stand nun seine eigene Trauung mit Lena auf dem Programm.

Bei dieser Zeremonie waren, wie es sich für einen rechtschaffenen schwäbischen Beamten gehört, Familienangehörige und Trauzeugen anwesend. Einer von ihnen war ein befreundeter Anwalt, von dem die Braut einen Gutschein für den Ehevertrag bekam, eingepackt in ein Buch über Scheidungsrecht. Der Baubürgermeister hielt eine launige Rede, seine Bürgermeisterkollegin lud zum Umtrunk, alles ohne großes Aufheben.

Dieser Hochzeitsmarathon, der bislang unter Ausschluss der Öffentlichkeit stattgefunden hatte, sollte erst am Abend bekannt gegeben werden. Lena und Boris hatten zu ihrer traditionellen Adventsparty eingeladen. Dass sie dort ihre Vermählung bekannt geben würden, war für die ahnungslosen Gäste die Überraschung des Abends.

»Ach ja, und der Philipp und die Friederike haben es auch heute getan«, gab Lena lachend bekannt.

Michael und ich konnten dort leider nicht mit anstoßen, weil wir bereits auf unserer kleinen Hochzeitsreise waren, um mit den Kindern noch mal zu feiern. Das war schade, aber wie das Sprichwort so schön sagt: »Man kann nicht auf zwei Hochzeiten gleichzeitig tanzen.« Was der Volksmund nicht weiß: Bisweilen können es auch drei Hochzeiten sein.

Liebe kann ganz schön ansteckend sein, und wir machten Corona auf unsere eigene Art den Garaus.

Nüchtern betrachtet

Endlich wieder Kino! Während in anderen Städten die Lichtspielhäuser wegen Corona zum größten Teil geschlossen blieben, eröffnete der »Tübinger Weg« mit seinen Test-Tickets die Möglichkeit zum Kinobesuch. Mit beschränkter Besucheranzahl, gesperrten Plätzen und hygienischen Vorsorgeregeln, aber immerhin ein bisschen Kultur, fast so wie früher.

Mit meinem Freund Jonas, einem Filmjournalisten, entschieden wir uns zum Besuch von *Der Rausch,* einem dänischen Drama über einen alkoholkranken Pädagogen. »Der Film hat die besten Kritiken von den wichtigen Medien bekommen«, schwärmte Jonas. Das Thema Alkoholismus interessierte mich, darüber hatte ich ja meine Doktorarbeit geschrieben. Außerdem gehörte Mads Mikkelsen zu meinen Lieblingsschauspielern.

»Lies doch mal die Besprechung«, sagte Jonas und gab mir das Programmheft des Atelier-Kinos. »›Der Mensch ist mit einem halben Promille Alkohol zu wenig geboren worden!‹ Diese Erkenntnis des norwegischen Psychiaters Finn Skårderud wollen vier Freunde mit einem hochprozentigen Experiment überprüfen. Doch das Experiment läuft völlig aus dem Ruder - die Sucht eskaliert und fordert immer gravierende Opfer.«

»Da bin ich mal gespannt!«, sagte ich zu Jonas. Und tatsächlich, dieser »Rausch« hinterließ keinen dicken Kopf! Beschwingt von diesem Film, beschlossen wir noch kurz im Stern vorbeizuschauen, dem beliebten Italiener in der Altstadt. Wie immer war der Laden voll. Vornehm gekleidete Geschäftsleute, eine entspannte Familie mit zwei kleinen Kindern, ein Pärchen am Zweiertisch.

»Leider nur noch Platz an der Bar!«, entschuldigte sich Thea, die Wirtin mit einem Lächeln. »Wir haben einen wunderbaren Primitivo aus Sardinien im Angebot.« Wir mussten beide lachen: »Heute bitte nur eine Flasche Wasser für uns!«

Aus der Krise geboren

Wir hatten uns gerade einigermaßen von der Coronakrise erholt, und das Virus gehörte inzwischen mehr oder weniger zum Alltag. Plötzlich zählten Inzidenzen nicht mehr, und vom Impfen sprach auch kaum noch einer, leider genauso wenig von den Impfschäden oder den Long-COVID-Patienten. Nach und nach zeigte sich, dass es doch mehr Betroffene gab als erwartet. Ende 2021 hatten Boris Palmer und ich einen Brief an Gesundheitsminister Lauterbach geschrieben, um auf die Nebenwirkungen aufmerksam zu machen und Zahlen zu erhalten. Lange hieß es seitens des Bundesministeriums für Gesundheit, es gäbe keine Möglichkeit, Auswirkungen zu erfassen. Mehrfach telefonierte ich mit Karl Lauterbach, leider ohne Erfolg. Er glaube nicht an Nebenwirkungen, äußerte er damals öffentlich.

Zunehmend hatte ich das Gefühl, dass kein Wert auf die statistische Erfassung von Nebenwirkungen gelegt wurde, und die Regierung sich nicht berufen fühlte, hier Aufklärung zu leisten.

In meiner Praxis meldeten sich immer mehr Impfgeschädigte oder Patienten, die den Eindruck hatten, geschädigt zu sein. Zumindest musste man sich darum kümmern, um herauszufinden, ob sie nun einen Schaden durch die Impfung erlitten hatten oder ob die Ursache woanders lag. Man durfte nicht einfach alle Beschwerden als psychisch abtun. Weiterhin versuchte ich auf das Thema aufmerksam zu machen, ohne plötzlich in die Ecke der Corona- und Impfgegner gesteckt zu werden und um gleichzeitig Patienten, die in Not waren, zu helfen.

Bei einigen gelang es auch. Häufig waren es jüngere Menschen, vor allem junge Frauen, die betroffen waren und mitten im Leben plötzlich nicht mehr in der Lage waren, ihrer Arbeit nachzugehen oder alltägliche Dinge zu erledigen. Oft waren die Probleme nicht eindeutig auf die Impfung zurückzuführen. Manchmal war sie vielleicht nur ein Trigger, und es kamen viele verschiedene Faktoren zusammen. Für die Zukunft war es einfach wichtig, solide Daten zu sammeln und genügend Anlaufstellen für die Betroffenen zu schaffen. Irgendwann kam auch ich an meine Grenzen, sowohl zeitlich als auch medizinisch.

Ich war gerade noch mit all diesen Problemen beschäftigt, als die nächste Krise begann. Es war der 24. Februar 2022, der Tag, an dem Putin die Ukraine angriff.

Plötzlich hatten wir wieder eine völlig neue Situation. Erneut füllten sich die Hallen mit Flüchtlingen, die wir von einem Tag zum anderen medizinisch betreuen mussten. Wieder kam das Arztmobil zum Einsatz, und dank einiger Kollegen und meines krisenerprobten DRK waren wir schnell in der Lage, die Versorgung zu übernehmen.

Am Anfang erschien mir das Ganze fast unwirklich und fern. Aber als ein junger ukrainischer Kollege, der einige Male mit mir im Dienst mitgefahren war, um seinen Notarztschein zu machen, sich von mir verabschiedete, um seinem Land zu helfen, wurde mir ganz anders zumute. Hoffentlich sehe ich ihn jemals wieder, dachte ich. Ich hatte wirklich Angst um ihn, denn er war jetzt mitten im Kriegsgebiet in einem Krankenhaus, um sich dort um die Verletzten zu kümmern. Da ich seine Handynummer besaß, schaute ich nachts immer mal wieder, ob er online war, und war froh, daran zu erkennen, dass er noch lebte.

Allerdings hatten sie vor Ort kaum noch Material, und bald bat er mich dringend um Unterstützung. Ich wusste, dass eine Spende von mir allein nicht mal einen Tropfen auf dem heißen Stein bedeutete. Aber wie oft im Leben kam unverhofft Hilfe von einem meiner Patienten. Bernhard Feil, Geschäftsführer der Art 28, einer renommierten Kunsthandlung in Tübingen, machte mir spontan den Vorschlag, Bilder zugunsten der Ukraine zu versteigern. Teilweise waren die Bilder von Künstlern gespendet worden. Darunter befanden sich bekannte Namen wie Rizzi, Janosch, Otmar Alt, den ich zuvor kennengelernt hatte, Ed Heck, David Tollmann, Wolfgang Krink und Ottmar Hörl, um nur einige zu nennen. Für die Benefizauktion plante er, den TV-Star Wolfgang Pauritsch von *Bares für Rares* zu engagieren. Begeistert willigte ich ein und war schon sehr gespannt auf den Ablauf solch einer Veranstaltung. Schließlich hatte ich in meinem verrückten Alltag nicht alle Tage die Gelegenheit dazu.

Kurz winkte ich Michael zu, der mir zuliebe versprochen hatte, vorbeizukommen. Er musste allerdings vor Ende der Veranstaltung wieder nach Frankfurt zurück, um früh am nächsten Morgen seinen Flieger nach England zu erwischen. Während er noch einen Platz in den hinteren Reihen ergatterte, blieb ich vorn mit Bernhard Feil und Wolfgang Pauritsch, um gemeinsam den Startschuss zu geben. Los ging's!

Mit österreichischem Charme animierte der Auktionator die Anwesenden gekonnt zu Geboten. Ein Kunstwerk nach dem anderen kam unter den Hammer. Ganz fasziniert beobachtete ich das Geschehen, als mir ein Besucher besonders auffiel. Eigentlich musste ich zweimal genau hinschauen und darauf achten, dass mir die Kinnlade nicht herunterfiel. Er war es doch!

Sehr schick in Schale geworfen, erkannte ich meinen »No Sports«-Gesellen fast gar nicht. So gut kann sich Mann verwandeln, dachte ich. Dass er vergeblich nach einer Partnerin suchte und sich deshalb im Bordell seine Befriedigung holte, schien nicht mehr zuzutreffen. An jenem Vormittag war er in Begleitung einer nicht minder elegant gekleideten Dame unterwegs. War es seine Gattin? Und ahnte sie von den heimlichen Seitensprüngen? Oder war es vielleicht eine Sexarbeiterin für gehobenere Ansprüche? Wollte er sich mit einem ersteigerten Bild selbst belohnen oder wirklich nur den guten Zweck unterstützen?

Meine Spekulationen blieben müßig. Insgesamt kamen vierzig hochkarätige Kunstwerke unter den Hammer, und diese private Hilfsaktion für die Ukraine erbrachte die stolze Summe von 100 000 Euro. Ein beeindruckendes Beispiel dafür, wie großartig Empathie und Solidarität ausfallen können!

Von einem Großteil des Geldes beschafften wir medizinisches Material für meinen Kollegen in der Ukraine. Mit dem restlichen Geld unterstützten wir unseren Verein BewegtEuch e. V., den wir zusammen mit Jan Josef Liefers und Michael Antwerpes im Frühjahr 2021 gegründet hatten. Häufig hatten wir uns nach dem Ausbruch von Corona darüber unterhalten, was wir für Kinder machen und wie wir ihnen helfen könnten. Die Kleinen und Heranwachsenden aus der Ukraine, die wir medizinisch versorgten, fragten auch immer wieder, ob und wann sie hier zur Schule gehen könnten. So war es für uns klar, dass wir dieses Geld für sie einsetzen würden, auch damit sie Sport machen konnten.

Sehr zufrieden fuhr ich nach diesem Kunst-Einsatz nach Hause und machte zur Feier des Tages eine Flasche des selbst gemachten Holundersekts auf, den mir Rezzos Bruder geschickt hatte. Schade, dass ich Michael verpasste, der längst wieder auf dem Weg nach Frankfurt war.

Es war spät geworden, und eigentlich wollte ich nur noch ein bisschen gemütlich fernsehen. Erst da entdeckte ich den Bilderrahmen, der an den Fernseher gelehnt war.

Es war die kleine, zauberhafte Janosch-Zeichnung von der Auktion, mit dem *Kleinen Bären,* dessen Handinnenflächen jeweils ein rotes Herz schmückte, und der Überschrift »Geküsst«.

»Die gefiel dir doch so gut. Schlaf schön, M.!«, stand auf einem handgeschriebenen Zettel daneben.

Schwerwiegende Probleme

Natürlich wurde ich auch zunehmend zu Benefizveranstaltungen eingeladen. Eine aber behielt ich in bleibender Erinnerung. Ich fuhr nach Stuttgart, und wen traf ich auf der Veranstaltung? Peter Prange.

Gemeinsam schlenderten wir durch die Räume, ließen geduldig zwei Reden über uns ergehen und setzten uns dann abseits im Garten im Pavillon auf eine Couch. Dort hofften wir, in Ruhe die Gäste beobachten zu können. Wir ließen gerade den einen oder anderen Kommentar fallen, als sich zwei Damen zu uns gesellten. Dank intensiver medizinischer Nachhilfe sahen beide deutlich jünger aus, als sie sicherlich waren. Die eine belagerte Peter gleich mit den Worten: »Ich habe all Ihre Bücher gelesen, Sie sind ein fantastischer Schriftsteller!« Die andere stürzte sich auf mich, nachdem sie mir dabei mit ihren lila Prada-Schuhen auf den Zehen getreten war. Meine bloßen Füße steckten in Sandalen.

»Ich kenne Sie doch vom Fernsehen! Wie war noch mal der Name, irgend so was Schwäbisches?«, fragte sie unverzüglich. »Sie sind doch die Ärztin mit Corona.«

»Das hoffe ich nicht«, antwortete ich grinsend. »Corona hatte ich bisher noch nicht, zum Glück.« Die Pointe entging ihr.

»Nein, ich meinte, die, die in Coronazeiten so gekämpft hat.«

Nachdem die andere Peter sämtliche seiner Buchtitel aufgezählt hatte, übertrafen sich beide in den Aussagen, wie viel sie hier gespendet hätten und was sie alles für die Armen in unserem Land tun würden. Wir wussten gar nicht, wie uns geschah, denn innerhalb kürzester Zeit zählten beide abwechselnd ihre Besitztümer auf.

Die eine hatte ein Haus am Gardasee und lebte allerdings in einer großen Villa in Düsseldorf. Die andere besaß eine große Immobilie auf Sylt und lebte in Stuttgart. Zu ihrem Besitz zählten weiterhin zahlreiche Immobilien in Salzburg, die sie vermietete. Sie kam gar nicht mehr aus dem Schwärmen für die edle Stadt Salzburg und ihre Festspiele heraus, den *Jedermann* schaute sie mindestens zwei- oder dreimal pro Saison an.

Nachdem die andere erwähnt hatte, dass sie im Sommer einige Wochen in ihrem Haus am Lago Maggiore verbrachte, weshalb sie die Festspiele meistens versäumen würde, kam die Sprache auf den Skiort Kitzbühel. In dem Moment kam der Kellner und bot uns Getränke an. Dankbar und hastig griffen Peter und ich direkt nach einem Glas Rotwein und hätten am liebsten gleich das nächste bestellt. Die beiden Damen nahmen sich jede ein Glas Champagner.

Als sie anstoßen wollten, hatten wir unsere Gläser bereits halb geleert. Leider bestand im Moment unsere einzige Rettung in der Flucht – der in den Alkohol.

Die beiden machten einfach weiter. Die Dame aus Düsseldorf und im Gucci-Kleid – ihren Namen hatte ich schon wieder vergessen – erzählte uns jetzt, dass ihr Sohn hier in Stuttgart ein tolles Hotel besäße, in dem sie untergekommen wäre.

»Wo sind Sie denn abgestiegen?«, fragte sie mich. Als ich ihr den Namen meines Hotels nannte, musterte sie mich mitleidig, und man sah ihr an, dass es in ihr arbeitete. Sie warf erneut einen Blick auf Peter und mich und stufte uns innerlich garantiert in die Sparte »arme Schlucker« ein.

Langsam dachte ich, so viel kann ich gar nicht trinken, um sie noch lange zu ertragen, und schaute Peter etwas hilflos an. Er fragte mich, ob er uns noch ein Glas Rotwein holen solle, als seine Gesprächspartnerin dazu anhob, sich zu beschweren, was für einen fürchterlichen Flughafen Stuttgart doch hätte, und obwohl ihr Mann und sie grundsätzlich mindestens Businessclass fliegen würden, hätten sie in letzter Zeit immer länger anstehen müssen.

»Es ist eine Zumutung, sich so unter das Volk mischen zu müssen!«, brach es süffisant aus ihr heraus. Langsam begann ich mich zu fragen, wo ich hier eigentlich gelandet war. Peter und ich wollten nur eine Benefizveranstaltung für Krebskranke unterstützen. Aber das hier wurde immer schräger.

Peters Dame erhob erneut ihre Stimme, schaute ihn an und meinte: »Wissen Sie, mein Mann und ich überlegen gerade, von hier wegzuziehen, und suchen ein neues Anwesen in Frankfurt, denn wir haben die ständige Warterei am Flughafen so satt. Nicht einmal einen eigenen Terminal gibt es hier für die First Class!«

Ich sah Peter an und spürte, dass er kurz davor war, die Frau verbal zu erschlagen. Seine Miene wechselte schlagartig. Er schaute sie völlig entsetzt an und fragte schockiert: »Wie, haben Sie keinen eigenen Flieger?«

Ich konnte mein Lachen nicht mehr unterdrücken. Die erschütterten Gesichter der beiden Frauen sprachen Bände. So schnell sind wir selten jemanden losgeworden. Peter und ich musterten uns nun gegenseitig. Er in seiner hellbraunen Leinenhose und einem inzwischen verknitterten Leinenhemd. Ich in Jeans und weißem T-Shirt in Sommersandalen. Wir grinsten uns an.

»Vielleicht sollten wir für uns sammeln gehen«, sagte er, stand auf und kam mit zwei gefüllten Gläsern wieder zurück.

Zum Glück kam der Kellner und brachte uns ein paar Häppchen, sonst hätten wir später womöglich das Hotel nicht mehr gefunden.

Die Angst vor der Angst

»Weiß ich, das ist echt super lieb, vielen Dank, aber dieses Mal müssen wir wirklich passen. Du wirst sicher alt, mein Freund, und die nächsten Jahre werden uns die Gelegenheiten dazu bestimmt nicht fehlen«, scherzte ich am Telefon und unterhielt mich noch kurz mit Boris Palmer.

Auch wenn er sicher enttäuscht war, dass wir dieses Mal nicht zu seinem Geburtstag kommen konnten, zeigte er Verständnis dafür. Schließlich hatten Michael und ich bei einem gemeinsamen Kurzurlaub in Kroatien Stephan fest versprochen, ausgerechnet an diesem Tag zur nachträglichen Geburtstagsparty von Isa nach Baden-Baden zu kommen.

Diese erholsamen Tage am Meer unter lieben Freunden waren so kostbar gewesen. Als Isa uns und noch weitere Freunde nun neben ihren Kindern beim Betreten des Lokals erblickte, war sie sichtlich gerührt und freute sich riesig.

Unsere gemeinsamen Freunde Heike und Gregor waren auch mit dabei. Beide strahlten um die Wette und gingen sehr liebevoll miteinander um. Es war ihnen anzusehen, dass sie wieder glücklich miteinander waren und das Beste daraus gemacht hatten. Wo ein Wille ist, ist auch ein Weg. Der Ehekrise und Corona hatte das Paar erfolgreich standgehalten. Heike zwinkerte mir zu und deutete diskret auf ihre neue Louis-Vuitton-Tasche. Im Lauf des Abends erfuhren wir alle noch von der anstehenden Hochzeit ihrer jüngsten Tochter.

Mich freute es einfach, dass diese Ehe wieder aufgeblüht war und sie es beide gemeinsam geschafft hatten.

Wir verbrachten einen wunderschönen Abend, und obwohl es ziemlich spät wurde, hatten mir diese ausgelassenen Stunden unter Freunden wieder viel Kraft für die nächsten Tage gegeben.

Seit dem Ausbruch von Corona waren schon über zwei Jahre vergangen. Im Wartezimmer saß ein Paar höheren Alters – sie hatte einen blonden Pagenkopf, war ein bisschen kräftiger gebaut und trug einen zur Hose passenden Blazer. Er war mit Jeans, kariertem Hemd und Wolljacke bekleidet. In regelmäßigen Abständen kamen sie zur Vorsorgeuntersuchung und ließen ihre Blut- und Urinwerte überprüfen sowie den Blutdruck messen. Während der Pandemie hatte ich sie nach dem Check-up auch zweimal geimpft. Die beiden waren selbstständig und hatten eine Wirtschaftsberatungsfirma, aber sie hatte eindeutig die Hosen an. Jedes Mal, wenn er versuchte, das Wort zu ergreifen, fuhr sie ihm dazwischen und verbesserte oder widersprach ihm.

Dieses Mal waren sie in Begleitung eines jüngeren Mannes, ihres Schwiegersohns, wie sich später herausstellte. Ich bat sie in mein Sprechzimmer und schaltete instinktiv meinen inneren Radarschirm ein, nicht wissend, mit welchem Anliegen sie heute zusammen da waren. Mein Angebot, ihren Mundschutz abzulegen, lehnte sie sofort energisch ab.

»Frau Doktor, heute möchten wir bitte Ihren vernünftigen und ehrlichen Rat haben. Wir können niemandem mehr so richtig trauen«, begann die Frau das Gespräch. Sie schien etwas nervös zu sein, und als ihr Mann beschwichtigend seine Hand auf ihren Oberschenkel zu legen versuchte, schob sie seine Hand energisch zur Seite. »Wissen Sie, die letzten Jahre sind wir wegen Corona meistens zu Hause geblieben.«

»So ist es«, betonte ihr Mann fast unterwürfig, »wir haben keinen Besuch empfangen und sind nirgendwohin, obwohl …« Wieder wurde er von seiner Frau unterbrochen.

»In der Zeit sind mein Mann und ich wirklich nur aus dem Haus gegangen, um das Notwendigste zu erledigen. Wir beide ertragen Menschenansammlungen sowieso nicht mehr so gut wie früher, haben wir festgestellt«, sagte sie, während sie ihrem Mann einen fast drohenden Blick zuwarf. »Es war für uns also bisher alles kein großes Problem«, fuhr sie in einem leicht resignierten Ton fort und ließ dabei die Mundwinkel hängen. »Unsere Tochter und unser lieber Schwiegersohn«, sie deutete kurz auf den jungen Mann, »haben regelmäßig nach uns geschaut. Jetzt aber überlegen mein Mann und ich, eventuell mit ihnen und unseren Enkelkindern zusammen in den Urlaub zu fahren. Die Kleinen kennen uns sonst bald nicht mehr. Es ist leider nichts mehr wie früher. Was meinen Sie, dürfen wir das überhaupt? Ich bin der Meinung, das ist womöglich noch zu gefährlich.«

»In den Urlaub fahren?«, fragte ich ganz überrascht. Ich konnte mir nicht vorstellen, dass sie extra hierhergekommen waren, nur um nach meiner Einschätzung zu fragen.

»Aber selbstverständlich dürfen Sie das«, antwortete ich. Automatisch begann mein Gehirn die Situation zu analysieren. Was steckte genau hinter dieser eigenartigen Frage und diesem nervösen Verhalten?, fragte ich mich. Bescherte mir Corona gerade einen neuen Fall von Angstzustand, und wenn ja, was für einen?

Es gibt verschiedene Arten von Angststörungen. Verleugnung zum Beispiel gehört dazu. Wie oft schon hatte ich seit Ausbruch der Pandemie festgestellt, dass völlig normale, durchaus gebildete Menschen mit der neuen, beängstigenden Krisensituation nicht mehr klarkamen und auf einmal behaupteten, diese Bedrohung sei erfunden und gebe es gar nicht. Plötzlich nannten sie das Virus »völligen Quatsch«.

Einige liefen sogar zu den Querdenkern über. Sie kamen mit der ungewöhnlichen Situation nicht zurecht und waren seelisch komplett überfordert.

Verleugnung ist eine paradoxe Verhaltensweise und aus medizinischer Sicht ein durchaus normaler psychischer Schutzmechanismus. Fakten, die wir als schwer erträgliche Realität wahrnehmen, werden durch diesen Vorgang nicht verdrängt, sondern regelrecht abgewehrt. Innerlich wird die Wahrheit bestritten, um die eigene Psyche zu entlasten und zu schützen, vor allem, um potenziell traumatisierende Folgen zu vermeiden.

Bei den beiden schien die Angst vor Corona vor allem die Frau im Griff zu haben, die wiederum offensichtlich ihren Mann fest im Griff hatte. Nach meiner ersten Wahrnehmung hätte ich spontan gesagt, dass diese Patientin sehr verunsichert war und der Angst viel Platz in ihrem Alltag einräumte. Die Aussage »Wir beide ertragen Menschenansammlungen sowieso nicht mehr so gut«, die Körpersprache, vor allem aber der Ton, in dem das gesagt wurde, machten mich stutzig.

Ich musste mir erst ein Bild von ihrer Lebenssituation machen, um das Ganze beurteilen zu können. So kam ich auf die Idee, mit dem Schwiegersohn zu reden, am besten erst mal allein. Er war bisher ebenso wenig wie der Ehemann zu Wort gekommen. Ich stand auf und forderte das Paar auf, mich ins andere Untersuchungszimmer zu begleiten.

»Corinne wird bei Ihnen erst den Blutdruck messen, danach sehen wir weiter. Der junge Mann hier darf solange bei mir bleiben.« Ich gab meiner Mitarbeiterin entsprechende Anweisungen und ging zurück ins Sprechzimmer.

»Ich würde gern wissen, wie Sie, Ihre Frau und die Kinder mit der Coronasituation so klargekommen sind.« Zu meiner Überraschung nahm er sofort seine Maske ab und fing an, wie ein Wasserfall zu erzählen, als müsse er alles vor der Rückkehr seiner Schwiegereltern loswerden.

»Ich glaube, wir haben ein Problem. Meine Schwiegermutter reagiert seit dem Ausbruch komplett über, und mein Schwiegervater ordnet sich völlig unter. Beide verschanzen sich seither quasi in ihrem Haus, und niemand darf sie ohne Maske besuchen. Auch wir nicht. Ganz normale Dinge wie jemandem die Hand geben, eine Umarmung, Besuche oder eine Einladung sind nicht mehr drin. Sogar Briefe und Pakete werden alle mit Handschuhen geöffnet, heute noch, aus Angst, Viren ins Haus zu bringen.«

Er schüttelte den Kopf, als würde eine lästige Erinnerung hochkommen. »Können Sie sich das vorstellen?«, fuhr er fort und runzelte die Stirn. »Meine Frau und ich wohnen im selben Ort, quasi nebenan. Früher sind die Kleinen unter der Woche und fast jedes Wochenende zu den Großeltern gegangen, haben gespielt und etwas unternommen. Sie haben sich immer so sehr darauf gefreut.

Aber dann haben die beiden plötzlich auch von den Kindern verlangt, abgesehen von den ganzen Desinfektionsmaßnahmen, sobald sie einen Fuß über die Türschwelle setzten, im Garten oder im Haus die ganze Zeit eine Maske zu tragen, beim Hausaufgabenmachen, beim Spielen, beim Fernsehschauen, sogar wenn sie auf die Toilette mussten! Sie kennen da keine Gnade. Das macht uns alle verrückt.

Wir haben natürlich schon versucht, mit ihnen zu sprechen und sie umzustimmen. Keine Chance. Seither weigern sich die Kinder hinzugehen. Sie haben keine Lust mehr, ständig mit Desinfektionsmittel besprüht zu werden und vermummt herumzulaufen. Aber so dürfen wir es den beiden natürlich nicht sagen. Es ist wirklich schade. Als Großeltern verpassen sie eine wichtige Phase in der Entwicklung ihrer Enkel und merken das gar nicht. Ich persönlich weiß nicht mehr weiter.«

Er sah mich an mit einer Mischung aus Verzweiflung und Hoffnung in den Augen. »Jetzt haben meine Frau und ich sie aber fast so weit, gemeinsam in den Urlaub zu fahren, damit sich alles vielleicht noch einrenkt. Ehrlich gesagt, habe ich deshalb vorgeschlagen, die beiden herzubringen, damit Sie mit ihnen sprechen. Es ist doch kein Zustand mehr, und Ihnen vertraut sie noch am ehesten.« Er zog seine Maske schnell wieder auf, als er Schritte im Flur hörte. Corinne klopfte kurz, ließ das Paar eintreten und verkündete leise: »Blutdruck ist 140 zu 90 und 130 zu 85.« Das Ehepaar nahm wieder Platz.

Inzwischen belegen wissenschaftliche Studien, dass Ängstlichkeit, erhöhte Depressivität und dauerhafter Stress durchaus Folgen der Pandemie sein können. Fakt ist, dass aus psychosomatischer Sicht die psychischen Störungen unter den Bedingungen der Pandemie deutlich zugenommen haben, bewusst und unbewusst.

Bewusst, als die Medien zum Beispiel ihren Fokus auf die katastrophenartigen Folgen von Corona legten. Die Menschen konnten sich den schrecklichen Bildern des Sargkorsos in dem italienischen Ort Bergamo kaum entziehen und wurden ununterbrochen mit negativen Nachrichten konfrontiert. Entsprechend prägten sich die Bilder in das kollektive Gedächtnis ein.

Auch wenn unser Durst nach Informationen verständlich und Angst in Ausnahmesituationen vollkommen normal und auch überlebensnotwendig ist, sollten wir uns nicht von morgens bis abends durch solche Ereignisse verrückt machen lassen. Stattdessen sollten wir auch mal abschalten, unser Vertrauen nicht vollkommen verlieren und der Seele eine Auszeit von der Angst und den Sorgen geben. Denn der Prozess der negativen Berieselung in unserem Alltag geht ungestört weiter. Immer wieder überbringen uns die Medien Hiobsbotschaften, die einem Angst einjagen können. Viele Fakten werden sich zu Recht nicht bestreiten lassen. Dennoch liegt es in unserer Hand, unseren Konsum an Informationen bewusst zu steuern und zu kontrollieren, um unsere Psyche besser zu schützen und die Seele zu entgiften. Dieses »Detox der Seele« wäre ein erster wichtiger Beitrag zu einem gesünderen Leben.

Unbewusst wiederum litt die psychische Gesundheit vieler Menschen am meisten unter dem empfohlenen, gar vorgeschriebenen »Social Distancing«, der räumlichen Distanzierung von möglicherweise Infizierten, um die Infektionsgefahr so gut es ging gering zu halten. Menschen aber sind soziale Wesen, die durch Freundschaften und Beziehungen aller Art innerhalb und außerhalb der Familie bestehen und gestärkt werden. Durch derartige Kontaktbeschränkungen und das Vermeiden von gemeinsamen Aktivitäten ging das Zusammengehörigkeitsgefühl in der Gesellschaft allmählich verloren. So brachte das Fehlen des sozialen Austauschs und der Teilhabe am gesellschaftlichen Leben leider auch tiefe Einsamkeit mit sich. Immer mehr Fälle sozialer Isolation sind seither zu verzeichnen.

Die Aussagen des jungen Mannes hatten mich in meiner erst nur vagen Vermutung bestätigt. Bei diesem Ehepaar war das normale, stabile Miteinander innerhalb und außerhalb der Familie langsam verloren gegangen. Ohne es zu merken, isolierten sich die Großeltern durch ihre eigene Wahrnehmung der Außenwelt und ihr daraus resultierendes Verhalten immer mehr.

Es stellte sich heraus, dass sie typische Überlastungssymptome, die eine Angststörung mit sich bringen kann, gar nicht als solche wahrgenommen hatten, obwohl sie ihre alltägliche Lebensqualität und Bewegungsfreiheit sehr beeinträchtigten. Fast beiläufig sprach der Schwiegervater von seinen nächtlichen Schweißausbrüchen, die ihm erst seit ein paar Jahren oftmals schlaflose Nächte bescherten, während seine Frau ihre gelegentliche Niedergeschlagenheit sowie eine lästige Brustenge erwähnte. Dabei merkte ich, dass die Angstgefühle dieser Patienten das normale Maß überschritten und sich möglicherweise zu einer psychischen Störung weiterentwickelt hatten, obwohl sie beide sehr wahrscheinlich organisch völlig gesund waren.

So ein Fall lässt sich in der Regel wirksam mit Medikamenten oder mit einer Psychotherapie behandeln. Das braucht Zeit. Wichtig ist nur, angstauslösende Situationen nicht zu vermeiden, sondern sich ihnen zu stellen und herauszufinden, woher die Angst kommen könnte. Gerade das ist schwer, besonders wenn man diese Konfrontierung jahrelang gemieden hat. Mithilfe eines Therapeuten kann man dennoch Schritt für Schritt lernen, besser mit Stress umzugehen und die Angst vor der Angst abzubauen, notfalls auch mit ergänzenden Maßnahmen wie Meditation, Sport oder Yoga.

In dieser Sprechstunde war es umso wichtiger, offen mit den Patienten darüber zu sprechen. Dankbar versprachen sie mir, bevor sie gingen, sich darüber Gedanken zu machen, allerdings erst nach dem gemeinsamen Urlaub mit der Familie, den ich ihnen wärmstens empfahl.

Heimsuchungen und Hausbesuche

Tübingen ist klein, man läuft sich immer über den Weg, ob man es will oder nicht. So war es nur eine Frage der Zeit, dass ich auch den Tübinger Kabarettisten Bernd Kohlhepp traf, der als Herr Hämmerle eine schwäbische Bekanntheit ist.

Seine Bühnenfigur kommt zwar offiziell aus Bempflingen, aber in Tübingen ist er groß geworden. Doch Bernd Kohlhepp spielt nicht nur auf Schwäbisch. Für sein Bühnenstück *Casablanca*, das er sich als künstlerische Herausforderung vorgenommen hatte, reiste er Anfang 2020 nach Marokko, um es dort zu Ende zu schreiben – genau in der Zeit, als die Coronawelle aus Asien nach Europa schwappte. Mit seiner Reiseplanung hatte er Glück, denn er kam mit einem der letzten Flüge aus Marokko zurück, bevor der Flughafen schließen musste.

Wenige Tage später erhielt ich einen Anruf seiner Frau, die auch schon zuvor meine Patientin war. Ihr Mann läge fiebrig und völlig erschöpft nach seiner Reise im Bett und wäre davon überzeugt, sich in Paris oder Marrakesch angesteckt zu haben.

Für mich sind Hausbesuche keine lästigen Übungen. Als Notärztin muss ich ohnehin dort erscheinen, wo man mich braucht. Viele Patienten, vor allem auch alte Menschen, sind einfach zu krank, um mich in der Praxis aufzusuchen. Deshalb ist auch mein Handy 24 Stunden am Tag auf Empfang. Ich komme gern zu meinen Patienten. Sie in ihrer gewohnten Umgebung anzutreffen, kann gleich für eine ganz andere Nähe sorgen, als sie in einer Praxis möglich ist.

»Hallo, Herr Kohlhepp«, sagte ich laut durch die Maske, als ich das Krankenzimmer betrat. Im Bett lag ein Mann in den sogenannten besten Jahren inmitten einer Festung aus Decken. Ich sah ihm sofort an, dass er ziemlich krank war.

»Kommen Sie als Ärztin, oder sind Sie schon der Bestatter?« Der Kabarettist schien seinen Humor noch nicht verloren zu haben. »Ganz sicher habe ich Corona«, ächzte er.

Er sah wirklich jämmerlich aus – auch wenn viele Männer ein gewisses Geschick haben, selbst bei wenig gefährlichen Krankheiten einen elenden Eindruck zu vermitteln.

»Ich glaube, kein Maskenbildner der Welt kann mich wieder lebendig schminken«, murmelte er. Ich lachte. »Wissen Sie, Frau Federle, ich hatte in den engen Gassen von Marrakesch so viel Gelegenheit, mich anzustecken, ganz zu schweigen von der Zeit während des Flugs nach Paris und Stuttgart.«

»Das müssen wir erst mal sehen!«, antwortete ich, denn ich wusste, dass gerade in der Anfangszeit zum Glück nicht jeder gleich Corona hatte und die Gefahr der Ansteckung überschätzt wurde, weil die Medien tagein, tagaus darüber berichteten. Man wusste zu wenig von diesem neuen Virus, und die Panik war groß.

»Seit wann haben Sie den Verdacht, dass Sie sich angesteckt haben könnten?« Er überlegte. Dann sprach er leise, damit ihn seine Frau nicht hören konnte: »Eigentlich schon seit meiner Ankunft in Stuttgart. Ich habe lieber mal nichts gesagt, sonst hätte mich meine Frau gar nicht erst abgeholt. Ich hatte schon mal Vogelgrippe. Und die Schweinegrippe auch. Da musste ich in den Keller, in Quarantäne!«, schnaufte er und setzte hinzu: »Wenn mal ein neuer Erreger unterwegs ist, kommt er garantiert zuerst bei mir vorbei!«

Ich nahm das Stäbchen aus der Verpackung und machte einen Abstrich. Kohlhepp verstummte und röchelte ein bisschen.

»Der erste Coronatest?«

»Ja«, grunzte er, »und wenn man mich fragt, braucht man echt einen guten Grund, so was über sich ergehen zu lassen.« Bis das Ergebnis der Untersuchung offenbar wurde, hatten wir Zeit für ein Gespräch.

»Was haben Sie denn in Marrakesch gemacht?«

»Recherchen für mein Stück *Casablanca*, ich spiele dort alle Figuren, Humphrey Bogart, Ingrid Bergmann, Polizeichef Renault, Bösewicht Signor Ugarte, Klavierspieler Sam …«

»Aber warum dann nach Marrakesch, nicht nach Casablanca?«

»In Casablanca, heißt es, sei es zu gefährlich für Touristen, und ein ›Ricks Café‹ gibt es in Marrakesch auch. Außerdem wollte ich dringend mal diesen Markt ›La Place‹ besuchen, den gibt es in Casablanca halt nicht. Das ist der berühmteste Platz auf dem ganzen Kontinent – der Djemaa el Fna, der ›Platz der Toten‹.«

Ich blickte auf die Anzeige. Kein Zweifel, es war nur ein rosa Strich zu sehen, der Kontrollstreifen.

»Und wissen Sie, warum der so heißt? Dort wurden einst die Hingerichteten ausgestellt. Heute pulsiert hier das Leben, überall Händler, Musikanten, Schlangenbeschwörer, Wahrsager. Diese orientalische Atmosphäre wollte ich einfangen und mich dann an mein neues Kabarettstück machen«, erklärte Kohlhepp weiter. »Stattdessen habe ich mir dort Corona geholt«.

»Es sieht nicht so aus. Vermutlich haben Sie sich bei der Reise irgendetwas anderes eingefangen«, sagte ich. Er wog skeptisch den Kopf.

»Ich weiß nicht, was es sonst sein soll. Gegen Grippe bin ich geimpft.«

»Wir warten noch ein paar Minuten.«

»Ich war in einem Riad, ein prächtiges Gebäude in der Altstadt, mit einem Brunnen im Innenhof. Ein kleines Paradies, das sich noch in der unscheinbarsten Gasse der Medina verbergen kann. Mit solch einer Pracht rechnet man gar nicht. Da habe ich nur gekochte Speisen gegessen, man hatte mich ja gewarnt. Genauso war ich beim Wasser vorsichtig. Muss man auch. Ich habe nur Wasser aus verschlossenen Flaschen getrunken und natürlich viel Pfefferminztee.« Obwohl er sichtlich in den Seilen hing, schwelgte Kohlhepp in den Erinnerungen an seine Reise. »Minztee ist dort so etwas wie das Nationalgetränk. Ich habe verschiedene Minzsorten probiert und mitgenommen. Marokkanische Minze ist sehr fein im Aroma, nicht so scharf. Da drüben steht noch welche in dem Wasserglas, wenn Sie mal probieren wollen.«

»Na, wie gut, dass Sie nur Gekochtes gegessen haben!«, scherzte ich augenzwinkernd. Er schielte auf das Büschel Minzstängel, das etwas schlaff auf dem Fensterbrett in einem Glas Wasser stand, und wurde noch blasser. Ich blickte demonstrativ auf den Test, der immer noch nur einen Strich zeigte.

»Irgendeine Infektion aufgrund ungewaschener Pfefferminzblätter kann der Test natürlich nicht anzeigen.«

»Oh nein«, stöhnte er, »daran habe ich nicht gedacht!«

»Eigentlich ist es egal, was genau Sie sich da eingefangen haben. Jetzt müssen wir sehen, dass Ihr Körper damit klarkommt. Noch einen Tag abwarten, Bettruhe, dann melden Sie sich bitte bei mir.«

»Also, wenn es kein Corona ist, dann fühle ich mich schon viel besser. Zwar nicht zum Bäumeausreißen – aber einpflanzen würde ich vielleicht schaffen.«

»Auch wenn es kein Corona ist, müssen Sie vorsichtig sein und unbedingt zu Hause bleiben! Sie bekommen ein Attest, wenn Sie Auftritte haben. Denn das könnte ich nicht verantworten.«

Bernd Kohlhepp hatte sich tatsächlich ein übles »Souvenir« aus Marrakesch mitgebracht. Harmlos war das nicht gewesen, aber er hat es dann gut auskuriert. Trotzdem kam er die nächsten Monate noch ein paarmal in die Praxis, immer zum Coronatest. Wir hatten stets interessante Gespräche – aber Corona hatte er nie.

Bei seinen Besuchen ermunterte ich Bernd immer wieder, regelmäßig die Vorsorgeuntersuchungen vornehmen zu lassen. So erschien er dann irgendwann auch zu einer Blutabnahme. Doch er war offensichtlich fix und fertig und schien mir angeschlagen.

»Bernd, was ist mit dir, geht's dir nicht gut?«, fragte ich.

»Nicht sosehr«, meinte er. »Hals- und Kopfweh, ein bisschen schwindlig ist mir auch. Aber ich wollte den Termin bei dir nicht noch mal verlegen lassen.«

Er hatte den vorigen Termin anscheinend aufgrund einer ausgelassenen Premierenfeier kurzfristig abgesagt. So kurz nach dem Fest wollte er seine Blutwerte nicht untersuchen lassen. »Wenn du mich fragst, würde ich erst mal einen Test machen!«, meinte ich.

»Nicht nötig«, antwortete er kraftlos. »Gegen Corona bin ich immun, sonst hätte ich es schon ein Dutzend Mal gehabt.« Ich rief trotzdem Corinne mit einem Test herein. Keine drei Minuten später zeigten sich zwei kleine Balken auf dem Fenster des Plastikstückchens.

»Jetzt hat es dich aber doch noch erwischt«, meinte ich und öffnete die Fenster.

»Na endlich!« Er sank in sich zusammen und seufzte. »Und ich dachte schon, ich wäre der einzige Pechvogel, an dem dieses Ereignis vorübergeht!«

Kindertag oder die Auseinandersetzung mit dem Tod

Endlich Wochenende! Ich hatte versprochen, auf meine beiden Enkel, die mit mir im gleichen Haus wohnten, aufzupassen. Gemeinsam mit Michael überlegte ich, was wir gemeinsam unternehmen könnten. Das Wetter war schlecht, und draußen war es kalt. Folglich kamen Zoo und Ähnliches nicht infrage. Kino wäre eine prima Alternative, schoss es mir durch den Kopf. Zwei Filme standen zur Auswahl: *Der gestiefelte Kater* und *Der Räuber Hotzenplotz.*

Elias und Sophia entschieden sich für den Kater. Sie waren sieben Jahre alt und Zwillinge. Manchmal werde ich gefragt, ob sie eineiig oder zweieiig seien. Dann muss ich mir jedes Mal ein Schmunzeln verkneifen, denn eineiige Zwillinge können kein unterschiedliches Geschlecht haben. Außerdem sehen die beiden völlig verschieden aus und sind unterschiedlicher, als man es sich kaum denken kann.

Da ich wegen meiner Arbeit meistens wenig Zeit hatte, freute ich mich umso mehr, etwas mit ihnen zu unternehmen. Nun saßen wir einträchtig im Kino und futterten Popcorn, bis auf Elias. Das Kind schaute so gebannt auf die Leinwand, dass es alles um sich herum vergaß.

Der gestiefelte Kater besaß neun Leben, acht davon hatte er bereits verbraucht, und ständig war der Tod hinter ihm her. Es war ein typischer Familienfilm, wie üblich mit einem Happy End.

Glückselig verließen die Kinder das Kino und konnten gar nicht damit aufhören, auf dem Heimweg über das Geschehene zu sprechen. »Nur der Tod, den mag ich gar nicht, der hat mir nicht gefallen«, sagte Elias. Sophia nickte zustimmend. Als ich merkte, dass der Tod Elias doch sehr beschäftigte, sprach ich mit ihm darüber und versuchte ihm zu erklären, dass er zum Leben gehörte, wie zu jedem Anfang auch ein Ende.

Als wir zu Hause waren, schnappten sich die Kinder ein paar Spiele, setzten sich auf den Wohnzimmerboden und bauten sie um sich herum auf. Auf ihre schelmische Art hatten sie es geschafft, Michael davon abzuhalten, mir bei der Zubereitung des Abendessens zu helfen. Während ich Pommes, Saitenwürstchen und Salat zubereitete, warf ich immer wieder einen Blick auf die drei. Was für ein Glück war es, einen Partner zu haben, der zu unserer Familie passte und, obwohl er selber keine Kinder hatte, so geduldig mit Kindern umgehen konnte! Mir ging richtig das Herz auf.

Nach dem Essen, das immer wieder von munteren und fröhlichen Einlagen der Kinder begleitet war, packten wir gemeinsam die Matratze, auf der die Kinder schlafen konnten, ans Fußende unseres Bettes. Nach dem Zähneputzen lasen wir ihnen noch eine Geschichte vor. Es dauerte dann noch eine Weile, bis endlich Ruhe im Schlafzimmer war.

Michael und ich hatten es uns gerade auf dem Sofa gemütlich gemacht, als mein Handy klingelte. Es war eine Schwester aus einem Altersheim in der Nähe von Tübingen. Mein Patient, Herr Theurer, hatte gerade die Augen für immer geschlossen, und seine Frau hatte darüber völlig die Fassung verloren.

Ein Tod, den die Ehefrau nicht annehmen wollte oder konnte, obwohl ich seit Wochen wiederholt versucht hatte, sie darauf vorzubereiten. Ihr Mann war schon seit Monaten schwer krank, und auch mehrere Krankenhausaufenthalte hatten seine voranschreitenden Erkrankungen nicht aufhalten können. Seit Tagen aß er nichts mehr, und seine schwere Demenz erschwerte die Flüssigkeitsaufnahme, denn er verweigerte alles.

Für Frau Theurer war er die Bezugsperson und ihr ganzer Halt gewesen. Schon seit zehn Jahren war er wegen seiner Demenz in dem Heim untergebracht. Täglich besuchte sie ihn und verbrachte mehrere Stunden mit ihm. Sie ließ sich auch nicht davon abhalten, ihn bis vor einem Jahr mit unterstützendem Personal in den Urlaub mitzunehmen, obwohl er von den Überseereisen meistens mit Blessuren zurückkam.

Einmal war er so schwer gestürzt, dass er in Korea ins Krankenhaus musste. Das nächste Mal hatte ihn Montezumas Rache in Südamerika erwischt. Zuletzt war er an einer Rolltreppe in Hongkong hängen geblieben und hatte sich das Bein so verletzt, dass es genäht werden musste.

Jetzt war er tot, und damit war für Frau Theurer ein großer Teil ihres Lebensinhalts weggebrochen.

Ich nahm den Autoschlüssel von der Ablage und fuhr zu ihr. Über eine Stunde sprach ich mit der schluchzenden Ehefrau, bis ich sie endlich so weit hatte, dass sie sich etwas beruhigte. Dennoch schob sie weiterhin dem Heim die Schuld am Tod ihres Mannes zu. Sie hätten ihn nicht genügend gefüttert, geschweige denn in den Rollstuhl gesetzt und für ihn nie Zeit gehabt.

Es war nicht das erste Mal, dass ich so etwas erlebte. In manchen Fällen suchen Angehörige die Schuld am Tod bei anderen, um mit dem Schmerz besser umgehen zu können, auch weil der Verlust für sie unbegreiflich ist.

Da fiel mir auf, dass es an diesem Tag bereits das zweite Mal war, dass ich erklären musste, dass der Tod zum Leben gehört. Dieses Erlebnis zeigte mir, wie wichtig es ist, Menschen früh mit diesem Thema vertraut zu machen.

In den verschiedenen Kulturen gibt es große Unterschiede im Umgang mit Sterben und Tod. Während der Tod in manchen Ländern als Teil des Lebens oder als Prozess akzeptiert wird, wird er anderenorts wenig oder spät thematisiert, bis hin zur Tabuisierung durch die Gesellschaft.

In unserer westlichen Kultur ist das Akzeptieren des eigenen Todes in vielen Fällen ein lebenslanger Prozess. Viele Menschen machen sich zwar viele Gedanken über das Altwerden, doch nicht jeder möchte sich vorstellen, eines Tages vielleicht nicht mehr sehen oder hören zu können, und sich mit der damit verbundenen Hilflosigkeit, dem Ausgeliefertsein auseinandersetzen. Schließlich stehen diese Themen in engem Zusammenhang mit der Angst vor dem großen Unbekannten, vor dem Tod, und was danach kommt. Hospize und Sterbebegleitung können in vielen Fällen helfen, das Unvermeidliche würdig und weitgehend angstfrei zu gestalten, doch wäre der Umgang mit dem Tod selbstverständlicher, könnten die Angehörigen wahrscheinlich leichter loslassen.

Interessant finde ich Konzepte, wie es sie seit geraumer Zeit zum Beispiel in den USA gibt, wo Sterbepädagogik in die Lehrpläne von Schulen und Hochschulen integriert ist. Indem man sich frühzeitig bewusst mit den Themen Sterben, Tod und Trauer auseinandersetzt, können sich die Wahrnehmung und die Einstellung dazu verändern, um am Ende die Trauer besser zu bewältigen.

Auf dem Heimweg dachte ich darüber nach, dass ich mir kurz Gedanken gemacht hatte, als Elias sagte, er möge den Tod nicht, ob es überhaupt gut war, mit dem Kind solch einen Film anzuschauen. Der Film war ab sechs Jahren freigegeben. Und jetzt hatte ich die Bestätigung, dass das richtig war.

Meiner Meinung nach sollte dieses wichtige Thema während des Heranwachsens nicht ausgeklammert werden, besonders wenn es Kinder beschäftigt.

Wieder zurück, schmiegte ich mich an Michael, und wir tranken noch gemeinsam ein Glas Rotwein, bevor wir schlafen gingen. Am nächsten Morgen hatte mich das leise Flüstern der Kinder geweckt, während Michael, dessen Zehen aus dem Bett herausragten, noch tief neben mir schlief. Das währte nicht lange, denn inzwischen hatten die Kinder auch die nackten Zehen entdeckt, und sie fingen an, einen seiner Füße zu kitzeln. Ich war froh, dass sie nicht reinbissen, wie die Katze es früher mit Jonathans Zehen getan hatte. Damit waren wir ruckzuck alle wach.

Kleine Alltagsgeschichten

Eines Tages saß ich in der Praxis, als mich eine SMS erreichte: »Sieht kacke aus«. Ich fragte mich gerade, was bei Boris Palmer kacke aussah, denn die Nachricht war von ihm. Häufig zog er es vor, per SMS medizinische Diagnosen zu besprechen, anstatt in die Praxis zu kommen, weil ihm sein straffer Terminkalender meist einen Strich durch die Rechnung machte.

Als er noch ein Bild mit einer deutlichen Schwellung und einer Schramme an der Unterlippe links hinterherschickte, musste ich lachen. Schon kam die nächste SMS: »Bestimmt eine Allergie!«

»Das sieht nicht nach einer Allergie aus«, schrieb ich zurück, »was hast du denn gemacht?«

Erneut flackerte eine SMS auf dem Display auf: »War beim Zahnarzt.«

Mein Kommentar: »Kommt bestimmt vom Bohrer oder vom Sauger. Allergie wäre die gesamte Lippe. Am besten holst du dir Chlorhexamed und gurgelst damit, ansonsten kannst du auch Fettsalbe auf die Lippe auftragen. Hoffe mal, du musst heute und morgen nicht ins Fernsehen, Smiley.«

»Kein Fernsehen, Lach-Smiley«, kam prompt von ihm.

»Aufs Küssen musst du mal ausnahmsweise verzichten, Zwinker-Smiley«, schrieb ich weiter.

»Halt ich besser aus als ohne Fernsehen«, kam erneut die Antwort von ihm.

»Deinen Humor hast du noch, Smiley.«

Einen Tag später, gleich frühmorgens, erhielt ich die nächste SMS: »Mit Küssen ist immer noch nix. Kannst du das heute bitte mal kurz anschauen?«

»Klar, komm um 11 Uhr vorbei.«

Zuvor musste ich noch einen Patienten impfen. Danach brauchte ein Patient ein Blutbild und ein EKG für eine OP.

Anschließend war Frau Maier dran, die wieder einmal eine Blasenentzündung hatte. Das war aber nicht ihr Hauptproblem, denn eigentlich würde sie das mit Trinken wieder in den Griff bekommen, behauptete sie. Ich kannte das schon bei ihr. Spätestens vier Tage später würde sie nämlich mit Fieber wieder in der Praxis stehen, da aus der Blasenentzündung eine Nierenentzündung geworden war. Deshalb bestand ich darauf, zuerst den Harnwegsinfekt zu behandeln.

»Was haben Sie sonst noch auf dem Herzen?«, fragte ich sie, als sie mich unschlüssig ansah.

»Mein Problem im Moment ist, dass ich ein Attest von Ihnen brauche. Meine Garage ist fünfzig Meter von meiner Wohnung entfernt. Und ich brauche eine Ausnahmegenehmigung zum Parken. In meinem Alter kann man mir nicht mehr zumuten, im Regen von der Garage zur Haustür zu laufen.«

»Ist bei Ihnen absolutes Halteverbot?«

»Nein, nur für Anwohner ist Parken erlaubt.«

»Sie wohnen doch da«, bemerkte ich, »dann bekommen Sie auch einen Anwohnerausweis.«

»Ja, aber die haben in Tübingen aufgeschlagen. Das kostet jetzt 120 Euro, und ich sehe nicht ein, dafür Geld auszugeben. Ist doch mein gutes Recht, und Sie könnten sicher etwas dagegen tun.« Sie ließ sich kaum beschwichtigen und setzte noch einen drauf und mir langsam zu.

»Wir alte Menschen werden überall benachteiligt, und niemand kümmert sich um uns. Wissen Sie, nicht nur die Grundsteuer ist hochgegangen, meine Lieblingskaffeesorte und die Lebensmittel haben auch aufgeschlagen«, beschwerte sich Frau Maier weiter.

»Wenn der Staat so weitermacht, dann brauchen wir uns nicht wundern, wenn wir Alten verhungern. Auch bei Ihnen war es heute ganz schwierig, einen Parkplatz zu finden.«

Die Frau machte keinerlei Anstalten zu gehen. Sie begann sich über die Politiker auszulassen, die alle sowieso kein Abitur hätten oder Studienabbrecher seien. Erst nach dreimaligem Anlauf gelang es mir, sie in ihrem Wortschwall zu unterbrechen und ihr zu erklären, dass ich für Parkerlaubnisse nicht die richtige Ansprechpartnerin sei.

Als sie merkte, dass nichts zu machen war, packte sie empört ihre Handtasche und murmelte beim Rausgehen, ich hätte es wenigstens versuchen können.

Der nächste Patient, der vor mir saß, war bekannt dafür, ein etwas renitenter Gegner von Boris Palmer zu sein. Es kam, wie es kommen musste. Beim Verlassen des Arztzimmers stieß er fast mit ihm zusammen, grüßte verlegen und verließ eiligst die Praxis. Palmer reagierte locker und gelassen. Er meinte nur: »Bei dir begegnet man auch jedem.«

Innerlich schmunzelte ich. Ich war froh, dass ihm Frau Maier nicht auch noch in die Arme gelaufen war. Ihre Diskussion über die schlechte Politik der Stadt hätte sicherlich länger gedauert.

Ich sah mir noch mal seine Lippe an. Es war nichts Besorgniserregendes, aber im Fernsehen hätte man glatt von einer missglückten Schönheitsoperation ausgehen können.

Zwei Wochen später war alles verheilt, und ich sah ihn wie immer munter und spritzig bei Markus Lanz in der Sendung sitzen.

Das Leben, ein Auf und Ab

Endlich Feierabend! Michael war an diesem Donnerstag schon auf dem Weg hierher nach Tübingen, um das Wochenende mit mir zu verbringen. Wir freuten uns sehr aufeinander und wollten später einfach zu zweit in den Waldhäuser Hof eine Kleinigkeit essen gehen – ob es uns gelingen würde oder sich Freunde zu uns gesellen würden, stand allerdings in den Sternen. Bis dahin hatte ich es mir jedenfalls auf meinem Sofa gemütlich gemacht und scrollte mich durch die Online-Nachrichten. Da fiel plötzlich mein Blick auf die reißerische Schlagzeile der *Bild*-Zeitung, die lautete: »Deutschland diskutiert über Wolfgang Porsche – darf man den kranken Partner für eine neue Liebe verlassen?«

Ich riss die Augen auf, denn das Thema kannte ich als Ärztin ja. Was sagte eigentlich Deutschland dazu, dachte ich. Wahrscheinlich zerrissen sich jetzt die Menschen das Maul darüber, ob Gabriele zu Leiningen, die schillernde Persönlichkeit der High Society und Porsches Neue, vielleicht intrigiert hatte, um an ihn heranzukommen, oder ob diese schockierende, womöglich unmoralische Liebesbeziehung schon lange lief und absichtlich geheim gehalten wurde.
In diesem Fall war Geld sicher nicht der Grund – Prinzessin Gabriele hatte es nicht nötig –, warum Porsche die Scheidung schließlich einreichte. Vielmehr war es die traurige Tatsache, dass seine Gattin Claudia seit Jahren schon schwer an Demenz erkrankt war.

Sofort kamen mir meine Patienten und Freunde Heiner mit seiner Frau Cornelia in den Sinn. In diesem Moment wünschte ich mir nur, dass unsere Gesellschaft derartige Ankündigungen differenzierter betrachten würde, ohne (Vor-)Urteil, stattdessen mit mehr Empathie für alle Betroffenen.

Denn tatsächlich ging es in solch einem Fall nicht nur um Moral, sondern darum, was in einer Beziehung für einen Menschen überhaupt zumutbar ist oder nicht. Moral versus Gesundheit.

Wie wichtig es ist, in einem Härtefall nicht allein mit seinem Schicksal gelassen zu werden, musste ich bald darauf wieder erfahren. Erst kürzlich hatte es schon wieder eine meiner Freundinnen erwischt. Langsam fragte ich mich, ob Brustkrebs bei Frauen zugenommen hatte. Wir alle gingen regelmäßig zur Krebsvorsorge, zum Glück. Regina war besonders tapfer, und ich bewunderte sie für ihre Offenheit, mit der sie mit ihrer Diagnose umging. Es half anderen Frauen, wenn sie merkten, dass sie nicht allein mit der Krankheit waren. Auch ich war vor vier Jahren sehr froh gewesen, dass Christine immer ein offenes Ohr für mich hatte und mir von ihren Erfahrungen erzählen konnte.

Ich war gerade am Telefon, als es anklopfte. Zuerst ignorierte ich den Anruf, aber als erneut dieselbe Nummer erschien – es war Hannah, auch eine Freundin von mir –, dachte ich, es wäre dringend und unterbrach das Gespräch. Hannah hatte offensichtlich ein Problem, sonst hätte sie nicht sofort ein zweites Mal versucht, mich zu sprechen.

»Jetzt bin ich die Nächste.«

»Was meinst du damit?«, fragte ich sie.

»Ich war heute zur Vorsorgeuntersuchung. Sie haben etwas gesehen und direkt eine Biopsie gemacht. Morgen Nachmittag bekomme ich das Ergebnis.« Ich bekam Gänsehaut. Das konnte nicht wahr sein! Erst mal versuchte ich, sie zu trösten.

»Nicht jede Biopsie hat einen bösartigen Befund und, wenn doch, sind die Chancen sehr hoch. In den letzten Jahren hat die Therapie bei Brustkrebs enorme Fortschritte gemacht. Schau uns alle an, mach dir nicht zu viele Sorgen!«

»Bist du morgen zu erreichen, wenn ich das Ergebnis bekomme? Kannst du mir dann sagen, wie es weitergeht?«

»Ja sicher. Wir fahren übers Wochenende weg, aber du kannst mich jederzeit anrufen. Ich kann alles für dich regeln.« Ein bisschen dämpfte die Ungewissheit von Hannahs Diagnose meine Stimmung doch. Als dann noch ein junger Patient anrief, der gerade vom HNO-Arzt einen Tumor diagnostiziert bekommen hatte, mit den

Worten, »er solle es sich in den nächsten Tagen operieren lassen«, und verzweifelt um meine Unterstützung bat, hatte ich endgültig ein schlechtes Gewissen.

Wieder dachte ich an Michaels Worte damals: »Du kannst nicht die ganze Welt retten, Lisa.« Natürlich wusste ich, dass mein Mann recht hatte, doch es fiel mir immer noch schwer, mich mit Patientenfällen zu beschäftigen, ohne ganz in ihrer Nähe zu sein. Augenkontakt beim Zuhören zu halten oder einfach eine Hand zu nehmen, um Trost zu spenden, sind mir wichtig und gehören zur Genesung einfach dazu.

Als ich im Auto saß, beschloss ich, diese Fälle in unser neues Manuskript aufzunehmen. Danach fühlte ich mich besser. Schreiben war mittlerweile ein Ausgleich für mich geworden zu dem häufigen Leid, das ich immer wieder erlebte. Dabei bekam meine Seele Flügel und meine Gedanken die Freiheit, die ich brauchte, um mich als Mensch zu schützen und gleichzeitig zu befreien.

Als ich dieses Kapitel niedergeschrieben hatte, schweiften meine Gedanken ab. Wie schnell konnte sich das Leben völlig ändern! Der bekannte Spruch fiel mir wieder ein: »Wenn man gesund ist, hat man viele Wünsche, wenn man krank ist, nur einen.« Wie kostbar war Gesundheit!

In den letzten Jahren hatte ich selbst mehrere gesundheitliche Dämpfer erhalten.

Ich musste endlich anfangen, auf mich zu achten. Durch das Schreiben hatte ich zwar bereits begonnen, aber ich arbeitete immer noch zu viel. Jetzt war es an der Zeit, das, was ich Michael und den Kindern vor dreieinhalb Jahren hoch und heilig versprochen hatte, ernsthaft umzusetzen.

Es würde mir sicher nicht so leichtfallen, denn ich liebte meinen Beruf und hätte ohne Probleme in dem Tempo weitermachen können. Aber körperliche Warnschüsse sollte man immer ernst nehmen. Jeder hat nur ein Leben, und ich hatte ein schönes.

Ich versuchte, mich auf das Wochenende zu konzentrieren, das nun vor uns lag.

Das Leben kann so schön sein, auch wenn es zwischendurch traurige Abschnitte für uns bereithält, dachte ich, und blickte auf den tiefblauen Himmel, der fast wolkenfrei strahlte.

Das Leben kann so schön sein

Vor einem Jahr hatten wir das neue Wohnmobil bestellt. Ich musste mich von meinem alten trennen, da Michaels Füße rausschauten und wir die Tür offen lassen mussten, wenn er darin schlafen wollte. Mit seinen zwei Metern konnte er höchstens diagonal im Bett liegen, was bedeutete, dass für mich hinten nicht wirklich Platz war. Vorne wollte ich eigentlich nicht schlafen. Wenn es regnete, blieb mir aber nichts anderes übrig. Diese Art von Urlaub hatten wir zwar schon gemacht, aber auf Dauer war ein zu kleines Wohnmobil keine Lösung.

Jetzt war es so weit, ein weiterer Traum von mir wurde wahr, und wir konnten endlich den neuen Camper abholen. Schon als Kind hatte ich immer von der unendlichen Freiheit im Urlaub geträumt. Mich zog es nicht auf große Campingplätze, sondern an kleine Bäche, Flüsse, ruhige Plätze an einem See oder Buchten am Meer. Es gab so viele wunderschöne Orte, die nur darauf warteten, entdeckt zu werden. Es war ein unglaublich tolles Gefühl, morgens aufzuwachen, sich einen Kaffee zu machen und sich mit dem Becher in der Hand rauszusetzen, um die Natur zu beobachten und zu genießen.

Ich hatte Michael so lange davon vorgeschwärmt, dass auch er ein klein wenig Feuer gefangen hatte und sich jetzt auf unser erstes gemeinsames fahrbares Häuschen freute. Als ich noch ganz jung war und Benjamin und Simone noch nicht zur Schule gingen, hatte ich mir damals einen kleinen, uralten Wohnwagen gekauft. Er kostete ganze 300 D-Mark und hatte weder Toilette noch Kühlschrank. Eine Sitzecke konnte man zum Bett umfunktionieren, an der anderen Seite ließen sich zwei weitere Betten einhängen. Das reichte gerade für die Kinder. Außerdem gab es eine Kochplatte.

Der Wagen war so eng, dass man sich darin kaum umdrehen konnte, aber ich hatte ihn hübsch hergerichtet, alles weiß lackiert, die Polster frisch bezogen sowie Tischdecke und Vorhänge in einem geblümten, hellgrünen Stoff genäht. Mehr konnte ich mir damals nicht leisten und war trotzdem überglücklich.

Unser Wohnmobil würde jetzt natürlich mehr Komfort haben, und ich hatte mir vorgenommen, es eben so gemütlich einzurichten, wie ich es bisher immer gemacht hatte. Jetzt konnte ich es kaum erwarten, damit in den Urlaub zu fahren, aber eine Weile musste ich mich noch bis zu den nächsten Pfingstferien gedulden, obwohl die Tage gut gefüllt waren und wie im Nu verflogen.

Noch kurz davor hatten wir beschlossen, Simone, Oli und ihre Kinder wieder in Zürich zu besuchen. Zoe würde im Mai ihren sechsten Geburtstag feiern, Ava war fast drei. Für sie hatte ich eine kleine Überraschung.

Das kleine Mädchen war mit einem Downsyndrom auf die Welt gekommen. Ich hatte noch nie ein immer so fröhlich lachendes Kind erlebt. Für mich war sie ein ganz besonderes Geschenk. Umso mehr freute ich mich, eine Barbiepuppe mit Downsyndrom gefunden zu haben. Nachdem ich neulich auf Mallorca nach Leggings für die Barbiepuppen von Zoe geschaut und bereits eine kleine Puppe im Rollstuhl entdeckt hatte, war ich begeistert. Ich war glücklich zu sehen, dass die Gesellschaft endlich mehr Aufmerksamkeit auf Vielfalt legte.

Ein Kindheitstraum von mir war immer gewesen, eine Barbiepuppe zu besitzen, die ich nie bekam. Umso mehr Freude machte es mir, mit den Mädchen zu spielen. Zoe besaß ein großes Puppenhaus, und wir spielten mit Begeisterung schwimmen gehen, kranke Kinder versorgen und Sport machen.

Als ich mit den Hausbesuchen fertig war, ließ ich das Auto vor der Haustür stehen und lief geschwind die Treppe hinunter in die

Stadt, um kleine Geschenke für meine Enkelkinder zu besorgen, auch um mir die Füße ein bisschen zu vertreten. Vor einer Kneipe hatten sich einige Gäste getraut, bei dem noch wechselhaften Wetter draußen zu sitzen.

In Zürich war der Frühling auch nicht wirklich eingezogen, zwischendurch gab es immer wieder einige Regenschauer, doch das spielte keine Rolle. Wichtig war nur, sich als Familie zu treffen und etwas zu unternehmen. Trotzdem verbrachten wir ein wunderschönes Wochenende zusammen. Die Kinder waren echt goldig.

Freitags hatten wir Zoes Geburtstag gefeiert – ihre besten Freundinnen waren dazugekommen, auch Sophia und Elias durften nicht fehlen. Da Zoe am nächsten Tag zu einem Kindergeburtstag eingeladen war, besuchten wir mit dem Rest der Familie die Banksy-Ausstellung, die noch bis Ende des Monats lief. Im Gegensatz zu uns fand die kleine Ava gar keinen Gefallen an den Bildern des berühmten Graffitikünstlers und Malers. Ihre verzerrte Mimik beim Betrachten seiner Kunstwerke ließ uns richtig schmunzeln.

Später genoss es Zoe, »Opa Michael« an die Hand zu nehmen und gemeinsam mit ihm in der Stadt noch etwas einzukaufen. Da war ihr kein Weg zu weit. Für mich war es schön zu sehen, wie er immer mehr in meine Familie hineinwuchs. Selber hatte er keine Kinder. Jetzt hatte er vier und vier Enkel dazubekommen, eine richtige Großfamilie.

Was mich betrifft, hatte ich einen Mann gefunden, der meine Sehnsüchte und Träume wahr werden ließ. Michael hatte mittlerweile innerhalb der Familie eine Rolle übernommen, die ich mir immer von einem Mann gewünscht hatte, auch wenn meine Erwartungen damals im Alter von neunzehn Jahren vorerst zerschlagen wurden. Aber am Ende hatte ich nun doch mein Gegenstück gefunden, mit dem ich gemeinsam mit meinen Kindern, Enkeln und Freunden das Leben genießen und wertschätzen konnte.

Oft hatte ich über die vielen Beziehungen und deren Arten nachgedacht. Vielen Patienten hatte ich in all den Jahren und Lebensphasen zugehört und dadurch sehr viel reflektiert und gewiss einiges gelernt. Nicht zuletzt über mich selber. Genauso über die unterschiedlichsten Wege zum Glück, über Toleranz, Trennung, Neubeginn und Lebensmuster, die nicht unbedingt dem Alltäglichen entsprechen.

Aber das Glück zu finden, obliegt letztlich einem selbst, und jeder kann für sich mitbestimmen, welche Lebensweise und welche Lebensform einen glücklich machen.

Sehr lange habe ich immer wieder neue Formen gesucht und vieles ausprobiert, dennoch ohne dabei meine Träume aus den Augen zu verlieren.

Mit neun Jahren hatte ich mir vorgenommen, Medizin zu studieren. Erst mit siebenunddreißig Jahren wurde ich dann über Umwege endlich Ärztin. Auch hatte ich mir schon immer eine glückliche Familie gewünscht. Trotz einiger Hindernisse habe ich stets versucht, all diese Vorstellungen wahr werden zu lassen.

Träume mit dem Partner zu teilen und zu verwirklichen, sich gegenseitig zuzuhören und einander zu verstehen, das macht das Leben bunt, interessant und lebenswert.

Eine willkommene Normalität

Judith fuhr inzwischen fast jedes Wochenende nach München. Sie war immer noch überglücklich und schwärmte jedes Mal, wenn wir uns sahen, von Martin. Meine anfänglichen Bedenken waren inzwischen vollständig ausgeräumt, und ich freute mich sehr für sie, auch wenn ich sie kaum noch zu Gesicht bekam.

Ich hatte den Eindruck, sie wolle das Leben in Tübingen hinter sich lassen, was ich gut verstehen konnte. All die Erinnerungen, vor allem die der letzten Jahre mit Walter, hatten ihr mehr zugesetzt, als sie sich anfangs eingestanden hatte. Sie war bereit, ein neues Leben zu beginnen, dafür war es nicht zu spät. Heute hatten wir uns wieder mal verabredet, denn sie wollte etwas mit mir besprechen, das sie nicht am Telefon sagen wollte. Ich war neugierig, hielt mich aber bewusst mit Fragen zurück. Offensichtlich war es ihr wichtig, es mir persönlich zu sagen. An ihrer Stimme, die fröhlich und beschwingt klang, merkte ich, dass es nichts Schlimmes sein konnte, deshalb war ich beruhigt.

Ich kam mit ein paar Minuten Verspätung. Ein Patient hatte mich noch in der Praxis aufgehalten. Das Lokal war gut gefüllt, und ich schaute mich um, ohne sie zu entdecken. Im Eck, hinter dem Tresen, sah ich, wie jemand mir zuwinkte, und erst als ich mich näherte, erkannte ich sie. Judith hatte sich die Haare raspelkurz schneiden lassen. Auch die Haarfarbe hatte sich geändert, nun war sie weizenblond. Es stand ihr, dachte ich, auch wenn ich zweimal hinschauen musste, um sie zu erkennen.

»Was für eine Überraschung! Warst du beim Friseur? Die kurzen Haare stehen dir gut, und blond ist in unserem Alter einfacher zu handhaben, muss man nicht so häufig nachfärben wie dunklere Farben«, sagte ich, während ich sie umarmte.

»Vor zwei Tagen. Ich dachte, es wäre an der Zeit, neue Wege zu gehen und mich zu verändern, innerlich wie äußerlich«, antwortete sie und fuhr sich sanft mit der Hand durch das struppige Haar.

»Na, die Überraschung ist dir aber gelungen, ich hätte dich fast übersehen.«

»Ich habe eine Neuigkeit, aber setz dich erst mal, und lass uns etwas bestellen. Ich muss leider ein bisschen auf meine Figur achten«, sagte sie entschuldigend und bestellte eine Flasche Wasser und zwei Gläser Rotwein.

»Als ob du das nötig hast. Du hast doch eine gute Figur, zu dünn ist auch nichts«, merkte ich an.

»Du hast ja recht, aber ich halte mein Gewicht nur, indem ich ein bisschen achtsam bin.« Ich musterte sie. Von Kopf bis Fuß sah sie wie immer gepflegt aus, die Fingernägel waren dunkelrot lackiert, die Bluse und die Hose saßen wie angegossen. Außer ihrer neuen Frisur und ihren strahlenden Augen hatte sich nichts verändert.

»Ich muss dir etwas erzählen«, platzte es aus ihr heraus. »Wir haben beschlossen, dass ich nach München ziehen werde.« Mit »Wir« waren sie und Martin gemeint. »Seine Wohnung reicht für uns beide. Dort fühle ich mich so wohl, Lisa! Schwabing gefällt mir sehr, und zum Rathaus in die Innenstadt sind es nur fünfzehn Minuten zu Fuß, wie du ja weißt. Ich liebe diese Stadt, dort gibt es so viele kulturelle Möglichkeiten. Ich wollte schon immer in einer Großstadt leben. Endlich geht ein geheimer Traum für mich in Erfüllung.«

»Und wie machst du das mit deiner Kanzlei?«, fragte ich ein bisschen erstaunt.

»Kein Problem, dafür habe ich eine gute Lösung gefunden und kann dort in einer Kanzlei mitarbeiten, die so wie ich auf Versicherungsfälle und Immobilienstreitigkeiten spezialisiert ist. Einige meiner Mandanten werde ich einem hiesigen Kollegen übergeben, die anderen nehme ich nach München mit. Die kann ich weiterhin von dort aus betreuen. Mit der Weitervermietung der Räumlichkeiten kann ich mir auch Zeit lassen. Meine Eltern hatten damals alles finanziert, so bin ich auf dieses Geld nicht wirklich angewiesen. Allzu lange werde ich sowieso nicht mehr arbeiten, denn ich will definitiv noch etwas vom Leben haben und häufiger mal mit Martin verreisen. Allein der Gedanke daran bedeutet ein völlig neues Lebensgefühl. Auch wenn wir erst seit einem guten Jahr zusammen sind, ist er weiterhin mein Traummann. Ich möchte einfach die Zeit mit ihm noch nutzen. Durch Walters Tod habe ich erlebt, wie schnell alles vorbei sein kann, und viel wichtiger noch, ich habe verstanden, dass es keinen Sinn macht, Träumen und Illusionen nachzuhängen, die niemals in Erfüllung gehen werden.«

»Ich freue mich so sehr für euch, auch wenn ich dich ein bisschen vermissen werde. Aber wir werden uns bestimmt öfter sehen, wenn ich dort die Kinder besuche«, sagte ich.

Als ich abends im Bett lag, dachte ich noch über das Gespräch mit Judith nach. Sie hatte endlich ihr Glück gefunden und würde Ende nächsten Monats zu Martin ziehen. Wie oft hatte ich sie in all den Jahren unglücklich und gesundheitlich angeschlagen erlebt. Seit sie ihn kennengelernt hatte, war sie nur noch zweimal in der Praxis gewesen. Einmal wegen der jährlichen Vorsorgeuntersuchung und ein weiteres Mal wegen einer Grippeimpfung. Weder Schwindel noch Magenschmerzen noch Bluthochdruck machten ihr jetzt noch zu schaffen. Was eine glückliche Beziehung im Leben doch ausmachen konnte! Für Judith was es die beste Medizin.

Wieder einmal wurde mir bewusst, wie wichtig und wertvoll es ist, im Leben gute Freunde an seiner Seite zu haben, nicht nur um die glücklichen Momente miteinander zu teilen, sondern auch um sich in jeder noch so schwierigen Lebenslage gegenseitig zu unterstützen und zuzuhören und im Vertrauen aufeinander Krisen gemeinsam zu bewältigen. Eine echte Freundschaft macht glücklich, fast wie in einer Ehe. Kurz dachte ich an Maria, mit der ich, seit wir beide sieben Jahre alt waren, befreundet war. Solange wie unsere Freundschaft hatte keine unserer Ehen gehalten. Sie kannte alle meine Lebenswege und ich ihre, und oft verstanden wir uns ohne große Worte.

Auch wenn Judith jetzt durch ihren Wegzug nach München in einen neuen Lebensabschnitt eingetreten war, würden wir sicher in Kontakt bleiben. Ich schlief mit einem guten Gefühl ein.

Freundschaften zu pflegen war mir immer wichtig gewesen. Zu einem schönen Ritual hat sich für mich der Samstagmorgen entwickelt, vor allem im Sommer. Gemeinsam mit Michael schlendere ich durch die Altstadt Richtung Wochenmarkt. Immer wieder treffen wir auf dem Weg auf Bekannte und bleiben für ein kleines Schwätzchen stehen. Es herrscht eine geschäftige, aber gelassene Stimmung an solchen Samstagen. Die Zeit spielt keine große Rolle, aber meistens schaffen wir es, mit höchstens einer Viertelstunde Verspätung beim Beck anzukommen. Das alteingesessene Weinhaus direkt neben dem Rathaus hat draußen Tische aufgestellt.

Die Plätze in der Sonne sind ziemlich begehrt. Aber irgendwie klappt es doch immer, sich erst zwei, drei freie Stühle zu sichern und schließlich einen ganzen Tisch zu kapern. Die Touristen sind schnell auszumachen, sitzen sie doch ohne Getränke und zunehmend missmutiger an ihren Tischen. Erst langsam begreifen sie, dass hier Selbstbedienung angesagt ist.

Mein alter Freund Peter Prange und seine Frau Serpil waren wie immer pünktlich und saßen lachend vor ihrem Tee und den mitgebrachten frischen Brezeln. Das eigene Essen in Lokale mitbringen zu können ist eine dieser netten Tübinger Traditionen. Das war schon so, als ich noch Wirtin im *Boulanger* war. Die Studierenden kamen mit Gurkengläsern, Brot und Salami und veranstalteten ihr kleines Picknick im Lokal. Ähnlich geht es im Weinhaus Schmid zu, wo die älteren Semester gern ihre mitgebrachte Vesper zum Viertel verzehren.

Meine Selbstbedienung hört auf den Namen Michael, der bereits mit zwei großen Cappuccini elegant über das Pflaster balanciert. Auch Nadja hat ihre Selbstbedienung mit dabei, die hört auf den Namen Tommy. Und der bringt, fast schon traditionell, zwei Gläschen Sekt. Ob das gut für den Kreislauf ist, wie der Volksmund so schön sagt, lässt sich medizinisch kaum bestätigen. Als kleine Auszeit ist unser Treffen allemal empfehlenswert. Man fühlt sich wie im Theater und beobachtet das Treiben auf dem Marktplatz. Da ist er wieder, der ältere Mann mit seinen langen weißen Haaren und der runden Brille. Er gehört längst zum Stadtbild, irgendwo hockt er immer. Ob in Cafés oder auf einer Bank, fast immer sitzt er allein da und wirkt dennoch nicht unzufrieden. Oder auch jener jüngere Mann mit der knallengen Lycra-Hose, dem viel zu engen Shirt und der auffälligen Sonnenbrille; er joggt verlässlich wie immer über den Platz. Diese Beschaulichkeit hat etwas Beruhigendes an sich.

»Sahara!«, ruft Tommy und zeigt auf sein leeres Glas. »Da hole ich am besten gleich noch ein ganzes Fläschle!«, sagt er lachend beim Aufstehen. An der Nachfrage wird es sicher nicht scheitern. Aus der Ferne vor der Marktschenke winken schon Philipp und seine Frau Friederike. Auch Raimund, der Pressesprecher unseres Vereins BewegtEuch e. V., hat sich per SMS angekündigt.

»So langsam müssen wir uns einen zweiten Tisch sichern«, mahnt Michael, »sonst müssen wir noch Reise nach Jerusalem spielen.«

Da sind sie wieder, diese kleinen Dinge des Alltags, die mir neben der Arbeit so viel Freude bereiten. Zeit mit lieben Menschen verbringen, gute Gespräche führen oder einfach herumalbern. Oft braucht es wirklich wenig, um glücklich zu sein.

An diesem Mittag verabschiedeten Michael und ich uns von unserer lustigen Samstagsrunde. Heute allerdings meldeten wir uns strahlend für die nächsten zwei Wochen ab, denn es ging direkt in den Urlaub. Unser neues Wohnmobil war schon liebevoll eingerichtet und reisefertig gepackt. Selbst eine kleine Vase mit hellroter Rose war sorgsam verstaut.

Michael ließ den Motor an. Wir starteten ohne festes Ziel einfach in den Süden, in die Wärme, ohne Eile, in unsere Empfindung von Freiheit.

Dank

Auch dieses Buch ist das Werk vieler Hände.

Ich danke meiner Freundin Isabelle Müller, die die Kunst des Schreibens meisterhaft beherrscht und mit ihrer Routine und ihrem großem Einsatz meinen Erzählungen Gestalt gab.

Ein Dankeschön geht an meinen Agenten Roman Hocke von der Autoren- und Verlagsagentur International und seine Mitarbeiterin Susanne Wahl, die dieses Buch von Anfang an nach Kräften gefördert haben.

Meinem Lektor Jürgen Bolz danke ich für seine präzise Textarbeit, sein stets offenes Ohr und vielen guten Rat. Dem gesamten Team des Knaur Verlags um Angela Gsell und Maria Hellstern gilt mein Dank für seinen nimmermüden Einsatz.

Meinen Freundinnen und Freunden sowie meinen Patientinnen und Patienten möchte ich an dieser Stelle für ihr Vertrauen in mich danken – ihre Geschichten tragen dieses Buch zu einem guten Teil.

Einer dieser Patienten ist Bernd Kohlhepp – vielen Dank für so manche humorvolle gemeinsame Lesung.

Dieter Thomas Kuhn und Philipp Feldtkeller danke ich für ihre Freundschaft und ihre ebenso herzliche wie professionelle Begleitung auf meinen Lesungen – ich freue mich auf die Fortsetzung!

Ein herzlicher Dank geht an Anna Loos und Jan Josef Liefers für ihre großzügige Unterstützung und Begeisterung bei den Premieren.

Meiner Freundin Maria möchte ich ganz besonders danken – fast ein ganzes Leben sind wir durch dick und dünn gegangen und haben erfahren, wie beglückend Freundschaft sein kann.

Der größte Dank geht an meine Kinder Benjamin, Simone, David und Jonathan und an meinen Mann Michael – ihr macht mein Leben schön!

Im August 2023
Lisa Federle